# As cartas do Boom

# As cartas do Boom

Julio Cortázar
Carlos Fuentes
Gabriel García Márquez
Mario Vargas Llosa

1ª edição

Tradução de
Mariana Carpinejar

EDITORA RECORD
RIO DE JANEIRO • SÃO PAULO
2025

CIP-BRASIL. CATALOGAÇÃO NA PUBLICAÇÃO
SINDICATO NACIONAL DOS EDITORES DE LIVROS, RJ

C314

As cartas do Boom / Julio Cortázar ... [et al.] ; tradução Mariana Carpinejar ; [organização Carlos Aguirre ... [et al.]]. - 1. ed. - Rio de Janeiro : Record, 2025.

Tradução de: Las cartas del Boom
ISBN 978-85-01-92365-3

1. Literatura latino-americana - História e crítica. 2. Cortázar, Julio, 1914-1984 - Correspondência. 3. Fuentes, Carlos, 1928-2012 - Correspondência. 4. García Márquez, Gabriel, 1928-2014 - Correspondência. 5. Vargas Llosa, Mario, 1936-2025 - Correspondência. I. Cortázar, Julio, 1914-1984. II. Carpinejar, Mariana. III. Aguirre, Carlos.

25-99615.1 CDD: 868.6409
CDU: 82-94(469)

Gabriela Faray Ferreira Lopes - Bibliotecária - CRB-7/6643

Título original:
Las cartas del Boom

As cartas do Boom



Foto: Jordan Schnitzer Museum of Art, University of Oregon, Eugene, Oregon. Autor desconhecido, Four Major Latin American Writers, 2022:31.1

Texto revisado segundo o Acordo Ortográfico da Língua Portuguesa de 1990.



Impresso no Brasil

ISBN 978-85-01-92365-3

# Sumário

*Foi muito agradável e muito esquisito de uma só vez; um tanto intempestivo, irrepetível sem dúvida, e com um significado profundo que foge à minha compreensão, mas ao qual sou, no entanto, sensível.*

Julio Cortázar
para Eduardo Jonquières, 25 de agosto de 1970

# Introdução

*As únicas associações de escritores que considero úteis e solidárias são aquelas que se estabelecem mediante o contato pessoal e a correspondência privada entre escritores amigos.*

Gabriel García Márquez
para Carlos Fuentes, 26 de janeiro de 1967

*— Quatro — disse o Jaguar.*
Mario Vargas Llosa, *A cidade e os cachorros*

Este é um livro histórico. Nós, editores, acreditamos que a sua publicação bem merece uma *pachanga*.* Será lido enquanto existir e for estudada a literatura latino-americana — ou simplesmente a literatura. É a primeira compilação da correspondência entre os quatro principais romancistas do Boom latino-americano: Julio Cortázar, Carlos Fuentes, Gabriel García Márquez e Mario Vargas Llosa. Os dois últimos receberam o Prêmio Nobel, e os dois primeiros mereciam; ninguém ficaria

* Mantivemos o termo original, em espanhol, porque é representativo de um momento histórico. No *Diccionario de la lengua española*, da Real Academia Española (2024), *pachanga* apresenta o sentido de "alvoroço", "festa", "diversão estridente", podendo ser familiar e dançante. Neste livro, *pachanga* também se vincula à Revolução Cubana e ao modo de falar dos seus adeptos. [N. da T.]

surpreso se tivessem ganhado. Essa conversa entre quatro amigos brilhantes e exitosos nos oferece um acesso sem precedentes às suas relações pessoais e públicas, com todos os seus encontros e desencontros, e nos abre uma janela privilegiada à literatura e à política latino-americanas, especialmente durante um período crucial da sua história moderna, entre 1959 e 1975.

O Boom, um fenômeno cultural de repercussão mundial, foi simultaneamente uma conjuntura e uma cristalização, a culminação de meio século de evolução literária neste continente periférico e desconhecido, a América Latina, e, ao mesmo tempo, na relação entre esses quatro escritores, uma situação única e fascinante: um momento (um eterno presente a cada segundo), um movimento (ou estilo), um grupo (como os Beatles, outro *fab four* da época), um clube (como o Pickwick Club, do qual Cortázar foi mestre de cerimônias), uma irmandade (a Ordem dos Cavaleiros da Távola Quadrada, talvez), uma aliança (provisória, como demonstrariam acontecimentos e conflitos políticos posteriores), um jogo (jogo da amarelinha, pôquer, *sparring*, Monopoly), uma competição (amistosa), uma rivalidade (a menos), um debate (interminável), uma festa (sobretudo, latino-americana), uma celebração (de compadres), uma apoteose (também do romance latino-americano) e, acima de tudo, tão simplesmente um quarteto (masculino) dedicado a debater o posicionamento literário e político de um continente inteiro em sua época mais decisiva, mais emocionante, mais otimista, e — por um tempo, porque nada dura para sempre e os anos 70 seriam completamente diferentes — o momento mais utópico da sua história moderna.

O Boom tem sido debatido de forma passional e persistente, entretanto, por trás das discussões, das manchetes e dos rótulos, houve, quase desde o começo, um consenso implícito que refletia a própria realidade, mas que muitos críticos, por diversos motivos, naquele momento e ainda hoje, têm escolhido questionar e negar. Para os propósitos deste livro, reiteramos que o Boom foi, em primeiro lugar, um movimento e um momento — ambos — na história do romance latino-americano durante os anos 60 do século passado, um fenômeno tão espetacular e tão poderoso, que, à luz de sua irradiação, a literatura latino-americana em sua totalidade se mostrou nova e interessante, não só aos olhos dos latino-americanos, como também aos dos leitores de todo o planeta.

Em segundo lugar, embora existisse um número significativo de escritores eminentes estreitamente vinculados ao fenômeno ou associados a ele, quando os críticos se referiam aos "escritores do Boom", falavam sobretudo de quatro romancistas, os autores deste livro. Outros que foram mencionados com frequência — em especial, o chileno José Donoso (um dos principais cronistas do Boom e inclusive autor de um romance que o recria), o cubano Guillermo Cabrera Infante e Juan Goytisolo (apesar de ter sido espanhol), todos eles grandes escritores — nunca alcançaram o mesmo status. Os quatro compadres reconheceram implicitamente, como se lê nas entrelinhas destas cartas, o seu pertencimento extraoficial à elite, apesar de ocasionais negativas espirituosas ou arrebatamentos de modéstia. Nós, críticos e historiadores (somos quatro, é claro), acreditamos que uma leitura atenta dessas cartas evidenciará a aceitação do status individual e o reconhecimento mútuo de cada um dos pares, bem como revelará que cada um dos quatro chegou a se considerar um escritor *latino-americano*, mais do que argentino, mexicano, colombiano ou peruano. Esse descobrimento de uma identidade compartilhada havia ocorrido, de modo isolado e telegráfico, entre os poetas do modernismo hispano-americano do final do século XIX e, de modo explícito, na década de 1920, um século depois da independência em relação à Espanha, quando vários escritores ilustres de diferentes países latino-americanos perceberam, sobretudo em Paris e Madri, que suas diferenças nacionais eram muito menos importantes do que aquilo que tinham em comum.

O que hoje chamamos de América Latina somente impactou a atenção do mundo quatro vezes na história: durante a época da conquista e colonização espanhola e portuguesa, no fim do século XV e começo do século XVI; durante as lutas pela independência nas primeiras décadas do século XIX; na década de 1920, ainda que em menor grau, quando ocorreu uma nova fase da globalização política, econômica e cultural, e as regiões coloniais e pós-coloniais do planeta começaram a penetrar a consciência e a cultura europeias após a Primeira Guerra Mundial; e principalmente na década de 1960, nos anos subsequentes à Revolução Cubana. Essa primeira década de Revolução foi também a época de escrita da maioria dos grandes romances do Boom.

Se está longe de ser verdade que o Boom é uma seita de quatro escritores, é indiscutível que o Boom *sempre é contado a partir* desses escritores: é, sem dúvida, um quarteto, mas um quarteto formado dentro de uma orquestra de dezenas de membros notáveis, um quarteto que não substitui nem destitui a orquestra inteira do romance e da literatura latino-americanos. Os anos-chave de *As cartas do Boom* narram o momento de auge supremo desse quarteto, momento no qual os criadores pareciam não estar escrevendo a sós, mas tocando em conjunto, como integrantes de uma mesma literatura. Este livro aprofunda, com a devida seriedade, esse reconhecimento e essa regeneração de um passado em comum, mas também se lança a fundo, de forma pioneira, à ideia de que os quatro romancistas do Boom formaram uma camaradagem, ou camarilha, ou máfia, dito isso com o indispensável senso de humor que batiza outros grupos (a Geração Perdida, os Beats, os Angry Young Men, a Onda, o Crack, McOndo...). Os nomes oficiais que conhecemos de cor desde a escola são aqui narradores-personagens de suas próprias vidas: Cortázar é Julio, e no calor da amizade é também "Sumo Cronópio"; Fuentes é Carlos e "Águia Asteca"; García Márquez é Gabo e "Coronel"; Vargas Llosa é Mario e "Grande Chefe Inca".

Certamente, o diálogo a quatro vozes registrado nessas cartas é um construto de *Homo ludens*, um jogo com regras rigorosas naquilo que Huizinga denominou "a indissolúvel aliança do fervor ante o sagrado com a dissimulação e a diversão", a mesma ideia de jogo que é pano de fundo nos grandes romances do quarteto: a convocação ao "jogo, ação, fé" em *La región más transparente* [A região mais transparente], de Fuentes; o convite ao acaso em *O jogo da amarelinha*, de Cortázar; o destino lançado nos dados em *A cidade e os cachorros*, de Vargas Llosa; ou o Buendía de *Cem anos de solidão*, de García Márquez, que descobre na literatura "o melhor jogo já inventado para zombar das pessoas".

*As cartas do Boom* é uma obra pautada nesse raciocínio. A parte central deste livro, as cartas sobre o caminho para o Boom e a sua própria manifestação (1955-1975), denomina-se "*Pachanga* dos compadres", por causa de uma frase de García Márquez dirigida a Fuentes, na qual celebra, por antecipação, o Prêmio Rómulo Gallegos de seu compadre Vargas Llosa, o que não surpreende vindo do autor que garantia que *Cem anos de solidão* era um *vallenato* e *O amor nos tempos do cólera*, um bolero. Os encontros entre eles eram chamados de *pachangas*, quase como um código secreto; isso se reitera em cartas de Fuentes (sobre o PEN Club de 1966) e Cortázar (em ocasião da "reunião" definitiva em Saignon, em 1970). No caso de Vargas Llosa, essa "*pachanga* dos compadres" se assemelha a outros títulos "alegres" seus (*A orgia perpétua*, *A festa do bode*), além de constituir um exemplo prático e autobiográfico de seus conselhos em *Cartas a um jovem romancista*. Esses títulos sempre dizem mais do que parecem dizer, e *As cartas do Boom* também é mais do que uma coleção de missivas: é uma narração contínua de ápices de drama, comédia e até tragicomédia, uma sucessão de feitos prodigiosos que desdobra ao máximo as afirmações, negações e contradições de quatro romancistas latino-americanos.

## As regras do jogo

Como qualquer jogo, *As cartas do Boom* tem regras de participação. O cumprimento delas, sem exceção, é o que acreditamos que explica o costume de começar a contar o Boom a partir desse quarteto. As regras são, novamente, quatro: 1) escreveram romances totalizadores; 2) edificaram uma sólida amizade entre eles; 3) compartilharam uma vocação política; 4) seus livros tiveram grande difusão e impacto em escala internacional. Expliquemos cada uma delas.

1. A escrita de romances de dimensão totalizadora teve o reconhecimento duplo da crítica e do público, algumas vezes imediato (*A cidade e os cachorros*, *Cem anos de solidão*), outras vezes um pouco tardio, mas

ainda durante a década de 1960 (os romances de Fuentes, *O jogo da amarelinha*).

Os quatro publicaram romances que, embora diferentes entre si, tinham qualidades em comum que, naquele momento, fixaram um cânone — frequentemente, também, um perigoso estereótipo, contra o qual eles mesmos se rebelariam — ao então denominado novo romance latino-americano: para o leitor, um desafio que, em centenas de páginas, dava uma visão revolucionária do tempo e do espaço; nem intimismo, nem exteriorismo, mas ambos ao mesmo tempo e um pouco mais — o outro, o próximo, em narrativas colossais cujo transcurso se estende por décadas a fio (séculos em *Terra nostra*), com a ambição de esgotar o "Registro Geral" de personagens trágicos, dramáticos e cômicos, enquanto eles devoram cidades, selvas e páramos. Ainda assim, o romance do Boom representa uma continuidade literária que assimilou o romance oitocentista de Balzac, Dickens, Tolstói e Twain; a vanguarda de Joyce, Proust, Kafka, Woolf e Faulkner; o romance regionalista de Ricardo Güiraldes, José Eustasio Rivera e Rómulo Gallegos; e a obra de seus grandes precursores latino-americanos Miguel Ángel Asturias, Jorge Luis Borges, Alejo Carpentier e Mário de Andrade. Em seus melhores momentos, o romance do Boom é aquele que, segundo Fuentes, foi imaginado por Vargas Llosa: um que fosse, ao mesmo tempo, *Os três mosqueteiros* e *Ulisses* (carta para Carmen Balcells, 11 de novembro de 1974). *A morte de Artemio Cruz*, *O jogo da amarelinha*, *A casa verde* e *Cem anos de solidão* são concomitantemente "romances de aventura" e "romances ulisseanos", ou seja, livros que, como o de Joyce, reúnem, na concepção e na execução, a história do mundo, a história do continente latino-americano, a história do país de origem do escritor e sua autobiografia simbólica. Foram a marca identitária conjuntural do Boom. Nenhum grupo de escritores de outra região do mundo realizou essa empreitada histórica e estética de maneira tão brilhante, ambiciosa e abrangente.

2. A amizade entre os quatro transcendeu a mera simpatia, porque se baseou em duas qualidades: uma visão compartilhada sobre projetos literários e políticos em conjunto, e o reconhecimento mútuo de seu valor

enquanto escritores e intelectuais públicos. Para concordar ou discordar, cada um tomava como ponto de referência os outros três.

O único precedente na literatura hispânica de uma amizade com tal simetria em termos de calibre artístico é a Geração de 27, que provocou em 1979 esta galhofa que Jorge Guillén confidenciou a Gerardo Diego: "Aquilo que chamam de '27' foi e *é* uma coisa séria. Já teve outro grupo de amigos como o nosso na vida literária espanhola?"[1] Estendendo a pergunta para a vida literária *em língua espanhola*, a resposta afirmativa é o Boom. Os nomes dos quatro cobriram a década de 1960 de ponta a ponta com livros, antologias, diálogos, polêmicas, revistas, cartas abertas, entrevistas e manifestos. Este livro é o clímax da consciência grupal: Vargas Llosa diria, em 2012, ao ministrar um curso sobre o Boom, que este "não foi somente os bons livros escritos na época, a presença que a América Latina ganhou diante do mundo", mas também "as relações entre os protagonistas do Boom".

Esses amigos são — já dissemos — quatro homens, mas a amizade entre pessoas do mesmo sexo era uma tendência da época, com precedentes na maioria dos casos: Vargas Llosa e seus amigos "letraferidos" Abelardo Oquendo e Luis Loayza, em Lima; García Márquez e os integrantes de La Cueva, em Barranquilla; Fuentes e os escritores da Medio Siglo, na Universidade Nacional Autônoma do México (UNAM). Cortázar teve que imaginar grupos de amigos como os que desejamos hoje: o Clube da Serpente com a Maga e Babs, e a banda de cronópios de *62* com Hélène, Nicole, Celia e Tell. Contudo, quem cultiva bons amigos poderá constatar que, no geral, a amizade não se baseia em discriminações de gênero. Assim pensava García Márquez: "A amizade se estabelece por afinidades humanas. Ou seja, escritores são meus amigos não por serem escritores ou intelectuais, mas pela conexão especial que sentimos um pelo outro".[2] Essa afinidade estritamente humana existe entre os autores de *As cartas*

---

1 Pedro Salinas, Gerardo Diego e Jorge Guillén, *Correspondencia (1920-1983)* [Correspondência (1920-1983)], edição de José Luis Bernal Salgado (Valencia, Pre-Textos, 1996, p. 349).

2 Juan Luis Cebrián, *Retrato de Gabriel García Márquez* (Barcelona, Círculo de Lectores, 1989, p. 72).

*do Boom*, embora o que justifique este livro sejam as afinidades enraizadas no mesmo ofício, aquela vocação de escritor que não se pode impor, programando-a ou distribuindo-a em porções. A literatura, impossível de ser classificada simplesmente como profissão ou ofício, indecifrável em seu utilitarismo, é, como disse Cernuda, "uma atividade cuja origem e finalidade continuam sendo um mistério até hoje, naturalmente",[3] mas com poder suficiente para unir esses quatro autores pela amizade.

É verdade que os quatro tinham amigos e correspondentes por vezes mais íntimos e, em alguns casos, mais constantes do que seus companheiros do Boom, mas, sob a perspectiva histórica, nenhum foi tão significativo ou relevante. E, embora também seja verdade que não viveram essa amizade com a mesma intensidade e que ela se manifestava de diferentes formas no interior do grupo, quando um escrevia ao outro, frequentemente estava pensando nos demais: em 85 dos 207 intercâmbios aqui reunidos, aparecem os nomes de três deles e, em 33, dos quatro.

3. A vocação política em comum se traduziu na identificação com o socialismo e com a Revolução Cubana. O triunfo desta, no alvorecer das quatro trajetórias literárias, marcou esses autores profundamente.

Cuba esteve desde então, e pelo resto de suas vidas, no centro de suas preocupações e paixões, nos círculos de amizades (com os posteriores desencontros e rupturas) e nas intervenções como intelectuais públicos. Os quatro se fizeram presentes desde os primeiros momentos da Revolução, aquele "socialismo com *pachanga*", como passou a ser chamada com pitadas de humor caribenho. Fuentes viajou a Havana dois dias depois da queda de Batista e permaneceu por um mês; voltaria três vezes entre 1959 e 1960, como testemunha e agente daqueles passos iniciais. García Márquez chegou a Cuba em 19 de janeiro de 1959 para presenciar o julgamento de Jesús Sosa Blanco, ex-colaborador de Batista acusado de assassinato e tortura, e retornaria em 1960, como jornalista fixo da agência de notícias Prensa Latina. Em outubro de 1962, Vargas Llosa fez

3 Gerardo Diego, *Poesía española [Antologías]*, edição de José Teruel (Madri, Cátedra, 2019, p. 446).

sua primeira viagem a Cuba para cobrir como jornalista o impacto da crise dos mísseis. A vez de Cortázar chegou em janeiro de 1963, quando viajou a Havana para participar como jurado do Prêmio Casa de las Américas de conto. Esses primeiros encontros consolidaram importantes, embora nem sempre duradouros, laços de amizade com escritores e intelectuais da ilha.

Os livros dos quatro autores logo começaram a ser lidos, resenhados e discutidos em Cuba. A Casa de las Américas organizou debates sobre eles e publicou os seus escritos; mais adiante, elaboraria volumes críticos com múltiplas leituras sobre as suas obras. Em Cuba, eram queridos e admirados, e tidos como muito próximos. Em julho de 1968, Roberto Fernández Retamar escreveu para Cortázar em tom exultante: "Devem vir também, em janeiro, Mario, Gabo e (conforme a resposta deles) Carlos. Que encontro às margens do Almendares! (Como diria Lezama)". Tal encontro não aconteceu, mas o entusiasmo de Fernández Retamar reflete os sentimentos da intelectualidade cubana pelos quatro.

Já dissemos que a Revolução Cubana foi um catalisador do interesse global pela América Latina e que serviu para colocar o olhar do mundo sobre a sua literatura. O Boom certamente não pode ser reduzido a uma mera resposta à Revolução, mas é inegável que suas formas e temáticas estiveram sob forte influência das mudanças ideológicas e culturais suscitadas pelo modelo cubano, dentro e fora da América Latina. Reparamos que essa transformação cultural e política, complexa, profunda e concentrada, a do Boom, só poderia ter ocorrido em um momento em que a América Latina se mostrava, não pela primeira vez, nova, interessante e atraente. Os autores de *As cartas do Boom* "se fizeram latino-americanos" não só em virtude das leituras, dos escritos e das redes de amigos na Europa ou na América Latina, mas também graças aos vínculos intelectuais e políticos com a Revolução Cubana e, por intermédio dela, com uma constelação de autores e críticos da região. Se os revolucionários cubanos pretendiam reescrever a história latino-americana, a mesma ambição impulsionava a literatura dos escritores do Boom: "O futuro do romance está na América Latina, onde tudo está por ser dito, por ser nomeado",

Fuentes escreveu para Vargas Llosa em fevereiro de 1964. O pioneirismo adâmico foi uma característica em comum da Revolução e do Boom.

Nem todos viveram o compromisso com Cuba com idêntico fervor e consistência, mas os avatares da Revolução Cubana explicam, em grande medida, por que a política, a partir de certo momento, começou a impregnar as correspondências com maior vigor. As cartas trocadas entre eles e outros, na ilha e fora dela, são um contundente testemunho da centralidade que Cuba teve em suas vidas, enquanto ganhavam terreno as dúvidas e objeções articuladas por escritores e críticos marxistas da linha dura, que continuavam citando Zhdánov ou inclusive Fidel Castro como "palavras dirigidas aos intelectuais". Não é nenhuma coincidência o ocaso do Boom despontar no horizonte ao mesmo tempo que os quatro modificavam seus posicionamentos em relação à Revolução Cubana, até torná-los, em alguns casos, irreconciliáveis.

4) Nossos quatro autores levaram o Boom à sua máxima expressão enquanto fenômeno comercial transnacional e descentralizado, em convergência com a expansão sem precedentes da indústria editorial e do número de leitores no mundo hispânico.

Fuentes publicou seus primeiros livros no México; Cortázar, em Buenos Aires e no México; García Márquez, em Bogotá, Medellín, Madri e Xalapa; Vargas Llosa, em Barcelona, Lima e Buenos Aires. O impulso que Carlos Barral deu à literatura latino-americana a partir da premiação de *A cidade e os cachorros*, embora crucial, foi apenas um dos pilares daquela verdadeira comoção editorial que se desencadeou. O Fundo de Cultura Econômica, a Era e Joaquín Mortiz no México, e especialmente a Sudamericana em Buenos Aires, seriam igualmente decisivos nesse processo, sem desconsiderar o papel desempenhado pelas revistas e suplementos culturais (*Revista Mexicana de Literatura*, *La Cultura en México*, *Primera Plana*, *Casa de las Américas*, *Marcha*, *Mundo Nuevo*, *Amaru*) e pelos prêmios literários de vários países em que eles concorriam ou eram jurados.

O boom *editorial* latino-americano começou, na verdade, antes do Boom *literário*. Desde a década de 1950, pelo menos, várias iniciativas latino-americanas haviam levado milhões de livros para as mãos de leitores em potencial por todos os cantos da região. Os festivais do livro organizados pelo peruano Manuel Scorza entre 1956 e 1960 no Peru, Colômbia, Venezuela, Equador, Cuba e América Central foram o projeto mais ambicioso. Graças a eles, foi lançada, em 1959, uma edição de trinta mil exemplares de *A revoada*, quando habitualmente as primeiras edições do próprio García Márquez e dos outros três autores mal (por assim dizer) chegavam a quatro mil. Anos depois, já consolidado o prestígio do autor, *A morte de Artemio Cruz*, de Fuentes, saiu com uma tiragem de quinze mil exemplares. *A cidade e os cachorros* veio em seguida, com cinco edições e um total de vinte mil exemplares em um ano. *Cem anos de solidão* culminou na consagração do Boom como fenômeno editorial de massas: em dois anos, a Sudamericana colocou em circulação pelo menos cem mil exemplares, aos quais seria preciso somar noventa mil que foram impressos em Cuba, entre 1968 e 1969. Cada obra nova desses autores geraria expectativas, vendas e traduções em proporções jamais vistas na literatura latino-americana. Desde que seus livros começaram a ser traduzidos (os de Fuentes, para o inglês, foram os primeiros), no começo da década de 1960, ocorreu um fenômeno em cascata: editores e tradutores se interessavam pelos livros dos compadres, e estes compartilhavam informações e recomendações uns dos outros. Cada livro traduzido contribuía para ampliar o interesse pelos dos demais. A transformação de nossos quatro autores em escritores globais se deve, em grande medida, à possibilidade de serem lidos e apreciados em diferentes países e idiomas. A agente literária Carmen Balcells desempenharia, a partir de Barcelona, um papel importante nesse processo.

Unindo-se à qualidade literária, o êxito comercial do Boom tornou possível a "normalização" da ficção latino-americana: não apenas sua inclusão no *mainstream* literário (conforme Luis Harss anunciou em momento oportuno), mas sua conversão em uma das literaturas mais diversificadas e, desde então, mais influentes do planeta.

## Um círculo de quatro escritores

Carlos Fuentes escreveu, sem saber, a primeira página deste epistolário: em 16 de novembro de 1955, enviou uma carta para Julio Cortázar solicitando a sua colaboração para a revista que codirigia. Aos vinte e sete anos, Fuentes era autor de um só livro, *Los días enmascarados* [Os dias mascarados], mas carregava um mundo nas costas: filho de diplomata, nascera no Panamá e recebera educação no Chile, Brasil, Argentina, Estados Unidos e Genebra, e, sempre retornando ao México entre esses países, estava finalmente escrevendo o seu primeiro romance e iniciava o ofício de factótum cultural como codiretor da *Revista Mexicana de Literatura*. Aos quarenta e um anos, Cortázar era sobretudo um autor de culto pelos contos de *Bestiário* e ganhava a vida como intérprete freelancer em Paris, após romper com um passado de vários anos como professor e funcionário na Argentina. Fuentes e Cortázar se distinguiam somente pelas aparências, pelo carisma inesgotável de um e pela introversão irrenunciável do outro. Ao se lerem sob intermédio da crítica argentina Emma Speratti, eles descobriram afinidades profundas. Encontraram-se pessoalmente em Paris, em outubro de 1961.

Também em Paris, no fim de 1958, o jovem Vargas Llosa, que havia se formado em Letras e fugido do Peru para a Europa com o sonho de se tornar escritor, conheceu um proeminente escritor argentino e o confundiu com alguém da sua idade, sem perceber que se tratava do já maduro autor de *Bestiário*, colaborador da revista *Sur* e tradutor de Poe. Cortázar viveu em Paris desde 1951 até o último dia de sua vida, em 1984. Durante os anos em que ele e Vargas Llosa coabitaram nessa cidade (1959-1966), ambos pensavam que "não ser nada em uma cidade que é tudo" era mil vezes preferível a viver o contrário. Os dois possuíam senso de humor e mantinham a discrição sobre suas vidas privadas; os dois abraçavam suas vocações, cada qual em seu ritmo, mas com a mesma paixão. Cortázar seria um dos leitores mais entusiastas do manuscrito *A cidade e os cachorros*, não hesitando em promovê-lo entre editores. A devoção mútua se fortaleceria com a leitura de *O jogo da amarelinha* e *A casa verde*.

Vargas Llosa e Fuentes se encontraram pela primeira vez em outubro de 1962, na Cidade do México. Viram-se novamente em Paris, na segunda metade de 1963, e é visível, nas primeiras correspondências entre eles, que ambos tinham o gosto pelo diálogo e pelas discussões, pelo parricídio literário e pela participação política. Pouco tempo depois, Fuentes leu *A cidade e os cachorros* e declarou, em público e em privado, seu deslumbramento: era um romance urbano como os que ele havia escrito, mas com uma forma própria. Vargas Llosa, por sua vez, defendeu as candidaturas de *A morte de Artemio Cruz* e *O jogo da amarelinha* para o Prix International de Littérature (Formentor) de 1964.

García Márquez não chegou tarde para a festa: disfarçado pelo semblante de boxeador peso-pena e por uma indiferença premeditada diante do intelectualismo, com contos dispersos na imprensa e dois romances de circulação local — simplesmente ninguém fora da Colômbia tinha conhecimento de que ele sempre estivera ali —, transferiu-se para a Cidade do México em 1961, estabeleceu contato com Fuentes e descobriu que sua obra era apreciada como a de um autor de culto. Sua amizade com Fuentes, ele diria anos mais tarde, começou "no instante em que nos conhecemos" ("Carlos Fuentes bom em dose dupla"), e este experimentou "um arrebatamento instantâneo".[4] Naquele momento, o mexicano já conhecia *A revoada*, cortesia de Álvaro Mutis com o comentário, sem maiores detalhes, de que era "o melhor que tinha saído". Fuentes e García Márquez escreveram juntos roteiros de cinema, consumaram *pachangas* dominicais e consolidaram uma irmandade que bem demonstram estas cartas. García Márquez aparece pela primeira vez nesta correspondência em outubro de 1965, e o faz em um momento decisivo: conta para Fuentes que terminou a primeira metade do seu romance e anuncia que já tem título: *Cem anos de solidão*.

---

4 Carlos Fuentes e Carlos Fuentes Lemus, *Retratos en el tiempo* [Retratos no tempo] (México, Alfaguara, 1998, p. 21).

Cortázar conheceu García Márquez em setembro de 1968, em Paris, e deu a notícia de imediato ao editor que tinham em comum, Paco Porrúa: "Tanto ele quanto Mercedes foram maravilhosos; a amizade nasce como um manancial quando te coloca diante de seres assim" (28 de setembro de 1968). O encanto precedeu esse encontro em muitos anos no caso do colombiano, que admirava Cortázar desde *Bestiário* e o via como "o homem mais alto que se poderia imaginar", em que "parecia verdadeira a lenda de que era imortal". Partilhavam um senso de humor e uma irreverência que exploravam sob a forma de brincadeiras ditas na maior "cara de pau". Em *Cem anos de solidão*, García Márquez homenageia *O jogo da amarelinha* fazendo referência a um de seus personagens. Quando Cortázar leu o romance, também confidenciou a Porrúa: "Que livro incrível, Paco [...] Nós, os mais velhos, já podemos morrer. É hora de passar o bastão."

Nos primórdios da camaradagem entre Vargas Llosa e García Márquez, o francês funcionou como motor: em 1963, o peruano leu em Paris *Pas de lettre pour le colonel*, publicado pela Julliard. Em janeiro de 1966, no México, García Márquez iniciou o intercâmbio epistolar entre eles, e logo o "estimado" deu lugar a "meu querido" e até "irmão" ou "irmãozaço". Com o advento de *A casa verde* e *Os filhotes*, publicados em Barcelona, e *Cem anos de solidão*, em Buenos Aires, estreitariam o apreço mútuo e se dariam o primeiro abraço em Caracas, em 2 de agosto de 1967. Vargas Llosa deixou um raro e notável testemunho de devoção pelo amigo em seu exaustivo ensaio *García Márquez: história de um deicídio*. O "esquartejado, esmiuçado e escancarado irmão", conforme escreveu em uma dedicatória manuscrita, valorizou esse esforço em uma entrevista de 1973: "Olha como o Mario é um bom amigo! Que figura, como é um bom amigo! Vê só, passar um ano escrevendo um livro sobre mim, um ano da sua vida escrevendo um livro sobre outro escritor, que é seu concorrente direto, já que nossos mercados são os mesmos e nossos leitores também. Olha, isso não é para qualquer um! Esse Mario é um sujeito fora de série!"[5]

---

5 Elena Poniatowska, *Todo México*, vol. I (México, Diana, 1990, p. 203).

O tecido literário e amistoso de *As cartas do Boom* configurou-se principalmente "do lado de cá" (Cidade do México) e "do lado de lá" (Paris e Saignon), mas também em outras cidades nas quais os nossos autores publicaram, viveram e circularam: Londres, Havana, Barcelona, Buenos Aires, Veneza, Lima, Caracas, Bogotá. Entre 1958 e 1962, Carlos Fuentes pavimentou, a partir do México, o caminho para o Boom, com o alvoroço da crítica e o êxito de três clássicos, hoje tão jovens como quando apareceram: *A região mais transparente*, *A morte de Artemio Cruz* e *Aura*. Em 1962, protagonizou sua primeira ação enquanto jovem intelectual porta-voz de um continente no Congresso de Escritores de Concepción (Chile). Sua percepção de que não estava sozinho naquela empreitada ficou explícita quando elogiou, em uma carta para Vargas Llosa, quatro romances escritos fundamentalmente em Paris: "Ao ler *El siglo de las luces* [O século das luzes], *O jogo da amarelinha*, *Ninguém escreve ao coronel* e *A cidade e os cachorros*, um após o outro, sinto que o meu otimismo se confirma: acredito que, no ano passado, não existiu outra comunidade cultural que tenha produzido quatro romances desse nível" (29 de fevereiro de 1964). Em um ensaio de julho daquele ano, anunciou em público: "O novo romance latino-americano. Senhores, não se enganem: os velhos morreram. Vivem Vargas Llosa, Cortázar, Carpentier." Cortázar e Vargas Llosa se queixaram da ausência do próprio Fuentes no ensaio, e o primeiro contestou a presença de Carpentier, mas o adjetivo "novo", aplicado ao romance latino-americano, tinha um sentido tão estético quanto desrespeitoso em relação às cronologias ao incluir escritores de diferentes gerações: Juan Rulfo, Juan Carlos Onetti, José Donoso, Mario Benedetti e, em um parágrafo à parte, García Márquez.

Desde então, Cortázar, García Márquez e Vargas Llosa estiveram entre aqueles que, com mais convicção, comprariam a aposta de Fuentes e, com maior insistência, repetiriam que o romance latino-americano encerrava, por fim, um conjunto de qualidade, uma unidade na diversidade estética, superando o romance regionalista, considerado apenas de testemunho (Fuentes) ou primitivo (Vargas Llosa). Tal esquematismo deveria ser entendido como um posicionamento radical, sem o qual teriam enfrentado mais dificuldades para se diferenciar dos seus antecessores. O grupo de vanguarda que antecedeu o Boom, o francês Nouveau Roman, foi também objeto de críticas afiadas: seus livros eram, para Vargas Llosa, frívolos e entediantes (7 de abril de 1964), enquanto para Fuentes contribuíam para o "desmantelamento do romance" (11 de maio de 1967). A esses dois grupos "rivais" do Boom, o dos regionalistas de outrora e o dos franceses contemporâneos em voga, somou-se o dos críticos literários, contra os quais, com frequência, eles lançavam insultos abertamente, por suas supostas limitações. Uma frase de Fuentes sintetiza essa postura: "Na América Latina, os criadores são os únicos críticos válidos" (5 de julho de 1967).

O "novo romance", assim identificado por Fuentes, passaria a se chamar "Boom" em 1966, quando Luis Harss o rebatizou nas páginas da *Primera Plana*, de Buenos Aires. O impulso de *Cem anos de solidão*, em meados de 1967, faria o resto, e o próprio García Márquez é quem utiliza tal palavra pela primeira vez nesta correspondência (carta para Fuentes, 2 de dezembro de 1967). O impacto que a obra-prima de García Márquez provocou não é a única razão pela qual 1967 é o ano decisivo do Boom — não por acaso, o mais abundante em termos de intercâmbios epistolares. Em março, Fuentes se uniu a Vargas Llosa como vencedor do Prêmio Biblioteca Breve por *Cambio de piel* [Troca de pele]. Em julho, Vargas Llosa obteve o Prêmio Rómulo Gallegos por *A casa verde*. Em agosto, García Márquez e Vargas Llosa se encontraram pela primeira vez, em Caracas; no mês seguinte, realizaram um diálogo aberto ao público, no qual o colombiano afirmaria, como um eco do que Fuentes havia dito anteriormente: "Eu acredito que o que nós estamos fazendo é um só romance. Por isso, quando estou tratando de um certo aspecto, sei que você está tratando de outro, e Fuentes está interessado em outro totalmente diferente daquilo que nós estamos tratando, mas todos são aspectos da realidade latino-americana."[6] "Um só romance" que, em outubro, con-

---

6 Gabriel García Márquez e Mario Vargas Llosa, *La novela en América Latina: diálogo* [O romance na América Latina: diálogo] (Lima, UNI-Carlos Milla Batres, 1968, p. 38).

sagrou-se por um feito não comentado nestas cartas, porém de inegável transcendência: a concessão do primeiro Nobel de Literatura para um romancista latino-americano, Miguel Ángel Asturias, não só precursor como também cúmplice dos nossos autores, e uma presença frequente no epistolário. Naquele ano de consumação, Fuentes havia lançado a ideia, repetida depois por García Márquez, de que todos escreviam capítulos de um mesmo romance, o romance da América Latina: "Tu não sentes que todo bom romance latino-americano te liberta um pouco, te permite delimitar com exaltação o teu próprio terreno, aprofundar aquilo que é teu com uma consciência fraternal de que outros estão complementando a tua visão, dialogando, por assim dizer, com ela?" (para Cortázar, 21 de julho de 1967). Ele se referia a *Cem anos de solidão*, o qual, seguindo o caminho traçado pelo ensaio de Fuentes (1964), saúda em suas páginas *A morte de Artemio Cruz*, *El siglo de las luces*, *O jogo da amarelinha* e, segundo declaração posterior de García Márquez, *A casa verde*.

Para existir, o Boom precisava de romances grandiosos em todos os sentidos. Depois dos três clássicos de Fuentes, ninguém os entregou mais pontualmente do que Vargas Llosa com *A cidade e os cachorros*, *A casa verde* e *Conversa no Catedral*, recebidos pelos seus três compadres com alvoroço. Vargas Llosa, que naquele momento acreditava na iminência do apocalipse político e social da América Latina, representava em seus livros o oposto disso, o auge do romance latino-americano moderno. Em *As cartas do Boom*, são abundantes as idas e vindas em torno desses verdadeiros achados que foram as obras de Fuentes e Vargas Llosa, assim como *O jogo da amarelinha* e, sobretudo, *Cem anos de solidão*. Mas *As cartas do Boom* é também um livro de história, no qual são discutidos romances que, embora menos populares, não deixam de representar buscas férteis sob outros vieses da narrativa latino-americana: é o caso de *Zona sagrada* e *Cambio de piel*, de Fuentes, e *62/Modelo para armar*, de Cortázar, e, somando-se a eles, *O outono do patriarca*, no qual García Márquez tentou um tipo de romance "deliberadamente hermético, denso, complexo, para que somente aqueles que se deram ao trabalho prévio de aprender literatura possam suportar, isto é, nós mesmos e uns poucos amigos" (12 de novembro de 1968). Vargas Llosa não ficaria para trás na busca por outros rumos: em *Pantaleão e as visitadoras*, colocou em dia o humor que caracterizava os livros dos seus compadres. Além disso, os quatro escreveram contos e ensaios, outras formas, em nada inferiores, de explorar a literatura. Embora esses gêneros possuam um lugar secundário nas cartas — García Márquez se refere aos contos como exercícios para "aquecer o braço" —, são alicerces fundamentais na obra de cada um deles. Nas cartas, fica visível que se acomodar nos seus triunfos ou reiterar os êxitos do passado não estava em seus planos, e que a descoberta deveria ser sucedida por novas buscas, ainda que caíssem na incompreensão e no esquecimento. Alguns fizeram análises dos livros dos demais logo após a leitura, sem reservas — Cortázar foi o mais devastador e minucioso —, esforçando-se para formular uma crítica honesta que não desmerecesse o apreço pessoal entre eles.

O quadro de incerteza social e política contribuiu, sem dúvida, para a insatisfação permanente enquanto escritores. Eles enxergavam assim, e dois projetos ambiciosos, rapidamente frustrados, refletem essa busca por novos rumos literários e políticos e são amplamente comentados na correspondência: a proposta de García Márquez para Vargas Llosa de escreverem juntos uma narrativa sobre a guerra entre a Colômbia e o Peru de 1932, na qual "a possibilidade de aniquilar o patriotismo convencional é simplesmente formidável" (11 de abril de 1967); e a de Fuentes de organizar com o quarteto e outros escritores o volume coletivo "Os Pais das Pátrias", um panorama histórico e literário das ditaduras latino-americanas, "uma narrativa sombria da nossa América" (11 de maio de 1967).

Fuentes, naquele momento, considerava muito importante "destacar esse senso de comunidade, de tarefa em grupo", para construir o futuro. As cartas contêm descrições inesgotáveis sobre como eles enfrentaram ou sofreram juntos os momentos histórico-políticos mais importantes da época. Os manifestos que assinaram juntos, entre 1968 e 1971, atestam a sua vocação para intervir pública e coletivamente em assuntos de relevância imediata. Suas mudanças de residência foram motivadas, mais de uma vez, pela necessidade de fugir de situações degradantes, sufocantes e até perigosas; não surpreende que pelo menos metade dos romances do Boom tenha sido escrita fora da América Latina. Fuentes teve a proeza de provocar a repulsa dos quatro pontos cardeais do espectro político: censura da ditadura de Franco, na Espanha; proibições de entrada nos Estados Unidos; perseguição por parte de Díaz Ordaz, no México, após o Massacre de Tlatelolco; e ostracismo em Cuba, depois de 1971. Os demais também tiveram que enfrentar censuras e ataques de natureza política. O ano de 1968 seria — como foi para muitos — decisivo: Fuentes e Cortázar viveram juntos o Maio de Paris; Vargas Llosa criticou publicamente a invasão soviética à Tchecoslováquia e o apoio de Fidel Castro; os outros três viajaram para a Tchecoslováquia, em solidariedade à silenciada Primavera de Praga; e o quarteto completo se envolveu no caso Padilla, que começou naquele ano de 1968 e alcançou seu ponto mais crítico em 1971.

O Boom enquanto quarteto e enquanto fenômeno começou a se quebrantar devido aos desencontros políticos daqueles anos, e se desfez por completo após vários golpes que tornaram contemporâneos na desgraça todos os latino-americanos: o golpe que significou a prisão de Heberto Padilla em Cuba, em 1971; o golpe de Pinochet no Chile, em 1973; o golpe em uma sala de cinema no México, em 1976, que pôs fim a uma grande amizade; e o golpe militar na Argentina, também em 1976. Havia chegado aquilo que um livro publicado em Buenos Aires naquele ano de 1976 anunciava no título: "o fim do Boom." As cartas da época documentam a gradual decadência política, social, cultural e humana que afetou a região e os seus intelectuais. Os livros dos nossos autores também se transformaram, na década de 1970, em operações frustradas ou incompreendidas. *O livro de Manuel*, um romance ditado pelas urgências da conjuntura política da Argentina, foi duramente criticado como mera propaganda do credo de Cortázar; *Pantaleão e as visitadoras* e *Tia Julia e o escrevinhador* foram recebidos como um retrocesso em relação ao ciclo vargasllosiano da década anterior, embora depois tenham sido melhor assimilados; *O outono do patriarca* gerou decepção por ser inacessível ao grande público; e *Terra nostra* foi considerado o epitáfio literário do Boom, por levar às últimas consequências a desmesura totalizadora que impulsionara os quatro desde o início de suas trajetórias como romancistas.

Os romances clássicos do quarteto, no entanto, continuaram a ser lidos e a falar pelos seus autores, e seriam a base do reconhecimento de toda a sua obra, que chegaria com o tempo sob a forma de traduções constantes para todas as línguas, milhares de estudos acadêmicos e de divulgação, e incontáveis galardões. Dois dos compadres haviam ganhado o Prêmio Biblioteca Breve na década de 1960, três receberam sucessivamente o Rómulo Gallegos, dois o Cervantes e dois o Nobel. Em nenhuma dessas coincidências burocráticas aparece o excepcional Cortázar, que sem dúvida merecia essas distinções tanto quanto os demais, ainda que não lhe interessassem muito. Quando esteve prestes a receber o Prix International de Littérature e acabou preterido, escreveu para Fuentes: "Isso não tem nenhuma importância, e eu me poupei dos estorvos de celebridade (te pareço hipócrita? Então não me conheces bem)" (15 de agosto de 1964). Em 1974, recebeu o Prix Médicis Étranger por *O livro de Manuel* e doou o valor do prêmio à resistência chilena contra a ditadura. Porém a fama o alcançou apesar de si mesmo e para além dos seus livros: enquanto os quatro discutiam nas cartas as possibilidades, mais econômicas do que criativas, de trabalhar com cinema, ao fim foi apenas Cortázar que conseguiu unir o artístico ao sucesso comercial, graças à adaptação de um conto de sua autoria em *Blow-Up*, de Antonioni, o melhor filme baseado em um texto do Boom e uma obra de arte essencial da época. Nas décadas seguintes, em novos livros, em novas adaptações ao cinema, ao teatro, à música — da popular à operística —, o prestígio do Boom continuaria em ascensão. "Em um sentido estrito, o Boom não durou mais de dez ou doze anos, embora a sua esteira tenha se prolongado até os dias de hoje", declarou Vargas Llosa em 2012, ao receber o Prêmio Carlos Fuentes. Muitos escritores da América Latina e de outros lugares seriam impensáveis sem o seu legado.

# A vida imita a obra

Entre os amantes da literatura, existem aqueles que tentam "fugir" da história, dos contextos e da realidade cotidiana, e aqueles que querem se ver refletidos em outros espelhos e ambientes. Não há nada mais humano e natural. Mas os romances (em espanhol, *novelas*, dos étimos *nuevas* [novas], *noticias* [notícias]) também são histórias, e não se escreve uma só linha sem contexto, sem presente e sem passado. Cortázar descreveu para Fernández Retamar sua crescente consciência política nestes termos: "Afastou-se da Argentina o escritor para quem a realidade, como a imaginava Mallarmé, deveria culminar em um livro; em Paris, nasceu um homem para quem os livros deverão culminar na realidade" (10 de maio de 1967). A frase de Cortázar é mais do que uma confissão política: é o reconhecimento — válido para os quatro autores — de que os seus romances procuravam responder aos estímulos do momento histórico e de que os seus atos buscavam ter, sobre os leitores, um impacto equivalente ao dos seus livros.

No caso dos nossos autores, não há nenhum dilema entre vida e obra. O que ocorre é o entrelaçamento das duas: uma obra literária e uma "obra" vital que juntas iluminam uma época. As biografias dos membros desse quarteto representam um compromisso entre a literatura e a história, uma "terceira via" que eles vislumbraram sem poder realizar completamente, porque, antes de escrever sobre os pormenores de suas vidas, priorizaram a criação e recriação da imaginação e da língua do seu continente. Há provas abundantes de que eles sentiam que a tarefa biográfica e autobiográfica permanecia em aberto. Anos mais tarde, Fuentes anunciaria a chegada desse momento adiado: "Saímos do Boom e agora entramos no que eu chamaria de 'Bio Boom'. Uma coisa muito extraordinária está acontecendo com a escrita latino-americana. Pela primeira vez, estamos muito envolvidos com a autobiografia, com a crônica, isto é, dizer as verdades das nossas vidas, da nossa sociedade, do nosso tempo, tais como são. Diferentemente dos anglo-saxões e dos franceses, não temos uma grande tradição de memórias. Fomos muito parcos com isso, principalmente porque era muito perigoso dizer a verdade sobre o que realmente aconteceu na vida e na política."[7] *As cartas do Boom* oferece o privilégio de nos aproximar dessas verdades, dessas memórias, dessas autobiografias.

É bem conhecida a *boutade* difundida por Borges, segundo a qual a obra mais importante de Flaubert é o seu epistolário. Provavelmente ninguém se atreva a dizer isso sobre *As cartas do Boom*, apesar de ser um dos livros fundamentais dos seus autores — sob a perspectiva que temos hoje de um livro que surge várias décadas depois de ser escrito. Se os cinco volumes de *Cartas* de Cortázar são parte essencial da sua obra, tanto quanto *O jogo da amarelinha*, o mesmo poderá ser dito deste livro, e dos epistolários de Fuentes, García Márquez e Vargas Llosa, quando forem organizados. Vargas Llosa reconheceu as proporções desses intercâmbios ao admitir que, "nos belos e exaltantes sessenta, tenho certeza de que produzi — o verbo diz tudo — quase tanta papelada quanto a que o carteiro descarregava toda manhã no meu apartamento da rue de Tournon, em Paris, ou depois no de Cricklewood, em Londres. Foram anos de intensas conspirações políticas e formidáveis boatarias literárias".[8] A importância dessa "papelada" foi frisada por García Márquez, com sua hipérbole habitual: "O nosso verdadeiro destino está na literatura epistolar" (2 de novembro de 1968). Para encontrar um exemplo análogo a *As cartas do Boom*, e exagerando só um pouco (há mais línguas), teríamos que imaginar Joyce, Proust, Kafka e Faulkner envolvidos em uma intensa correspondência, na década de 1920, sobre literatura e política, incluindo as reações, por vezes instantâneas, às obras de cada um deles.

Nunca faltaram nem faltarão críticos que reduzam o Boom a uma miragem publicitária, cujos romances não seriam superiores aos dos seus predecessores nem aos de uma dúzia ou vintena de contemporâneos menos glamurosos ou menos capazes de aproveitar a nova ciência

---

7 Jorge F. Hernández, compilador, *Carlos Fuentes: territorios del tiempo. Antologia de entrevistas* [Carlos Fuentes: territórios do tempo. Antologia de entrevistas] (México, Fundo de Cultura Econômica, 1999, p. 169).

8 Mario Vargas Llosa, "Botella al mar" [Garrafa ao mar], *El País*, Madri, 24 de março de 1996.

das relações públicas e da propaganda comercial. No entanto, os quatro escreveram, *naquele momento*, clássicos latino-americanos duradouros, além de uma obra que se estendeu ao longo de várias décadas. A verdade mais importante de todas, quase sempre ignorada pelos revisionistas dos últimos quarenta anos, é que o romance latino-americano foi a única literatura do planeta que reagiu de forma plena à conjuntura complexa e extraordinariamente fértil da década de 1960, a época mais apaixonante desde a de 1920 e, sob os pontos de vista político e cultural, o último grande momento utópico do Ocidente. O Boom é particularmente chamativo porque se opõe a várias correntes literárias, não só a marxista, que pressupõe que o romance é uma forma literária incapaz, por proximidade e parentesco com a história, de apreender e representar o presente. O Boom confrontou a eterna problemática da identidade latino-americana, dando destaque às políticas identitárias emergentes (não só a nacionalidade e a classe social, mas também a raça, a etnicidade, o gênero e a sexualidade), um movimento intelectual e estético que, de modo simultâneo, uniu e separou os três "mundos": o capitalista, o comunista e o ex-colonial em vias de desenvolvimento. As virtudes como narradores e o papel que assumiram como porta-vozes de uma sociedade e de uma sensibilidade política e histórica permitiram que eles se mantivessem como os escritores latino-americanos mais célebres e influentes por décadas a fio.

Negar ou refutar as conquistas e as virtudes do quarteto central do Boom seria como argumentar que Proust, Joyce, Woolf, Kafka, Faulkner, Hemingway e Mann foram tirados arbitrariamente da manga da crítica ou transformados em cânones conforme alguma agenda ideológica. A Geração de 27 é um fenômeno por si só, mas encontrar quatro grandes escritores, em um contexto histórico quase sem precedentes, mantendo contato durante vários anos para dialogar sobre o romance, a literatura em geral, a história latino-americana, as suas próprias biografias e a dinâmica das suas ideias dentro desse contexto é absolutamente único. As páginas a seguir contam essa história.

Os editores

# Nota sobre a edição

Este epistolário inclui 207 missivas trocadas entre os autores. A maioria é composta por cartas, mas também há um número reduzido de postais, telegramas e faxes. Não conseguimos resgatar tudo o que foi escrito; muitas cartas se perderam ou não foram identificadas.

Organizamos esta correspondência de duas maneiras diferentes que se complementam: uma é "clássica", cronológica, e a outra, digamos, "moderna", pois não separa as cartas por remetente, de forma que os quatro autores reavivam a conversa simultânea que os uniu durante anos (com os "vasos comunicantes" de *Palmeiras selvagens*, de Faulkner, ou, para falar no estilo de T. S. Eliot, "Do the Letter in Different Voices"). Acreditamos que nunca foi organizado um epistolário com quatro grandes vozes da literatura dialogando desse modo, e a consequência é que este livro, mais do que uma *compilação* de cartas, é uma grande *narração* em primeira pessoa, que transita rapidamente do singular ao plural.

O conjunto é extenso e ainda mais significativo se atentarmos ao processo pelo qual estas cartas passaram para chegar até nós: escritas à máquina ou à mão, lacradas em um envelope, levadas até uma caixa de correio, transportadas de avião ou de barco — em viagens muitas vezes transatlânticas —, carregadas nas costas por carteiros, lidas e, por fim, preservadas por mais de meio século. Além disso, muitas delas sobreviveram às constantes mudanças dos seus destinatários.

O epistolário se inicia em 1955 e logo se transforma em um registro dos vários começos do Boom: o 1958 de *A região mais transparente*, o

1962 do Prêmio Biblioteca Breve para *A cidade e os cachorros*, o 1963 da publicação de *O jogo da amarelinha* e — após superar a censura — *A cidade e os cachorros*, o 1964 do ensaio de Carlos Fuentes sobre a sua própria descoberta e articulação desses romances. Dois terços dessa história são da década de 1960, quando todos os milagres se tornaram ou pareciam possíveis. Com a desintegração definitiva do quarteto em 1976 por desavenças pessoais somadas a catástrofes políticas, não quisemos que o restante fosse silêncio e, para obter uma imagem completa, incluímos um "Fim de festa" com as cartas trocadas entre eles depois do Boom (1976-2012). Ainda que estas costumem ser esporádicas e por vezes muito breves, elas também registram alguns momentos memoráveis e outros extremamente humanos: os cumprimentos pelo Nobel de García Márquez e pelo Cervantes de Fuentes; o divertido relato em tempo real de Cortázar na estrada de Paris a Marselha, que daria origem a *Os autonautas da cosmopista*; as trocas sobre a morte da última companheira de Cortázar, Carol Dunlop, e sobre os desafios de saúde enfrentados por García Márquez. Mesmo nas últimas mensagens, não faltam bom humor e cumplicidade: o desejo de Fuentes e García Márquez de prolongar nos filhos a sua amizade íntima e de longa data e a celebração de Fuentes pelos 85 anos de García Márquez e por uma vida inteira compartilhada.

Devemos principalmente a Carlos Fuentes a existência deste livro: não só guardou as cartas que recebeu, como também cópias de boa parte das que enviou. Vargas Llosa guardou somente as que recebeu. Dos quatro, foram eles que tiveram, desde muito cedo, uma clara consciência da conveniência e da necessidade de preservar os seus arquivos. Cortázar não conservou nenhuma carta, a não ser por casualidade, e, entre essas felizes coincidências, nenhuma carta dos demais autores deste livro parece ter sobrevivido. García Márquez tampouco foi muito cuidadoso para guardar a sua correspondência, nem a de ida nem a de volta, embora tenha conservado um punhado de cartas suas do final dos anos 70. Se acreditarmos nele, perdeu em um hotel em Bogotá, em 1967, uma porção das que foram escritas pelos seus três compadres "e outros mafiosos" (carta para Plinio Apuleyo Mendoza, 9 de março de

1968). Convém destacar que não foram encontradas cartas de García Márquez para Cortázar nem de Vargas Llosa para García Márquez (e apenas uma de Vargas Llosa para Cortázar, que sobreviveu no arquivo do primeiro). Nutrimos a esperança de que alguns desses vazios possam ser preenchidos no futuro, assim tornando realidade o prognóstico que García Márquez fez para Fuentes sobre outra carta extraviada: "Logo será encontrada pelos arqueólogos, quando estiverem organizando as nossas obras completas" (7 de dezembro de 1966).

A correspondência de Fuentes e Vargas Llosa provém dos seus arquivos preservados na Universidade de Princeton; algumas cartas adicionais são conservadas no arquivo de García Márquez na Universidade do Texas, em Austin. *As cartas do Boom* é o primeiro epistolário dos quatro autores em conjunto, mas possui antecedentes importantes, especialmente a edição épica da correspondência de Cortázar em cinco volumes, compilada e anotada por Carles Álvarez Garriga e Aurora Bernárdez (Alfaguara, 2012). O acesso a uma parte da correspondência de Fuentes estava restrito quando aquela edição foi preparada, o que explica que, das 45 mensagens que Cortázar escreveu para ele incluídas em *As cartas do Boom*, todas, exceto uma, sejam inéditas. Este pode ser considerado o segundo epistolário de peso de Cortázar e, em ordem cronológica, o segundo de Fuentes após a publicação dos seus intercâmbios com o editor Arnaldo Orfila (México, Siglo XXI, 2013). É, ainda, o primeiro epistolário de García Márquez (22 cartas para Fuentes e 18 para Vargas Llosa) e também o primeiro de Vargas Llosa (12 cartas para Fuentes e uma para Cortázar).

Na transcrição das cartas, privilegiamos a transparência da comunicação acima de qualquer pretensão filológica. Trata-se, ao mesmo tempo, de quatro castelhanos diferentes, e procuramos respeitar essas diferenças. Quanto à pontuação, sabe-se que Cortázar exigia o respeito irrestrito às suas vírgulas — em todo caso, como editor de *Paradiso*, de Lezama Lima, corrigiu-as sem trégua —, enquanto García Márquez agradecia em público o trabalho dos seus revisores. Fuentes e Vargas Llosa são os que oferecem menos obstáculos nesse quesito. Corrigimos erratas evidentes e padronizamos o formato de local e data de redação em todos os documentos.

Faz-se oportuno tecer um comentário sobre o Boom do ponto de vista ortográfico. Segundo as regras, as associações artísticas devem ser escritas com inicial maiúscula nos seus elementos significativos (Los Panchos, Les Luthiers), mas curiosamente são excluídas as associações literárias, que são tão reais quanto as "oficiais". Consequentemente, decidimos registrar todas as agrupações literárias, inclusive o Boom, com iniciais maiúsculas, exceto quando o termo aparece escrito de outra maneira nos títulos de publicações.

As notas buscam dar um contexto para as informações presentes nas cartas, sem atribuir juízos de valor às opiniões nelas contidas. Traduzimos algumas expressões que estavam em outros idiomas sempre que nos pareceu necessário. Reduzimos o aparato referencial para dar fluidez à leitura.

Nós, editores, julgamos conveniente complementar o epistolário com alguns materiais que lançam luz sobre as relações entre os autores, as opiniões acerca dos seus livros e o meio cultural da época. Na seção "Ensaios e entrevistas", selecionamos, entre os muitos textos disponíveis, onze cuja pertinência será apreciada pelos leitores: três textos de Vargas Llosa — a resenha de *O jogo da amarelinha* (1964), a entrevista concedida por Cortázar (1965) e o artigo dedicado a *Blow-Up* de Antonioni (1967) —, reunidos pela primeira vez em livro desde a sua longínqua publicação na imprensa peruana; elogios de Fuentes e Vargas Llosa pela publicação de *Cem anos de solidão*; uma breve biografia de Fuentes escrita por Vargas Llosa; a única entrevista de que se tem notícia com três membros do quarteto (em 1968, para a revista *Listy* da Tchecoslováquia); a evocação mais poderosa que García Márquez escreveu sobre a década de 1960; as elegias de García Márquez e Fuentes pela morte de Cortázar, em 1984; e, desse mesmo ano, uma recordação de García Márquez sobre a sua amizade com Fuentes. A seção "Documentos" inclui sete pronunciamentos coletivos, nos quais os nossos autores tiveram protagonismo central.

Agradecemos às pessoas e instituições sem as quais este livro não teria sido possível: àqueles que possuem os direitos autorais desta correspondência, representados pela Agência Carmen Balcells; à equipe da Firestone Library da Universidade de Princeton, especialmente a Emma Sarconi; à equipe do Harry Ransom Center da Universidade do Texas, em Austin; ao arquivo de Cortázar na Universidade de Poitiers; a Rosario Bedoya, do arquivo de Mario Vargas Llosa em Barranco; às professoras Dora Poláková, que nos proporcionou a entrevista da *Listy*, e Anežka Charvátová, que revisou a tradução para o espanhol; a Abraham Nuncio Limón, que nos alcançou a fotografia do grupo unido em Bonnieux; e a John King, professor emérito da Universidade de Warwick, que ofereceu comentários perspicazes para a introdução. A Universidade de Oregon apoiou o nosso trabalho com uma Presidential Fellowship in Humanistic Studies e um subsídio do Oregon Humanities Center. Finalmente, expressamos a nossa sincera gratidão a Pilar Reyes e Carolina Reoyo, da Penguin Random House, pelo firme apoio a este projeto.

# As cartas do Boom

# *Pachanga* dos compadres (1955-1975)

# 1955

## De Carlos Fuentes para Julio Cortázar

México, 16 de novembro de 1955[1]

Sr. D. Julio Cortázar
91, rue Broca
Paris XIII

Estimadíssimo amigo,

Graças à gentileza de Emma[2], pude obter seu endereço. Com ela, deixo o meu pedido: suponho que já estará em suas mãos o primeiro número da *Revista Mexicana de Literatura*:[3] seria uma honra poder contar com a

---

1 Naquele mês de novembro de 1955, em que começa *As cartas do Boom*, CF era autor do livro de contos *Los días enmascarados* [Os dias mascarados] (México, Los Presentes, 1954), estudava Direito na UNAM e tinha acabado de renunciar ao posto de diretor de imprensa e de publicações na Secretaria de Relações Exteriores. Também havia participado das revistas *Medio Siglo* e *Revista de la Universidad de México*. Malva Flores, *Estrella de dos puntas. Octavio Paz y Carlos Fuentes: crónica de una amistad* [Estrela de duas pontas. Octavio Paz e Carlos Fuentes: crônica de uma amizade] (México, Ariel, 2020).

2 CF e JC iniciaram essa relação epistolar antes de se conhecerem pessoalmente, o que ocorreu em 1961, em Paris, conforme JC escreveu para Emma Speratti: "Por aqui, andou Carlos Fuentes, e tive muito prazer em conhecê-lo e conversar com ele por algumas horas" (27 de outubro). Emma Susana Speratti Piñero, professora e crítica argentina, residiu no México de 1953 a 1965. Teve sob seus cuidados a publicação do livro de JC *Final do jogo* (México, Los Presentes, 1956).

3 Dirigida por CF e Emmanuel Carballo desde o seu surgimento (setembro-outubro de 1955) até o número 12 (setembro-outubro de 1957).

sua colaboração em edições futuras. Todos nós conhecemos o seu valor como escritor; por Emma, também conhecemos o seu valor como amigo. Contar com o senhor nos proporcionaria essa dupla colheita.

Acredito que Ramón Xirau, excelente amigo e crítico, que atualmente trabalha na Universidade de Paris e reside na Casa do México da Cité, tenha entrado em contato com o senhor. Trata-se de um grande companheiro, e o seu livro *Tres poetas de la soledad* [Três poetas da solidão] (Villaurrutia, Gorostiza, Paz) representou um grande passo para a crítica literária mexicana, tão frágil, tão chauvinista.

Envio separadamente um exemplar do segundo número da revista.

Fico no aguardo de notícias suas, com a minha admiração e amizade mais sinceras,

Carlos Fuentes

## De Julio Cortázar para Carlos Fuentes[4]

Paris, 21 de dezembro de 1955

Querido Fuentes,

A sua carta chegou a Paris quando eu estava em Genebra e, embora a tenham me enviado uma semana depois, o meu trabalho e uma gripe me impediram de responder antes.[5] Além disso, não queria lhe escrever antes de providenciar uma cópia da minha colaboração para a sua revista.

---

4 JC morava em Paris desde 1951. Sua obra até 1955 era praticamente secreta: a coletânea de poemas *Presencia* [Presença], assinada com o pseudônimo Julio Denis, e a peça teatral em versos *Los reyes* [Os reis] mal circularam, e o livro de contos *Bestiario* [Bestiário], hoje um clássico, levou mais de uma década para se esgotar. Paralelamente, tinha uma vasta obra como tradutor literário. Dois romances e uma série de ensaios literários escritos antes de 1955 foram publicados postumamente.

5 Desde novembro de 1952, JC trabalhou por temporadas como tradutor para a Unesco, com sede em Paris. Na época da carta, em "franco período de estiagem" na Unesco (para Eduardo Jonquières, 15 de outubro de 1955), trabalhou também para as Nações Unidas em Genebra.

Sim, recebi a primeira edição, e espero que a segunda — anunciada pelo senhor — chegue por estes dias. Emprestei a edição para alguns amigos (considero a melhor maneira de difundi-la em Paris, e pedi inclusive que a façam circular entre pessoas de língua espanhola) e, por isso, não posso fazer referências concretas ao seu conteúdo. No geral, pareceu-me boa, e creio que possíveis defeitos lhe serão tão visíveis quanto para mim. Em todo caso, se o senhor quiser, falarei mais detalhadamente sobre a nova edição.

Envio um conto que receio que seja um pouco longo, mas não tenho outro no momento (os outros são ainda mais extensos).[6] De todos os modos, tenho interesse pela sua leitura, pois é uma tentativa em outra direção; trata-se de uma crônica inspirada em fatos reais, que aconteceram com a criada de uma amiga minha. Pareceu-me que a enormidade da coisa toda merecia se eternizar por escrito.

Tentarei entrar em contato com Xirau, e agradeço por ter me falado dele e da sua estada em Paris.

Quando o senhor se encontrar com Emma, diga que lhe escrevi há tempos e que não seja preguiçosa. Sei que Emma lhe transmitiu algumas opiniões minhas sobre os seus lindos contos.[7] Sabia que eu sonhei com o

---

6 "Los buenos servicios" [Os bons serviços], publicado no n.º 4 da revista (março-abril de 1956), e posteriormente em *As armas secretas* (Buenos Aires, Sudamericana, 1959).

7 As linhas que JC escreveu para Emma Speratti sobre *Los días enmascarados* [Os dias mascarados] sobreviveram entre os papéis de CF em Princeton: "Os contos de Fuentes estão muito acima do que se lê normalmente em livros e revistas. Acho que você me disse que se trata de um homem muito jovem, e dá para notar em muitos aspectos, mas tem tanto talento que compensa plenamente essa evidente falta de maturidade. O livro é muito irregular, mas com contos como 'Por boca de los dioses' [Pela boca dos deuses] — para mim, o melhor, simplesmente extraordinário — e 'Chac Mool' — em que a ideia é mais bela do que o tratamento literário — há de sobra para saber que 'temos homem', como dizem em *Doña Bárbara*. Aurora [Bernárdez, esposa de JC] ficou fascinada com 'Tlactocatzine', e eu também, mas não cheguei a *aceitá-lo*, e isso é fundamental para o impacto de um conto. Fuentes tem em mãos um material muito fértil, no entanto há uma certa imperícia no jogo entre os planos, no avanço da narrativa, que me impediu de perder o senso crítico e mergulhar de cabeça no conto. Em contrapartida, 'Por boca' é perfeito (e talvez ele se surpreenda com esse parecer, porque tenho a impressão de que 'Tlactocatzine' deve ter dado muito mais trabalho... Mas são assim mesmo essas loterias, como bem sabemos todos nós que estamos

Chac Mool? Tal como o senhor o descreve na última cena. Quando vou ler outras coisas suas?

Abraços para Arreola[8] e Paz quando se encontrar com eles, e até breve, com o profundo afeto do seu amigo

Julio Cortázar

no meio da festa). 'En defensa de la Trigolibia' [Em defesa da Trigolíbia] é delicioso, e me lembrou constantemente Michaux, que tanto amo, não porque ache que Fuentes o recordava ao escrever, e sim por uma bela e natural analogia de humor e de sentido. Considero os outros dois contos do livro ['Letanía de la orquídea' e 'El que inventó la pólvora'] [Ladainha da orquídea e Aquele que inventou a pólvora] muito inferiores aos que acabei de citar."

8 Juan José Arreola dirigiu a coleção Los Presentes, que publicou *Los días enmascarados* [Os dias mascarados] de CF (1954) e *Final do jogo* de JC (1956).

# 1956

## De Carlos Fuentes para Julio Cortázar

México, 1º de fevereiro de 1956

Sr. D. Julio Cortázar
91, rue Broca
Paris

Querido amigo,

Perdoe a minha demora para responder: *the sound and the fury* locais às vezes consomem mais tempo do que deveriam, e as reações dos Marx Bros. diante da *Revista* envolvem polêmicas que, se não fosse por uma dose adequada de bom humor, já teriam panzerizado o meu fígado há muito tempo.

Muito, muito obrigado pelo grande conto! Já o entreguei à imprensa, e sairá em nosso número 4, em boa companhia na seção de contos: o primeiro capítulo do novo romance de Rulfo e a tradução de *Clorinda*, de Pieyre de Mandiargues.[9] O senhor tem uma garra imensa: uma vez iniciada a leitura, não é possível soltá-lo. Digo isso não só por "Os bons serviços", mas também por *O exame*, cujo manuscrito Emma teve o bom tino de me emprestar. Estamos, verdadeiramente, diante de um ROMANCE, orgânico, apaixonante, coeso, não diante de uma simples

---

9 Rulfo não apareceu nesse número.

junção de contos atados com fio visível que, em nossos países, passam por romances. Eu o li pela primeira vez de uma sentada só, e agora, com mais calma, um capítulo por dia. Emma reclama, reclama. Fazer o quê? A cena da briga no WC é um *tour de force*. E do passeio noturno por Buenos Aires nem se fala: vívido, inesquecível. E, se o senhor sonha com Chac Mool, adivinhe quantas vezes, no silêncio da noite, Abelito apareceu para arranhar as minhas janelas.

Tomara que, em algum momento futuro da revista, possamos incluir uma seção de *O exame*.[10]

Obrigado, também, pela sua crítica de *Los días enmascarados* [Os dias mascarados]. Já tenho um segundo livro de contos finalizado e, para o fim do ano, um romance: "La región más transparente del aire" [A região mais transparente do ar].[11]

Emma, Arreola e Octavio Paz retribuem os seus cumprimentos. Eu envio minha amizade e admiração muito fraternais,

Carlos Fuentes

## De Julio Cortázar para Carlos Fuentes

Paris, 6 de abril de 1956

Senhor Carlos Fuentes

Meu querido amigo,

Espero que estas linhas o encontrem já de regresso ao México. Eu vou depois de amanhã para a Espanha, onde ficarei até o fim de maio. Jorge Portilla não apareceu até agora, e muito temo que nos desencontremos.[12] De todos os modos, pelo que o senhor me diz, suponho que vamos nos

10 O romance só foi publicado postumamente, em 1986. O próximo texto de JC publicado na *Revista Mexicana de Literatura* foi "O perseguidor", no n.º 9-10 (janeiro-abril de 1957).

11 O livro de contos não foi publicado. O romance sairia com o título *La región más transparente* [A região mais transparente] (México, Fundo de Cultura Econômica, 1958).

12 Ao que tudo indica, CF havia mencionado a JC, em carta não recuperada, a visita do filósofo mexicano Jorge Portilla a Paris.

encontrar no meu retorno, porque vejo que vai ficar por um bom tempo em Paris. Será uma grande alegria conhecê-lo e, se for o caso, ajudá-lo a mergulhar de cabeça nessa Paris tão complicada no começo para nós, que somos da outra costa. Se o senhor escrever para ele, diga que no fim de maio estarei aqui, à disposição.

Fico feliz em saber que o conto logo vai sair. Recebi o número 3 da revista e achei bem interessante. O fragmento de Manuel Calvillo me deixou com vontade de ler todo o livro, porque tem muita força e está muito bem contado.[13] Nem preciso dizer, no entanto, que todo o meu entusiasmo, devido ao meu temperamento especial, voltou-se para a exortação aos crocodilos, que considero simplesmente memorável. Continuem publicando pérolas assim, porque não é todos os dias que topamos com textos tão bons.

Até muito breve, com afeto a todos os amigos e um abraço para o senhor de

Julio Cortázar

## De Carlos Fuentes para Julio Cortázar

México, 12 de setembro de 1956

Sr. D. Julio Cortázar
Paris

Queridíssimo amigo,

O senhor verá que minha lista de pedidos é interminável: vamos iniciar uma nova seção na *Revista*, dedicada a comentar, "a várias vozes", o livro mexicano do bimestre. Queremos começar com *O arco e a lira* de Paz[14], obra que, no México, só tem merecido o silêncio, a incompreensão

---

13 "Los otros caminos (fragmento)" [Os outros caminhos (fragmento)], do poeta mexicano Manuel Calvillo.

14 México, Fundo de Cultura Econômica, 1956.

e os qualificativos de "super-realista" e "reacionária".[15] Considero importante resgatar, pelo menos em uma publicação mexicana, o valor do livro, destacando, é claro, os seus possíveis defeitos e opiniões divergentes, mas sob as bases da honestidade intelectual. Por isso, tomo a liberdade de me dirigir ao senhor, certo de que poderemos contar com a sua colaboração. Participarão também dois ensaístas europeus, Geneviève Bonnefoi e Leone Traverso, e um hispano-mexicano, Tomás Segovia. Antonio Alatorre levará, nesse caso, a voz mexicana. Aguardo as suas linhas a respeito; caso nos honre com a sua colaboração, precisaríamos das suas páginas durante a primeira quinzena de outubro.[16]

Acredito que tenha recebido os exemplares do número 4 com "Os bons serviços". O conto teve muito êxito aqui, a favor e contra. É claro que, no México, nada consta por escrito.

Aguardamos a publicação de *Final do jogo*. Arreola tem se dedicado a ser jogral e anda representando nos palcos Juan del Encina e Badajoz, disfarçado com malhas e cornucópias, o que o afasta irremediavelmente dos seus deveres editoriais.[17]

Um abraço, com a amizade muito sincera de

Carlos Fuentes

---

15 JC havia escrito para Paz, em 31 de julho de 1956, uma carta sobre esse livro: "Acabei de terminar a leitura — e, em grande parte, a releitura, e até a arquileitura — de *O arco e a lira*. Quero lhe escrever agora mesmo estas linhas, cujo desalinho me será perdoado em nome do entusiasmo que as motiva."

16 O número 8 da revista (novembro-dezembro de 1956) incluiu apenas dois textos na seção "Voces críticas sobre *El arco y la lira*" [Vozes críticas sobre *O arco e a lira*], escritos por Tomás Segovia e Manuel Durán.

17 *Final do jogo*, segundo o colofão, foi impresso semanas antes desta carta, em 31 de julho de 1956, o que sugere que a distribuição pode ter demorado. O livro teve uma tiragem de 600 exemplares.

# 1958

## De Julio Cortázar para Carlos Fuentes

Paris, 7 de setembro de 1958

Meu querido Fuentes,

Já faz tempo que recebi o seu romance. Uma longa viagem pela Grécia e uns trabalhos meus que precisava terminar são os culpados pelo atraso com que acuso recebimento do seu livro. Mas agora que um domingo tranquilo me deu a vontade e o tempo de reler algumas partes de que gosto em particular, não quero deixar passar nem mais um instante sem lhe falar (desordenadamente e ao correr da máquina, como se estivéssemos conversando em um café) tudo o que significa para mim *A região mais transparente*. Não sei como a crítica mexicana terá recebido o seu livro; só conheço uma carta aberta de Emma, que evidentemente não passa de uma "aproximação" amistosa ao seu livro, sem o propósito de ir a fundo.[18] (Tomara que o faça, pois acredito que ela é capaz de descobrir coisas interessantes, como sempre que se põe a explorar a obra de alguém.) De minha parte, não sendo mexicano, ignorando por completo o ambiente que um romance como o seu tanto suscita quanto reflete, tenho vantagens e desvantagens igualmente

18 "Carta abierta a Carlos Fuentes a propósito de su primera novela" [Carta aberta a Carlos Fuentes sobre o seu primeiro romance], *Revista de la Universidad de México*, n.º 8, abril de 1958: "Mas tu ainda podes dar mais. Que esse *mais* se cumpra; que não fique no anúncio e na promessa. Com isso, acabam meus elogios. Outros te incensarão. Tomara que isso não te entorpeça. Tomara que percebas que aqueles que se curvam diante da nova deidade literária costumam esconder uma risada de escárnio virada para o chão."

perigosas em relação aos leitores de lá. As desvantagens são óbvias: escapam-me muitas alusões — embora uma certa técnica e um pouco de olfato me ajudem bastante —, e às vezes perco o sabor da fala dos seus personagens (tanto dos "popoff"[19] quanto dos da rua) no jogo de vozes desconhecidas, de expressões típicas. Nem falemos da minha ignorância em matéria de história mexicana, tão importante para entender muitos aspectos do seu livro. Em compensação, acredito ter uma vantagem que talvez falte lá: em primeiro lugar, a ausência de qualquer compromisso com essa realidade com que você e, dentro do mesmo jogo, todos os seus leitores mexicanos estão engajados. Posso ler o livro como se lesse um romance de, digamos, Joyce Cary ou Boris Pasternak; quanta diferença quando chega de Buenos Aires alguma tentativa de explicação ou crítica dos problemas argentinos! Compartilhar uma realidade é sempre compartilhá-la na luta, divididos em grupos, com perspectivas fervorosamente opostas. Mas, desde já, quero lhe mostrar a nossa verdadeira e autêntica fraternidade: lendo o seu romance, sublinhei centenas de passagens e escrevi ao lado: "Argentina". Imagino que você possa ter feito o mesmo com alguns de nossos livros. De todos os modos, antes de conhecer o seu romance, não tinha a impressão de que somos tão parecidos, de que os Rodrigo Pola, os Gabriéis e as Normas podem coincidir, com tanta precisão, com certos protótipos argentinos que só se dão na Europa sob formas muito diferentes. A constatação é melancólica em quase todos os casos: somos imensamente parecidos no que há de pior. Mas aqui não se trata de cair em considerações morais.

Me atreverei a dizer logo de cara aquilo de que menos gosto em seu livro, pois gostei dele tão imensamente que tenho pleno direito, creio eu, de criticar o que me pareceu menos bem-sucedido. É tão fácil ficar bem com um autor amigo quando o seu livro é medíocre e correto; basta uma carta igualmente medíocre e correta, e todo mundo sai contente. Com você não dá, tchê. Com você é preciso ir a fundo, devolver golpe por golpe da surra que o seu livro dá nos leitores a cada página. E, por isso, a primeira observação (você me dirá algum dia se concorda com tudo isso) nasce em razão direta da magnitude do livro. Você incorreu no magnífico pecado do homem

---

19 Da alta sociedade.

talentoso que escreve o seu primeiro romance: incluiu o resto, botou um mundo inteiro em 500 páginas, deu-se ao luxo de misturar o ataque com o gozo, a elegia com o panfleto, a sátira com a narrativa pura. Não tenho o preconceito dos "gêneros literários": um romance é sempre um baú onde colocamos de tudo um pouco. Mas, Carlos, exceto para os que conhecem o seu México como você, todo o começo do livro, com entrecruzamentos, *flashbacks*, aparições de personagens rapidamente escamoteados até muitas páginas depois, provoca não pouca fadiga e exige uma certa abnegação do leitor para finalmente seguir em frente. Minha mulher ficou tão aturdida com o início que teve que descansar por uns dias e *tornar a lê-lo*; então, embebeu-se de verdade e desfrutou dele tanto quanto eu. Em suma: você desentranhou a sua "comédia humana" em um volume único, sem pensar que narrava coisas estritamente locais, isto é, muito difíceis para aqueles que não são mexicanos, e apresentava situações que muitas vezes fazem fronteira com um plano mágico e metafísico (ou religioso, no sentido em que o entende Teódula?), até chegar a uma saturação nem sempre compreensível. Certamente, *Ulisses* não faz outra coisa, mas acredito que Joyce perseguia fins mais "literários" do que você, colocava o foco na técnica com um propósito de ruptura com moldes vetustos. O seu livro, em contrapartida, até onde consigo senti-lo, é um romance social — uso a palavra correndo o risco de todos os mal-entendidos —, e talvez tivesse a ganhar com uma proposta mais caritativa para o leitor, sobretudo quando este não é um compatriota. E isso me leva a fazer outra observação. Às vezes, você se deixa vencer por um ressentimento de que compartilho de sobra, mas cuja expressão literária me parece contraproducente quando exagerada. Penso, para citar um exemplo, no tom da página 29. Ali, o seu estilo, essa admirável intuição que você tem das situações vitais que dão o tom e a força do seu livro, reduz-se a brulote, a uma caricatura daquilo que você e eu, e muitos, sabemos sobre esses círculos e essas des-concepções da vida e da realidade.[20] E, para terminar com as

20 Essa página diz: "Todas as mexicaninhas loiras, elegantes, vestidas de preto, convencidas de que dão o tom internacional no triste país pulguento e corroído. Os seus maridos, advogados bem-sucedidos, industriais incipientes, acreditam estar conquistando (aqui, em todas as festas de todos os Bobós) a zona da recompensa definitiva, dos grandes prazeres, do tresloucado êxito."

objeções, uma de pouquíssima importância em um romance, mas que, dado o nível do seu, merece ser assinalada. Às vezes, há expressões que você, em outra edição, certamente suprimiria: penso, por exemplo, na p. 229, a frase que começa: "Ao abrir a porta..." Há um "momento culminante" (p. 276) e um "tomou assento na cama" (p. 302), que são simples inadvertências. Também não gostei muito do retrato dos cineastas (p. 314 e segs.). Não duvido de que seja fiel, mas tem um quê de estereotipado e caricaturesco ao mesmo tempo; Evrahim não é um ser de carne e osso e sangue como um Robles ou um Zamacona. E aqui passo àquilo de que gosto, e realmente gosto, no seu esplêndido livro: o personagem de Gervasio Pola, admirável de verdade, e o seu filho, igualmente e lamentavelmente verdadeiro. A história de Federico Robles me parece uma das melhores que você escreveu. (Sempre que entram em cena, no seu livro, a guerra, as lutas civis, o povo nas ruas e nas estradas, fica evidente que você é um grande escritor, que deixa completamente para trás todas as observações menores com as quais o entediei antes.) A passagem a partir da p. 134 é daquelas que não são esquecidas nunca mais, assim como toda a parte intitulada "Maceualli". Não é preciso ser um lince para sentir, na sequência, até que ponto você carregou esse livro dentro de si por muito tempo (ainda que a obra, em si, possa ter sido escrita rapidamente); não é qualquer um que é Ixca Cienfuegos, não é qualquer um que pode concentrar em algumas páginas a força tremenda que são os destinos de Zamacona, de Rodrigo Pola e de Robles, tão profundamente americanos, enquanto presença de certos valores morais e materiais que são a raiz trágica dos nossos pobres países. Além disso, você aborda a cidade e o campo com a mesma eficácia, coisa pouco frequente e admirável em um romance, em que ou se é como Balzac e Proust, ou como Giono ou Ramuz. Como se não bastasse, os seus diálogos são verdadeiros diálogos, não esse estranho produto inventado por tantos romancistas (penso em Mallea, por exemplo),[21]

---

21 Eduardo Mallea, frequente ponto de referência e ironias da parte de JC. Vargas Llosa recordou várias vezes este episódio: "Ele e Aurora zombavam muito de uma frase, que não sei se era verídica ou se tinham inventado, de Eduardo Mallea em um romance no qual um personagem entrava em um quarto e acendia a luz, e eles diziam que Mallea tinha escrito: 'Fulano de tal entrou no aposento e converteu a cerração em luz elétrica'" ("El canon del Boom" [O cânone do Boom], 2012).

como se jamais tivessem falado com o vizinho, com a sua amante ou com o auditor fiscal. Penso nos excelentes diálogos de Gabriel, Beto e Fifo, e nos dos "filhinhos de papai" — tão parecidos em qualquer parte do mundo, mas tão difíceis de capturar com exatidão nos seus diversos graus de prostituição verbal.

Eu não sei se o seu livro me fez conhecer o México um pouco melhor. Basta-me, por ora, ter conhecido você melhor e estar deslumbrado pelo seu talento como romancista. Em sua carta, Emma assegura que você pode dar mais. Por que não? Você deve ser o primeiro a acreditar. Tem que acreditar. Porque a prova salta à vista. Os nossos livros nos escrevem, levam-nos para frente ou para trás. O seu, amigo, deu-lhe um empurrão tal que, desde já, não vejo a hora de ler o próximo. Fiquei com uma impressão terrível, obscura, espessa e perfumada do México. O medo anda rondando por aí, o medo que alguns contos de Octavio Paz,[22] que algumas lembranças suas haviam-me permitido já entrever. Mas, às vezes, temos medo das coisas que estamos começando a amar deveras; eu sei que agora tenho mais vontade do que nunca de conhecer o seu país, de escutar o seu povo falar com essa voz e essa graça com que fala no seu livro.[23]

Muito obrigado por tudo isso, e um grande abraço do seu amigo
Julio Cortázar
24 bis, rue Pierre Leroux
Paris 7

---

22 *¿Águila o sol?* [Águia ou sol?] (México, Fundo de Cultura Econômica, 1951), livro de poemas em prosa, também considerados contos.

23 Anos mais tarde, MVL faria uma avaliação do primeiro romance de CF no seu discurso de recebimento do Prêmio Internacional Carlos Fuentes (2012): "Dizem que *A cidade e os cachorros* foi, cronologicamente falando, o primeiro romance do Boom, mas acredito que seria mais justo atribuir esse papel pioneiro, de anunciador do Boom, ao primeiro romance de Fuentes, *La región más transparente*, publicado no ano de 1958, isto é, cinco anos antes do meu [...] Talvez tenha sido o primeiro romance latino-americano a romper o isolamento em que, até então, nasciam, vegetavam e morriam tantos romances que, pela falta de editoras e pela balcanização cultural do nosso continente, só eram postos ao alcance de mercados minúsculos, e passavam, portanto, despercebidos pelo grande público."

# 1959

## De Julio Cortázar para Mario Vargas Llosa[24]

Paris, 30 de junho de 1959
Senhor Mario Vargas

Querido amigo,

Alfonso de Silva fez uma confusão tremenda com o seu endereço, e só agora, graças à visita de Luis Loayza,[25] consegui o seu endereço madrilenho. Cumpro então a minha promessa e mando o meu livrinho mexicano em um pacote separado.[26]

Quando vocês vêm novamente a Paris? Não deixe de me avisar, para nos vermos e conversarmos. Aurora e eu nos lembramos de vocês com muito afeto.

Um abraço de
Julio Cortázar
24 bis, rue Pierre Leroux
Paris 7

---

24 JC e MVL haviam se conhecido em Paris alguns meses antes, no fim de 1958, na casa de um amigo em comum, Alfonso de Silva. Naquela época, MVL morava em Madri. MVL retratou JC e Aurora Bernárdez, em carta para Abelardo Oquendo de 17 de janeiro de 1959, da seguinte forma: "É um homem de dois metros de altura, com cara de bebê, muito gentil, um pouco ingênuo. Sua mulher é um bichinho inteligente e simpático: traduziu todas as obras de Sartre que foram publicadas pela Losada." Quando MVL se mudou para Paris, no verão de 1959, tornaram-se amigos próximos.

25 Escritor peruano, amigo de MVL desde a juventude.

26 *Final do jogo*, que chegou com esta dedicatória manuscrita: "Para Mario Vargas, com a amizade de Julio Cortázar. Paris 1959."

# 1962

## DE JULIO CORTÁZAR PARA MARIO VARGAS LLOSA

Paris, 13 de junho de 1962

Querido Mario,

Na noite passada, acabei de ler o teu romance,[27] que me comoveu profundamente. Tenho muito a dizer sobre ele e queria te ver logo para conversarmos. Telefona para a minha casa para combinarmos um encontro? Por exemplo, se quiseres almoçar comigo na Unesco, poderíamos marcar. Ou vocês virem à minha casa, enfim, vamos nos falando.

Um grande abraço,

Julio

## DE JULIO CORTÁZAR PARA MARIO VARGAS LLOSA

Paris, 2 de julho de 1962

Querido Mario,

Na espera de te ver assim que for possível, te envio antecipadamente esta cópia de uma carta que te diz respeito.

Um grande abraço para Julia e Patricia e outro para ti de

Julio[28]

---

27 *A cidade e os cachorros*, naquele momento com o título "Os impostores".

28 Julia Urquidi, casada com MVL entre 1955 e 1964; Patricia Llosa, prima e futura esposa

## De Julio Cortázar para Mario Vargas Llosa

Paris, 30 de julho de 1962

Querido Mario,

O parágrafo que pode te interessar na carta de Joaquín Díez-Canedo é o seguinte:

"É claro que também tenho interesse no que você me contou sobre Mario Vargas, e já gostaria de ler o livro dele. Não sei se estaria abusando muito da sua gentileza ao pedir que lhe transmita o meu recado, ou se seria melhor que você me envie o endereço para eu escrever a ele diretamente."

Acredito que, para evitar correspondência inútil, o melhor seria que entres em contato diretamente com Díez-Canedo e, dessa forma, terei cumprido a minha parte com ele, e logo vocês se entenderão sem intermediários. Evidentemente, acho que o melhor é bater o ferro enquanto está quente. O quanto antes puderes enviar "Os impostores", maior será a chance de que decidam incluí-lo na planilha das próximas publicações. Acho que comentei contigo que se trata de uma editora nova, que está vindo com tudo (e com o dinheiro da Seix Barral!). Vale a pena aproveitar

---

de MVL. Esta mensagem de JC foi escrita ao final da cópia de uma carta enviada para Joaquín Díez-Canedo, da editora mexicana Joaquín Mortiz, para recomendar o romance de MVL. Nela, está escrito, entre outras coisas: "Há algumas semanas, li os originais de um excelente romance de Mario Vargas, jovem escritor peruano que ganhou, há 3 anos, um prêmio na Espanha pelo livro de contos *Os chefes*. Radicado em Paris, Vargas terminou, há pouco tempo, o romance em questão, intitulado 'Os impostores'. Admiravelmente bem escrito, conta a história de um grupo de estudantes limenhos em um colégio militar. É um livro de uma violência, de uma força nada comuns nos nossos países. Um livro exasperado, por assim dizer, mas escrito, ao mesmo tempo, com um domínio total da língua e uma maestria que só um talento natural para o romance pode demonstrar. Como leitor, sugeri para Vargas a supressão de alguns episódios que me parecem subsidiários e que tiram força do tremendo conflito central. Se assim o fizer, acredito que 'Os impostores' será um dos melhores romances dos últimos anos (e não estou pensando somente na América Latina). Nem preciso dizer que, se estiver interessado em ler o livro, eu o colocaria em contato diretamente com o autor, que por ora ignora estas manobras astutas do seu amigo argentino. (Paralelamente, estou verificando se na Plon haveria interesse em publicar esse romance em francês; acredito que faria muito sucesso na França)."

antes que todos os autores medíocres, que são legião na América Latina, "ganhem espaço" com os editores e leitores da casa.

Os dados são: Editorial Joaquín Mortiz, S. A., Guaymas 33-1, México 7 DF. Caixa Postal 21411.

Telefona uma noite dessas, quando tiveres vontade, para nos encontrarmos e conversarmos um pouco. E diz para Julia que Aurora e eu mandamos o nosso carinho e esperamos que ela volte em breve.

Um abraço de

Julio

## De Carlos Fuentes para Julio Cortázar

México, 2 de outubro de 1962

Julio Cortázar

9, Place du Général Beuret

Paris XV

Querido Julio,

No fim, nós nos desencontramos em Buenos Aires; não sei se foi Sabato ou Pepe Bianco que me deu o teu endereço de última hora, quando estava me preparando para voar de volta ao México, e não tive oportunidade de te ver.[29] Não entendi nada no teu país. Parece uma página secreta e póstuma de Lewis Carroll.

Mas te escrevo pelo seguinte: no dia 8, sairá daqui, rumo a Paris, Luis Buñuel. Levará na pasta o projeto de fazer um filme de episódios com base em três textos: aquele conto da mulher que se desprende dos afrescos de Pompeia, que tanto entusiasmou Freud e os surrealistas, e cujo título me foge à memória;[30] o meu *Aura*, que imagino que já esteja em tuas mãos,

---

29 CF visitou Buenos Aires em janeiro de 1962, entre outras cidades sul-americanas, e JC também esteve lá entre janeiro e março.

30 "Gradiva", do escritor alemão Wilhelm Jensen, publicado pela primeira vez em fascículos, em 1902. Como ficará evidente neste livro, o cinema ocupou um lugar central nas vidas, nos projetos e nos prazeres estéticos dos autores do Boom.

pois fiz com que fosse enviado por meio dos meus editores; e o teu conto "As Mênades", pelo qual o velho Buñuel está fascinado, e que certamente lhe cai como uma luva — não sei se, no caso dele, teria que variar e dizer "como um andaluz ao cão" — para adaptar ao cinema. Buñuel levou um exemplar que lhe dei de *Final do jogo*, assim como o teu endereço e telefone, e entrará em contato contigo assim que chegar a Paris.

Julio, *As armas secretas*[31] é o melhor livro de contos que já foi escrito e publicado na América Latina. Não me canso de lê-lo e relê-lo, descobrindo todas as vezes novos segredos, sentidos que se perdem para quem não se dá o dever prazeroso de ler uma segunda e terceira vez, aparentes fugacidades que na verdade são eternidades ocultas, mistérios imperceptíveis por estarem à luz do dia e no centro das atenções. Conhecia e admirava "Os bons serviços" e "O perseguidor" — esse apogeu narrativo no nosso idioma. Agora já não chamo os contos pelos títulos, mas por outras referências pessoais: o descobridor com a sua câmera, aquilo que ele pode fotografar daquele casal pego de surpresa, o terror deles, o terror maior do fotógrafo, que sabe que aquilo que ele "capturou" de verdade nunca será revelado. Que história misteriosa, magistral, inquietante! Já fez morada nos meus sonhos, reincidindo e se abrindo como um leque de possibilidades! E uma lambreta que vai rumo a um pavilhão, nos arredores de Paris, para transformar todas as histórias de *faits-divers* em amor secreto... Queria te encontrar, conversar longamente contigo sobre esse livro maravilhoso. Fiquei tão absorto que ainda não fisguei *Os prêmios*, que enfim pude comprar na livraria El Ateneo.

Espero que os meus dois últimos livros tenham chegado até ti. E tomara que o projeto com Buñuel dê certo.

Recordo sempre os momentos que passei contigo e tua mulher em Paris. Falamos muito de ti com Octavio, quando ele esteve aqui de passagem, a caminho da Índia.

Para ti e tua mulher, um forte abraço de

Carlos Fuentes

---

31 Impresso em agosto de 1959 em Buenos Aires, pela Sudamericana.

## De Julio Cortázar para Carlos Fuentes

Paris, 29 de outubro de 1962
Carlos Fuentes
México

Querido Carlos,

No meu retorno da Itália, para onde fomos descansar por algumas semanas depois de muitos meses de trabalho, deparei-me com a tua carta. Tu me deste uma imensa alegria, precedida pela chegada dos teus dois últimos livros alguns meses antes. Justamente, uma das primeiras coisas que planejava fazer no meu retorno era te escrever sobre eles, e a tua carta não fez mais do que confirmar esse desejo. Mas me pergunto se não ficarás surpreso — e talvez desencantado — ao saber que, na minha lembrança, *Aura* cravou-se mais a fundo do que *Artemio Cruz.*[32] Tenho objetividade o suficiente para suspeitar que a minha vocação de contista influencia essa preferência; no entanto, *A região mais transparente* continua sendo para mim uma lembrança indelével. No geral, tenho memória ruim, mas me lembro de longos episódios, frases e retratos desse livro. Vendo por esse ângulo, talvez eu tenha que admitir que, no fim das contas, *Artemio Cruz* não me emocionou tanto quanto o teu primeiro romance. Quero deixar claro que, como sempre, escreveste ali alguns episódios absolutamente perfeitos, aos quais dás uma força que não encontrei em nenhum outro romancista da tua terra ou da minha. Toda a passagem em Acapulco é admirável em termos de sagacidade, de fria ironia, de observações certeiras (como quando falas das mãos de AC, "amantes da lentidão e da surpresa"), e, é claro, as passagens da fuga na mina, da prisão e do luto, que na minha lembrança começam a se fundir com episódios análogos de *La región*... As tuas frases são a própria vivência do que queres transmitir (e evitam a descrição, em que

32 *A morte de Artemio Cruz* (México, Fundo de Cultura Econômica) e *Aura* (México, Era) foram impressos nos dias 10 e 30 de maio de 1962, respectivamente.

incorreria um romancista menos sensível). Penso nesta: "— Bom, repeti alguns nomes. Sabe? Já soam estranho; já não querem dizer nada." Todos nós, creio eu, sentiríamos algo assim antes de ir ao paredão de fuzilamento, mas, como sempre, é preciso que alguém expresse o pavor diante da morte da forma como tu fazes. O livro inteiro está cheio de momentos magníficos; não sei por que o romance, em si, não me comoveu. Te vejo atento demais aos detalhes técnicos? Há um quê de grande laboratório no teu livro: exploras (e, muitas vezes, encontras), ensaias formas, enfoques, ataques. A técnica das passagens em primeira e segunda pessoas, por exemplo, me pareceu, às vezes, mecânica demais, com uma repetição a cada tantas páginas que lhe tirava força. Mas, no fundo, o que talvez não tenha me fisgado completamente é a própria imagem de Artemio Cruz. A história de um forasteiro (penso em *A Modern Hero* e até em *Cidadão Kane*, resguardadas todas as diferenças e sobretudo as intenções) não consegue me provocar interesse por si só. Suspeito, é claro, que o que vale para ti não é tanto a "trajetória" de Cruz, mas o contexto, aquele México que tu vais nos mostrando sob diversos ângulos. Em algum momento, eu gostaria de saber a tua opinião sobre o teu romance — lembro que, em Paris, tu foste severo com *Las buenas conciencias* [A consciência limpa];[33] por ora, o que eu quero mesmo dizer, justamente em relação a *Las buenas conciencias*, é que, em *Artemio Cruz*, reencontras aquele tom que me parece magnífico e que tanto me entusiasmou em *La región*; um tom de poeta, de homem aberto a todas as possibilidades; poroso à realidade de cima a baixo, o que não deu para sentir em *Las buenas conciencias* quase em nenhum momento.

De *Aura*, o que dizer com palavras? É tão maravilhoso que, quando Aurora e eu terminamos de ler, na mesma noite, ficamos nos olhando e nada nos vinha à mente a não ser palavras vazias. Desde a primeira linha, tu te apoderas do leitor, privando-o de qualquer recurso, embarcando-o

---

33 *Las buenas conciencias* (México, Fundo de Cultura Econômica, 1959), segundo romance de CF.

naquelas águas escuras, naquela incrível atmosfera da narrativa. Sempre gostei dos teus contos, mas acredito que este vai muito além, entra na dimensão à qual só os maiores têm acesso, um Poe ou um Nerval. Fazia muitos anos que eu não lia um conto tão lindo.

Fico muito contente pelo que me dizes de *As armas secretas*, porque é um livro em que dei tudo o que eu tinha, e às vezes foi julgado com critérios excessivamente estéticos, sem que houvesse uma tentativa em outra direção. Acredito que essa tentativa ganhou corpo em *O jogo da amarelinha*, um longo romance que será publicado no começo de 63 e que eu gostaria muito que lesses e criticasses.[34] Não estou fazendo grande coisa nos últimos meses, justamente porque *O jogo da amarelinha* me deixou muito vazio e cansado. Mas tu bem sabes que a bateria vai carregando de novo, pouco a pouco...

Aquilo que me contaste de Buñuel é quase inacreditável, sobretudo a possibilidade de um conto meu e outro teu — nada mais, nada menos do que *Aura* — entrarem juntos na terrível e fabulosa máquina surrealista de Buñuel. (E com "Gradiva", que é um conto extraordinário.) Justamente, há alguns meses, vi em Paris *O anjo exterminador*, que me deixou doente por uma semana. Fazia muito que eu não tinha um choque tão tremendo. Se esse projeto seguir em frente, sei que terei que te agradecer pelo resto da vida. Só o fato de que tenhas dado um livro meu a Buñuel já me enche de alegria, mesmo que, no fim, nada se concretize.[35]

Os rapazes da *El Escarabajo de Oro* me mandaram os últimos números da revista, e ali tomei conhecimento das tuas intervenções na reunião do Chile.[36] Tudo o que tu disseste (há alguns resumos, não sei se viste) me parece de uma verdade que só os numerosos imbecis que nos rodeiam poderiam negar. E o que está acontecendo nos últimos dias entre os Estados Unidos e Cuba demonstra, mais uma vez, que tens razão, como se preciso fosse...

---

34 *O jogo da amarelinha* foi impresso em 28 de junho de 1963 (Buenos Aires, Sudamericana).

35 O projeto não foi realizado.

36 Em janeiro de 1962, CF teve uma participação de destaque no Congresso de Escritores, em Concepción. JC se refere ao texto de Alex Tarnopolsky, "Imagen de América Latina" [Imagem da América Latina], *El Escarabajo de Oro*, Buenos Aires, n.º 14, agosto de 1962.

Bom, Carlos, obrigado novamente pelos teus livros e tua carta tão carinhosa. Virás novamente a Paris? Não nos percamos muito de vista, pode ser? Octavio foi para a Índia e, embora eu o visse pouco, eu lhe tenho tanto carinho que a sua ausência aqui me dói. Tenho alguns amigos mexicanos magníficos, entre eles o pintor Rodolfo Nieto, que é um menino cheio de talento.

Até sempre, com todo o afeto do teu amigo

Julio

Se encontrares Amparo Dávila, abraça-a por mim e diz que recebemos os seus presentes e que venha nos ver em breve.

## De Julio Cortázar para Mario Vargas Llosa

Paris, 20 de dezembro de 1962

Querido Mario:

Julia acaba de me dar a grande notícia.[37] Imagina a minha alegria, eu que tanto admirei "Os impostores". Olha, ainda há justiça neste mundo (ainda que seja só de vez em quando). Viva o júri, que soube entender o teu livro, viva Seix Barral. Temos que nos ver logo para que me contes como foi.

Um grande abraço e toda a alegria de

Julio

Aurora os abraça.

---

37 Em 2 de dezembro, a Seix Barral outorgou o Prêmio Biblioteca Breve ao romance que seria publicado como *A cidade e os cachorros*. JC escreveu um comentário para a contracapa, que foi proibido pela censura franquista: "no centro de *A cidade e os cachorros*, bate, como um coração colérico, a denúncia de uma inautenticidade; melhor ainda, das formas pelas quais se desemboca nessa inautenticidade que pesa tragicamente no panorama contemporâneo do Peru, isto é, de toda a América do Sul. Mas essa denúncia não teria o valor catártico que alcançará algum dia se não tivesse sido escrita como Mario Vargas sabe fazê-lo. Implacável testemunha do inferno, a sua experiência alucinante pode ser também fórmula de redenção no dia em que nossos povos descobrirem a profunda liberdade que espera a sua hora, enterrada aos pés das estátuas equestres das praças."

# 1963

## De Julio Cortázar para Mario Vargas Llosa

Paris, 23 de maio de 1963

Querido Mario:

Voltei há quatro dias de Viena, onde passei dois meses trabalhando. Vou, depois de amanhã, por uma semana, para Sestri Levante, onde encontrarei amigos argentinos que fazem cinema e me convidaram. Verei também *El perseguidor* [O perseguidor], filmado em Buenos Aires há alguns meses.[38] Tudo isso para explicar que, até o começo de junho, não terei o prazer de te ver pessoalmente e conversar longamente contigo.

Mas não quero ir embora sem falar da minha alegria (misturada com raiva, como verás) por causa do Formentor.[39] Alegria porque, doa a quem doer, tu já és reconhecido internacionalmente como um magnífico

---

38 Filme baseado no conto homônimo de Cortázar e dirigido pelo argentino Osías Wilenski. Estreou em 1965.

39 Um grupo internacional de editores (Carlos Barral, Claude Gallimard e Giulio Einaudi, entre outros) outorgava anualmente, desde 1961, dois prêmios literários: o Prix International des Éditeurs para uma obra já publicada, com um júri de escritores e especialistas; e o Prix Formentor para uma obra inédita, com um júri de editores. Em 1963, o manuscrito de *A cidade e os cachorros* concorreu a esse segundo prêmio. Perdeu por três votos contra quatro a favor de *Le grand voyage*, de Jorge Semprún. A votação se viu desacreditada por um incidente que, segundo testemunhas, prejudicou MVL. Um suposto telegrama de Salvador de Madariaga teria circulado em oposição à possível concessão do prêmio a Semprún; interpretado como uma tentativa de censura contra este, motivou o voto decisivo da delegação alemã a seu favor.

romancista, e eu, que tive o privilégio e o prazer de ler "Os impostores" no texto original, sinto-me um pouco anterior a tudo isso e quase, se me permite dizer, um profeta (clamando no deserto, já que conheço pouca gente) do teu talento e da beleza do teu livro. Então, a menos que estivesse mal da cabeça, o pessoal de Corfu tinha que reconhecer as qualidades do teu livro e assim o fez. Mas, neste ponto, a alegria é substituída pela raiva, porque era elementar que recebesses o prêmio, e me consta que não recebeste por razões que pouco dizem respeito à literatura e muito a esse mundo asqueroso de mandos e desmandos do poder entre os homens. Já sei que tu não te importas, já sei que, como eu, tu sabes que o teu livro está andando e que um prêmio a mais ou a menos não impedirá que seja um sucesso. Mas me dá raiva saber (repito, me consta) que muitos dos que não quiseram ou não puderam votar em ti tinham a certeza de que o teu livro era o melhor e merecia o prêmio.

De todos os modos, espero que os comentários das pessoas bem-informadas tenham te provado que o teu livro causou sensação em Corfu. Agora, espero a publicação, primeiramente para relê-lo, e depois para saborear as reações europeias e principalmente as latino-americanas, que ele não deixará de provocar.[40] Mas falaremos melhor de tudo isso com algumas taças e com tempo, quando eu voltar de Sestri. Mandarei umas linhas e poderemos nos encontrar em seguida. Como vai o livro novo? Eu acabo de enviar a Buenos Aires as provas de páginas já corrigidas de *O jogo da amarelinha*. E também espero alvoroço quando for publicado (se algum outro golpe de Estado dos coronéis não impedir).

Mario, estou muito contente por ti e pela tua obra. Até muito em breve, com um abraço muito forte do teu amigo

Julio

Aurora os cumprimenta com todo o carinho. Meu afeto para Julia, e até logo.

---

40 A primeira edição de *A cidade e os cachorros* foi impressa em outubro daquele ano (Barcelona, Seix Barral).

## De Carlos Fuentes para Mario Vargas Llosa[41]

México, 5 de dezembro de 1963

Querido Mario,

Espero que esta carta chegue até ti pelo teu antigo endereço e graças à fidelidade do teu ex-*concierge*. Quero, antes de mais nada, expressar a alegria e satisfação que me proporcionaram os momentos que passei contigo e tua encantadora esposa durante nossa estada em Paris.[42]

E, na sequência, *business*. Falei com o editor americano Roger Straus, da Farrar, Straus, sobre o teu romance, e agora o meu agente nova-iorquino, Carl Brandt, escreveu-me desejando entrar em contato contigo.[43] Dei a ele o teu antigo endereço. O dele é:

CARL D. BRANDT
BRANDT & BRANDT
101 PARK AVENUE
NEW YORK 17

Não sei quais seriam os teus acertos com editoras norte-americanas, e tenho a impressão de que o teu livro está nas mãos da Grove Press. Em todo caso, o contato do Brandt é conveniente se não tiveres agente nos

---

41 MVL e CF se conheceram no México, em outubro de 1962, quando o primeiro viajou para fazer a cobertura da visita do presidente francês Charles de Gaulle para a Radiodiffusion-Télévision Française (RTF), onde trabalhava na época. MVL recordaria, em 2012, que se conheceram em uma festa, na casa de um cineasta mexicano, "uma noite de tequilas, mariachis e efusões", na qual o escritor mexicano terminou "de pé sobre uma mesa, sapateando e acho que até cantando um corrido a plenos pulmões e com alguns galos".

42 CF esteve em diferentes cidades da Europa de julho a novembro de 1963. Foi durante essa viagem que se encontrou com MVL.

43 Carta de Carl Brandt para CF, de 12 de novembro de 1963. CF foi o primeiro dos quatro a ter um agente literário. Seu contato com Brandt se deu por meio de um amigo, o sociólogo C. Wright Mills.

EUA; a competência de Brandt é de se espantar, abre mil oportunidades para publicar nos EUA, e ele cuida de ti como se fosses uma namorada.[44] Escreve para ele explicando a tua situação e estabelecendo contato.[45]

Em Londres, falei de ti em um programa de TV da BBC, e lá também se interessaram muito. Envia o romance para JM COHEN, 38 BARK PLACE, LONDRES W2. Cohen é o especialista em literatura ibero-americana do *Times Literary Supplement* e um intermediário de primeira categoria para publicação na Inglaterra.[46]

Verei Orfila[47] nos próximos dias e te manterei informado sobre as novidades.

Com um forte abraço,

Carlos Fuentes

## De Julio Cortázar para Carlos Fuentes

Paris, 15 de dezembro de 1963

Querido Carlos:

---

44 Em uma carta de 31 de dezembro, CF diz para Brandt: "Vargas Llosa é alguém para se acompanhar de perto, e espero deveras que tu e o Roger consigam trazê-lo para os Estados Unidos."

45 A tradução para o inglês de *A cidade e os cachorros*, sob o título *The Time of the Hero* a cargo de Lysander Kemp (também tradutor de *Aura*), foi publicada nos Estados Unidos pela Grove Press, em 1966.

46 Cohen leria o romance pouquíssimo tempo depois e escreveria para CF: "Acabo de ler *A cidade e os cachorros* com prazer e admiração. Que talento!" O programa da BBC mencionado foi uma conversa entre Cohen e CF, na qual este falou sobre *A cidade e os cachorros*, *Coronación* [Coroação], *El siglo de las luces* e *O jogo da amarelinha*. A edição inglesa de *The Time of the Hero* foi publicada por Jonathan Cape, em 1967. CF também havia recomendado a José Donoso que enviasse *Coronación* para Cohen: "O velho Cohen é a estrela da crítica de literatura espanhola e latino-americana do *Times Literary Supplement* e *The Spectator*, e a sua palavra é lei na Faber & Faber (onde ele conseguiu para mim a publicação de *Artemio Cruz*)" (12 de novembro de 1962).

47 Arnaldo Orfila, então diretor do Fundo de Cultura Econômica, cargo que exerceu entre 1948 e 1965.

Muito obrigado pela tua carta, que me trouxe uma grande alegria.[48] Para nós, também foi magnífico poder te ter em casa e conversar sobre tantas coisas. Há duas noites, lembramo-nos muito de ti na casa de Claribel e Bud, que te querem tão bem.[49]

Agradeço o que me dizes sobre Cohen, e farei com que ele receba os meus textos por intermédio da Sudamericana. Queria ter te visto na TV e te escutado falar sobre mim. Talvez, depois, eu até telefonasse à direção para te acusar de generosidade em excesso...

*Re* Buñuel: *of course I cross my fingers*. O problema é que começou o frio em Paris e não sei como vou fazer para usar luvas; terão que inventar um modelo para dedos cruzados. Carlos, seria simplesmente maravilhoso se Resnais filmasse *Aura*.[50] Tu consegues imaginar algo assim? Já sei que tu não gostaste de *Muriel* tanto quanto eu, mas, de todos os modos, a qualidade de Resnais não estava em jogo quando criticaste o filme lá em casa. Esse homem mergulharia no teu conto como ninguém, e o único perigo seria ele tirar, por força da sutileza gaulesa, justamente a... aura. Tu me entendes; mas acredito que, nesse caso, tu terias que supervisionar o roteiro e inclusive vir para a França. Conheço um grande amigo de Resnais: ele me disse que este é de uma lealdade e uma docilidade ilimitadas para com os seus colaboradores, isto é, compreenderia perfeitamente tudo o que lhe dissesses, tudo isso que talvez ele não pudesse compreender por não ter vivido aquela atmosfera tão tua, tão de lá, que há no teu conto. (Nem preciso dizer que guardarei o silêncio que tu me pediste. E obrigado por confiares tanto em mim.)

Até logo, com os afetos da Aurora e meus para a tua mulher, e um abraço muito forte para ti de

Julio

---

48 Não foi recuperada.

49 Claribel Alegría, poeta nicaraguense, e o seu marido Bud Flakoll, escritor estadunidense.Tiveram uma amizade próxima com JC, MVL e CF.

50 Alain Resnais, diretor francês que trabalhou com roteiros de Alain Robbe-Grillet, Marguerite Duras e Jorge Semprún.

# De Mario Vargas Llosa para Carlos Fuentes[51]

Paris, 31 de dezembro de 1963
Senhor Carlos Fuentes
México

Querido Carlos,

Quando chegou a tua carta, Julia e eu estávamos em Londres,[52] e, ao voltar a Paris, eu me deparei com uma má notícia. As autoridades espanholas haviam confiscado o meu romance sob um pretexto absurdo: uma fotografia não tinha passado pela censura. Este enredo, que por sorte já se resolveu, deixou-me cheio de preocupações e afazeres, e essa é a razão pela qual respondo à tua carta com tanta demora.[53]

Te agradeço muito por todas as informações que me enviaste. Já escrevi para o teu agente nova-iorquino explicando que a Grove Press tinha os direitos de tradução. Sem dúvida, o contato com ele é muito interessante.

Espero que já tenhas recebido o exemplar de *A cidade e os cachorros*; não tinha o endereço de Fernando Benítez e mandei o livro para a *Siempre!*, espero que tenha chegado. Falamos muito de vocês dois, e muito bem, com Pablo Armando Fernández, em Londres.

Acabei de ler, na *Cuadernos*, uma nota do argentino Murena sobre *O jogo da amarelinha* de Cortázar.[54] É um artigo vil, calunioso, e me deu

---

51 Esta é a primeira carta escrita por MVL incluída neste livro. Em dezembro de 1963, além de ter publicado *A cidade e os cachorros*, era autor do livro de contos *Os chefes* (Barcelona, Rocas, 1959).

52 MVL e Julia Urquidi fizeram uma viagem turística a Londres. Existem fotos de uma visita deles à tumba de Karl Marx, em Highgate.

53 A censura franquista confiscou exemplares da primeira edição de *A cidade e os cachorros* pela presença, nas primeiras páginas, de uma foto do Colégio Militar Leoncio Prado, cenário do romance. A editora não havia submetido aquela foto à aprovação da censura, o que gerou protestos das autoridades castrenses peruanas. O assunto foi resolvido com a promessa de retirada da foto na segunda edição.

54 Héctor A. Murena, "Julio Cortázar: Rayuela" [Julio Cortázar: O jogo da amarelinha], *Cuadernos*, Paris, n.º 79, dezembro de 1963, p. 86.

vontade de escrever uma resposta.[55] Estou fazendo anotações sobre esse livro[56] e sobre *Artemio Cruz*, que me parecem ser os livros mais apropriados para representar a literatura em língua espanhola nas discussões do Prix International. (Neste ano, acontecerá em Salzburgo.)[57] Vou escrever com esse raciocínio para o júri espanhol, do qual faço parte, e acredito que concordarão comigo. Vou te deixar a par de tudo. Também tinha pensado em *Mulata de tal* de Asturias, mas, depois de ler, mudei de opinião. Acho que é um dos romances mais fracos dele.

Tu leste *La situación* [A situação] de Lisandro Otero? Ele é como um discípulo teu. Ele segue, no romance, toda a estrutura de *A região mais transparente*. Escreve muito bem, e a única coisa que me parece questionável é o empenho dele em ser didático.

Não deixes de me escrever umas linhas quando tiveres tempo. E, é claro, qualquer coisa que quiseres de Paris, estou às tuas ordens. Muitas lembranças minhas e de Julia para a tua esposa, e o mesmo para ti.

E feliz 1964,

Mario

Martínez Moreno esteve em Paris e, em uma entrevista na RTF, falou sobre a tua obra com a maior admiração.[58]

Meu endereço é: 12, rue Valadon

Paris VII^e^

---

55 O artigo contém elogios ao romance, mas foi a conclusão o que pode ter irritado MVL e, em seguida, CF: "Ao longo de muitas páginas, Cortázar fornece provas, levadas até o virtuosismo, da sua capacidade verbal (que, por certo, tinge a obra de verbalismo) e do seu refinado instrumento literário. Paralelamente, o que também pesa, ao longo de quase todas as páginas, é a extenuante condução de ideias e teorias culturais alheias, cada uma delas, obviamente, denunciando um fracasso na expressividade narrativa e um fascínio pela 'cultura' que é tipicamente provinciana."

56 MVL publicou, alguns meses depois, "*O jogo da amarelinha*, de Julio Cortázar. Um livro grandioso", *Expreso*, Lima, 13 de julho de 1964, incluído no apêndice deste livro.

57 O Prix International des Éditeurs, que, em 1961, havia sido entregue a Jorge Luis Borges e Samuel Beckett, foi rebatizado como Prix International de Littérature a partir de 1962.

58 MVL conduzia um programa na RTF, chamado *La literatura en debate* [A literatura em debate].

# 1964

## De Carlos Fuentes para Julio Cortázar

México, 18 de janeiro de 1964[59]

Julio querido e admirado,

Enterrei o nariz no centro de *O jogo da amarelinha*: este era o cheiro, na minha infância, das cornetas de papel branco em que os vendedores de raspadinha derramavam essências de laranja e framboesa, chocolate e tamarindo. E no "Tabuleiro de leitura", às pressas, a lápis, escrevi: "Este livro é a caixa de Pandora." E as páginas finais, em branco, contêm outro romance, que dá continuidade — por que não? — às presenças (não digo às vidas nem aos personagens) de Talita e Manú, a Maga e Holiveira, Rocamadour e Morelli. E as anotações nas margens também são uma segunda, terceira, infinita galeria de cada capítulo. Fechei o livro hoje de manhã. Por onde começar? O que posso dizer? Que jamais, na literatura latino-americana — e ainda é pouco —, vivi um romance tão intensamente? (Por que eu o chamo assim? É romance o dia em que passei carregando tábuas em Buenos Aires, a noite em que passei, com o riso e a náusea misturados na garganta, acompanhando Berthe Trépat em seu concerto de sonâmbulos e em seu sonho de ruas parisienses? É romance a obsessiva continuidade da vida sem passado nem futuro, tudo hoje, nada ontem, nada amanhã, dessa totalidade em que tudo está

---

59 CF datou esta carta por engano como de 1963.

*sendo*, ultrapassando os limites convencionais para prolongar o presente de Carlos Fuentes, o que ele diz, faz e escreve?) Não consigo ainda me sentar para escrever sobre um livro que jamais retornará às estantes, ao lugar de Julio Cortázar na ordenada sucessão nacional e cronológica onde estão *Os prêmios* e *Final do jogo* entre *O sonho dos heróis* e *Uno* [Um]:[60] o que *O jogo da amarelinha* vai fazer em uma estante? Vou colocar ali o meu aparelho digestivo, as funções do meu rim, o sonho que tive na noite passada ou que terei amanhã, o gesto da minha mão ao chamar um táxi na rua, o preservativo usado duas noites atrás, a minha máquina de escrever, o aroma dos *tejocotes* que começam a florescer no meu jardim? Sim, escreverei um ensaio, porque tenho que falar sobre *O jogo da amarelinha* às outras pessoas, publicarei, te enviarei, talvez tu te interesses por algumas ideias bem polidinhas e expressas sem erro de sintaxe, nas quais tentarei organizar a experiência do teu livro magistral, mas terei assassinado um pouco a vida das tuas páginas (e a sua não vida, tão importante também), e quase chorarei por sacrificar Talita e Manú, a Maga e Holiveira, ao me referir a eles em um ensaio literário, hignóbil, hirrelevante, hortográfico. E como vou continuar escrevendo o meu novo romance sem que nele apareçam as presenças de *O jogo da amarelinha*, os primeiros seres libertos do romance latino-americano, como vou fazer para que a minha Ligeia não diga que, quando morou em Buenos Aires, conheceu Talita ou a viu tomando um chá com biscoitos?[61] Não sei, não sei, não sei. Que frio de lascar, disse Oliveira. *All I want's a little lovin' before you pass away.*[62] A leitura abolirá o tempo do leitor e o transportará ao do autor. A "alma" é a alma de um corpo que não existe. O romance cômico (e o que é *Ulisses*?). Habituado, sem saber, aos ritmos da Maga. Há cenas que começam às seis da tarde e terminam às cinco e

60 *O sonho dos heróis* (1954), de Adolfo Bioy Casares, e *Uno* [Um] (1961), de Elvira Orphée.
61 Em um trecho do que será *Cambio de piel* (1967), Elizabeth, personagem também chamada Ligeia, mora em Buenos Aires.
62 Verso de *Roll 'em Pete*, famoso blues citado no capítulo 16 de *O jogo da amarelinha*. CF acrescentou à mão: "REWIND. Arrebentar" em referência ao capítulo 47 e à troca de folha na carta.

meia. Que nojo. Claro, maninho, disse Oliveira. O gesto terrível do Adão de Masaccio. Sabe, Julio, dom Cefe tem razão: é preciso perguntar a si mesmo quais coisas faltam no mundo e nomeá-las, e pronto. Uma moça me disse em Punta del Este: "Gagarin foi largado no cosmo." Mas a única coisa que vai nos salvando é o cheiro de pipi desse menino. As palavras, para Horácio (questão já mastigada em muitos momentos de insônia: *Good night, sweet prince, and flights of angels sing thee to thy rest*).[63] Um macaco olhando o seu reflexo na água no primeiro dia do mundo: essa eu vou te roubar, tchê, essa não vai ficar por isso mesmo. Até que a distração salve a Maga da intensidade. Encontraria a Maga? Ahá, disse Ovejero para animá-lo: encontraria a Maga? Que morra o cachorro — disse 18, 1, 131, 58: que alucinação: quantos planetas com vida há no universo? A qual distância fica Andrômeda? Quem está escrevendo *O jogo da amarelinha* neste instante, em um lugar meio lascado que convencionamos chamar de Tau Zeta ou Épsilon Eridani?

..........................................................

..........................................................

Várias horas depois.

Cohen está reunindo os textos para uma antologia da Penguin que vai se chamar "New Latin American Writing" e exigiu os teus contos rapidamente, sobretudo *As armas secretas*.[64]

Murena nem sequer é um filho da puta, porque, apesar de tudo, aqueles lá foram gestados e nasceram inteirinhos, ainda que fosse à base de fórceps; também não pode ser chamado de pentelho, porque essa categoria tem a dignidade de todo um folclore local. Consulta dom Cefe para encontrar um novo nome. Putelho? Pentuta? Muito fácil. Qualquer nome o dignifica, e eu, como um certo personagem de Joyce, limpei a

63 Palavras de Horácio em *Hamlet*: "Buenas noches tengáis, oh dulce príncipe, y que vuelos de ángeles te acompañen cantando a tu final descanso" [Boa noite tenhais, oh doce príncipe, e que voos de anjos te acompanhem cantando ao teu descanso final] (tradução de Tomás Segovia).

64 *Latin American Writing Today* (1967) incluiu o conto "Bestiario" [Bestiário], de JC, traduzido por Cohen.

bunda, um dia desses, com uma página da *Cuadernos*, e nem diarreia me deu depois.

Que graça: o senhor Arciniegas me mandou uma cartinha mimeografada para que eu votasse no melhor romance latino-americano de 1963.[65] Já mandei a resposta e o voto.

Posso mandar um beijo de longe para Aurora? *She was there, wasn't she?*

E o teu amigo, admirador e — que alegria! — contaminado pelo pecado original da América,[66]

Carlos Fuentes

## De Julio Cortázar para Carlos Fuentes

Paris, 2 de fevereiro de 1964

Meu querido Carlos,

Quando se recebe uma carta como a tua, a gente fica abobado, sem conseguir acreditar que isso é possível, revirando-a de cabo a rabo para se certificar de que realmente é uma carta de Carlos e que diz tudo o que diz. Sabe, tu me deste uma dessas alegrias que fazem a gente abrir as janelas de par em par, ainda que esteja nevando lá fora, e sentir que nem tudo está perdido, que valeu a pena passar quatro anos escrevendo palavras sem sentido, pois, em algum canto do mundo, há um irmão, alguém que sabe, e compartilha, e incentiva. Vê bem, não é somente porque tu gostaste tanto do meu livro; acho que é algo que vai além da coincidência em certas maneiras de sentir a vida e a palavra. A tua carta é como uma pulsação, algo muito vivo; é aquele abraço que depois, quando nos encontramos de tempos em tempos, não sabemos dar com os braços, porque sempre existe

65 Germán Arciniegas, escritor e político colombiano, diretor da *Cuadernos*, revista publicada pelo Congresso pela Liberdade da Cultura, organização financiada pela CIA e com clara agenda anticomunista. Foi impressa em Paris, entre 1953 e 1965.

66 Menção irônica a um ensaio de Murena publicado com esse título, em 1954.

algo que nos detém e nos coíbe, e no fim falamos de tantas coisas que, no fundo, não são o que poderíamos falar e o que nossos livros, por sua vez, falam por nós. Aí está, é isso. Tu te lembrarás de uma carta bem longa que te mandei sobre *La región*; eu também, embora me lembre de alguma observação que te fiz aqui ou ali, estava profundamente impactado pelo teu romance, eu o sentia como uma reconciliação com o melhor da minha América do outro lado do mar. E agora tu me dizes todas essas coisas de *O jogo da amarelinha* e me dás uma felicidade que é, no fundo, o gesto mais nobre que um escritor pode esperar. Nem preciso dizer o quanto me maravilha a ideia de que vais escrever alguma coisa sobre o meu livro, mas a tua carta, Carlos, basta para o meu coração.

Agora que menciono *La región*, já vi nas livrarias a versão francesa, que me parece muito bem apresentada.[67] Sem dúvida, a coleção Du Monde Entier é muito mais bonita do que La Croix du Sud, e principalmente mais simpática, menos padronizada. Não sei o que tu achas da tradução; eu, para a minha sorte, posso te ler *derecho viejo*,* como no tango. Bom, a respeito de Cohen, que voltaste a mencionar na tua carta, suponho que a Sudamericana já tenha enviado meus livros para ele, sem contar que eu troquei algumas cartas com ele. Teu voto vai provocar urticária em Arciniegas; alguém me contou que, em uma reunião semipública da revista, um francês (ninguém sabe quem é) se levantou e falou umas poucas e boas para eles por causa da nota de Murena sobre o meu livro. Para mim é divertido ter um amigo anônimo que ponha todas as cartas na mesa. Mas, no fundo, essa resenha acabou sendo, para Murena, um bumerangue mal lançado; acreditando falar de *O jogo da amarelinha*, fez um autorretrato daqueles que não podem se apagar. Qual a importância disso tudo? Tomo meu matezinho à tarde e estou muito bem em Paris. Quando vais voltar, quando nos reuniremos para conversar longamente? Aurora aceita o teu beijo e manda outro. Ah, as mulheres. E eu te abraço com todo o meu carinho

Julio

---

67 *La plus limpide région* (Paris, Gallimard, 1964), com prefácio de Miguel Ángel Asturias, livro publicado na coleção Du Monde Entier.

* *Derecho viejo* significa "diretamente", e é também o nome de um tango. [N. da T.]

## De Mario Vargas Llosa para Carlos Fuentes

Paris, 18 de fevereiro de 1964

Querido Carlos,

Apenas umas linhas para anunciar que o júri espanhol te apresenta como candidato ao Prix International, junto com Carpentier, Cortázar e Asturias. Hoje à tarde, recebi um telefonema de Barcelona de José María Castellet, que preside o júri espanhol. Buscaram lá, em vão, *A morte de Artemio Cruz*, e ele pediu que eu enviasse alguns exemplares. Infelizmente, o livro não está em nenhuma das duas livrarias espanholas de Paris, e eu não posso enviar o meu exemplar, pois preciso tê-lo em mãos, já que provavelmente eu tenha que falar sobre ele em Salzburgo. Será que poderias enviar um ou dois exemplares para José María Castellet ou Carlos Barral, da editora Seix Barral? O endereço é este:

Provença 219
Barcelona 8
ESPANHA

Saiu a versão francesa de *A região mais transparente*. Na semana que vem, faremos um longo programa no rádio comentando o teu livro, que será transmitido na sexta-feira. André Camp, que viajará para o México no início de março, vai te levar a fita com a gravação. Na noite passada, falei com Hubert Juin, da *Les Lettres Françaises*, e ele disse que estava entusiasmado com o teu romance. Avisa-me se Gallimard te mandar os recortes de imprensa; caso contrário, eu o farei.

Perdoa a precipitação desta carta, mas quero que ela chegue o quanto antes, e já devem estar fechando o correio.

Uma afetuosa lembrança à tua senhora, e um forte abraço para ti,

Mario

Mudei de casa, ou melhor, retornei à casa que eu tinha antes: 17, rue de Tournon, Paris VI$^{e}$.

## De Carlos Fuentes para Mario Vargas Llosa

México, 29 de fevereiro de 1964

Querido Mario,

Acabei de terminar *A cidade e os cachorros*, e me custa trabalho te escrever e decidir por onde começar. Sinto inveja, das boas, diante de uma obra-prima que, de um só golpe, eleva o romance latino-americano a um novo patamar, e resolve mais de um problema tradicional da nossa narrativa. Conversei com Cohen, em Londres, e concordamos que o futuro do romance está na América Latina, onde tudo está por ser dito, por ser nomeado, e onde, por sorte, a literatura surge de uma necessidade, e não de um acordo comercial ou de uma imposição política, como acontece com tanta frequência em outros lugares. Agora, ao ler, um após o outro, *El siglo de las luces*, *O jogo da amarelinha*, *Ninguém escreve ao coronel* e *A cidade e os cachorros*, sinto que o meu otimismo se confirma: acredito que, no ano passado, não existiu outra comunidade cultural que tenha produzido quatro romances desse nível.[68] A penosa ascensão narrativa por meio de romances impessoais ou de caráter documental, da selva e do rio, da revolução e da lição de moral ilustrada, permitiu-nos chegar a um Carpentier, que transforma essa matéria documental em mito, e, por meio do mito, o que é americano é universal. Mas acho que a plena personalização do romance latino-americano (em um duplo sentido: personagens vivos vistos a partir do ponto de vista pessoal de um escri-

---

68 *Ninguém escreve ao coronel*, de GGM, foi publicado em setembro de 1963 pela Era, no México, mas antes tinha sido publicado, com pouca circulação, no número 19 da revista *Mito* (Bogotá, maio-junho de 1958) e com Aguirre Editor (Medellín, 1961). A tradução francesa (Paris, Julliard) saiu em 1963. Nessa tradução, MVL leu GGM pela primeira vez.

tor) só foi alcançada em *A cidade e os cachorros*. Para que vou te dizer tudo o que me impressionou na tua obra maravilhosa? O mistério autêntico, secreto, da obra; a incrível encarnação de todos os problemas que se apresentam na atualidade dos personagens, de forma que o relevo moral ocorre em paralelo à trama do romance e é inseparável dela: mataste, para sempre, a nossa terrível tendência ao reducionismo, à lição de moral, ao sermão. Não há nada na tua obra que não se origine tacitamente da própria ação, e o que se origina é tanta coisa! O que não poderia ser encontrado na *tragédia* personificada por Alberto e o Jaguar, Teresa e o Boa, o magrelo Higueras e Gamboa? A primeira grande criação de uma cidade, Lima, e de sua gente; o melhor romance latino-americano sobre a adolescência, mas também um grande romance universal sobre o mito doloroso da promessa, a juventude, a idade de ouro ilusória e esplêndida, em que tantas coisas são anúncio jamais cumprido, plenitude de atos que a convivência não admite depois, pesadelo do qual milagrosamente se sobrevive: a adolescência que não se pode conservar, a maturidade que não vale a pena conservar: esse contraste soberbo que Gamboa oferece; a pulverização dos mecanismos internos de todas as nossas castas militares, sim, mas a revelação de todas as engrenagens dos códigos de autoridade que o homem criou para camuflar a sua vida, para não ser; as idades da imaginação, a reinvenção da realidade nos sonhos e as ações dos teus seres... São tantas coisas. E eu disse: tragédia. Tive essa impressão, encontrei o polo oposto, o romance cômico, no esplêndido *O jogo da amarelinha* de Julio. Agora tu demonstras aquilo que eu intuía apenas na teoria: é possível resgatar o tema trágico em nosso tempo. Alguns críticos, como Steiner, pensam que a linha do pensamento judaico progressista, de Jeová a Freud, passando por Marx, secou a fonte da tragédia em prol das exigências da justiça.[69] O encontro com o destino, em Tebas ou em Gaza, cega e destrói. O encontro com a injustiça, em Jerusalém ou em Petrogrado, exige a compensação. Nosso destino deixou de fluir na vida para se petrificar na história. Mas justamente o fracasso das ideologias, as contradições da práxis, todo o paradoxo que nega a tragédia e se põe a combater a injustiça e implementar

69 George Steiner, *The Death of Tragedy* (Nova York, Knopf, 1961).

a razão, para amanhecer com as mãos manchadas de injustiça em nome da justiça, e os olhos cegados, outra vez, pela loucura invocada em nome da razão, não estariam nos conduzindo de novo, fatalmente, a uma visão trágica do homem e da história? E não é essa visão trágica a única capaz de abarcar a realidade, sim, da vida externa, política, econômica, histórica, junto da *realidade*, também, que o dualismo degenerado, materialismo vs. idealismo, procurou negar em detrimento da verdadeira dialética: a realidade das perguntas metafísicas? *O jogo da amarelinha*, no extremo do grande romance cômico, na linha de *Pantagruel* e *Ulisses*, e *A cidade e os cachorros*, no extremo do grande romance trágico, rompem com essa suposta impossibilidade e com os seus produtos (romances de costumes, de formação, de discussão civilizada ou de denúncia rasa) e tornam a abrir a grande avenida da criação. O extraordinário é que o teu livro e o de Julio não só significam uma superação definitiva na América Latina, mas no mundo. E não posso esquecer — perdoa a confusão destas linhas — outro feito magnífico de *A cidade e os cachorros*: a assimilação perfeita da inovação técnica à matéria do romance, a ausência de qualquer forma gratuita, de experimentação que se esgota em si mesma (e há muita autocrítica nisso). Por tudo isso, querido Mario, obrigado.

Falei do teu livro durante meia hora em um programa de TV, e se esgotou no decorrer de uma semana.

Já fiz com que o Fundo enviasse os exemplares de *Artemio Cruz* para Castellet e Barral.

Tu não vens ao México com o General?[70] Quando tu e Julia quiserem, no meu novo refúgio, que parece idealizado por um Heathcliff-Drácula, vocês têm um apartamento os aguardando. *So don't hesitate.*

Como vai a nova obra? Que carga pesada tu tens nas costas!

Quando é a discussão de Salzburgo?

Teu amigo te abraça com enorme admiração,

Carlos Fuentes

---

70 Havia a possibilidade, não concretizada, de que MVL viajasse ao México para cobrir a visita do general De Gaulle, de 16 a 19 de março de 1964.

## De Mario Vargas Llosa para Carlos Fuentes

Paris, 7 de abril de 1964

Querido Carlos,

É imperdoável que eu ainda não tenha respondido à tua carta, tão generosa e comovente. Emocionou-me profundamente tudo o que disseste sobre o meu romance e, toda vez que me sinto deprimido, releio como quem toma um estimulante. Eu também acredito que o ponto nevrálgico da narrativa está hoje na América Latina e que é daí que devem nascer a energia, os mitos, os procedimentos capazes de salvar o gênero, que aqui na Europa todos parecem determinados a liquidar de um jeito ou de outro. Ler os romances franceses contemporâneos é deveras um tormento; são de uma frivolidade irritante, e saímos deles meio sufocados pelo tédio. França, Itália e Alemanha apresentam como candidato ao Prêmio Internacional um romance de Nathalie Sarraute, no qual se fala confusamente sobre um romance confuso de um autor confuso.[71] Não é de se estranhar que o autor mais lido, segundo a última enquete, seja Hervé Bazin, um imitador medíocre de Balzac. Por isso fiquei entusiasmado ao ler as tuas declarações para a *L'Express*, onde Robbe-Grillet, há algumas semanas, afirmava que "a literatura não tem nada a dizer" e que o seu "domínio exclusivo é a criação de novas formas".[72] Definitivamente não, não podemos permitir de modo algum que esses bobocas façam com o romance o que fizeram com a pintura. Acho formidável que tenhas dito que o problema dos escritores latino-americanos é dizer no romance o que a história e a política não dizem.

Hoje à tarde, ao passar por uma livraria do Bairro Latino, vi o livro que estou te enviando nesta mesma leva; já conhecia o teu excelente ensaio, mas não os outros.[73]

---

71 Trata-se de *Les Fruits d'Or* (Paris, Gallimard, 1963), que acabou ganhando o prêmio.

72 Anne Guérin, "Ceux qui ne mangent que du rat", *L'Express*, Paris, 2 de abril de 1964.

73 *Où va l'Amérique latine?* (Paris, F. Maspero, 1964). Tradução francesa de *Whither Latin America?* (Nova York, Monthly Review Press, 1963). O livro inclui, entre outros, o texto de CF "L'Amérique latine parle: Quelques mots aux Américains du nord".

Eu estive trabalhando todo esse tempo em ritmo acelerado, buscando reduzir um pouco o romance que terminei. Tem uma extensão exagerada para o seu tema e ainda não estou nada contente com ele.[74] Não sei se terás visto na imprensa que, há alguns dias, o glorioso exército peruano se mobilizou contra uma tribo de supostos selvagens na Amazônia. Eles os bombardearam com napalm, devem ter feito um massacre feroz.[75] O meu romance se situa justamente nessa região, onde estive há alguns anos.[76] É uma mentira abjeta que os Aguarunas e os Achuales são tribos belicosas. A única coisa belicosa que existe lá são as guarnições de fronteira, de onde saem periodicamente nossos bravos oficiais para se abastecer de índias, utilizadas primeiro como concubinas e depois como criadas. Um cacique Aguaruna que conheci, Jum, tentou organizar uma cooperativa na sua tribo para acabar com a exploração dos seringueiros. Estes e os militares o mantiveram pendurado por dois dias na haste de uma bandeira, em Nieva, e em seguida o raparam e queimaram as suas axilas com ferro quente. Olha quem são os verdadeiros selvagens. Mas acaba sendo espantosamente difícil escrever sobre essas coisas, justificá-las literariamente, fazê-las verossímeis. A realidade peruana é demagógica, irreal, é preciso buscar formas sumamente complexas (barrocas, como dizes tu) para as transpor a uma narrativa sem cair no esquematismo ou no panfleto.

Bom, querido Carlos, obrigado mais uma vez pela tua carta. A reunião de Salzburgo começa no dia 28 de abril; finalmente os candidatos de língua espanhola são tu, Cortázar e Carpentier. Eu te escreverei de lá. Depois, a partir do dia 7 de maio, ficarei no Peru por algumas semanas, na selva. Quero ver Jum de novo, se é que o coitado está vivo.

Como vai o teu romance? Quais são os teus projetos?

Um forte abraço para Rita[77] e para ti de Julia, e outro meu,

Mario

---

74 *A casa verde*. Seria publicado em 1966 (Barcelona, Seix Barral).

75 O governo de Fernando Belaunde ordenou o bombardeio de aldeias indígenas Matsés que protestavam contra madeireiros que pretendiam explorar ilegalmente os seus territórios.

76 MVL havia viajado à selva peruana em 1958 com o antropólogo mexicano Juan Comas. Rememorou essa viagem em *Historia secreta de una novela* [História secreta de um romance] (Barcelona, Tusquets, 1971) e *O peixe na água* (Barcelona, Seix Barral, 1993).

77 Rita Macedo, atriz mexicana, casada com Carlos Fuentes entre 1957 e 1972.

Assim como tu, eu me mudei mais uma vez. Agora moro em:

17, rue de Tournon
Paris VIe

## De Carlos Fuentes para Mario Vargas Llosa

México, 25 de julho de 1964

Querido Mario,

Imagino que já tenhas retornado a Paris. Como estava "Lima, a horrível"?[78] Todos os teus amigos e admiradores mexicanos lamentam muito que a viagem não tenha permitido que fizesses uma parada por aqui.

Envio em anexo um texto autoexplicativo.[79] Eu o repetirei como conferência dentro de poucos meses no Sarah Lawrence College, em NY, e na U. de Washington, em St. Louis, MO — se até lá Goldwaterloo não tiver fechado todas as portas e começarmos a receber gringos exilados no México.[80] O ensaio também será publicado pela *Encounter*, em um número especial latino-americano que estão preparando.[81]

---

78 Referência ao ensaio *Lima la horrible* [Lima, a horrível], de Sebastián Salazar Bondy (México, Era, 1964), cujo título é proveniente de uma frase do poeta peruano César Moro.

79 "La nueva novela latinoamericana. Señores no se engañen: los viejos han muerto. Viven Vargas Llosa, Cortázar, Carpentier" [O novo romance latino-americano. Senhores, não se enganem: os velhos morreram. Vivem Vargas Llosa, Cortázar, Carpentier] foi publicado em *La Cultura en México*, suplemento da *Siempre!*, México, n.º 128, 29 de julho de 1964. A revista circulava uma semana antes da data indicada no número.

80 CF não pôde dar essas conferências. Barry Goldwater, político e diplomata estadunidense e candidato republicano à presidência, estava promovendo na época um intervencionismo agressivo na América Latina para combater o comunismo.

81 Não foi publicado pela *Encounter*. O número da revista dedicado à América Latina saiu quase um ano depois, em setembro de 1965, e o ensaio panorâmico ficou a cargo de Emir Rodríguez Monegal.

Buñuel está enlouquecido com *A cidade e os cachorros*. Diz que é um dos melhores romances que já leu na vida, embora veja problemas quase insuperáveis de censura, em qualquer parte do mundo, para levá-lo ao cinema. A propósito, diz para mim qual é a situação dos direitos cinematográficos da tua obra, quando será publicada a edição norte-americana (assim, no momento oportuno, posso disparar uma resenha na *New York Review of Books*).[82]

É provável que te convidem ao simpósio de intelectuais latino e norte-americanos que acontecerá aqui, em novembro, e será organizado pelo presidente López Mateos e pela Fundação Interamericana para as Artes, dirigida pelo meu amigo Robert Wool. Ao menos, insisti com Wool para que o faça. Vou te manter informado.[83]

Enquanto isso, um forte abraço para ti e meu carinho para Julia,

Carlos Fuentes

## De Carlos Fuentes para Julio Cortázar

México, 26 de julho de 1964

Querido Julio,

Enfim, sentei-me para escrever o ensaio sobre *O jogo da amarelinha* como parte do trabalho que te envio em anexo, publicado aqui na *Siempre!* e posteriormente na *Número*, *Encounter* e *Kenyon Review*, assim como no livro de aniversário de Neruda, que será publicado pela Sociedad de Escritores de Chile… *et c'est pas tout*; eu o lerei em dezembro como parte de algumas conferências no Sarah Lawrence College, em

82 CF não publicou esta resenha, mas comentou amplamente o romance de MVL no ensaio que anexou e, mais tarde, em seu livro *La nueva novela hispanoamericana* [O novo romance hispano-americano] (México, Joaquín Mortiz, 1969).

83 MVL não participou. O evento ocorreu em novembro de 1964, em Chichén Itzá, e foi organizado por Rodman Rockefeller, Norman Podhoretz e Robert Wool, diretor da Inter-American Foundation for the Arts. Do lado latino-americano estiveram CF, Juan Rulfo, Nicanor Parra, Ernesto Sabato, José Donoso, entre outros.

NY, e na Washington University, em St. Louis.[84] Por favor, avisa-me quando sair a edição norte-americana de *O jogo da amarelinha* para que eu possa ampliar o ensaio (quanta coisa ficou por dizer no meu tinteiro!) e despachá-lo à *New York Review of Books*, onde agora tenho a oportunidade de ir resenhando as coisas latino-americanas que forem saindo nos EUA.

Estive em Nova York para a publicação de *Artemio Cruz*: com visto limitado a cinco dias e à ilha de Manhattan (*cross no rivers and into the no trees*), e "sombreado" noite e dia por um sujeito de *trench coat* e chapéu de feltro, a quem tive de batizar, em homenagem ao defunto Bogart, de "Humphrey".[85] O mundo foi instituído por dom Ceferino Piris, *once and for all*. Lembrei de ti andando pelos *jazz spots* com Mailer: *Cannonball Adderley is the most!* Mas Mailer tem o péssimo costume de apunhalar as suas mulheres e de esbofetear os seus inimigos, além de distribuir maconha em pires de prata, à maneira de *hors d'oeuvres*, durante as suas recepções. Fora isso, o romance se saiu muito bem no Norte, bárbaro e cruel.

O que aconteceu em Salzburgo? Conta-me a *inside story*.

Está no México uma delegação cultural argentina lamentável, afetada por dentro e por fora: Victoria, Erro, que sei eu.[86] Falam de gaivotas negras e de rumores celestiais que só a música, mas não a prosa, poderiam essencializar. *Oh God*. Disse para o meu amigo Bob Wool te convidar para o simpósio de gringos e latinos que terá lugar aqui em novembro, patrocinado pelo presidente López Mateos. Ainda não está na lista de latino-americanos, mas sugeri a tua participação e a de Vargas Llosa, e com certeza virão Lúcio Costa, Szyszlo, García Márquez, Pepe Donoso, Salazar Bondy. A falange ianque está confirmada: Styron, Baldwin, a Hellman, Podhoretz, Saul Bellow etc. Vou te deixar a par.

---

84 O ensaio foi publicado apenas na *Siempre!*.

85 *The Death of Artemio Cruz* foi publicado em Nova York em 1964, pela Farrar, Straus & Company. A frase entre parênteses ("sem cruzar o rio e evitando as árvores") é uma referência irônica a *Do outro lado do rio, entre as árvores*, de Hemingway.

86 Victoria Ocampo, escritora argentina, fundadora e diretora da revista *Sur*, e Carlos Alberto Erro, escritor e filósofo argentino.

Desde que se esgotou, *O jogo da amarelinha* não está disponível no México, e o meu resistente porém não eterno exemplar está passando de mão em mão. Diz para a Sudamericana não estragar as coisas.

Meu carinho para Aurora e para ti um forte abraço de

Carlos Fuentes

## De Julio Cortázar para Carlos Fuentes

Paris, 15 de agosto de 1964

Querido Carlos,

Muito obrigado pelo teu envio. Na noite passada, estive com Mario Vargas, que também havia recebido o teu ensaio, e espero que os teus ouvidos tenham zumbido de tanto que falamos de ti e do teu generoso estudo. O que vou dizer agora não vai te deixar muito surpreso, porque quando estiveste aqui em casa com Fernando Benítez, se não me falha a memória, discutimos um pouco sobre Carpentier, e eu disse abertamente o que pensava sobre a obra dele. Tenho, pois, o direito de afirmar agora, sem que ninguém possa supor que o faço por gratidão, que Carpentier está ocupando, no teu ensaio, o lugar que pertence a Carlos Fuentes por direito legítimo. Que Carlos Fuentes obviamente não possa dizê-lo nem pensá-lo, isso é coisa que Cortázar e Vargas entendem muito bem; mas logo chegará o momento em que um dos dois, ou ambos, ou um terceiro, colocará as coisas no seu devido lugar.

Expliquemos, caso tenhas te esquecido do diálogo que tivemos aqui em casa. Ninguém é capaz de admirar mais do que eu o estilo fenomenal de Alejo e a beleza de livros como *Os passos perdidos* ou *El siglo de las luces.* Que isso fique claro. Carpentier é um mestre e ponto-final. Mas quando um ensaio se intitula “La *nueva* novela latinoamericana” [O *novo* romance latino-americano], imediatamente se pensa em qualquer um dos melhores romancistas atuais… exceto em Carpentier. Porque Alejo é um caso maravilhoso de anacronismo literário, e o seu *Siglo*, por mais que te custe admitir, é um resplandecente Victor Hugo *streamlined* (já usei essa imagem naquele dia, porque poupa muitas explicações). Tu poderás me dizer (Vargas adiantou-se ontem à noite, porque também admira muito Alejo) que grande parte da nossa América é anacrônica no campo da literatura, isto é, talvez seja possível escrever *em diferentes tempos estéticos* sem deixar de ser "novo" por causa disso. Concordo, mas quanto antes se esgotar o tempo escolhido por Carpentier, melhor será. Tu consegues reler *Salammbô*? Eu, em 1964, vejo que é um esforço que supera as minhas possibilidades. O que deve ter acontecido, e então tu terias razão, é que o nosso *Salammbô* chega com cem anos de atraso, assim como tantas outras coisas. Nesse sentido, Alejo merecerá a gratidão do futuro, porque, com a sua obra, fica liquidada uma das possíveis paletas da narrativa americana, e de maneira tão magistral que os que vierem depois terão forçosamente de buscar outros caminhos. Carpentier levou à perfeição aquilo que nosso Leopoldo Lugones tentou à sua maneira: fixar o barroco americano na palavra. Mas o barroco não era um estilo de três séculos atrás?

Vais entender que não falo nada disso por maldade, porque posso ser terrível, mas acho que não sou mau. Pareceu-me simplesmente que o primeiro Asturias, por exemplo (o de *Homens de milho*), teria se encaixado melhor em tua tríade do que Carpentier, e isso pelo motivo lamentável de que tu mesmo não podias figurar com Mario e comigo.[87] E depois, Carlos, terás de reconhecer que o homem que escreveu *O jogo da amarelinha* não pode aceitar *El siglo de las luces*, que é exatamente o seu polo oposto em matéria de atitude estética e inclusive ética. Não posso chamar de "cadelas" as palavras que traem o escritor subjugado ao seu encanto (Alejo!) e ao mesmo tempo ficar em êxtase diante de um panorama verbal tão coruscante, tão perfeito, tão infalivelmente ardiloso em um sentido profundo, como é o de *El siglo*. Tu, que citas essa passagem

87 *Homens de milho* foi um livro fundamental para JC. Nessa época, recebe menção no romance *Os prêmios* (Buenos Aires, Sudamericana, 1960) e em uma entrevista para Luis Mario Schneider: "Eu leio com o mesmo deleite um bom romancista argentino, por exemplo, Miguel Ángel Asturias (e você há de se lembrar da linguagem nada acessível de alguns capítulos de *Homens de milho*)" (*Revista de la Universidad de México*, vol. XVII, n.º 9, maio de 1963).

do meu livro em que me declaro "em guerra com as palavras", tens que compreender que eu não olho com alegria para alguém que está em plena cópula com elas. Carpentier, por sua vez, teria todo o direito de me dizer que, se eu não me entendo com a língua, não é sua culpa, e que ele é muito capaz de criar o seu mundo narrativo com um castelhano impecável. Concordo, concordo. Mas, Carlos, por que os jovens de Havana me disseram, de igual para igual, que Carpentier não era para eles o grande escritor representativo que um Caillois gostaria de forjar em Paris?[88] Por que o consideram pomposo, exagerado, carregado... e bastante vazio? Pergunta para Antón Arrufat, pergunta para Calvert Casey ou para Lisandro Otero. Quiçá não te pareçam bons juízes, quiçá não o sejam. Eu, que tinha ido a Cuba com uma ideia exaltada de Carpentier, refleti bastante sobre o que esses meninos me disseram; então, eu li *El siglo de las luces* e entendi o que estavam dizendo. Eu acho que tens razão quando dizes que Carpentier é o maior romancista vivo da língua; porém, assim como fez Gide a respeito de Hugo, acrescento o famoso *hélas!*.

Tchê, agora que reli tudo isso, eu me dei conta de que desandei a falar de Alejo, como se o teu ensaio se limitasse a ele. Mas não me arrependo, porque é melhor se livrar primeiro das discordâncias e ficar livre para a alegria. Eu acho que todo o estudo que fizeste sobre a evolução da narrativa americana é de uma lucidez e uma exatidão extraordinárias; partilho cada uma das tuas opiniões, e ainda me fizeste ver uma porção de coisas que eu nunca havia racionalizado ou sequer suspeitado. A tua polêmica com Moravia, por exemplo: acho que tens toda a razão do mundo, não é possível associar inteiramente o romance à burguesia. Às vezes, acordo no meio da noite (não é uma divagação romântica, é uma vivência) com a sensação nítida de que o romance é algo tão infinito quanto a sucessão dos corpos celestes, para além de qualquer possibilidade matemática ou imaginativa; e o que fizemos é a sua pré-história, a sua formulação inicial. Contagiado pelos contos de *science fiction*, também vejo o romance como um "mutante", um veículo do homem

---

88 Roger Caillois, escritor e editor francês, criou em 1945 a coleção La Croix du Sud en Gallimard, que publicou traduções de numerosos autores latino-americanos. A tradução francesa de *El siglo de las luces* foi publicada nessa coleção em 1962, antes da edição em espanhol.

que irá refletir mudanças vertiginosas e inconcebíveis. Se sou otimista com alguma coisa, é com esse terreno, e acho que concordamos.

Fiquei fascinado com a tua abordagem de Juan Rulfo. Como o retrataste bem em poucas linhas! Quanto às análises do romance de Mario e do meu livro, parecem-me muito justas e muito úteis para leitores desorientados. Concedeste a mim a parte do leão, não sei se por preferência secreta ou porque o meu livro é bem difícil de sintetizar (alguns esforços pelas bandas do Rio da Prata são de morrer de rir, posso te assegurar). O final da tua visão de *O jogo da amarelinha* me deixou profundamente satisfeito, porque ninguém viu tão bem quanto tu a importância que tinha para mim o tema do duplo e a sua multiplicação ao longo do livro: quando citas Juan Cuevas ou Ceferino (que todos ignoram porque são dois "loucos"), fazes cristalizar, condensar todo o sistema do livro até as últimas consequências. Ali fica visível a tua intuição, e *las uñas que tenés para guitarrero*,* como se diz em Buenos Aires. Sei também que Mario está muito contente com a abordagem do livro dele, mas isso ele mesmo te escreverá.

Tu me pediste para te avisar sobre a edição USA. Bom, sim, quando chegar o dia; agora, um senhor da Columbia começou a traduzir, já veremos como ele vai se sair.[89] Muito me alegrou a edição em inglês de *Artemio Cruz* e a boa recepção que teve. Tenho a impressão de que o teu romance deve "passar" bastante para o inglês (apesar de algumas coisas esfriarem inevitavelmente, porque não vejo como refletir aquilo que é muito particular do teu estilo).

Parece que o evento de Salzburgo foi meio idiota segundo Mario, que viu, ainda jovem e cheio de ilusões, como se forjam os prêmios e se fabricam as opiniões. *O jogo da amarelinha* poderia ter vencido, mas o júri italiano, depois de apoiá-lo, virou-lhe as costas por alguma combinação

---

* Em português, "unhas de violonista" (tradução literal). A expressão enaltece a capacidade de alguém para fazer alguma coisa. [N. da T.]

89 Gregory Rabassa. A sua tradução de *O jogo da amarelinha*, com o título *Hopscotch* (Nova York, Pantheon Books, 1966), ganhou no ano seguinte, nos Estados Unidos, o National Book Award for Most Distinguished Translation of a Contemporary Work. JC ficou muito satisfeito com a tradução de Rabassa, e este traduziria depois, em parte por causa disso, outros romances do Boom, como *A casa verde* e *Cem anos de solidão*.

interna. Mario ficou chocado pelo fato de um dos jurados ter pedido o livro às nove da noite e, na manhã seguinte, ter se levantado para detoná-lo como se o tivesse lido de cabo a rabo (além do mais, imagina um italiano que não sabe espanhol, mas se julga capaz de ler). Enfim, isso não tem nenhuma importância, e eu me poupei dos estorvos de celebridade (te pareço hipócrita? Então não me conheces bem).

Olha, agradeço muito por lembrares de mim para o simpósio no México, mas, se me convidassem, eu não iria, e quero te dizer isso em primeira mão. É uma questão de caráter, de querer seguir só e à margem. Mas muito obrigado.

Estás escrevendo muito? Octavio Paz passou por aqui, descansou e nos apresentou à sua nova e bela musa inspiradora. Está magro, bronzeado, e parece bem mais jovem. Ela é muito bonita e se chama Marie José. Logo voltarão a Delhi (de que Octavio não gosta nem um pouco, para ele a Índia é uma farsa; *chacun ses opinions...*).[90]

Avisa-me com tempo se vais vir à França, para não nos desencontrarmos. Aurora te manda um abraço, e eu mando outro com todo o meu afeto e gratidão,

Julio

## De Mario Vargas Llosa para Carlos Fuentes

Paris, 17 de agosto de 1964

Querido Carlos,

Estou muito comovido com a tua conferência e não sei como agradecer todas as considerações tão generosas que fizeste sobre o meu romance. Confesso que fiquei surpreso por teres falado sobre ele e, ao mesmo tempo, sobre *O jogo da amarelinha* e *El siglo de las luces*. Julio disse, há alguns dias, com razão, que entre os "vivos" era preciso mencionar Carlos Fuentes e que esse esquecimento era a única coisa que ele

90 Octavio Paz acabaria fascinado pela Índia, onde foi embaixador do México entre 1962 e 1968. Marie José Tramini foi sua companheira até o falecimento do poeta em 1998.

censurava no teu brilhante ensaio. Certamente, partilho todas as tuas afirmações radicais sobre a fraude ou o fracasso da velha narrativa latino-americana. Quanta exatidão tem isso de que os nossos romances tradicionais foram devorados pela selva, pela serra, pela montanha, e que em nenhum deles aparece o homem ambíguo, isto é, o homem real. Imagino que a tua conferência desencadeou uma tempestade e que muitos exigirão a tua cabeça a plenos pulmões.

Já deves ter visto na imprensa como foi o evento de Salzburgo. *A morte de Artemio Cruz*, *O jogo da amarelinha* e *El siglo de las luces* foram os candidatos de língua espanhola, mas Carpentier foi eliminado durante os debates devido a "vício de forma" (já havia sido apresentado duas vezes seguidas). Os italianos lançaram um ataque infundado que tirou qualquer chance de Cortázar e, infelizmente, as outras delegações mal o conheciam. Tu, em contrapartida, tiveste mais sorte. Eu apresentei o teu livro e depois vários jurados falaram sobre ele. O dinamarquês Uffe Harder conhece admiravelmente a tua obra e a intervenção dele foi excelente. Também a de Dick Seaver (talvez a melhor), da Grove Press. Tu foste o único candidato de língua espanhola que chegou à votação final, com dois votos, o nosso e o da delegação norte-americana.[91]

Fico entusiasmado por Buñuel ter gostado de *La ciudad* [A cidade], pois sou um velho e quase fanático admirador seu. A Seix Barral detém os direitos cinematográficos do romance. Mas é claro que seria difícil levá-lo ao cinema, a censura é troglodita por toda parte. A tradução inglesa deve sair no fim do ano (a propósito, talvez conheças o tradutor, que mora no México: Lysander Kemp).

Estive em "Lima, a horrível" somente por dez dias, pois a viagem para a selva, que deveria durar uma semana, durou três devido ao mau tempo. No Peru, tudo vai mal, Lima foi invadida por índios sem trabalho, os mendigos abarrotam as ruas. Tudo está corrompido: a política, o povo, o ar. A solução, *chez nous*, envolve o apocalipse. Hoje saiu uma notícia no *Le Monde*. Para combater a delinquência, o go-

91 *Les Fruits d'Or*, de Nathalie Sarraute, obteve o prêmio, como já foi dito anteriormente.

verno peruano prendeu 1.600 prostitutas e homossexuais (a maioria menor de idade) e os enviou ao Sepa, uma prisão dantesca situada no meio da selva. O Peru é um horror, um dia vai chover fogo, mas da terra para o céu.

Um grande abraço para os dois, Carlos,

Mario Vargas Llosa

## De Carlos Fuentes para Julio Cortázar

México, 8 de setembro de 1964

Querido Julio,

Só uma mensagem para implorar que aceites o convite ao simpósio de novembro. Não se trata de uma conferência formal, mas de cinco dias de "turismo intelectual" pelas ruínas maias de Chichén Itzá e de conversas com os participantes, que serão, neste ano, segundo os meus informes, Buñuel, José Luis Cuevas, Salazar Bondy, Mario Vargas, Pepe Donoso, García Márquez e Rodríguez Monegal do nosso lado, e Baldwin, Styron, Bellow, a Hellman e Arthur Miller do lado gringo.[92] Tu tens que conhecer Yucatán e nós temos que conversar. Benítez pede que te avise que o apartamento dele na cidade está à tua disposição pelo tempo que quiseres: tenta fincar base aqui por um mês, e vamos percorrer um país bastante estranho. Benítez está subindo a serra mixteca e os cogumelos alucinógenos nos esperam!

Muitas coisas ficaram no meu tinteiro, muita vontade de discutir longamente a tua carta, mas espero vê-los aqui em novembro! Não deixes de trazer Aurora!

Nada do que eu disser será suficiente para expressar quão importante é a tua presença para todos nós. *O jogo da amarelinha* é o romance lati-

---

92 A lista de escritores foi definitiva, exceto pelas ausências de GGM e MVL. GGM, que morava no México desde 1961, compareceu a uma recepção na casa de CF, organizada por este em ocasião do referido simpósio, na qual conheceu Donoso e Rodríguez Monegal, que se tornaram seus amigos mais adiante.

no-americano que enterra em definitivo o nosso provincialismo; aqui os jovens te leem e te seguem; precisamos de ti para renovar os ares — mas não como o Flit ou outro inseticida, e sim porque tu és "um gênio debaixo do ombu", como diria H. A. Mierdena, e te amamos.

Tu leste o que Squirru escreveu na *Américas*?[93] *Ugh, said Big Chief Wahoo.*[94]

E quero te passar as provas do meu novo livro de contos. Chama-se *Cantar de ciegos* e será publicado por Joaquín Mortiz em dezembro.[95]

Abraços aos dois. Espero vocês com a minha faca de pedra e uma gaiola de axolotes domesticados. *Kiss, kiss.*

Carlos Fuentes

## De Julio Cortázar para Carlos Fuentes

Viena, 17 de setembro de 1964

Meu querido Carlos,

Obrigado por tua carta tão carinhosa e por tudo o que significa para mim. Quando um amigo como tu escreve as coisas que me escreves, fica muito difícil insistir em uma negativa. E, no entanto, insistirei, porque o meu único jeito de ser leal com os demais é seguindo o conselho de Polônio.[96] Não irei ao encontro no México, por mais que não passe de "turismo intelectual", como chamaste, e por mais que a lista dos participantes seja magnífica. Nunca fui a um encontro de escritores e acabo de recusar dois convites, um para um colóquio em Berlim e outro na

---

93 CF parece fazer alusão ao artigo de Rafael Squirru "Spectrum of Styles in Latin America", publicado na revista *Art in America*, Nova York, n.º 1, fevereiro de 1964.

94 Big Chief Wahoo era um personagem de uma história em quadrinhos publicada nos Estados Unidos desde 1936.

95 *Cantar de ciegos* foi impresso em 7 de dezembro de 1964 (México, Joaquín Mortiz).

96 Em *Hamlet*: "Seja sincero consigo mesmo, e disso há de suceder, como a noite sucede o dia, que não conseguirá então ser falso com ninguém."

Argentina. A minha negativa não nasce da misantropia (apesar de haver um pouco disso também) nem de querer passar por um ermitão do século XX. Simplesmente não me sinto capaz de ir a um encontro de escritores; é algo que se formula assim, que sinto assim, e me sentiria profundamente traidor em relação a mim mesmo se o aceitasse por razões amistosas ou intelectuais. Tenho um grande carinho por ti e bastou te conhecer para que todas as minhas barreiras de argentino metido caíssem por terra; gosto de te ver quando vens a Paris, assim como gostaria de te ver se algum dia eu for ao México por minha conta. Mas justamente o fato de eu agir na tua presença com toda a naturalidade não deve fazer com que penses que sou sempre assim. Infelizmente, quiçá, sou muito diferente muitas vezes; preciso ficar sozinho, *sou* sozinho. Por isso moro em Paris, onde se pode ficar muito mais sozinho do que em qualquer outro lugar do mundo; sozinho sem se empobrecer, sozinho e em plena abundância de vida. Não te direi mais nada porque pareceria que defendo com uma certa jactância o meu ponto de vista; tu entenderás ou não, mas tenho certeza de que o teu afeto não mudará e que não verás na minha negativa outra coisa senão um jeito de ser bastante deplorável, mas do qual saíram os meus livros. E eles estão no México, e isso sim me deixa feliz.

Diz para Benítez o quanto agradeço a prometida hospitalidade. Na noite em que embarcamos para Viena (faz uma semana, creio eu), apareceu uma moça mexicana lá em casa trazendo, em nome de Fernando, alguns números da *Siempre!* com o teu ensaio (eu havia pedido). A pobrezinha deve ter achado que estávamos loucos, porque a recebemos com as malas nas mãos e nos despedimos dela quase antes de tê-la cumprimentado. Para piorar, essa menina queria "me entrevistar". Mas tu já sabes que o Orient Express não espera ninguém, e tínhamos apenas meia hora para chegar à estação.

Não sabes como me alegra saber que *Cantar de ciegos* vai sair logo. Que título! Tu vais mandá-lo para mim em seguida? Eu passarei todo o inverno em Paris e poderei ler tranquilamente, pois não trabalharei e me dedicarei a colocar em dia a leitura de dúzias e dúzias de livros.

Até logo, Carlos. É difícil te mandar esta carta. Tenta entender.

Um grande abraço de

Julio

## De Julio Cortázar para Mario Vargas Llosa

Paris, 23 de dezembro de 1964

Mario,

Acabam de me avisar que vou sair de Madri no avião do dia *28*. Tomara que pegues o mesmo voo, assim nos encontraremos em Barajas.[97] Chego em Madri no dia 27 para ver *As meninas* e os Bosch.

Um abraço para os três,

Julio

---

97 JC e MVL viajaram de avião de Madri a Havana para fazer parte do júri do Prêmio *Casa de las Américas* de 1965, que se reuniu em janeiro daquele ano.

# 1965

## De Mario Vargas Llosa para Carlos Fuentes

Paris, 12 de abril de 1965
Sr. Carlos Fuentes
2.ª Cerrada de Galeana 16
San Ángel Inn
México 20, DF

Querido Carlos,

Mil agradecimentos por *Cantar de ciegos*. Achei o teu livro excelente e o li com verdadeiro entusiasmo. Há dois contos que são antológicos: "Vieja moralidad" [Velha moralidade] e "Un alma pura" [Uma alma pura], e sobretudo este último me encheu de admiração e também de inveja; o fascinante tema de incesto poucas vezes foi tratado com tanta delicadeza e perfeição. Há alguns dias, visitamos Bud e Claribel, com Cortázar e Edwards, e passamos a noite falando de ti e dos teus contos, e acho que o conto preferido de cada um de nós era diferente. Mas todos concordaram que o livro é magnífico. Quando sai o teu romance sobre Zapata? Estou terrivelmente ansioso para ler.[98]

---

98 Durante anos, CF teve o projeto de escrever um romance sobre Emiliano Zapata. Ao ser questionado sobre isso em dezembro de 2010, disse: "Agora não sei como abordar, pois Pedro Ángel Palou me venceu com um livro muito bom, com o tema muito bem desenvolvido, e me tirou um pouco da ânsia de escrever "Emiliano en Chinameca" [Emiliano em Chinameca]. Estou esperando para ver se arranjo tempo. Estou imaginando maneiras de tratar o dia da morte de Zapata, só esse dia, mas tenho que encontrar a fórmula literária." Em "Carlos Fuentes em Londres" (1967, incluído no apêndice deste livro), MVL também faz alusão a esse projeto.

Não sei se sabes que Carpentier esteve por aqui. Deu uma série de conferências sobre literatura latino-americana e falou de ti em todas elas, nos termos mais lisonjeiros. Eu me orgulhei como um pavão quando vi que ele cometia o desatino de me colocar junto de ti e de Julio como "inovador". A propósito, meu velho: que romance é esse que Carpentier elogia tanto? Segundo ele, chama-se "El bramadego" (Bramadero?).[99] Tentei encontrá-lo aqui, sem êxito.

Recebeste uma carta de Luis Harss? Ele está preparando um livro para um editor de Nova York com base em entrevistas com escritores da América Latina. Vai ao México para te entrevistar. É um ótimo rapaz e registra o que a gente diz com uma fidelidade maníaca. Pelo que entendi, o livro será publicado também em espanhol (pela Sudamericana).[100]

Enfim terminei *A casa verde*. Já mandei para Barral. Não tenho a menor ideia de qual será o resultado. Já estava farto desse livro, ele me deixou com cabelos brancos (verdes).

Vou ao Peru por um mês e na volta te escreverei. Estive várias vezes com o Duende del Anáhuac, que partiu para Roma. Muitas lembranças para Fernando Benítez e para a tua esposa.

Um forte abraço para ti,
Mario

## De Julio Cortázar para Carlos Fuentes

Paris, 1º de maio de 1965

Meu querido Carlos,

Como fizeste bem em reunir os contos de *Cantar de ciegos* em um livro. A leitura corrida — na qual cada conto é um incentivo irresistível

---

99 *Bramadero* (México, Fundo de Cultura Econômica, 1963), do mexicano Tomás Mojarro. A confusão de MVL se deve ao conhecido erre galicado na pronúncia de Carpentier.

100 Luis Harss (em colaboração com Barbara Dohmann), *Los nuestros* [Os nossos] (Buenos Aires, Sudamericana, 1966). Em inglês, foi publicado sob o título *Into the Mainstream. Conversations with Latin-American Writers* (Nova York, Harper & Row, 1967), com Harss e Dohmann como coautores.

para se lançar imediatamente ao próximo — foi para mim uma das experiências mais estimulantes desses últimos anos. É curioso pensar que, dos sete contos, pelo menos quatro são terrivelmente "negros"; e, no entanto, eu saí do livro como quem sai da água depois de um mergulho, bufando de alegria, saboreando o primeiro grande sorvo de ar. Algo muito parecido com a felicidade e a alegria.

Perguntei a mim mesmo por quê, já que, ao fim e ao cabo, insisto em dizer que a maioria dos contos não tinha por que traduzir-se nessa *exhilaration*. Mas ao contrário de tantas perguntas que me faço e não consigo jamais responder, nesse caso sinto uma certeza imediata. O teu livro me deixa feliz pela leviana, quase insolente, perfeição da forma. Pelo que, em outros tempos, poderia ser chamado de maestria, palavra que hoje parece ter perdido grande parte de sua "fonte". E, no entanto, eu a reivindico agora para ti, porque alguma coisa sei sobre escrever contos e sobre o longo caminho que vai das primeiras tentativas até essa eficácia infalível que transforma um conto em uma máquina espiritual — entendendo por máquina a sua exata definição acadêmica: artifício ou mecanismo para extrair, dirigir ou regular a ação de uma força. O teu livro é a obra de um mestre, e agora te digo tauromaquicamente: a tua técnica em "Las dos Elenas" [As duas Elenas] me faz pensar em Ordóñez, uma tarde em Sevilla há oito anos, um desses momentos milagrosos em que, por um tempo que parece não terminar nunca, touro e toureiro giram colados um ao outro, compondo uma figura fabulosa em que a beleza parece cristalizar-se. Quiçá, por seres mexicano, a comparação te choque, ou te entedie de tão corriqueira; não te esqueças que, para um argentino, um minuto assim, um conto assim, são como instâncias de eternidade.

Acredito que o conto citado, junto de "La muñeca reina" [A boneca rainha], "Un alma pura" [Uma alma pura] e "Vieja moralidad" [Velha moralidade], são os grandes momentos do teu livro. Mas quase não preciso dizer o tanto que me deleitei com o conto que dedicaste a mim, porque tem uma acumulação de humor tal, eu diria internacional (como viveste a tua vida, como viajaste as tuas viagens), que me senti, não comparativamente, mas por razões análogas, dentro do mundo que mais amo no que concerne a contos: o anglo-saxão.[101] Repito, é um deleite por analogia; não porque o conto se passa em um barco inglês, nem porque há um prazer perverso da tua parte em dar a impressão, momentaneamente, de que se está lendo um conto que vem do inglês; tudo isso poderia ser divertido, e nada mais. A analogia é mais profunda, é uma maneira de entender a narrativa como um grau quase secreto do humor (do mesmo modo que, em outra esfera, os ensaios de De Quincey, Lamb e Hazlitt estão cheios de piscadelas sutis para os iniciados, e somente para eles). Não sei quantos leitores do nosso continente sentirão a delícia de encontrar frases como "Isabel levantou os olhos e percebeu que ela e Harry, no espelho, olhavam para Harry", ou de atravessar passagens em que o tom "de tradução" é como um biombo sardônico, atrás do qual se pressente que algo terrível está acontecendo. (A propósito, quando Charlie diz "Para que gastar células cinzentas, como diria o meu detetive favorito...?", recordei o regozijo com que uma vez, em Buenos Aires, deparei-me com Ellery Queen dizendo ao sargento Heath "Use o cérebro, querido amigo...". De coisas assim que foram feitos muitos dos bons momentos da minha vida.)

Para mim, no entanto, o conto que eu acho que vai mais longe no teu livro é "Un alma pura" [Uma alma pura]. Poucas vezes li algo tão diabólico, tão capaz de criar logo de cara uma cumplicidade. Suponho que saibas que tem gente que não entende o que acontece no conto; aqui em Paris, fiz a prova com alguns amigos. As pessoas leem com pressa, não *participam*. Mesmo com uma epígrafe tão claramente reveladora como a que empregaste.[102] Além disso — observei com a ironia que o caso merece —, há aqueles que pensam que quase todos os contos do teu livro pecam

---

101 "A la víbora del mar" [À víbora do mar]. Outro conto, "Fortuna lo que ha querido" [Fortuna o que quis], foi dedicado a GGM.

102 MVL aponta, na carta que precede esta, que o tema do conto é o incesto. A epígrafe é de *Le bal du comte d'Orgel*, de Raymond Radiguet (Paris, Bernard Grasset, 1924): "Mais les manoeuvres inconscientes d'une âme pure sont encore plus singulières que les combinaisons du vice" [Mas as manobras inconscientes de uma alma pura são ainda mais singulares do que as combinações do vício].

por aquilo que chamam de "excesso de cultura". Não gostam que consigas aglutinar tantas referências de todo tipo dentro de cada situação que vais criando. Como é uma crítica que o teu amigo também viu chover sobre a cabeça dele, entenderás que te seguro pelo braço para que possamos rir juntos sem cair no chão. Diga-se de passagem que aqueles que mais censuram as nossas referências, citações, alusões e informações subentendidas costumam ser os que baseiam oralmente sua crítica em todo tipo de referências, citações, alusões e informações subentendidas. Parece que há um tabu proveniente do subdesenvolvimento cultural (ou melhor, espiritual) que faz com que muita gente apenas tolere verbalmente um leque de referências que para nós é natural dizer por escrito quando necessário. No Rio da Prata, verás, o teu livro merecerá, nesse quesito, as ratificações típicas: não se atreverão a te chamar de pedante, mas falarão de "excesso de referências culturais". (Vou contar um segredo que para ti não será novidade: o que mais lhes aperta o sapato — mas isso não dizem — é o minucioso conhecimento geográfico, o conhecimento vivido dos países, das cidades, das ruas. Os apóstolos do "no te apartés del rincón / donde empezó tu existencia"* não nos perdoam por termos tomado vinho em Budapeste, nem que tu, na página 121, por exemplo, consigas enumerar, com tanta soberania, nomes de ruas e de estações que te pertencem por direito, porque és da raça dos homens *aux semelles de vent*.)[103]

Como podes ver, esta carta é desconexa e vou dizendo ao acaso o que me passa pela cabeça; mas penso que está substituindo um pouco uma

---

* Em português: "Não te afastes do rincão / onde começou a tua existência." [N. da T.]

103 JC cita livremente versos de *La vuelta de Martín Fierro*, de José Hernández: "Conservate en el rincón / en que empesó tu esistencia." "Aux semelles de vent" ("Con suelas de viento" ["Com solas de vento"]) é uma antonomásia conhecida para se fazer alusão a Rimbaud. Na referida página 121, CF escreve: "Tomavam chá em La Clémence. Viam filmes franceses antigos em um cinema da rue Mollard. Jantavam aos sábados no Plat d'Argent e cada um pagava a sua conta. Durante a semana, serviam-se na cafeteria do Palácio das Nações. Às vezes, pegavam o trem e iam para a França. Fatos e nomes, nomes, nomes como em um guia: quai des Bergues, grand' rue, cave à Bob, gare de Cornavin, auberge de la Mère Royaume, Champelle, boulevard des Bastions."

conversa que espero que possamos ter em breve. Quem me disse que vinhas? Nós partiremos para Saignon, um povoadinho de Vaucluse, para passar todo o verão em um ranchinho que conseguimos por lá.[104] Estaremos em Paris por volta do início de setembro. Se vieres para a França, se passares pelo Sul, avisa-me para ver se conseguimos nos encontrar, nem que seja por um dia. Passear debaixo das árvores do Cours Mirabeau, em Aix, não seria nada mal, o que achas?

Aurora te envia muitos carinhos, e eu um abraço forte,

Julio

Não penses que eu, por não ter comentado sobre "La muñeca reina" [A boneca rainha], goste menos desse do que dos outros contos. Se tivesse que escolher, esse conto e "Un alma pura" [Uma alma pura] seriam os meus preferidos. Em "La muñeca reina" [A boneca rainha], eu me senti, por alguns instantes, no meu povoado da infância, e eu ali menino outra vez, não porque houvesse qualquer coisa parecida; vá saber por quê, por alguma semelhança secreta, do outro lado das coisas.

Se me escreveres, envia para
SAIGNON par APT
(Vaucluse)

Um abraço para Benítez, se o vires.

---

104 JC e Aurora Bernárdez compraram uma casa em Saignon no verão de 1964, onde seriam escritas 18 cartas deste livro. Em 14 de julho, JC escreveu para Eduardo Jonquières: "Vimos o lugar, a casa, a terra: um *bastidon* em um *village* chamado Saignon, de 200 habitantes, no alto de umas rochas esplêndidas, a 3 km de Apt, onde há de tudo, a 85 km de Marsella e do mar, a 30 km de Gordes, da Fontaine de Vaucluse… Sabe onde é? Bom, encontramos um *bastidon* onde já se pode viver perfeitamente, com 1.600 m de terreno e uma vista incrivelmente linda. Água, eletricidade, cômodos ótimos e limpos, possibilidade de melhorar tudo isso com pouco dinheiro. Preço: 2,7 milhões de francos. Paguei uma prestação, e em agosto ou setembro voltaremos para comprá-lo e inclusive ficar lá por uma semana; levaremos uma cama dobrável e um *réchaud*, isso basta para começar."

## De Julio Cortázar para Mario Vargas Llosa

Genebra, 18 de agosto de 1965

Querido Mario,

Nesta máquina, faltam todos os acentos: vou colocá-los à mão quando reler esta carta, mas perdoarás que alguns passem batido. Estou te devolvendo o romance por carta registrada, e espero que recebas as duas coisas sem demora. Deixei passar uma semana depois da leitura do teu livro, porque não queria te escrever sob o arrebatamento de entusiasmo que *A casa verde* me provocou.[105] E, no entanto, agora que vou te dizer algumas coisas sem pensar demais, deixando que a máquina voe quase a seu bel-prazer, sinto que o entusiasmo não somente não diminuiu, mas se afirmou, já se transformou naquilo que todo romancista quer para a sua obra: lembrança, memória viva e sólida. Queria dizer, antes de tudo, que um dos momentos mais gratificantes que o futuro me reserva será a releitura do teu livro quando estiver impresso, quando não for preciso lutar contra esse "a" partido em dois da tua maldita máquina (joga-a do 14º andar, fará um barulho extraordinário e Patricia vai se divertir muito, e na manhã seguinte encontrarás todos os pedacinhos na rua e será estupendo, sem contar a estupefação dos vizinhos, posto que, na França, as-máquinas-de-escrever-não-são-jogadas-pela-janela).[106]

---

105 Uma semana antes, no dia 11 de agosto, JC escreveu para Antón Arrufat: "Mario Vargas me passou as volumosas páginas de seu romance, aquele para o qual tu havias dado um capítulo na revista. Como é formidável, tchê. Um calhamaço, mas no melhor sentido da palavra, isto é, um calhamaço à la sul-americana, cheio de acontecimentos, de ações que se cruzam, se entrelaçam e se desatam, de episódios tremebundos, de personagens que se fixam na memória para sempre. Mas, e aqui Mario tem vantagem sobre todos os demais, TENS QUE VER COMO O ROMANCE FOI ESCRITO. Uma segurança, uma beleza, uma técnica fenomenais. Existe este milagre: colocar uma temática de romance tradicional em uma forma absolutamente atual, de verdadeira vanguarda, absolutamente anti-*Siglo de las luces*. Já vais ver e acreditar no que digo. Todos os defeitos do livro (e tem defeitos, e estou escrevendo para Mario para dar um puxão de orelha fraternalmente) não são nada perto da profunda verdade estética que, como desejava Platão, é, em última instância, a Verdade nua e crua."

106 Patricia Llosa havia se casado com MVL em maio de 1965.

Sim, ler o teu livro impresso será uma grande maravilha, porque voltarei a viver a longa viagem de Fushía e Aquilino, que me parece a viga mestra do edifício, ou melhor, o fio condutor da tapeçaria, assim como, nos diagramas geográficos, a linha do nível do mar parece reger todas as curvas ascendentes e descendentes, montanhas e fossas oceânicas. E voltarei a me encontrar com Bonifacia e com Lituma, com Nieves e com Lalita, para mim os personagens mais vivos e bem-sucedidos do romance depois de Fushía ou junto dele. Repara que assim, soltando algumas primeiras impressões quase passionais, já estou te dando uma opinião sobre o livro; mas me parece necessário dizer, antes de continuar, alguma coisa sobre a totalidade do livro. Bom, Mario Vargas Llosa. Agora vou dizer toda a verdade: comecei a ler o teu romance morto de medo. Porque tinha admirado tanto *A cidade e os cachorros* (que secretamente continua sendo para mim "Os impostores") que tinha quase um inconfesso temor de que o teu segundo romance me parecesse inferior e que chegasse a hora de ter que te dizer isso (pois te diria, acho que nos conhecemos). Depois de dez páginas, acendi um cigarro, acomodei-me com vontade na poltrona, e de repente todo o meu medo se esvaiu, e foi substituído de novo por aquela mesma sensação de maravilhamento que o meu primeiro encontro com Alberto, com o Jaguar, com Gamboa tinha me causado. Já à altura dos dois primeiros diálogos de Bonifacia com as freirinhas, eu já estava totalmente dominado pela tua enorme capacidade narrativa, por essa coisa que tu tens e que te faz diferente e melhor do que todos os outros romancistas latino-americanos viventes; por essa força, e esse luxo romanesco, e esse domínio da matéria que imediatamente põe qualquer leitor sensível em um estado muito próximo à hipnose (e isso não significa perda de lucidez, mas passagem a uma outra forma de lucidez, que é o milagre de todo grande romance, de um Lowry, ou um Joyce Cary, ou um Dostoiévski, e não fiques corado, peruaninho, que eu não elogio ninguém por elogiar, mesmo que seja um amigo muito querido).

Nisso, Aurora tinha se apoderado do primeiro caderno e me seguia de perto, de modo que terminamos o livro quase ao mesmo tempo, e conseguimos conversar muito e criticar tudo o que considerávamos criticável, e nos controlar mutuamente para evitar as ingenuidades ou os entusiasmos excessivos ou momentâneos. Para mim, foi uma grande alegria minha mulher sentir exatamente o mesmo que eu, porque ela é uma crítica severa e tem sobre mim a vantagem de ser mais desapaixonada, e tomar as suas distâncias, e julgar objetivamente. Quando senti que ela reagia igual a mim, as poucas dúvidas que poderiam restar da minha primeira impressão se dissiparam totalmente. Hoje, há muitos dias já da leitura, continuamos falando no mesmo tom do primeiro dia. Escreveste um grande romance, um livro extraordinariamente difícil e arriscado, e triunfaste *por todo lo alto*,* como diria um de nossos companheiros espanhóis. Rio perversamente ao pensar em nossas discussões sobre Alejo Carpentier, a quem defendes com unhas e dentes. Mas, meu caro, quando teu livro sair, *El siglo de las luces* ficará automaticamente situado naquilo que eu disse para te escandalizar, no cantinho das bugigangas anacrônicas, dos brilhantes exercícios de estilo. Tu és América, a tua é a verdadeira luz americana, o seu verdadeiro drama, e também a sua esperança na medida em que ela foi capaz de fazer de ti o que és.

Talvez este tom um pouco exaltado te incomode. Tudo bem, baixarei o registro e falarei profissionalmente, sem me esquecer das críticas que tenho em mente e sobre as quais voltaremos a falar quando nos encontrarmos. Mas como também tenho em mente o meu interesse profissional pelo romance, tem uma coisa que devo dizer logo de cara e sem rodeios: no nível técnico, *A casa verde* é maravilhoso. Não sei se alguém já empregou o recurso que utilizas dos *flashbacks* incorporados à ação no presente; não recordo nenhum exemplo e penso que o inventaste. Quando percebi isso pela primeira vez (Fushía e Aquilino conversam na barca, Aquilino quer saber como Fushía fugiu da cadeia, e de repente aparece um diálogo entre Fushía e seus companheiros de fuga, para depois voltar imediatamente ao diálogo no presente, e outra vez no passado), tive uma sensação quase vertiginosa. Compreendi que produzias

* Em português, "com grandeza", "em grande estilo". [N. da T.]

um *télescopage* do tempo e do espaço, que economizavas um montão de ideias e situações intermediárias para o leitor, que atingias o essencial da narrativa, essa *escolha* do que é realmente significativo e necessário, o que todo grande romancista realiza à sua maneira. A esse primeiro acerto técnico, que me parece cada vez mais extraordinário, somam-se muitos outros análogos: a irritante, às vezes exasperante ambiguidade dos planos temporais, que exige máxima atenção do leitor; os episódios que coexistem em um só momento da narrativa, pelo fato de haver uma relação analógica entre eles e de ser natural que os aproximasses (é natural, mas tinha de ser feito, e é difícil, como na passagem paralela sobre a morte de Toñita e sobre o aborto de Bonifacia). É curioso, mas quando ia chegando o final do livro, antes do epílogo, tive uma sensação que poucas vezes experimentei ao ler romances: a de que havia uma espécie de estrutura *musical* muito complexa, no sentido de que um poema sinfônico pressupõe temas entretecidos de tal maneira que o ouvido, que os percebe consecutivamente, possa apreender, no entanto, graças à distribuição, aos timbres, aos desenvolvimentos e aos *leitmotivs*, algo como uma estrutura simultânea, um enorme pedaço de música petrificada na qual tudo o que fluía se organiza numa imensa tapeçaria suspensa diante dos olhos — dos ouvidos, se preferires — como uma experiência total e simultânea. Não sei explicar melhor, mas penso que, enquanto alinhavavas os temas, os subtemas, as infinitas retomadas e ressonâncias do romance, entraste, sabendo ou não, em uma dimensão musical. Não tomes isso como uma influência, é claro (acho que não és tão aficionado por música), mas como uma analogia "estrutural". Eu, que sou um amante inveterado da música, não encontro outra maneira de dizer até que ponto a trama do teu livro me parece uma espécie de potencialização, de projeção desse plano da arquitetura sonora, sem a qual nenhuma obra humana (plástica, literária ou poética) pode superar as suas limitações. Em todo caso, do ponto de vista da estrutura narrativa, o teu livro é um dos mais complexos e mais estimulantes que li nos últimos anos.

Prometi as críticas, e passo a elas para não continuar elogiando de uma maneira que possa parecer tendenciosa. A primeira observação vem de Aurora e eu partilho desta opinião. Não gostamos do título do livro.

É pitoresco e muito aquém de tudo o que acontece. Já sei que um título é coisa complicada, mas tenta imaginar outro. Eu gostaria de te sugerir algum, mas não tenho nada em mente. E agora, passando aos personagens, quiçá fiques surpreso, mas, para mim, Anselmo não está redondo. Digo que quiçá fiques surpreso porque, de certa forma, ele deve ser para ti o próprio núcleo do livro, sem contar que o epílogo está centrado nele. Pois bem, não consegui "viver" o Anselmo. Enquanto Lituma sobeja vida, e Bonifacia, e Fushía, e todos os invencíveis, e Lalita, acontece que vejo Anselmo... literariamente. Não entendo muito bem a chegada dele, a fundação do prostíbulo, a decadência, achei um pouco cansativo quando ele fica velho e trabalha para a filha, não cheguei a me emocionar com o seu amor pela cega nem com a sua morte. Pergunto a mim mesmo por quê, e quiçá, quando eu ler o livro novamente, descubra.

Em linhas gerais, sinto como se a segunda parte do romance estivesse um pouco aquém da primeira, mas há uma variedade tal e uma força tal em tudo o que acontece no início e até a metade, que a gente fica um pouco como um cão batido, e pode ser então que até mesmo uma fadiga física influencie. Não te preocupes com essa observação, que pode ser por demais subjetiva. Penso também (fiz uma anotação para te indicar o lugar exato, mas a perdi) que algumas referências "explicativas" estão sobrando por completo, a menos que sejam irônicas e a intenção tenha me passado despercebida. Me refiro a uma passagem em que tu trazes alguns dados geográficos sobre o Maranhão (ou outro rio, mas acho que é o Maranhão), e o fazes em um ou dois parágrafos que parecem intercalados didaticamente e que por isso me incomodam. O livro é estupendo justamente (ontem eu disse isso para Deustua)[107] porque a descrição da natureza, que é fundamental no romance, está fundida com a ação de tal maneira que jamais nos damos conta de que tu estás mostrando ao leitor como é um claro no bosque, uma curva do rio, uma rua da cidade. Há uma só atmosfera, em que tudo acontece simultaneamente, cenários e ações, e isso é uma das coisas mais difíceis, e te digo pela minha amarga experiência pessoal. O clima geral do livro (seca e areia e vento, ou calor

107 Raúl Deustua, poeta e tradutor peruano, amigo de MVL.

úmido e feras e pântanos) surge com uma força tremenda, e certa vez, quando me detive e analisei algumas páginas para ver qual era o acúmulo de detalhes que provocava essa força, vi aquilo que te disse mais acima, isto é, basta que tu contes à tua maneira para que tudo se dê em uma mesma instância narrativa, sem aquela separação escolar entre "descrição" e "ação", que é própria do romancista comum.

Por falar em descrição, me ocorreu que, assim como na edição de *A cidade e os cachorros* a Seix Barral incluiu a foto do Leoncio Prado, seria bom se em *A casa verde* houvesse um mapa. Os não peruanos, como eu, teriam um grande prazer em situar melhor o cenário geral do livro, e acredito — é uma ideia da Aurora, que, como podes ver, colaborou bastante nesta carta — que, se a capa do livro fosse um grande mapa de toda a Amazônia (se estendendo à lombada e à contracapa), eliminaria dessa forma o que há de pedante ou "científico" em um mapa no interior do livro e, de lambuja, o leitor teria a satisfação de localizar Iquitos ou de imaginar a barca de Aquilino em algum ponto do rio. Acrescento, ainda, que um pequeno glossário não seria inútil; as diversas tribos indígenas e umas cinquenta palavras-chave do livro mereciam uma explicação. A gente vai entendendo pelo contexto, mas entenderás que os não peruanos ficam às vezes um pouco perdidos. Puta silabário, *soldado* caralho, tchê. *Chuncha* da mãe, *calato*, *gamitana* ou *zúngaro*,* silabário maldito, tchê, Mario.[108]

Última coisa: acho que nunca dizes o verdadeiro nome do Pesado, mas no final, quando ele se casa com Lalita, dizes o sobrenome dele e o leitor fica desconcertado até que o reconhece. Ou suprimes o sobrenome (acho que seria a melhor opção, porque já somos amigos do Pesado e ele não tem outro nome a não ser esse), ou dizes algumas vezes no começo para que não nos pegue de surpresa no final.[109]

---

* Termos relacionados ao universo amazônico de *A casa verde*. *Soldado* designa um crustáceo (caranguejo-eremita no Brasil); *chuncha* se refere pejorativamente a uma mulher nativa; *calato* significa "nu", "pelado"; *gamitana* e *zúngaro* são peixes (respectivamente, tambaqui e jaú no Brasil). [N. da T.]

108 Ao ser publicado, *A casa verde* incluiu um mapa, mas não na capa. Não foi incluído um glossário.

109 MVL não incorporou essa sugestão.

Bom, acho que por hoje é só. Espero não ter incomodado muito, mas quando nos encontrarmos (um passarinho me contou que tu vens a Genebra um dia desses, e seria estupendo, porque nós ficamos até o dia 27 e quiçá poderíamos ainda nos encontrar), voltaremos a falar bastante do teu livro. Te agradeço por tê-lo confiado a mim assim, no manuscrito: me dei a liberdade de emprestá-lo para Raúl, que havia lido só uma parte e queria terminar. Outros me pediram (Girbau, por exemplo), mas eu neguei, porque não me senti no direito de fazê-lo.[110]

Perdoa a improvisação desta carta, manda um beijo meu e de Aurora para Patricia, e um grande abraço deste teu irmão que ficou tão feliz de ter escrito esta carta,

Julio

Oleriny me mandou um cartão-postal e disse que não mandaste o livro para ele.[111] Pediu-me que "perdesse duas palavras a favor dele". Em tcheco, suponho que queria dizer que te recordasse que ele gostaria de receber o romance.

Não tenho aqui o endereço de Chermak em Praga.[112] Poderias fazer com que cheguem até ele as linhas que estou te enviando em anexo? Muitíssimo obrigado.

## De Carlos Fuentes para Mario Vargas Llosa

Nova York, 29 de setembro de 1965

c/o Bob Wool

25 Central Park West

New York

---

110 Vicente Girbau, diplomata espanhol exilado.

111 Vladimir Oleriny, crítico e tradutor eslovaco, traduziu para a sua língua livros de JC e GGM.

112 Josef Čermák, da editora Odeon de Praga, publicou contos de JC em 1966, sob o título *Pronásledovatel* (*O perseguidor*), e no mesmo ano, *Mĕsto a psi* (*A cidade e os cachorros*).

Querido Mario,

Estou aqui terminando e revisando a minha nova obra, falando com o editor e o tradutor, etc., e resguardado da fúria do FBI por um passaporte oficial: Agustín Yáñez é ministro da Educação no México e me disse: "Se os gringos não te deixarem entrar, eu te meto de contrabando."

Embarcarei dentro de duas semanas rumo a Le Havre para passar alguns dias em Paris, ir para Roma até o fim do ano e, em seguida, ficar em Paris nos meses de janeiro e fevereiro, antes de seguir para Buenos Aires, onde creio que trabalharemos juntos no concurso de romance.[113]

Espero te encontrar em Paris e conversar longamente sobre muitas coisas. Se Julio estiver lá, avisa a ele que vou e que não pude responder à sua maravilhosa carta sobre *Cantar de ciegos* porque alguém, em uma festa em minha casa, *se la voló*,* como dizem os astecas como eu, certamente com o propósito de que não restasse testemunho de uma apreciação desse livro.[114] No México, é muito chique me atacar — bom, como é para ti no Peru e para Julio na Argentina. Se não és vermelho e subvertido, és decadente e invertido, e todos com a moral tranquila. Ah, a latinidade!

Um abraço bem forte e até logo,

Carlos Fuentes

## De Mario Vargas Llosa para Carlos Fuentes

Paris, 7 de outubro de 1965[115]

Querido Carlos,

---

113 O júri do concurso de romance Primera Plana-Sudamericana se reuniu em Buenos Aires em julho de 1966. Era formado por José Bianco, Emir Rodríguez Monegal, MVL e CF. Este último, ao fim, não fez a viagem e enviou o seu voto pelo correio. O romance que venceu por unanimidade foi *Los exiliados* [Os exilados], do paraguaio Gabriel Casaccia.

* Em português, "surrupiou-a". [N. da T.]

114 A carta reapareceu em algum momento, pois se encontra arquivada nos papéis de CF na Universidade de Princeton e foi incluída neste livro (1º de maio de 1965).

115 O original foi datado equivocadamente de 7 de setembro de 1965.

É uma notícia magnífica a tua vinda a Paris. Logo que chegares, telefona-me (abaixo, coloco meu número e meu novo endereço) para nos vermos e conversarmos longamente. Se quiseres que eu me encarregue de fazer a reserva do teu hotel, de organizar qualquer coisa aqui antes da tua chegada, estou às ordens.

Julio não está agora em Paris. Deve permanecer em Viena, aonde foi trabalhar como tradutor em uma organização internacional, e de lá passaria para a casinha que tem em Provença. Aurora esteve por aqui há algumas semanas e me disse que não voltariam a Paris antes de novembro ou dezembro. Mas, quando regressares da Itália, irás te encontrar com eles de todo modo, pois parece que, nessa região de Provença, não há quem aguente o inverno.

Eu também estou, como tu, corrigindo as provas do meu romance. É um trabalho de joalheiro chinês (pré-maoísta) e exige nervos de aço; os tipógrafos espanhóis têm o maldito costume de espanholizar tudo e, quando a gente menos espera, aparecem com um *le vió* ou um *la dijo.**

Até logo, então, e boa viagem.

Um grande abraço,

Mario

1, avenue du Parc des Expositions

Paris XVe Telefone: VIC 25-48

## De Gabriel García Márquez para Carlos Fuentes[116]

México, 30 de outubro de 1965

---

* Em português, "lhe viu" e "a disse" (tradução literal). Tais usos são conhecidos como leísmo — le/les ("lhe/lhes") como complemento direto — e laísmo — la/las ("a/as") como complemento indireto. [N. da T.]

116 Esta é a primeira carta entre CF e GGM que foi conservada. Conheceram-se na Cidade do México, mas os relatos variam quanto ao ano (entre 1961 e 1964). Em outubro de 1965, GGM completava aproximadamente quatro anos morando no México e havia publicado os romances *A revoada*, *Ninguém escreve ao coronel* e *O veneno da madrugada (a má hora)*, e os contos de *Os funerais da Mamãe Grande*. Também havia escrito uma quantidade monumental de textos jornalísticos, compilados muitos anos depois por Jacques Gilard em três volumes.

Magíster,

Não consigo pensar em um jeito melhor de celebrar a primeira metade finalizada do meu romance do que respondendo à tua carta de Nova York.[117] Começo dizendo que és um perverso por estar em Roma neste sábado sombrio, mas com um pouco de egoísmo te agradeço, porque já não tenho a quem visitar, e aproveito a hora do chá dominical para escrever. Até encontrei o título do romance: *Cem anos de solidão*.[118] Soa bem?

Fiquei muito contente com o que disseste sobre os meus livros em Harper & Row. Com efeito, ficaram com todos. Em vista disso, dei instruções a Carmen Balcells para que lhes ofereça, sem pedir adiantamento, *Cem anos de solidão*.[119] Acredito que, quando o virem finalizado, será possível obter melhores condições.

Isto virou uma enxurrada, magíster: finalmente encontrei a solução do ditador, com o título que já conheces: *O outono do patriarca*. Lembra que o meu problema era dar todo o contexto sócio-histórico-econômico-político? Que bobagem! Na noite passada, lembrando o julgamento de Sosa Blanco, encontrei a chave: o romance deve ser o monólogo do ditador, decrépito, desorientado, surdo e quase completamente gagá, tentando justificar seus atos durante 92 anos no poder diante de um tribunal popular que o julga em um estádio de beisebol.[120] Tudo em primeira pessoa, com as palavras do velho, com seus erros, suas lacunas mentais, suas tautologias, idiotismos, ingenuidades etc. Tem sido uma solução tão explosiva que o livro pode ficar pronto em seis meses, e agora sim será fácil dar a dimensão poética que acabava sendo tão difícil — ou

---

117 Não foi recuperada.

118 Havia começado a escrevê-lo por volta de julho de 1965.

119 Carmen Balcells, agente literária. Começou representando GGM e MVL para contratos em línguas estrangeiras desde 1962.

120 Jesús Sosa Blanco foi um proeminente militar e capanga da ditadura de Fulgencio Batista. Imediatamente após o triunfo da Revolução Cubana, foi submetido a julgamento sumário e público por assassinato e outros crimes, e fuzilado em fevereiro de 1959. GGM e um amigo íntimo, o jornalista colombiano Plinio Apuleyo Mendoza, estavam em Havana e assistiram ao julgamento.

impossível — do outro jeito. Tu, que me conheces, podes imaginar o quão contente — e insuportável — eu estou com esta descoberta.[121]

Antes de abandonar os assuntos literários, quero te pedir um conselho: a Sudamericana me escreveu para pedir os direitos exclusivos de todos os meus livros. Estamos fazendo todo tipo de malabarismo para liberar os já comprometidos, pois querem publicar todos eles simultaneamente em Buenos Aires e no México. Um porém: as negociações com a Seix Barral para o próximo já estavam adiantadas. Pergunto: teria muito a perder se, em vez de publicá-lo com Barral, entregasse para a Sudamericana? Acho que podes me iluminar nessa questão, e desejo que o faças.

A região mais transparente é também a mais tranquila desde que tu foste embora. Cuevas sozinho não dá conta. Isso, por fortuna, favorece meus confinamentos e minhas solidões.

Apareceu por aqui, como sempre, Rodríguez Monegal. Ele deve ter te escrito. Anda pelo mundo angariando colaboradores para uma revista ainda sem nome (tens alguma sugestão?) que substituirá a *Cuadernos*. Parece que Emir se impôs ao pessoal do Congresso pela Liberdade da Cultura, e acredita que realizará grandes feitos. Prometi a ele que vou colaborar.[122]

Como já sabes, o concurso da *Primera Plana* é em março. Pelo que entendi, és jurado. Convidaram-me para um simpósio nessa data em Buenos Aires. Emir tinha a missão de pesquisar de que modo os escritores antiaéreos como eu iriam se deslocar à Patagônia. Eu irei de barco a vela, saindo daqui por volta de 20 de fevereiro. Queria saber se tu estarás aqui ou se vais diretamente das Europas. Em todo caso, acho

---

121 GGM reiteraria essa descoberta em reportagens de imprensa, assim como em seu diálogo com MVL em Lima (1967), mas a descartaria em prol de uma estrutura polifônica na versão final do romance, publicado 10 anos depois (1975).

122 A nova revista, publicada em Paris, seria batizada de *Mundo Nuevo*. O seu primeiro número, publicado em julho de 1966, incluiu uma entrevista de Rodríguez Monegal para CF. Nos números 2 (agosto de 1966) e 9 (março de 1967), foram incluídas prévias de *Cem anos de solidão*. *Mundo Nuevo* teve uma existência conturbada e polêmica, que incluiu a revelação de que recebeu financiamento da CIA. Várias cartas reproduzidas mais adiante fazem referência aos debates em torno dessa revista.

que poderíamos planejar o retorno. Diz para mim quais são teus planos nesse sentido.

Êxito nas exibições privadas de *Tiempo de morir* [Tempo de morrer].[123] Rita, que pareceu emocionada, deve ter te contado. Eu já estava vendo o cinema de uma perspectiva muito distante, até que Mercedes, muito compungida, me informou que, ao cabo de 400 páginas de romance, estávamos devendo 21 mil pesos.[124] Lancei-me, então, a outro filme com Arturo: "*Patsy on the rocks* ou a vida licenciosa do jovem escritor gótico Carlos Fuentes."[125]

Casa-se o mestre Velo com Angélica Ortiz![126] Merda! A notícia — inconfidencial — saiu em todos os jornais. Não falei com Velo porque imagino que ele esteja furioso com o alvoroço. Liz e Burton ficaram reduzidos a meros trapos diante desse romance outonal. O que achaste?

Bom, mestre, pouco assunto desde o meu confinamento. Abraços para Giancarlo e Alida.[127] E para ti, comparsa malvado e prófugo, um abração meu e de Mercedes,

Gabo

## De Carlos Fuentes para Gabriel García Márquez

Roma, 19 de novembro de 1965

---

123 Dirigida por Arturo Ripstein, com roteiro de GGM e CF.

124 Mercedes Barcha, casada com GGM desde 1958.

125 Ao contrário do que diz a lenda, GGM não se dedicou somente a escrever *Cem anos de solidão* nesse período. Ao fim, foi Manuel Michel, não Arturo Ripstein, quem dirigiu o filme. *Patsy, mi amor* [Patsy, meu amor] estreou em 1969. Os créditos atribuem o argumento a GGM, e a Michel, a adaptação e os diálogos.

126 Carlos Velo, diretor de cinema espanhol exilado no México, ao qual CF dedicou um conto de *Cantar de ciegos* [Cantar de cegos] ("Vieja moralidade" [Velha moralidade]), e Angélica Ortiz, produtora cinematográfica.

127 Os italianos Giancarlo Zagni, diretor de cinema, e Alida Valli, atriz. Ambos tinham trabalhado em *Senso* (1954), de Visconti — um dos filmes favoritos de MVL —, e estiveram no México em 1963 para uma possível adaptação cinematográfica de *Las buenas conciencias* [A consciência limpa], de CF, que não se concretizou.

Querido master,

*Acknowledgement* da tua carta que, em mais de um aspecto, deu-me uma grande alegria! A tua ideia para o romance do tirano é SENSACIONAL: o ovo de Colombo elevado a *omelette* metafísico. Que maravilha! Acertaste em cheio, para o teu azar, pois com uma solução tão perfeita, deves te sentir como um animal inquieto com o romance de Aracataca e pronto para pular no fogo com o do ditador. Fiz alguns testes aqui, com ninguém menos do que Asturias, que pulou da cadeira (*and that means moving a Mayan Temple*) quando contei a ele o teu projeto, e com Feltrinelli, que demonstrou um entusiasmo de gibelino.[128] Acho que tens um tesouro nas mãos, e te invejo.

Quanto à escolha entre a Sudamericana e a Barral, a minha impressão, muito pessoal, é que a Sudamericana te localiza excessivamente, colocando-te em circulação apenas no mundo latino-americano, privando-te da riqueza de projeção e contatos que Carlos Barral oferece. Acho que, na Sudamericana, ficas restrito à Sudamericana, enquanto, com a Barral, já abres caminho para as traduções e para a presença na Europa e nos Estados Unidos. Mas, em qualquer negócio com a Barral, lê as letras miúdas do contrato, pois (muito *entre nous*) com o Mario Vargas acabam de fazer a sacanagem de botar uma cláusula tirando 60% dos direitos estrangeiros que ele vier a receber através da Barral, e a Barral se encarrega de todos os direitos estrangeiros dele. Contorna esse obstáculo e continua com a Barral.[129]

Notícias destas bandas: Antonioni comprou "As babas do diabo" de Cortázar para o seu próximo filme (outro indício daquilo que tanto dissemos e que Cohen me confirma em uma carta recebida hoje: "*There are not any younger novelist in the world today comparable with the half dozen of you*"), e o *Times Literary Supplement* publicou um ensaio longo

---

128 Giangiacomo Feltrinelli, editor italiano. Publicou traduções de GGM, MVL e CF.

129 Em uma carta para MVL de 3 de maio de 1966, Barral admitiria que "os contratos com a Seix Barral são leoninos (sei muito bem disso, eu mesmo os redigi)". Xavi Ayén, *Aquellos años del boom. García Márquez, Vargas Llosa y el grupo de amigos que lo cambiaron todo* [Aqueles anos do Boom. García Márquez, Vargas Llosa e o círculo de amigos que mudaram tudo] (Barcelona, Debate, 2019, p. 133).

e bem embasado sobre os cinco últimos anos de ficção na América Hispânica, dando o primeiro lugar para ti.[130] Mandei o recorte a Vicente Rojo para que ele faça com que seja traduzido na *Siempre!*. Cohen propôs o *Coronel* para a Cape de Londres. Seria bom que a Cape soubesse que Harper te escolheu: isso os fará tomar uma decisão imediatamente; que Mme. Balcells se apresse.[131]

Estou há duas semanas trancafiado com o mestre Ibáñez e saindo, agora sim em pleno vampirismo, só depois do pôr do sol — *oh sangue segreta o pelle morbide!*[132] Mas Juan retornará com um roteiro pronto no fim do mês, que te mostrará para a crítica de sempre, e que nos deixou contentíssimos. Não te anteciparei mais nada e esperarei teus comentários quando leres.

Meu novo opus, definitivamente intitulado "Evangelios del mundo caído" [Evangelhos do mundo caído], já está em processo de tradução em Nova York, com uma avalanche de aleluias da parte de quem o leu.[133] Acho que definitivamente o publicarei nos Estados Unidos e Itália, pois não vejo a necessidade de me expor a um batismo em meio à merda dos críticos mexicanos. *Aura* está indo a todo vapor nos EUA, e aqui as filmagens, em Roma e Parma, começam em março, com Anthony Perkins, Rosanna Schiaffino e Dita Parlo no elenco.[134] Sigo adiante com a minha dialogia

---

130 *Blow-Up*, dirigida pelo italiano Michelangelo Antonioni e baseada no conto de JC, estreou em dezembro de 1966. A citação da carta de Cohen diz o seguinte: "Hoje não existe nenhum romancista jovem no mundo que possa ser comparado com vocês seis." O ensaio mencionado, também de J. M. Cohen, é "Southern Crosses", *Times Literary Supplement*, Londres, 30 de setembro de 1965. Na verdade, GGM não ocupa "o primeiro lugar", mas tem seu nome incluído por *Ninguém escreve ao coronel*, "intensely compressed short novel".

131 A versão inglesa de *Ninguém escreve ao coronel* saiu somente em 1971 (Londres, Jonathan Cape).

132 Juan Ibánez, ator, roteirista e diretor mexicano. Dirigiu *Los Caifanes* (1967), cujo roteiro é mencionado aqui, além de *Los bienamados* [Os bem-amados] (1965), em parte baseado no conto "Un alma pura" [Uma alma pura], de CF.

133 O manuscrito desse romance, que seria *Cambio de piel*, teve várias tentativas de título, entre elas, "El sueño" [O sonho] e "Sol de noche" [Sol de noite].

134 A tradução de *Aura* ao inglês (Nova York, Farrar, Straus and Giroux, 1965) é de Lysander Kemp. Dos atores mencionados para a filmagem da adaptação italiana, intitulada *La strega in amore* (1966) e dirigida por Damiano Damiani, apenas Rosanna Schiaffino participou.

das velhas, Circe e Galatea, "The Bitches", que progredirá, *j'espère*, entre dezembro e março, quando eu pegar o meu *vaporetto* em Nápoles para Buenos Aires.[135] Me enche de alegria saber que nos encontraremos sob o céu dos pampas e na agitação de La Boca. De Bs. As., eu quero retornar para a Europa, onde encontro estímulos e interações praticamente ausentes em Anáhuac, e já sabes que, se quiseres um cúmplice para gastar os rublos e dinares, embarcamos do Rio da Prata para o *mare* Adriático.

Hoje irei à estreia da peça de Alida e Giancarlo, que te mandam muitos cumprimentos.[136]

Escreve para nós, mestre: você é querido e nos faz falta. Cumprimentos para Mercedes e para os meninos, e aos amigos que tomavam chá com biscoitos, Pamela.

Abraços,

Carlos.

P.S.: Macedo escreveu emocionada com *Tempo di morire. Hurray!*

## De Gabriel García Márquez para Carlos Fuentes

México, 25 de dezembro de 1965

Master,

É importante que escrevas com muita frequência. No outro dia, estávamos no jardim, vendo tudo pelo lado ruim, quando chegou a tua carta repleta de boas notícias. Em seguida, analisando-as, nós nos demos conta de que nenhuma dessas notícias resolvia os nossos problemas, mas tinham, em contrapartida, a virtude de fazer esque-

135 "Circe" por fim se intitulou *Zona sagrada*. "Galatea" é um romance abandonado.

136 *Il sole e la luna*, de Guglielmo Biraghi, estreou oficialmente no Teatro delle Arti.

cer. Nos dias ruins, Mercedes diz: "Como seria bom que Carlos nos escrevesse."

Nada em especial. Tudo muito tranquilo e um pouco de vento em popa: o meu romance avançando a passos de formiga, pois tive de dedicar metade do expediente às necessidades cotidianas e alguns projetos de cinema para ter o que comer no ano que vem.

Na *Reseña de Acapulco*, onde vi a produção do ano passado, tive a terrível revelação de que, neste país, estamos tentando inovar o cinema sem assistir a filmes.[137] Cá estava eu, depois de cinco anos no México, com quinze anos de atraso no cinema. Estou em revisão geral de conceitos.

Só uma boa perspectiva: Anthony Simmons, o diretor inglês de *Four in the Morning*, viu *En este pueblo no hay ladrones* [Neste povoado não há ladrões] em Acapulco e não gostou do filme, mas sentiu que a base literária era excelente.[138] Me passou uma sinopse de uma hospedaria ambientada no Caribe, e rapidamente concordamos em trabalhar juntos nisso. Ontem, recebi carta na qual ele dá sinal verde para o projeto. Por ora, tenho que melhorar a história em umas vinte páginas. Depois, entrarei no desenvolvimento do argumento e, em uma etapa seguinte, Simmons e eu trabalharemos na adaptação.[139] Isso é do meu interesse, especialmente, pelo contato. Afora que Simmons é gente fina, totalmente um dos nossos. Se fores a Londres, me avisa, que mandarei contigo um cartão para ele.

Juan Ibáñez já sabes como é: eu o vi como uma estrela cadente, e me disse que, quando terminasse de retocar o roteiro, iria passá-lo para mim. Vinte e quatro horas depois, desapareceu nas garras de uma francesa. Espero que a vampira lhe deixe algumas gotas de sangue para que eu possa vê-lo novamente.

---

137 A oitava Reseña Mundial de los Festivales Cinematográficos de Acapulco foi realizada de 21 de novembro a 1º de dezembro de 1965, e teve como "visitante notável" GGM, entre outros.

138 GGM foi coautor do roteiro. O filme foi dirigido pelo mexicano Alberto Isaac e estreou naquele ano.

139 O projeto não foi concluído.

O mestre Velo, atolado até o pescoço no lodaçal matrimonial, terá de enfrentar, daqui a vinte dias, o monstro dos páramos.[140] Armou um verdadeiro circo com os testes dos atores, aos quais submete a uma espécie de observação de laboratório, cujos segredos só ele conhece. Tenho, no entanto, muito confidencialmente, a impressão de que Clasa e Angélica já fecharam elenco.[141] Eu, seriamente, não vejo até agora ninguém que se encaixe no papel. López Tarso, é claro, ficou com o Fulgor Sedano — como sempre — e estão oferecendo para Mapache o padre Rentería, que a meu ver não é mais do que um artifício de Velo para causar boa impressão. Provavelmente Mapachão não vai aceitar: está nas alturas com o sucesso decisivo de *Tiempo de morir* na *Reseña* e se encontra agora em Hollywood filmando com Richard Brooks.[142]

Saibas que não irei a Buenos Aires. Não irei de avião, e de barco seria como ir descobrir o Estreito de Magalhães. Bagunçaria a minha vida completamente. Na verdade, não quero sair daqui até terminar, em maio, *Cem anos de solidão*, para em seguida mergulhar em *O outono do patriarca*. Como se não bastasse, tenho já anotados uns cem contos muito curtos, muito simples, muito cosmopolitas, nos quais quero começar a trabalhar o quanto antes.[143] Essa literatura é uma merda: te abandona por cinco anos e depois te atropela, exigindo coisas que estão acima das possibilidades por questões de tempo.

Afora essas coisas avulsas, nada acontece no México. Estou cada dia mais encasulado e quero muito que venhas. Se houver algum desses simpósios fantasmas na Europa em que possas me encaixar, faz a ponte, pois para lá eu iria. Sinto pontadas de nostalgia.

---

140 Trata-se da adaptação cinematográfica de *Pedro Páramo* (1967), dirigida por Velo e em cujo roteiro CF colaborou.

141 Clasa: Cinematográfica Latinoamericana, S. A., companhia mexicana de produções cinematográficas fundada em 1935.

142 "Mapache" era o apelido de Jorge Martínez de Hoyos, que atuou em *The Professionals* (1966), de Richard Brooks. Por fim, Augusto Benedicto fez o papel do padre Rentería.

143 Muitos deles não seriam publicados, e aqueles nos quais GGM continuou trabalhando surgiriam muito mais tarde em *Doze contos peregrinos* (Bogotá, La Oveja Negra, 1992).

Recebi cópia da entrevista-crítica de Luis Harss.[144] Achei estupenda. Parece que será um livro muito bom. (*)

E isso é tudo, mestre. Me mantém informado de tudo e recebe o grande abraço dos teus órfãos dominicais,

Gabo

(*) Na semana que vem, mandarei a Harss, para que ele possa ter uma ideia, oitenta páginas do romance, a cronologia, a árvore genealógica dos Buendía e outras anotações. Se o vires, diz para te mostrar esse material.

144 Harss havia entrevistado GGM para seu livro *Los nuestros*, por recomendação de CF.

# 1966

## De Gabriel García Márquez para Mario Vargas Llosa[145]

México, 11 de janeiro de 1966
Senhor
Mario Vargas Llosa
Paris

Estimado Mario Vargas Llosa,

Por meio de Luis Harss, consegui finalmente o teu endereço, que parecia inencontrável no México, sobretudo agora que Carlos Fuentes se embrenhou em sabe-se lá qual mato da selva europeia.

O produtor de cinema Antonio Matouk está entusiasmado com a ideia de fazer, no Peru, *A cidade e os cachorros*, dirigida por Luis Alcoriza.[146] Assim como eu, Luis é um grande admirador do livro e acredita que pode fazer dele uma coisa espetacular, contando, ainda, com a tua colaboração no roteiro.

Esta carta tem o propósito de verificar se o plano é viável: se os direitos para o cinema estão disponíveis, quanto custam e por qual

---

145 Embora GGM e MVL tivessem lido um ao outro, este é o primeiro contato direto entre eles.

146 Alcoriza foi um cineasta espanhol exilado no México e naturalizado mexicano. Para celebrar sua amizade, GGM concedeu a ele e sua esposa as provas de galé de *Cem anos de solidão* com a seguinte dedicatória: "Para Luis e Janet, uma dedicatória repetitiva, mas a única que é verdadeira: do amigo que mais os ama neste mundo, Gabo 1967." Anos mais tarde, acrescentaria: "Confirmado 1985."

canal se faz a burocracia. Peço encarecidamente que respondas a essas questões.[147]

Por aqui, estamos ansiosos para conhecer *A casa verde*. Quando será publicado? Carmen Balcells, na passagem dela pelo México, estava muito entusiasmada com os originais.

Fico contente, de todos os modos, mesmo se o projeto cinematográfico não vingar, pela oportunidade que esta carta me oferece para estabelecer contato.

Cordialmente,

Gabriel García Márquez

## De Carlos Fuentes para Gabriel García Márquez

Roma, 21 de janeiro de 1966

MASTER querido e lembrado,

Muito obrigado pela tua carta tocante, arrepiante e calorosa. Mestre, é preciso fazer o impossível para que *Páramo* não se afunde. Tu entendes que um fracasso significaria, outra vez, a porta fechada para os "experimentos dos intelectuais maluquinhos": é o dinheiro do povo que está em jogo, hein! Às vezes, tenho complexos de culpa por não estar lá dando uma mão para Carlos Velo; comigo ele se abre inteiramente, temos uma velha e sólida amizade e sabemos dialogar. Eu já tinha jogado o filme no lixo quando fiquei sabendo sobre Tere Velázquez — a negação de Susana San Juan. Agora, com Pilar, as coisas tomarão rumo. Manda-me a lista completa do elenco, pois é inútil esperar cartas de Córdoba 48.[148]

---

147 O projeto não se concretizou. Depois houve várias tentativas sem êxito de outros interessados, até a realização do diretor peruano Francisco Lombardi em 1985.

148 Endereço postal de Producciones Barbachano Ponce. Pilar Pellicer fez o papel de Susana San Juan.

A tua percepção do nosso estado de *sottosviluppo*[149] em relação ao cinema é certeira e compartilho cem por cento. Pretendemos fomentar todo um movimento de cinema novo com um fellinaço por ano e um antonioniaço a cada dois, enquanto aqui as pequenas mudanças (talvez mais importantes do que as grandes explosões de certos cineastas isoladamente) têm lugar dia após dia: tão importante quanto *Giulietta degli spiriti* é uma *trouvaille* de transição em *Io la conoscevo bene*, dentro do desequilíbrio, para não dizer fracasso, de Pietrangeli.[150] Mas tens, além disso, as cinematecas ao alcance, os ciclos especializados (no momento, em Roma: sessões comentadas diárias do cinema italiano do pós-guerra, de *Vivere in pace* a *Deserto rosso*, onde acabei de ver uma obra-prima de Antonioni, *Il grido*; a seleção das obras sociais do cinema de Weimar; o ciclo dedicado a De Sica na televisão etc.).[151]

A filmagem de *Aura* começa em 15 de fevereiro, em Parma, com uma produção cara e cuidadosa: com a câmera estará Gianni di Venanzo, o grande fotógrafo de *Giulietta*, *L'avventura* etc.; os trajes são também do *costumista* de Fellini, Pietro Gherardi. E, no dia 20, sai *Artemio Cruz*, com um grande lançamento de Feltrinelli, que é uma figura, com seu bigodão vermelho cheio de energia e humor.[152] Eu falei muito sobre ti, e ele está ansioso para te conhecer.

Trabalhei como um anão acorrentado. Nova revisão do novo romance. 125 páginas do meu "Circe". O roteiro com Juan e uma infinidade daqueles artigos em inglês que me permitem perambular livremente, fora da região mais transparente e o seu horror concentrado. Leio os ataques na imprensa, recebo cartas anônimas injuriosas *and maybe I asked for it!*[153] É preciso levar certas coisas até as últimas consequências para superá-las e se reinventar. A maravilha de Roma é a mentalidade que

149 Subdesenvolvimento.

150 *Giulietta degli spiriti* (1965), de Fellini, e *Io la conoscevo bene* (1965), de Antonio Pietrangeli.

151 *Vivere in pace* (1947), de Luigi Zampa, e *Il deserto rosso* (1964) e *Il grido* (1957), de Antonioni.

152 *La morte di Artemio Cruz* (Milão, Feltrinelli, 1966).

153 "E talvez eu mesmo tenha provocado isso!"

existe de respeito ao indivíduo e de estímulo tácito ao trabalho alheio; como em todas as cidades civilizadas, administras melhor o teu tempo, a tua solidão, o teu eventual contato com as pessoas. E a cidade é tão linda, com essa alquimia da luz e da terra na arquitetura... Precisamos nos encontrar por aqui, querido Gabriel. Sinto saudade, e não pretendo voltar ao México enquanto a escarcela e o engenho aguentarem.

Saudações, com muito carinho, para Mercedes e as crianças. Para ti, um abraço com a amizade de

Carlos

## De Carlos Fuentes para Julio Cortázar

Roma, 5 de fevereiro de 1966

Queridíssimo Julio,

Lamentei não tê-los encontrado em Paris quando passei por lá em meados de outubro. Depois tive, em Roma, o que os astecas como eu chamam de *una chinga de perro bailarín*:* revisão do insigne calhamaço que finalizei, 150 páginas de um novo romance iniciado aqui, artigos, roteiro de cinema, a relação sempre turbulenta com os produtores que vão filmar *Aura* e que, assim como em qualquer lugar, acreditam que o escritor é um monge hindu, cujas visões estéreis o produtor faz o favor de transformar em *facts*. Enfim, cansado, irritado, contente, o de sempre.

Pretendo chegar a Paris no decorrer do mês, mas ontem à noite, na casa de Alberti, um jovem escritor argentino (esqueci o nome dele; tinha um olho azul e outro amarelo) me disse que tu te ausentarias de Général Beuret por um tempo. Como o objetivo número um de "ir a

* Em português, "uma trabalheira de cachorro dançarino" (tradução literal). Expressa uma situação complicada em tom jocoso. [N. da T.]

Paris" é te ver, nem que seja uma vez, peço que me escrevas os teus planos de viagem. Tenho muito o que conversar contigo, a gente vai se fixando em apenas dois ou três pilares, *O jogo da amarelinha* cresce e cresce na minha vida, na minha imaginação: Cohen tem razão, é o nosso PRIMEIRO romance autêntico.[154]

Conheci Antonioni, prestes a ir a Londres para filmar o teu conto; distraído, talvez tímido, talvez o suficiente, temos que mostrar que nós, os italianos de Ferrara, somos ascéticos, nada de bandolins, nada de *O sole mio*.

Octavio Paz esteve de passagem, rumo à Universidade de Cornell, onde será *writer in residence* até junho.[155] Esbanjando saúde, juventude, brilho, dono de uma visão muito ampla e obviamente satisfeito pelo seu equilíbrio humano ao lado de Marie José. Fiquei muito feliz em vê-lo.

Quero que leias minha nova coisa, *Cambio de piel*. É curioso até que ponto alguns livros são escritos com um interlocutor ideal e invisível em mente; quando eu escrevi esse livro, tu cumpriste essa função: *E for Effort*, não é?

Saudações, com muito carinho, para Aurora, Claribel e Bud, quando os encontrares. Para ti, toda a amizade de

Carlos Fuentes

## De Gabriel García Márquez para Carlos Fuentes

México, 17 de fevereiro de 1966

Master querido,

Nesta quinta-feira, eu vou para a Colômbia, em barco a vela, para a *première* mundial de *Tiempo de morir*. Retornarei em um mês.[156] Não

154 O referido artigo de J. M. Cohen, "Southern Crosses", chega a essa conclusão.

155 Escritor residente. Trata-se de um convite assalariado para que um escritor de prestígio desenvolva projetos e participe de diversas atividades universitárias. Como se verá adiante, GGM aspirou ao posto (carta de 30 de julho de 1966), e MVL, CF e JC seriam escritores residentes em diversas universidades nas décadas seguintes.

156 GGM esteve na Colômbia de 23 de fevereiro a 20 de março.

quero que o contato se perca por causa disso, e eis aqui o motivo secundário desta carta. Recebi a tua em papel azul.

Ignoro totalmente se vais a Buenos Aires. Eu não vou. Além disso, perdi o contato com eles e, dois dias atrás, *Visión* me pediu um telegrama de 200 palavras com informações sobre o simpósio, pois eles não recebem dados da Argentina. Eu não soube o que responder. Na mesma carta, Eddy Torres diz: "Gostaríamos de saber a data exata (do simpósio) para ver se poderia ser publicada uma capa (já em andamento) com Carlos Fuentes". Pede, ainda, a minha "opinião sobre Fuentes", coisa que farei com prazer, procurando não te ver como um homem sentado na máquina, mas como um comparsa liquidando putas nos bordéis sombrios da colônia Roma. Em todo caso, Eddy viajou para o sul nesta semana, e não seria estranho se vocês estiverem em Baires simultaneamente, caso fores. Procura por ele na *Visión*.

Trabalho como uma mula. O romance está avançando, mas se faz cada vez mais longo. Mandei três capítulos para Luis Harss, em Paris, além da cronologia e da árvore genealógica — da família Buendía. Harss está te esperando para mostrá-los antes de mandá-los para a Sudamericana. Se por ora não vais a Paris, pede a ele que te mande os capítulos e te dê instruções de como mandá-los depois para a Sudamericana. Tenho muito interesse em saber a tua opinião. O endereço de Harss é Hotel Médicis, 56, rue Monsieur-le-Prince, PARIS, VI.

Estou te mandando a adaptação cinematográfica da tua conferência em Bellas Artes que vai no roteiro de *Patsy, mi amor* [Patsy, meu amor], filme que será dirigido por Arturo a partir de outubro.[157] É, com certeza, uma visão telescópica e deliberadamente macrocefálica desse

157 Conferência de CF de 26 de agosto de 1965, reproduzida em *Los narradores ante el público* [Os narradores diante do público] (México, Joaquín Mortiz, 1966). Ali houve menções a JC ("gigante com rosto de menino, homem solitário e exato, encastelado em seu velho celeiro transformado na Place du Général Beuret"), MVL ("seu falar e proceder nervosos, e seu semblante de galã de capa e espada") e GGM ("a quem me unem tanto os nossos rituais dominicais quanto a minha admiração pela sua antiga sabedoria de aedo de Aracataca").

famoso acontecimento. Te mando para que me faças o favor de colocar os diálogos. O primeiro — que se ouve desde a entrada — é o final de uma longa e curiosa explicação para alguma pergunta que te fizeram. Pode ter até cem palavras, ou até um pouco mais, para dar tempo de descrever minuciosamente o auditório abarrotado de gente. Também podes dividir em dois se incluíres um leitor que te faça uma pergunta. A pergunta de Patsy, que tem 18 anos (ela é muito divertida, vivaz, inteligente, e tem definitivamente um magnetismo avassalador em relação aos homens), deve ser rápida e brilhante. Pressupõe-se que tu és vítima imediata da sua magia e sais pela tangente. A resposta deve ser algo assim: "Preferiria, senhorita, o número do seu telefone." Patsy pode fazer uma pergunta muito culta: é a melhor aluna que já existiu na faculdade de letras clássicas.

Os teus diálogos são urgentes. O roteiro está finalizado e, a meu ver, é a melhor coisa que escrevi na vida, não só para o cinema, mas também para romance. Haverá, é claro, problemas de produção: Patsy encontra a felicidade em um quarto de motel com um homem fantástico do qual não saberá nunca sequer o nome, e é campeã de letras clássicas na universidade porque estuda feliz depois de fazer amor desaforadamente, e costuma estudar nua, sem inibições, no quartinho de 25 pesos por hora que ela e o seu amante enchem de quadros e livros e esvaziam depois de cada transa para guardá-los no porta-malas do carro.[158] Acaba no final tendo relações, por mil pesos cada, com um viúvo triste e solitário que a persegue desde que ela tinha 13 anos, em cujo escritório da Torre Latino-americana ela jogou pela janela, certa vez, só de farra, quinhentos mil pesos em notas de dez, que choveram do céu em San Juan de Letrán. Terá, certamente, sérios problemas de elenco: Patsy, aos 18 anos, deve ser fascinante, mas, além disso, muda de atitude conforme a iluminação

---

158 O filme é fiel, em geral, ao que foi descrito por GGM do começo do parágrafo até aqui. O restante não foi filmado exatamente como consta nesta carta, mas alguns personagens sobreviveram.

e, cada vez que muda de humor, muda também a roupa, o penteado e inclusive a cor dos olhos. O grande amor da sua vida, um piloto de jet que sofre um acidente com 93 passageiros porque ela lhe negou um beijo, é definitivamente um ator de 40 anos que não existe no México. Patsy, é claro, nunca descobre que ele se acidenta e fica braba porque ele não retoma os encontros. O viúvo triste, por outro lado, ou será feito pelo duque de Alba, ou ninguém o fará.

Terá, certamente, problemas de fotografia: Patsy alterna as quatro estações conforme o seu humor. O mundo muda quando ela muda. Quando ela passeia com os seus amantes pelo bosque no outono, há de chover se ela estiver triste, e imediatamente há de raiar um sol esplêndido se o homem conseguir satisfazê-la. Sua casa está sempre no outono. A do viúvo triste, que é uma igreja antiga com vitrais, com um imenso salão xadrez *art nouveau* onde tomam chocolate quente às cinco, está sempre no inverno. O anfiteatro, com longas fileiras de cadáveres brancos, onde Patsy encontra outro dos seus namorados, estudante de medicina (e onde se subentende que fazem amor), está sempre no verão. Quando Patsy anda concentrada pela avenida Madero em pleno meio-dia, só se escutam seus passos. Se anda distraída, o barulho é ensurdecedor. Em certo momento, anda muito triste, e a multidão está vestida com roupa de outono. De repente, Patsy vê alguém, fica contente, o sol desponta e os transeuntes se transformam e usam roupa de praia. Se der certo, mostraremos, pela primeira vez, completa e encantadora, a Cidade do México tal como é e, portanto, a região mais transparente como tu a desejas.

Estava te dizendo, pois, que o roteiro está finalizado: só faltam os teus diálogos e a garantia de que estarás aqui em novembro para reproduzir a conferência. Os Ripsteins vão ao Brasil para filmar no próximo mês. Eu gostaria de entregar os teus diálogos a eles na Colômbia. Se os tiveres antes do dia 6 de março — ou até o dia 6 de março, inclusive — manda-os urgentemente assim: Senhorita Margarita García Márquez. Tesouraria Departamental. Cartagena, Colômbia. Senão, manda-os para o meu endereço no México.

Abrindo um parêntese, diz para a Maceda que finalmente conseguimos: Julissa é a protagonista de "H. O.", o conto em cores que Arturo vai filmar no Brasil em março.[159] Será uma coisa rápida, mas muito divertida, e o papel foi reformulado por completo para Julissa.

E você, mestre, segue se firmando na mitologia desta casa. Mercedes descobriu que o dinheiro rende mais quando ela o esconde entre as páginas de *La región más transparente*.

FLASHES:

Não acredito em *Pedro Páramo*, embora digam que a fotografia é uma loucura. (Em outra ocasião, te falarei das mudanças ruins que noto em Velo por influências conjugais.)

Acredito, de forma drástica e séria, que Juan Ibáñez enlouqueceu. Já não diz coisa com coisa. Do teu roteiro, que ele prometeu me mostrar, eu nunca fiquei sabendo.

A máfia está se dispersando por falta de um eixo central na Cerrada de Galeana.[160]

Um abraço imenso, e me escreve,

Gabo

Para a Maceda não mando nenhum cumprimento. Estou ressentido com ela: não se deixou seduzir em Acapulco.

---

159 "A Maceda" é Rita Macedo. GGM também a chamava de "a Macedônia". Julissa, atriz mexicana, nasceu de uma relação anterior de Rita Macedo, com Luis de Llano Palmer. CF lhe deu apoio em sua carreira no cinema, conforme ela mesma afirmou. O filme mexicano-brasileiro *Juego peligroso* [Jogo perigoso] (1966) é composto por dois episódios: "H. O.", dirigido por Arturo Ripstein, com argumento e adaptação de GGM e diálogos adicionais de Jorge Ibargüengoitia e Francisco Córdova; e "Divertimiento" [Divertimento], dirigido e escrito por Luis Alcoriza.

160 Endereço da casa de CF no México. "A máfia" do México era a alcunha humorística de um grupo de amigos artistas e intelectuais que incluía Benítez, Cuevas, CF, GGM, entre outros; tão célebre que inspirou o romance *La mafia* [A máfia] (1967), de Luis Guillermo Piazza. GGM estendeu depois o termo ao Boom, apelidando-o de "a máfia internacional" (carta para CF, 30 de setembro de 1966), e também CF se referiu a este como "a verdadeira máfia" (carta para GGM, 11 de setembro de 1969).

## De Carlos Fuentes para Gabriel García Márquez

Paris, 15 de abril de 1966

Magíster magnífico!

As tuas primeiras 70 páginas de *Cem anos de solidão* são magistrais, e quem disser ou insinuar o contrário é um filho da mãe que arcará com os punhais sangrentos de longo alcance do jovem escritor gótico C. Fuentes. Kafka, Faulkner, Borges, Mark Twain: com essas páginas, querido Gabriel, entras no *no-man's land* dessas grandezas e companhias. O teu mentor, G. Greene, a partir de agora, será o teu mero ajudante de estoques nas touradas. Digo Borges: esquecemos que essa adjetivação lapidária, exata, saborosa, é também a de *História universal da infâmia*: a medida certa entre nossos "lábios de coral" e "selva de violência", e a reação na infinita pobreza de linguagem de certa literaturinha da moda em certas zonas de Aguascalientes e Culiacán. Que voo, master, quanta sabedoria, quanto humor! Disse ontem para Monegal, em uma entrevista para a *Mundo Nuevo*, que América Latina, culturalmente, passou da utopia de fundação à epopeia de encarnação, e desta ao mito de re-conhecimento, de re-conquista. As tuas páginas são as três coisas, a totalidade do nosso mundo, um novo espaço sagrado-profano: nosso LUGAR.[161] Lenda, mito ou fábula, é uma obra que nos resgata: nos resgata da natureza, da zoologia e da geografia. Não é outro o sentido da imaginação original, criadora. Me despedi com dificuldade das tuas páginas e as enviei ao rapaz da Sudamericana, como Harss me orientou.

Estou com trabalho até as orelhas: Hileman me manda caixas de cinquenta páginas de *Cambio de piel* para que eu revise a sua tradução; estou na reta final de *Zona sagrada*, que estará pronto no final do mês; e não deixa de ser um árduo prazer ter tantos amigos por perto e a oportunidade de falar por horas a fio com Cortázar, Vargas Llosa, Monegal,

161 "Situación del escritor en América Latina" [Situação do escritor na América Latina], *Mundo Nuevo*, Paris, n.º 1, julho de 1966.

Martínez Moreno, Benedetti etc.[162] Cortázar está lendo *Cambio de piel*, e eu tremo como gelatina. Para *A casa verde* de Vargas, altos elogios de todos que leram. *Artemio Cruz*, um grande sucesso na Itália e na França: sétimo lugar na lista de *bestsellers* italianos, e aqui um manancial de entrevistas e críticas de primeira categoria. Master, se tem algo que eu já sei é que a Europa (dos EUA eu já sabia, e chegamos a comentar) recebe a literatura latino-americana de braços abertos. Temos, pela primeira vez, tudo a dizer, todas as maneiras de dizer e também todo o polo internacional de recepção. E o teu prestígio, a esperança que todos têm em ti, são imensos. Temos o touro laçado pelos chifres, e não é hora para cochilos e distrações; existe um campo de força sustentado, creio eu, por um senso comunitário e individual muito genuíno entre todas as pessoas que realmente valem a pena. Aos pigmeus ninguém dá importância, e os seus livrinhos retornam rejeitados à terra que os viu nascer. *Parigi è conquistato*, caro mestre: vamos, que o bonde está andando!

Divina a tua ideia de *Patsy mon amour*. Como está o andamento? O que Juan Ibáñez tem feito? O que aconteceu com "Fuera del Mundo" [Fora do mundo]?[163] Eu me afastei de Barbachano para dar plena liberdade a Juan para negociar e fazer o filme. Não vou tolerar que os meus esforços tenham sido em vão. Como *Tiempo de morir* foi recebido em Cartagena? Já sei que em Mar del Prata, com motivos de sobra, ofenderam a nossa mãe. Me conta sobre a Colômbia!!![164]

---

162 O estadunidense Sam Hileman traduziu para o inglês *La región más transparente*, *Las buenas conciencias*, *A morte de Artemio Cruz* e *Cambio de piel*. Curiosamente, nem antes nem depois se dedicou a traduzir de forma profissional. Durante a sua estada em Paris, CF participou de um bate-papo com MVL, Claribel Alegría, Héctor Cattolica, Efraín Hurtado e Mario Benedetti, mediado por Albert Cervoni e publicado na *France Nouvelle*, revista semanal do Partido Comunista da França. A tradução para o espanhol foi publicada em *La Cultura en México*, suplemento da *Siempre!*, México, n.º 219, 27 de abril de 1966. Esse bate-papo causou mal-estar em Cuba por supostamente fazer "pouco caso" dos escritores cubanos, e deu lugar a intensas trocas epistolares entre Fernández Retamar, Benedetti, MVL, CF e outros.

163 "Fuera del mundo" [Fora do mundo] foi o título provisório de *Los Caifanes*.

164 *Los bienamados* [Os bem-amados], dirigido por Juan José Gurrola e Juan Ibáñez e com roteiro de Juan García Ponce e CF, foi exibido em 8 de março de 1966 no VIII Festival Cinematográfico Internacional de Mar del Plata, realizado poucas semanas depois do golpe de Estado do general Onganía.

Vou sair correndo para jantar com Fernando de Fuentes. Beijos para Mercedes e para[165]

## De Julio Cortázar para Carlos Fuentes

Saignon, 4 de maio de 1966

Meu querido Carlos,

Tive o prazer de ler *Cambio de piel* em meu ranchinho em Luberon, com uma tranquilidade imensa e uma primavera doce que ainda incita a ficar em casa, com os cachimbos e uma boa bebida ao alcance da mão.[166] Em Paris, eu precisaria interromper a leitura cem vezes, amaldiçoando o telefone, e as incumbências, e o teatro, e tudo isso que eu encontro em Paris e que tu e Rodríguez Monegal parecem encontrar muito menos do que eu; de modo que esta casinha na encosta de uma colina (está começando a exalar o cheiro de tomilho, cada dia um pouco mais) se prestava mais do que qualquer coisa para ler o teu livro e pensar sobre o que eu tinha lido. Mas antes queria dizer o quanto fiquei contente de ter te encontrado em Paris algumas vezes antes de eu vir ao sul; não que tenhamos podido falar muito tête-à-tête, mas não importa, às vezes sentimos a proximidade física de um amigo como se estivesse cheia de sentimentos e palavras. Já terás visto que sou péssimo interlocutor e que não gosto das "reuniões"; algum dia, iremos passear tu e eu sozinhos pelas ruas de Paris e conversaremos até o amanhecer em algum café onde não nos mandem embora. Sempre me lembro do ano de 1949, quando cheguei a Paris pela primeira vez e conheci Octavio Paz, que tinha lido um texto meu sobre *Libertad bajo palabra* [Liberdade sob palavra] e me procurava para falar de poesia.[167] Encontramo-nos em

165 A cópia carbono desta carta, a única que foi conservada, interrompe-se aqui.

166 JC leu o romance sob a forma de manuscrito.

167 "Octavio Paz: *Libertad bajo palabra*" [Liberdade sob palavra], *Sur*, Buenos Aires, vol. 17, n.º 182, dezembro de 1949. A primeira visita de JC a Paris ocorreu em 1950.

um café, com Benjamin Péret, e depois ficamos sozinhos e começamos a vagar e a vagar, falando de tanta coisa; acho que Octavio falava e eu ficava simplesmente feliz escutando, descobrindo aquela inteligência incrível que ele tem e aquele vasto conhecimento. Depois, com o passar dos anos, encontrei Octavio outras vezes, mas aquela excursão interminável nunca se repetiu; eu acredito que algumas coisas assim poderão talvez nos acompanhar quando estivermos, como um certo alguém diz no teu livro, empurrando as margaridas. Certamente não, é mais uma ilusão; o que conta é lembrar-se agora, lembrar-se intensamente e ser feliz agora com as recordações e com todas as novidades que estão acontecendo a cada instante. E por isso te digo o quanto fiquei contente de te ver outra vez e te encontrar em pleno trabalho, tão cheio de juventude e vontade de fazer as coisas. Eu começo a ficar cansado rapidamente, preciso de muito respiro entre uma agitação e outra; é o preço de tanta estrada, e pago com prazer. Ah, diz também para Rita que, naquela noite na casa de vocês, eu teria gostado de falar mais com ela, mas é assim, repito, não "me acho" quando há mais de três pessoas, embora todos sejam tão bons amigos. Ela deve ter me achado quase grosseiro, não sei; teria gostado tanto de conversar por um bom tempo com ela, mas não teve jeito. Esses argentinos fechados em si mesmos, não é? E às vezes como dói para eles.

Saí do teu livro com uma grande sensação de deslumbramento, e em seguida resolvi te escrever, como acho que sempre fiz depois de ler algo teu — ou de outra pessoa, mas que importasse deveras —, porque não se pode deixar passar esse clima de possessão que um belo livro provoca, é preciso estar ainda dentro dele quando se busca dizer alguma coisa que não seja crítica literária ou filologia nua e crua. Até os pontos que pareçam discutíveis se fazem presentes com mais força e têm toda a coragem necessária para não andar se esquivando pelos cantos. Mas é do deslumbramento que quero te falar primeiro; vivi teu livro como uma experiência pessoal, e não é mera empatia ou como quer que chamem, mas uma coincidência profunda de muitos dos ciclos que ali se completam com alguns caminhos pessoais. Não conheço o México, mas quase tudo, no mais, a geografia do livro, me é tão familiar que senti, o tempo todo, uma espécie de *déjà vu* alucinante. Veja se não é verdade: Praga, por onde tanto caminhei; Delos e Mykonos, onde acredito ter me aproximado, por um momento, de uma zona que transcendia a condição humana; e Buenos Aires, é claro, e depois as coincidências de uma natureza mais secreta, como, por exemplo, o fato de o senhor Urs consertar bonecas de uma maneira muito peculiar, enquanto no livro que estou escrevendo desde o ano passado tem um senhor chamado Ochs (Urs, Ochs, até isso é parecido) que fabrica bonecas com um segredo realmente terrível e que desencadeia parte da tragédia do romance.[168] Não te comentarei ainda sobre esse extraordinário capítulo 33, no qual fazes uma "defesa dos monstros" e que condiz profundamente com uma coisa que sempre acreditei ser verdadeira e necessária. E há muito mais: há o cinema mudo, e o primeiro cinema sonoro, com uma sequência maravilhosa de homenagens e exumações que vais fazendo ao longo do livro e que me acertavam em cheio, desde aquela página que nunca esquecerei sobre o grande John Garfield, que morreu fornicando, até as listas de nomes de atrizes, de elencos, o primeiro e o segundo *Beau Geste* (eu vi os dois, é claro, e com o primeiro chorei como o menino que eu era), o plano de fundo do teu livro, por onde vão passando todos os mitos e todas as ilusões de nossas vidas a partir dos *thirties*.[169] Tudo isso tende a explicar o deslumbramento de que te falei no início e que nasce sobretudo do fato de que o teu livro é uma soma, uma extraordinária síntese de valores e desvalores de um tempo que pessoas como tu e eu tiveram que viver. Pessoalmente, não acredito que a "situação" de Javier, seu problema central e tudo o que ele acarreta, me toque muito a fundo. Sou capaz de sentir, em um plano social e histórico, a verdade de tudo o que por ele, ou contra ele, ou através dele (embora sempre pela boca de Isabel ou de Elizabeth), dizes sobre o teu país, os teus compatriotas; sou capaz de sentir, ainda que eu não conheça o México, porque, em contrapartida, eu

168 JC estava escrevendo *62/Modelo para armar.*

169 JC faz alusão a dois filmes baseados no romance de mesmo título de P. C. Wren, de 1926 e 1939.

li os teus livros anteriores e tenho amigos mexicanos, e no fundo não andamos tão longe uns dos outros na América Latina, e na hora da verdade todos nós nos encontramos presos na mesma delegacia, ou bêbados na mesma cafeteria, ou frustrados com diferentes semelhanças; acredite em mim quando digo que um bom portenho entende logo de cara um bom mexicano, e vice-versa; estamos todos na merda por coisas parecidas, e nossas batalhas (falo de livros, de quadros, de amores) são análogas. Mas, voltando ao indivíduo Javier, o seu "caso" (perdoa a estupidez da palavra) não me comove muito, e acho que aquilo que eu amo no teu livro está em outras coisas, algumas já enumeradas mais acima e outras de que eu gostaria de falar. Bom, eu deveria ter começado dizendo que o romance foi escrito como talvez não tenhas escrito até então, e que, nos seus melhores momentos, tem aquela perfeição e aquela *necessidade* totais que só podem nascer de uma experiência capital de vida. Posso dar um exemplo? Ao contrário de ti e de Mario Vargas, eu não sou um grande admirador de Alejo Carpentier.[170] A sua perfeição existe, mas não a sua necessidade. E, quando há perfeição e falta a necessidade profunda, quer dizer que no fundo a perfeição é mais retórica do que essencial, e então inclusive deixa de ser uma perfeição, *parece* uma perfeição, assim como pareceu perfeita a prosa de um Gabriel Miró nos anos 20. Agora vais entender por que eu sublinhei "necessidade" mais acima, simplesmente para carregar de sentido a minha afirmação de que no teu livro alcanças muitas vezes a perfeição. Já de entrada, a técnica que inventaste e aplicaste funciona soberanamente; aquela voz que chama as mulheres de "dragoa" e "pastora" me despistou no início, me obrigou a reler, e é como se fosse conduzindo ou prevendo ou desencadeando e sobretudo presenciando uma ação, aquela admirável maneira de concluir falsamente uma cena que logo surge outra vez em outra direção ou com outro sentido; e sobretudo (não sei se querias isso, mas presumo que sim) aquele clima de desgraça total que há desde o princípio, e que confere à primeira parte do livro uma força às vezes insuportável.

170 Discorre sobre isso em sua carta para CF de 15 de agosto de 1964.

À forma como foi escrito o livro, à sua soberana e confiante desenvoltura, vão somando-se os sucessivos conteúdos. Te cito de cor e já esquecendo tanto: a descrição do palácio abandonado e todo aquele capítulo em que, pela primeira vez, se fala da praia de Faliraki (e, muito depois, uma página tão linda sobre as pedrinhas da praia); a briga no cabaré, com a retomada em detalhes muito depois, que é igual e tão diferente agora que conhecemos melhor os envolvidos; e a cena dos touros no vau. E se alguém me pedisse um fragmento específico do teu livro, acho que escolheria (com temor e estremecimento, mas acho que escolheria) o capítulo 56, que é simplesmente fabuloso como escrita e como tensão vital. A menos que eu fique com o 61, em que Delos flutua na luz e os personagens estão profundamente imersos nela, naquela pulsação do mundo que sempre me pareceu existir em Delos ao meio-dia. (E, em seguida, a tríade se completaria com o 63, o do Güero Palomares. E não continuo, porque eu disse tríade e aí me detenho).[171]

Fizeste uma coisa que tínhamos e temos que fazer como romancistas de nossas terras: ir com tudo, com toda uma cultura e uma vida aproveitadas sem falsa modéstia. Já verás que te tratarão como pedante: um sujeito que se atreve a citar sem medo cem autores, a falar de jazz, de cinema, de Brahms, de JC, de todos os deuses, de todas as ruas, de todas as cidades que lhe dão na telha. Bem sabes que isso não me dá medo, e fico contente com a tua decisão de se jogar nessa vertiginosa sequência de sincretismos, nessas alianças admiráveis entre os mitos consagrados e os mitos de nosso tempo, que só pessoas como tu sabem ver (os Beatles, né?). Vão censurar tudo isso com unhas e dentes, porque os teus mexicanos, e os meus argentinos, e todos nós somos assim diante da literatura: aquilo que é bem-aceito e aplaudido quando vem de um Durrell ou um Jean Genet não deve ser feito por um escritor latino-americano. Um escritor latino-americano deve escrever exclusivamente por conta própria, deixando a cultura na mesa de cabeceira, limitando-se a uma

171 A versão de *Cambio de piel* que foi publicada não possui numeração de capítulos e consta de três partes.

história tão local e circunscrita quanto for possível, com muita nação em si. Que vão à merda, tchê, tu e eu sabemos o que estamos fazendo e, se vivemos com os mil olhos de Argos e com uma espécie de onipresença de judeus errantes, não vejo por que não universalizar a nossa produção romanesca; talvez o conselho de Goethe se aplique também ao revés, e seja graças ao universal que alcançaremos o particular, o teu México e a minha Argentina.

Minhas sugestões para o teu livro se referem à segunda metade e ao final; eu acho que não conseguiste manter a tensão e, que o final se desmantela um pouco e — talvez eu esteja equivocado — se torna quase alegórico, mas de uma maneira que não parece transcender. Me refiro mais especificamente à morte de Franz, aos seis monges, ao "julgamento" de Franz. O teu livro é tão profundamente carnal — ninguém nunca foi tão longe em espanhol no âmbito erótico, nunca o amor físico foi mostrado com uma liberdade e uma beleza tão exaltantes, e também as suas misérias necessárias e as suas servidões, Eros que tem as mãos cheias de cordas, forcas e flores —, e por ser tão carnal e tão existencial (tu me entendes, parceiro), o final me soa um pouco germânico de espírito, um pouco desencarnado e abstrato demais, e isso me incomoda. Tu não achas? Ontem à noite, pensei longamente nisto: quiçá todos os acontecimentos da prisão, do concerto, aquela proeminência de Franz ao final do livro, depois termos ficado tão obcecados por Elizabeth e Javier, sejam a primeira inconsistência em uma trama que até ali (para não cair em vaguezas, eu diria até o cap. 75) estava firme e implacável. Porque o cap. 76 (Franz e o menino) me pareceu muito longo e um pouco gratuito — à margem das suas qualidades, que são as mesmas de todo o livro. E já que estou assinalando discrepâncias, penso que tu mesmo sentiste que alguma coisa não estava indo bem no final, posto que suprimiste as intervenções pessoais do narrador a partir do cap. 82; fizeste muito bem, porque teria sido um erro grave, mas não acho que apenas com a supressão da sua presença física tenhas impedido totalmente que o final saísse um pouco do eixo. Leva em consideração que isso é muito pessoal, e que talvez outros leitores tenham considerado o desfecho perfeitamente condizente com o desenvolvimento do romance. (Vamos ver o que dirá Aurora, que me arrancou o livro da mão assim que eu terminei; já que não posso conversar contigo, acho interessante um diálogo com outro leitor; te contarei mais adiante.)

Quiçá fiques surpreso que eu não diga nada sobre o capítulo 80, que é sem dúvida o ponto crucial do livro. Com toda a sua enorme força e a sua vertigem, há nele alguma coisa que não conseguiu me tocar como outras passagens menos violentas e, no entanto, mais reveladoras. Percebi nele aquele fluxo desenfreado das ações e das palavras que existe, por exemplo, no teatro de Albee, e que não me parece tão "cristalizador" quanto outros momentos em que o silêncio, ou as omissões, ou a mera atmosfera física conseguem coagular uma situação no que ela tem de mais profundo. Dito isso, acrescento que esse capítulo é — reitero a palavra — crucial, e que quiçá tivesse que ser escrito como tu escreveste; em todo caso, a degradação e a amargura da relação Elizabeth-Javier estão postas até o limite; Eros continua ali, mas se vê a chegada de Thanatos, à espreita, do outro lado da porta.

Para finalizar (acho que isso é mais do que insuportável), algumas possíveis correções do manuscrito: na página 89, a réplica "— Sí, Javier", não seria "Sí, Franz"? Na p. 137, não acho que um "garçom" portenho falaria de *bocadillos*, ainda que seja espanhol (quase todos são, mas se adaptam ao uso local); eu escreveria "sándwiches" [sanduíches]. P. 138: acho que, no memorável tango "Chorra", o verso imortal que citas é "... vos, tu vieja y tu papá" [... você, a sua velha e o seu papai]. (Para nós, a comicidade está no fato de que o letrista chama a mãe de "vieja" [velha] e, em seguida, com todo o respeito, diz "papá" [papai].)[172] Na p. 271, corrigi à mão duas erratas.

Carlos, obrigado pelo teu livro, pelos que já escreveste e pelos que virão. Obrigado por seres como és, por escrever tão profundamente, tão sem medo. Por nos mostrar, por nos ferir, por nos fazer mais dignos de uma vida que até agora tem sido só trambicagem em nossas terras.

---

172 As sugestões de JC neste parágrafo não foram incorporadas à versão publicada.

Com o afeto de Aurora e um carinho dos dois para Rita, um forte abraço de

Julio

Te devolverei o manuscrito assim que Aurora terminar de ler.

## De Gabriel García Márquez para Carlos Fuentes

México, 21 de maio de 1966

Menino Fuentes,

O continente americano está estampado com a tua pose de príncipe exilado na capa da *Visión*. Eu fiquei de birra: o artigo de destaque, em vez de acabar com os convencionalismos tradicionais, é uma pavorosa salada de frutas sem nenhum critério de seleção, na qual a revista busca atender todos os seus compromissos fazendo média com todo mundo. Numa noite dessas, em uma festa mafiosa, eu fiz uma proeza involuntária quando disse a plenos pulmões uma coisa que para mim é simplesmente a verdade: nesse artigo, Cortázar, Vargas Llosa, tu e eu ficamos sobrando. Não falo do papa Carpentier, porque ele praticamente não existe para o autor.[173]

É preciso que alguém, mas que não seja nenhum de nós, diga as coisas como são. A verdade, meu querido Carlos, é que os nossos antecessores não fizeram nada além de colocar pedras no nosso caminho, e nós enfrentamos o problema de desbravar a emaranhada selva de falsidades que eles inventaram para depois explorar a selva original. Até a retórica, que era o forte deles, usaram-na tão terrivelmente mal e a deixaram tão gasta

173 Anônimo, "Nueva literatura en un mundo nuevo" [Nova literatura em um mundo novo], *Visión. Revista Internacional*, vol. 30, n.º 13, 13 de maio de 1966. Esse artigo inclui uma lista de "sessenta romances representativos", na qual, ao lado de títulos de JC, CF, GGM e MVL, aparecem outros de Ciro Alegría, Rómulo Gallegos e Jorge Icaza.

que, agora que precisamos dela para bons propósitos, ela está infestada de armadilhas perigosas. Não começamos do zero, mas de mais atrás, e se apesar disso estamos avançando, é algo que merece ser reconhecido com colhões, e não como se estivessem nos fazendo um favor. Como sempre, os observadores da nossa vida cultural estão esperando que a Europa diga qual é a realidade.

Aquilo que me disseste em tua carta sobre os capítulos do meu romance me encheu de alegria. Chegou em um momento oportuno, em um daqueles dias sombrios em que me pergunto se não estarei chafurdando em um lodaçal de merda. Tem lógica: nunca trabalhei tão sozinho, não tenho pontos de referência, a não ser talvez às vezes Rabelais, e sofro como um condenado não só tentando colocar a retórica sob as minhas rédeas, mas procurando, a cada passo, os limites e as leis da arbitrariedade, tentando surpreender a poesia em um momento de distração — e não em plena efervescência, como é procurada pelos poetas — e batalhando, enfim, para que voltem a fazer sentido as palavras que, de tanto ser mal usadas, já não significam nada. Estou dobrando o cabo final, sentindo que estou quase lá, e ainda faltam umas quatrocentas páginas.

Tudo isso, é claro, com o problema de sempre: ao priorizar o romance como ele merece, descuido do pão de cada dia, e aqui estamos, mais uma vez, dependendo de um milagre, enquanto os produtores não param de telefonar para que eu escreva *churros*.[174] O pior é que não vejo graça em mais nada, só no romance, e não sou capaz de escrever uma letra que não seja para ele. Quando penso que esse é o nosso problema mais grave, e que nem o socialismo conseguiu resolvê-lo, me pergunto que diabos nós, escritores pobres, estamos fazendo nesse mundo de merda.

Sobre cinema, más notícias. Os produtores, em greve de ocupação, estão tentando forçar o governo a melhorar as condições de crédito. O governo, por sua vez, parece aguentar firme na ideia de que os produtores vendam seus Cadillacs e piscinas para fazer filmes. O resultado, pelo

174 No México, são chamados de *churros* os filmes feitos com fins comerciais e de mérito artístico duvidoso.

visto, não pode ser outro senão a produção estatal, com todas as suas vantagens e inconvenientes. Parece que é isso que o governo quer. Mas, enquanto isso, nós, escritores, carregamos a cruz. Acabaram os adiantamentos, todos os planos caíram por terra e, ao menos por ora, todas as possibilidades de fazer coisas pelo menos decentes desapareceram.

Penso, portanto, em me dar uma trégua — para não me ver forçado a fazer *churros* — e a oportunidade apareceu sem que eu tenha procurado. Me fizeram uma proposta em Roma, só que muito modesta. Como eles dão passagens para toda a família, estou tentado a aceitá-la por um ou dois anos, pensando que, se aqui vou passar pelos mesmos perrengues, é melhor sofrê-los em Roma. Faz tanto tempo que estive lá, que perdi todos os parâmetros. Não poderias me dar uma noção de preços para decidir? Espero que Giancarlo responda a uma carta que lhe escrevi na semana passada. Se tudo correr bem, me mudo em setembro.

Morro de inveja quando lembro que tu falas todo dia com Vargas Llosa, Cortázar, Benedetti, Martínez Moreno, Rodríguez Monegal. Eu aqui falo com o leiteiro. Escrevi para Mario faz tempo, ele respondeu e eu não tornei a escrever porque me dei conta de que tenho muitas coisas para dizer a ele e nunca sei por onde começar. Se Benedetti ainda está aí, diz a ele que, há pouco tempo, li o excelente estudo que ele escreveu sobre *A revoada* e sobre os meus livros em geral, e fiquei realmente comovido pelo fervor com que ele os leu.[175] Estou esperando novas edições dos meus livros esgotados, que estão quase saindo, para mandá-las para Vargas Llosa e Cortázar.[176]

Tenho muita vontade de ler os teus últimos escritos. Já nem sei por onde andas. Fazes muita falta aqui, onde acabei não vendo ninguém. Passou por aqui Günter Grass, e a intelectualidade o envolveu em uma bolha de precauções que não permitiu que ele fosse visto a não ser na

---

175 Mario Benedetti, "Dinamismo interior de una tormenta" [Dinamismo interior de uma tempestade], La Mañana, Montevidéu, 5 de novembro de 1965.

176 A editora Era publicou uma edição — chamada pelo seu autor como a primeira "autorizada" — de *O veneno da madrugada (a má hora)* em 15 de abril de 1966. A quarta edição mexicana de *Ninguém escreve ao coronel* sairia em 1967.

televisão. Tudo parece cada vez mais distante, não saio para nenhum lugar, estou apodrecendo no meu canto, sou fiel a Mercedes como um cão, e ela está que não se aguenta de tédio dessa domesticidade. A ideia de ir para Roma, portanto, brilha no horizonte.

Na Colômbia, onde *Tiempo de morir* teve um sucesso de crítica espetacular, me receberam como uma Sophia Loren. Achei que o país estava bem, com uma nova geração que eu não conhecia, inconformista, inquieta, bem-informada e com seus olhos implacáveis voltados para nós. A escolha de Lleras Restrepo garante, enfim, a ascensão da burguesia industrial ao poder, e isso me parece positivo em um processo revolucionário que aparentemente terá que ser feito a passos lentos, já que meio milhão de mortos em quinze anos demonstram que não é fácil fazer isso andando contra o relógio.

E isso é tudo, mestre. Beijos para a Macedônia em seu escritório de bruxa. Vocês nos fazem uma falta imensa, e agora saboreamos o sonho de vê-los em algum momento na Europa. Não se esqueçam de nós, porque isso iria doer demais.

Um abração,

Gabo

## De Carlos Fuentes para Julio Cortázar

Paris, 25 de maio de 1966

Meu querido Julio,

Me deu tanta alegria te ver naquela manhã em Deux Magots, tanta alegria conversar contigo, mesmo com a sensação de que o tempo, de tão escasso, me atropelava, precipitando as minhas palavras, me fazendo correr de um assunto a outro para que eu não esquecesse de te falar nada. Não sei se, no fim, as coisas que eu queria falar para ti nunca vieram à tona. Melhor. O não dito, entre amigos, é como o ar que circula por certos quadros, que cria o seu verdadeiro espaço — o fundo aparentemente liso, uniforme, vazio, de um quadro de Lam: na verdade, o protagonista, a selva que não precisa de expressão porque ali está, mais antiga e mais forte e mais tonal do que todas as figuras do proscênio, as metamorfoses vegetais e ósseas que buscam representar o húmus comum; como isso, digo, e não como um mural de Rivera onde o espaço não existe. Percebes que os muralistas mexicanos, com a pretensão de ser monumentais e cobrir o espaço de quilômetros de murais, na verdade negam o espaço, não deixam que respire, na verdade sufocam e suprimem o *lugar*? Espaço é o imenso, branco jogo de bola em Chichén Itzá, não os mil quilômetros de mural que Siqueiros está pintando em Cuernavaca.

Buñuel esteve em Paris; sentimos a tua falta. Estupendo, como sempre; jovem, forte, sobretudo jovem, deveras, apaixonado pelas suas coisas, seus amigos, suas contradições. Foi para Madri com a cópia de *Zona sagrada*; ficou de enviá-la para ti, assim que terminar de ler, para Saignon. De minha parte, peço que, quando tiveres terminado de ler, me envies a cópia para Paris em nome de Rita, pois eu andarei todo o mês de junho de barco, rumo a e voltando de Nova York, aonde vou para a *pachanga* do PEN Club — mas, na verdade, estou procurando pretextos para retornar a essa cidade fascinante.[177] Me deram o visto depois de uma semana de recursos e análises com México e Washington. Queriam que eu assinasse um documento de solicitação de visto em que, com a mera assinatura, eu aceitaria tacitamente pertencer a uma destas quatro categorias: a) Traficante de drogas; b) Cafetão; c) Sifilítico; d) Comunista. Coloquei que, na verdade, eu era um axolote calvinista, que é mais ou menos um resumo das categorias supracitadas, e se armou um escândalo. Kafka anda solto!

177 O encontro do PEN Club ocorreu em junho de 1966 e, entre os participantes latino-americanos, compareceram CF e MVL juntamente com Pablo Neruda, Juan Carlos Onetti, Nicanor Parra e outros. Na sequência, Neruda fez um tour por várias cidades estadunidenses. Um grupo numeroso de intelectuais cubanos assinou, em 25 de julho de 1966, uma carta indignada contra o poeta, criticado por eles, entre outras coisas, por não perceber que a sua visita aos Estados Unidos era "amplamente favorável" aos "imperialistas norte-americanos".

Estabeleci uma ponte aérea com o meu tradutor na Califórnia, e vou revisando simultaneamente a tradução e o original de *Cambio de piel.* Levo TOTALMENTE em conta as tuas excelentes observações: iluminam a totalidade do livro e vou me deixando guiar pelas que eu realmente entendo ao longo da correção.

Que delírio cinematográfico é Paris! Fui devorando todo Sternberg, todo Stroheim que via pela frente na cinemateca. Sabias que Von Stroheim foi oficial do exército revolucionário de Madero? Buñuel me disse que todas as suas obsessões fetichistas resultam de ter visto, aos vinte e cinco anos, a versão de *La viuda alegre* [A viúva alegre] dirigida por Stroheim. Gostei muito de *Masculino-Feminino* e *A guerra acabou* — e não é sempre que eu gosto de Godard.[178] Aqui há uma liberdade exemplar, por dentro e por fora do filme. Na América Latina, como estamos longe de poder dizer e ver as coisas dessa maneira, com essa alegre gravidade!

Podhoretz escreveu para mim encantado com o meu artigo sobre *Hopscotch*, e ficamos de publicá-lo em Nova York.[179] Há referências minhas a *Martín Fierro* e à rua Viamonte, que não são compreensíveis em inglês, pelo visto.

Um forte abraço do teu amigo que sempre se lembra de ti, e muitos carinhos para Aurora,

Carlos

## De Carlos Fuentes para Gabriel García Márquez

Paris, 31 de maio de 1966

Frate et magister!

A tua carta me enche — paradoxalmente — de alegria. Não porque as coisas estejam difíceis em Kafkahuamilpa — quando foram fáceis na

178 *Masculino-Feminino* (1966), de Jean-Luc Godard, e *A guerra acabou* (1966), de Alain Resnais.

179 Norman Podhoretz foi editor, entre 1960 e 1995, da revista *Commentary*, cuja edição de outubro de 1966 incluiria o texto de CF.

região mais derrotante do ar? —, mas porque, quanto mais longe estivermos todos do nosso porão latino-americano, melhor, e por muitas razões.[180] Master, só agora comecei a me dar conta de que não sabemos de nada na América Latina, estamos na fossa, tudo é repetição das mais antigas e ultrapassadas ideias. Se, apesar de tudo, alguma coisa está sendo feita, é admirável em dobro. Mas Paz, Cortázar, Vargas Llosa... já não é concebível que vivam em seus próprios países. Vargas escreve aterrorizado sobre o Peru: iria ficar por seis meses e vai durar dois; ele se sente sufocado. A verdade nua e crua é que aqui continua sendo o centro do mundo, onde te alimentas de cinema, teatro, livros (sim, livros também: entre nós, não se lê, verdadeiramente; tudo chega tarde, esgotado, isolado; aqui tudo se organiza, as tuas antenas brotam do coco feito um bosque, o teu olfato se aguça: te vês diante de todas as correspondências, que estão ao alcance da mão: a filosofia de Foucault + o cinema de Bresson + a pintura de Cremonini + a estética de Tapié + o teatro de Mrożek e Weiss + o estruturalismo de Lévi-Strauss + as canções de Raimon etc., etc., etc.). Total, o teu lugar é aqui, eu SEI que aqui as tuas forças vão se multiplicar, fico maravilhado por saber que, pelo menos entre setembro e dezembro, teremos muitas oportunidades de nos ver e conversar. Vida em Roma: relativamente barata. A comida é de graça: comes em uma *trattoria* por sete pesos mexicanos (vinho, massa, carne, café) e cozinhando em casa sai mais barato do que no México. Lá vivemos como gente rica: comemos como milionários, porque senão teríamos que comer como *ejidatario**: *steak* ou feijões. Aqui comes como um milionário no México com a renda de um *ejidatario* mexicano. Casa: podes conseguir apartamentos PRIMOROSOS na Roma Antiga, sala de estar, dois quartos, banheiro e cozinha, por 100-150 dólares. Eu vi um com essas características na via Mario de Fiori, a poucos passos da Piazza di Spagna; Alberti tinha outro

---

180 Kafkahuamilpa foi um apelido cunhado pelo pintor José Luis Cuevas, no começo da década de 1960, para se referir ao México. CF o usou em *Cambio de piel.*

* No México, *ejidatario* é alguém que cultiva em um *ejido*, propriedade rural de uso coletivo. [N. da T.]

similar, perto do Palazzo Farnese, por um preço parecido, etc. Problema: empregada doméstica, meio período, espanhola: 70-80 dlls. Cinemas e teatros, caros na estreia; mas esperas que os filmes passem nos cinemas de arte e te inscreves na cinemateca. Transportes, caros também, mas tudo se resolve com um Fiat. Já podes ver que, em resumo, não gastarão mais do que no México e, em contrapartida, as vantagens são incomparáveis. Lá está Birri, que te adora, e há um grupo muito agradável de latino-americanos. O que vais fazer? O que te ofereceram?

Tenho dois romances prontos: *Cambio de piel* em processo de tradução nos EUA, *Zona sagrada* em leitura Cortázar-Buñuel-María Félix. Com o velho aragonês divino, nos embebedamos várias noites; ele agora está bebendo *manzanilla** em Madri. Julio me escreveu uma carta sobre *Cambio de piel* que até emoldurei: é uma dessas coisas que compensam quatro anos de rascunhos solitários. Ele foi para a fazenda dele no sul da França para terminar o seu romance. Admira o teu *Coronel* imensamente e te faz uns elogios públicos que te deixariam corado (ai, sim, Shirley Temple!).[181] O novo romance de Vargas vai sair por esses dias; todos dizem que é genial.

Sobre a *Visión*, sim, é uma lambança inacreditável. Eddy tem andado muito abatido: acrescentaram mais dois artigos ao original dele e tudo acabou com a cusparada que tu conheces bem. *Oh well.*

Vejo que nada tem sido feito no México. Ibáñez deve estar louco, com um roteiro como "Fuera del mundo" [Fora do mundo] nas mãos. Tudo isso é desesperador. Aqui tu te acostumas com o oposto: as coisas são tocadas para frente. Por isso, que a gente sempre *seje* o que a gente é. *Ugh!*

Escreve logo. Parto amanhã para NY e retorno em duas semanas.

Afetos a todos,

Carlos

---

* Um tipo de vinho branco seco espanhol, produzido na Andaluzia. [N. da T.]

181 A menção a Shirley Temple era uma piada frequente de CF pelo fato de que ela havia nascido em 1928, como CF e, "oficialmente" na época, GGM. Anos depois, soube-se que, na verdade, ele havia nascido em 1927.

## De Julio Cortázar para Mario Vargas Llosa

Saignon, final de maio ou começo de junho de 1966[182]

Querido Mario,

Envio esta cópia (que Roberto me passou) para Jorge, para que possa encaminhá-la para a tua pessoa errante. Como Patrícia e Álvaro estão?[183] Manda nem que seja um postal de algum lugar qualquer.[184] A propósito, não irei a Cuba na data que foi sugerida para ti e para os demais. Para mim é impossível por cem razões. Falei para eles que, a partir do dia 1º de dezembro, quando terminar o meu trabalho na Unesco, estarei à disposição, pois não há nada que eu queira mais do que voltar a Havana e abraçar tantos amigos queridos. Mas agora é impossível para mim. Enfatizo porque, nessa carta, Roberto dá por consumado (*more* cubano) que estarei nesse avião...[185]

Carinhos de Aurora para vocês três, e um grande abraço do teu

Julio

---

182 Esta mensagem de JC vai anexada à cópia de uma carta de Roberto Fernández Retamar para MVL, que JC lhe passou por meio de Jorge Edwards. A cópia tem um selo de saída da *Casa de las Américas*, datado de 27 de maio de 1966. MVL recebeu pouco tempo depois o original, datado de 24 de maio de 1966. JC deve ter escrito essas linhas alguns dias depois.

183 Álvaro Vargas Llosa, primogênito de MVL e Patricia Llosa, havia nascido em Lima em 18 de março de 1966.

184 MVL estava em Lima nessas datas. CF, em uma carta de 11 de abril de 1966 para Fernando Benítez, diz: "Vargas Llosa foi embora para o Peru, terminada a sua *Casa verde*, que, segundo Cortázar e Monegal, é uma maravilha. Temo um pouco por esse menino tão puro e audaz em um país onde um escritor independente é exatamente igual a um criminoso reincidente."

185 JC e MVL eram membros do comitê de colaboração da revista *Casa de las Américas*, criado em 1965. Na mencionada carta de 24 de maio, Fernández Retamar escreveu para MVL: "Pensamos aqui, na *Casa de las Américas*, que seria de maior utilidade fazer o que ainda não fizemos até agora — e devemos repetir no futuro: reunir todo o comitê de colaboração da nossa revista *Casa de las Américas*. Acredito que é uma ocasião magnífica para compartilhar tudo o que temos para compartilhar, desde sugestões até preocupações." Sugeriu a ele que pegasse um voo de Madri no dia 13 de julho. "Cortázar deve viajar contigo", acrescentou. Fernández Retamar escreveu uma carta muito parecida para JC em 25 de maio. A primeira reunião com todos os membros do comitê se concretizaria em janeiro de 1967

# De Gabriel García Márquez para Carlos Fuentes

México, 30 de julho de 1966

Maester querido,

Quem te leva esta carta é o doutor Augusto Fernández, neurologista, trepanador de quinze gatos por dia, louco desvairado, grande amigo e leitor implacável da máfia, que estará em Paris por um dia, a caminho de Moscou. Se ele não te encontrar ou não tiver tempo de entrar em contato, te enviará por correio. Se não estiveres em Paris, te deixará a carta com Rodríguez Monegal. Enfim, a receberás de alguma maneira.

Antes de mais nada, master, minha gratidão pelo teu artigo na *Siempre!*, pela menção na *Life*, pela declaração na *Mundo Nuevo*.[186] Estás me vedetizando. Mesmo que seja para não te fazer ficar mal com os teus leitores, eis aqui a notícia: *Cem anos de solidão* terminou. Pera já está

---

186 "García Márquez. *Cien anos de soledad*" [García Márquez. Cem anos de solidão], *La Cultura en México*, suplemento da *Siempre!*, México, n.º 228, 29 de junho de 1966, incluído neste volume como "Macondo, sede do tempo". "El PEN: entierro de la guerra fría en la literatura" [O PEN: enterro da guerra fria na literatura], *Life en Español*, Nova York, vol. 28, n.º 3, 1º de agosto de 1966. CF diz: "Em última instância, o escritor diz o que não pode ser dito com câmeras de televisão, fichas psicanalíticas ou computadores eletrônicos. Esse domínio exclusivo da literatura se torna evidente quando se consulta a lista dos grandes escritores em voga na América Latina, de Neruda e Borges a García Márquez e Vargas Llosa, passando por Alejo Carpentier, João Guimarães Rosa, Octavio Paz e Julio Cortázar. A diversidade não poderia ser mais explosiva. A unidade é menos óbvia e mais importante." Em entrevista para Rodríguez Monegal publicada na *Mundo Nuevo*, CF diz: "Acabei de ler as primeiras 75 páginas de *Cem anos de solidão*, o *work in progress* do romancista colombiano Gabriel García Márquez. São absolutamente magistrais [...] García Márquez habita os antigos reinos vegetais de Gallegos e Rivera só para libertá-los desse peso morto e reintegrá-los à imaginação com um humor, uma beleza, uma autêntica compaixão que jamais poderiam ter Arturo Cova ou o Sute Cúpira ou Santos Luzardo, que eram figuras antidialéticas; os Buendía são os fundadores e os usurpadores: os Sartoris e os Snopes da América Hispânica, em uma só integração fulgurante. *Cem anos de solidão* é a narrativa histórica de Macondo, desse povoado perdido da Colômbia que poderia ser, pela enésima vez, apenas a vítima das forças impessoais, da selva e do rio." "Situación del escritor en América Latina" [Situação do escritor na América Latina].

com os primeiros capítulos, enquanto dou uma polida nos últimos, com dificuldades de informação mais ou menos tremendas: hoje preciso saber quais eram os métodos medievais para matar baratas, quanto pesavam 7.214 dobrões de quatro, encontrar alguém que traduza para mim um diálogo ao papiamento, e outras vinte esquisitices, mas já estou na reta final.[187] Na drástica redução final, tudo ficou reduzido a 540 páginas, mas a minha esperança é que elas prendam o leitor e tenham que ser lidas de uma sentada só. Sinto que ficou melhor do que eu esperava, e que em nenhum momento decai gravemente, sustentando o interesse, o estilo torrencial e o conjunto de disparates da vida cotidiana no Caribe. Em agosto o enviarei para a Sudamericana, que está preparando um grande lançamento. Estou tremendo de medo, à espera do que vai acontecer.

Me chamou atenção, em especial, a análise que fizeste sobre esse romance na *Mundo Nuevo*, pois dá a impressão de que havias tudo. Foste infalível. Inclusive citaste, sem saber, uma frase que tenho ao final, qualificando os Buendía de "fundadores e usurpadores", estirpe ao mesmo tempo terna e desalmada, cruzamento de homem e porco, de homens fracos e mulheres fortes, dos quais o primeiro esteve amarrado ao tronco de uma árvore por vinte anos, e dos quais o último foi comido pelas formigas, gente de vida e de morte, extinta pela generosidade e concupiscência, pela ganância e pelo sacrifício, e que não receberá outra chance sobre a face da terra.

Tenho um problema: o major Gavilán, testemunha do heroísmo de Artemio Cruz, exilou-se em Macondo, foi um dos fomentadores da greve contra a United Fruit, tombou no massacre dos trabalhadores, e foi arrojado ao mar em um trem de 120 vagões onde os cadáveres foram carregados como rejeito de banana. No entanto, lendo e relendo o teu livro, não encontro o nome dele — Roque ou Diego? — nem se tu deste a ele um destino que desminta o destino que eu dei. Peço que me respondas isso o quanto antes.

---

187 Pera era o apelido de Esperanza Araiza, quem datilografou *Cem anos de solidão* e, antes disso, romances de CF e Juan Rulfo.

Outra coisa: não encontro em *O jogo da amarelinha* o número da rue Dauphine onde moravam Oliveira e a Maga. Preciso dele com a mesma urgência. Se puderes te encontrar com Cortázar, pede a ele, por favor, autorização para usar essa frase no meu romance: "Foi a Paris e morava no número tal da rua Dauphine, no mesmo quarto em que, muitos anos depois, haveria de morrer Rocamadour, e em cujas escadas se respirava um ar imemorial de espuma de couves-flores cozidas."[188] Se Cortázar tiver algum incômodo com o uso dessa frase, por razões que eu seria o primeiro a compreender, pede a ele simplesmente que me mande o número da casa. A propósito: com esta carta, recebes dois livros meus para Cortázar, que peço que entregues a ele. Não mando os de Vargas Llosa, cuja *Casa verde* me pareceu sensacional, porque não tenho a menor ideia de onde anda.

E agora, vamos às coisas tristes: não aceitei a proposta da Itália. Tratava-se de organizar os serviços latino-americanos para a Inter Press Service. O salário não era ruim, me dariam as passagens de ida e volta para toda a prole e contrato por um ou dois anos, mas me informei bem e, por um lado, não concordo com a orientação política da agência, por outro, o diretor-geral vai acabar parando no hospício. Mas para mim nada disso é grave: grave é que o compromisso me obrigava a trabalhar das dez às dez, e a única coisa que eu quero fazer nos próximos meses é continuar escrevendo. O romance do ditador já está me atropelando e preciso decidir o que fazer, pois não tenho o direito de submeter Mercedes à mesma provação que a fiz passar com *Cem anos de solidão.* Vivemos oito meses muito difíceis, estamos na ruína e atolados em dívidas, que tenho que pagar até dezembro para começar o outro livro em janeiro.

---

188 O texto na versão final do romance é este: "Gabriel tinha conseguido ser reembolsado pela passagem de volta para poder ficar em Paris, vendendo os jornais atrasados e as garrafas vazias que as camareiras de um hotel lúgubre da rue Dauphine jogavam fora. Aureliano podia então imaginá-lo com um suéter de gola alta que ele só tirava quando as varandas de Montparnasse se enchiam de namorados primaveris, e dormindo de dia e escrevendo de noite para confundir a fome no quarto cheirando a espuma de couve-flor fervida onde Rocamadour haveria de morrer" (MÁRQUEZ, Gabriel García. *Cem anos de solidão*. Tradução de Eric Nepomuceno — 98ª ed. — Rio de Janeiro: Record, 2017, p. 416-417).

Kafkahuamilpa está acabando para mim. Não só pela crise do cinema, que não tem previsão de melhora, mas porque brotou em mim uma certa soberba que me impede de aceitar os reles produtores daqui como críticos válidos para as coisas que eu escrevo. Somos de dois mundos distintos, falamos outro idioma, e sinto que falto ao respeito comigo mesmo discutindo com eles detalhes de criação.

Me dá uma pista sobre a possibilidade de conseguir por seis meses, em alguma universidade dos EUA, uma pensão de escritor residente, que me bastaria para terminar sem sufoco o outro livro. Enfim, me dá alguma ideia, porque o meu drama é que trabalhei a vida toda como uma mula para ganhar dinheiro, e não aprendi a dar um jeito na situação para escrever os meus livros, que de agora em diante é a única coisa que me interessa. Não quero perder esse entusiasmo, essa vontade de escrever os assuntos que já não me deixam dormir e que correm o risco de apodrecer em uma agência de publicidade.

Enquanto isso, observo atentamente o que acontece na Colômbia. Lleras Restrepo está chegando com muita força: aliou-se a Frei, Leoni e Belaunde, e está falando escancaradamente um idioma reformista, de independência em relação aos Estados Unidos, o que deve ser interpretado como a ascensão, por fim, da burguesia industrial nacional ao poder, a qual provavelmente decidirá se soltar dos grilhões medievais que ainda lhe pesam. A coisa lá vai ficar interessante. Me fazem todo tipo de aceno, sobretudo porque sabem que até agora não houve um só governo que tenha conseguido me deixar envolvido, e eu poderia tirar proveito disso para uma manobra diplomática que me tirasse do fundo do poço. Mas sou um romântico inveterado: vejo que o que Lleras Restrepo traz de positivo é a sua febre de modernização, e pelo seu temperamento, pela sua formação e pelas necessidades urgentes do país, vai negligenciar a cultura. Quero, pois, estar livre para começar a bombardeá-lo nesse sentido nos jornais e em todos os meios possíveis. Pode ser um bom trabalho, muito útil, e que poucos na Colômbia estão em condições de executar, primeiro porque precisam viver do orçamento, e depois porque ninguém os escuta.

Quando sairão os teus romances? Por que não vieste de NY, nem que fosse por uma semana? Estou muito sozinho, e morri de inveja de ver tantos amigos na *Life*, juntos no Hudson, e eu aqui trancafiado, sem ter com quem conversar, com esses malditos Buendías que me custaram a vida. A máfia anda dispersa, fazendo arruaça, piadas locais, que suscitam uma vontade danada de atravessar o oceano, nem que seja por um ano, para saber o que está acontecendo no mundo.

Estava dizendo que li *A casa verde*. É maravilhoso, e Vargas Llosa já tem um punho de grande escritor, que veio para ficar. Quero insistir nisso, porque a crítica aqui não lhe é favorável: não é compreendido. É acusado de confuso, difícil, regionalista, vazio e outras mil imbecilidades, e é porque esse livro carece da espetacularidade do outro, mas é mais denso e amplo, e muito mais maduro. Eu queria é que esses jornalistas de quinta se sentassem e escrevessem um livro, para que saibam como as coisas são e não falem tanta asneira.[189]

Bom: sempre penso em te dizer muitas coisas e, na hora da verdade, esqueço. Fazes muita falta para nós, assim como a Macedônia em seu escritório de bruxa. Queremos vê-los e não sabemos como. Diz a Emir que eu recebi a revista, que está maravilhosa e para ele me dar mais alguma ideia de colaboração.

Quero que me escrevas uma carta muito longa e recebas um grande abraço, meu e de Mercedes,

Gabo

---

189 Huberto Batis, por exemplo, escreveu que via *A casa verde* "mais a serviço do documento, da história, inclusive da ciência, da linguística, do regionalismo, do que da literatura significativa" (*La Cultura en México*, suplemento de *Siempre!*, México, n.º 232, 27 de julho de 1966, p. xvi). Outro comentarista, Gabriel Careaga, expressou a sua postura crítica desde o título da sua resenha: "*La casa verde*: un fracaso monumental" [A casa verde: um fracasso monumental], Vida Universitaria, Monterrey, 28 de agosto de 1966.

## De Julio Cortázar para Carlos Fuentes

Saignon, 30 de julho de 1966

Querido Carlos,

Perdoa a demora para te devolver esta cópia de *Zona sagrada*. Havia lido o romance com tanta pressa, em maio, que preferi guardá-lo um pouco mais comigo e relê-lo; em seguida, surgiu inesperadamente uma série de trabalhos e só agora voltei à tranquilidade. Ontem à noite, estive relendo o livro, terminando de relê-lo; e, nesse ínterim, tinha falado muito sobre ele com Aurora. Esses vales provençais já sabem muito de Claudia Nervo.

Não vou te falar do romance em detalhes porque penso que, em outubro, nos encontraremos em Paris e me será mais fácil te dizer um monte de coisas e te perguntar outras tantas. De todo modo, e como impressão geral, acredito que o teu livro tem menos fundura do que *Cambio de piel*, e que tem de ser assim. Há algo de *nouvelle* engradecida nessa situação central que, na verdade, não muda do início ao fim, essa lenta e desesperada dança do narrador em torno do cruel, terno ídolo. Aurora, para quem Claudia caiu mal, achou-a parecida com a Justine de Durrell na medida em que é como um grande buraco negro em torno do qual transitam pessoas que valem muito mais do que ela.[190] Não tenho tanta certeza, mas de fato há momentos em que somaste em Claudia uma quantidade tal de atributos já clássicos dos "monstros sagrados" do cinema que a sua verdade possível é pura especulação. Eu, de minha parte, achei que Guillermo se assemelha muito ao Javier de *Cambio de piel*; não literalmente parecido, mas com a mesma sina prévia a qualquer culpa, com um fracasso que antecede as tentativas. Estou virando calvinista, o que queres de mim?

Outra vez, Carlos, fico deslumbrado com a tua escrita, o teu maravilhoso dom de associar os infinitos elementos de uma vida bem vivida e colocar em cada página uma atmosfera que a resume. Creio que te divertiste até em forçar esse dom; a descrição do apartamento do rapaz,

190 Aurora Bernárdez havia traduzido *Justine* (Buenos Aires, Sudamericana, 1960).

por exemplo. Vão te censurar por isso, sem dúvida; eu não, na medida em que cada alusão, cada fragmento de *torch song* e cada alusão literária coagulam, por sua vez, em minha memória, vastas experiências de vida, e no fundo isso que é a literatura, pelo menos a que nós fazemos; um grande romance deve nos psicanalisar, devolver todos os peixes cegos à superfície. *Zona sagrada* é para mim uma exasperante e maravilhosa cerimônia, em que apenas os críticos dissecados serão espectadores; eu dancei com as tuas erínias e assisti a todos os filmes de Claudia naquele admirável capítulo em que seu filho os projeta em seu apartamento. Mais acima, te disse que *Zona sagrada* me parecia menos *funda* do que *Cambio de piel*; é uma opinião de crítico, o mais objetiva possível e provavelmente válida; mas, sob o outro plano, o de fazer parte de um livro (plano que, pessoalmente, acredito ser o mais próximo da verdade), te digo que não sinto nenhuma diferença; nos dois estive igualmente incorporado enquanto lia, assumindo-os bem de dentro. Sobre todo o restante, que é muito, falaremos em Paris quando quiseres.

Li o teu diálogo com Emir, que adoecerá justiceiramente um monte de idiotas. A bile vai correr a cântaros, os fabricantes de colagogos vão enriquecer em Buenos Aires e suponho que também no México. És generoso demais comigo, mas dizes tudo tão bem que acabo acreditando. Já escrevi para Emir que me fizeste ficar muito mal com os meus compatriotas quando me trataste como Bolívar.[191] Se o general Onganía soubesse ler, tomaria como ofensa mortal.[192] E o que me dizes de minha terra, a censura, a polícia? Logo falaremos também sobre isso, agora obrigado mais uma vez, com um abraço muito forte,

Julio

191 CF afirma em "Situación del escritor en América Latina": "Se não houver uma ambição de linguagem em um romance na América Latina, para mim esse romance não existe. Eu acredito que há isso em Cortázar, em primeiro lugar, que para mim é quase um Bolívar do romance latino-americano. É um homem que nos libertou, que nos disse que *tudo* pode ser feito."

192 Um mês antes, o general Juan Carlos Onganía havia encabeçado um golpe de Estado na Argentina, o qual depôs o presidente Arturo Illia em nome da segurança nacional.

Ao final de *Zona*, faltam algumas páginas. Buñuel já me avisou ao enviar-me. Acho que duas cópias diferentes estão misturadas.

## De Carlos Fuentes para Julio Cortázar

Paris, 31 de julho de 1966

Queridíssimo Julio,

Vais te divertir muito no dia em que eu te contar minhas experiências de Nova York e do PEN Club. A América Latina é irreal. Mas de uma irrealidade concebida como algo mensurável, computável, estatístico. Esse positivismo extremo que vai desde a bandeira brasileira até a autodenominação "científica" de uma ditadura mixteco-zapoteca como a de Porfirio Díaz. Divertido é quando a irrealidade se expressa através da quebra do *prowess* moderno e positivo: a derrota dos brasileiros no futebol... ou Murena *with his pants down*: o *self-designed* crítico internacional da América Latina fazendo o papel de peru tonto. Enfim, o bom desses encontros é justamente se encontrar. Todo mundo fica em seu lugar. No mais elevado, Vargas Llosa, que esteve muito brilhante na sua intervenção; Nicanor Parra; e os uruguaios que salvaram a honra intelectual do Rio da Prata — Emir, Martínez Moreno e Onetti.[193] No mais baixo, os argentinos, essa mescla de histerias virginais e menopáusicas que é Alicia Jurado; a vaidade pueril, as pretensões sem fundamento, a desorientação provinciana, as birras de Murena — que arrastava o inocente Girri em seus pequenos acessos de *prima donna* sem plateia nem palco.[194] Dona Victoria, bom, a velha tem a sua grandeza, sem sombra de

193 As gravações em áudio dos discursos de MVL (em francês) e CF (em inglês), de 15 de junho de 1966, encontram-se arquivadas na página virtual do PEN Club. Uma transcrição em espanhol foi publicada na *Mundo Nuevo*, Paris, n.º 5, novembro de 1966, sob o título "Papel del escritor en América Latina" [Papel do escritor na América Latina].

194 Alberto Girri, poeta argentino.

dúvidas, mas já passou o tempo das ilusões, em que se podia sonhar que a partir de Buenos Aires (ou da Cidade do México, ou do Rio de Janeiro, dá na mesma) seria possível dirigir a literatura latino-americana e difundi-la internacionalmente.[195] Ali havia muita gente — Vargas, Onetti, Parra, Neruda, Guimarães, o teu amigo — que obtém essa comunicação diretamente, sem a necessidade de bispos mais ou menos locais. Bom, eu me senti Edmundo Dantés no momento da ofensiva: dei-me o pequeno luxo montecristão de me recusar a cumprimentar Murena e fazê-lo saber por quê: pelo que escreveu sobre *O jogo da amarelinha*. Onetti me seduziu imensamente como pessoa, e agora estou relendo-o com mais prazer. Que jeito de ser barroco e secreto ao mesmo tempo.

Saio hoje à noite para Roma por uma semana, e do dia 10 ao 16 vou estar no sul da França, perto de Saint-Tropez, acho que o nome é Ramateuil, tenho que perguntar para Rita.[196] Fica perto de vocês? Podemos tomar um café juntos? Se pudermos combinar alguma coisa, me escreve por aqui mesmo e Rita me levará a carta ao sul. Não sei se Buñuel te entregou, como lhe pedi, o exemplar de *Zona sagrada*. Queria recuperá-lo, pois é o único que tenho; María Félix levou o original para a Suíça, onde faz a sua cura anual do sonho (tudo isso é muito surrealista, leitura e sonho ao mesmo tempo, como em *Brave New World*), e Orfila precisa da obra.[197] Não dou nem um passo sem a tua crítica. Estou há quinze dias trancafiado em um cubículo de Gallimard, refazendo a parte final de *Cambio de piel*. Tinhas toda a razão em tuas observações. Durante o mês e meio em que estive em NY, fiz o meu processo digestivo de vaca e agora, depois de uma jornada de trabalho muito intensa, fico contente pelo resultado: a cena do julgamento é outra coisa, sensual, ativa, sem discursos abstratos. Não sei por onde começar para dizer o quanto te agradeço a crítica tão certeira, tão inteligente, tão espontânea e tão amistosa. Eu tinha que levar aquelas páginas finais para um clímax da carnalidade do romance, não para a sua negação. Tomara que eu tenha conseguido. Mais uma vez, obrigado.

---

195 CF se refere a Victoria Ocampo.

196 CF quis dizer "Ramatuelle".

197 CF faz alusão ao romance de Aldous Huxley (Londres, Chatto & Windus, 1932) traduzido ao espanhol como *Un mundo feliz* [Admirável mundo novo].

Espero vê-los em breve. Enquanto isso, para ti e Aurora, todo o meu carinho, toda a minha admiração,

Carlos Fuentes

## De Julio Cortázar para Carlos Fuentes

Saignon, 2 de agosto de 1966

Meu querido Carlos,

Já viste que telepaticamente fizemos a mesma coisa, quiçá ao mesmo tempo. Ou seja, tu já tens *Zona sagrada* e eu acabei de receber a carta em que me pedes o teu livro. Perdoa-me, de todo modo, por tê-lo devolvido tão tarde, mas vejo pelo que me dizes que não foi muito grave.

Emir já tinha me dito, há algum tempo, que passaria as férias em Ramatuelle, e agora penso que tu também vais a esse vilarejo, pois escreves de uma maneira que não creio que cogites outras hipóteses. Nós estamos bem longe desse lugar e, além disso, execramos a multidão que o invade em agosto; a gente fica mais ermitão do que nunca nestes vales solitários. Mas eu já tinha dito para Emir que, se viajasse de carro, seria estupendo que viesse até aqui (são umas duas horas de viagem). Talvez, se te encontrares com ele em Ramatuelle, possam organizar um safári completo rumo a Saignon. Nós ficamos até o dia 26 e depois vamos à Suíça, onde o trabalho me espera.[198]

Não foste a Buenos Aires, então? Eu te imaginava em Buenos Aires, saboreando as primeiras medidas de depuração política do general Onganía. Que nojo essa gente, esse país, essa cegueira. Se não foste, melhor; terias vomitado em plena rua Florida.[199]

---

198 JC trabalhou nessas datas em Berna como intérprete para a Interpol.

199 Como foi dito, CF deveria ir a Buenos Aires como jurado do Prêmio Primera Plana-Sudamericana, mas acabou enviando o seu voto por correio. MVL, também jurado, fez nessa ocasião a sua primeira viagem para a Argentina e recordaria muitos anos depois assim: "Na primeira vez que fui a Buenos Aires, em meados dos anos 60, descobri que, naquela belíssima cidade, havia

Temos muita vontade de que nos contes coisas do PEN Club; o que a tua carta traz já é bem divertido. Mas me deixas inquieto com a tua revisão de *Cambio de piel*; espero que não erres a mão, Carlos.

Um grande carinho para Rita e até logo, com o afeto de Aurora e um grande abraço do teu

Julio

## De Gabriel García Márquez para Mario Vargas Llosa

México, 24 de agosto de 1966

Estimado Mario Vargas Llosa,

A Universidade da Colômbia me informou que participarás do ciclo de conferências sobre o romance latino-americano, que será realizado em Bogotá, a partir do dia 18 de setembro.

Gostaria de ter certeza, antes de aceitar o convite que me fizeram, de que tu poderás comparecer. Depois do imenso vazio deixado por *Cem anos de solidão*, do qual não achei que iria sair, estou exausto com trabalhos cotidianos terríveis para restaurar as finanças, mas estou disposto a abrir uma brecha para ir a Bogotá por uma semana se tu realmente fores. Posso te garantir que é uma plateia estupenda, que espera de nós coisas muito boas como romancistas e coisas muito difíceis e verdadeiras como expositores.

Em caso afirmativo, peço encarecidamente que me digas qual aspecto do tema pretendes abordar, para não haver sobreposição. Afora isso, estou muito entusiasmado com a possibilidade de ser eu quem te abrirá as portas do meu estranhíssimo país e também, é claro, de ter uma conversa de vários dias.[200]

---

mais teatros do que em Paris e que as suas livrarias eram as mais apetecíveis e estimulantes que eu tinha visto na vida. Desde então, tenho por Buenos Aires, pela Argentina, um carinho especial" ("¿Por qué? ¿Cómo?" [Por quê? Como?], *El País*, Madri, 8 de janeiro de 2002).

200 O evento foi postergado (ver carta de GGM para CF de 30 de setembro de 1966), mas um ano depois, em agosto de 1967, MVL e GGM viajariam juntos de Caracas a Bogotá.

Acabei de ler *A casa verde*. É monumental. Me dei conta de que nós dois concordamos no propósito de não abandonar, só porque estão gastos, os antigos reinos de Gallegos e Rivera, mas, pelo contrário, como tu fazes e como eu tento fazer no meu último livro, tomá-los novamente do início para atravessá-los pelo caminho correto. Já deves ter percebido que os jornalistas europeizantes de quinta não são muito compreensivos nesse sentido. Aqui foram publicados os disparates mais estrondosos sobre o suposto folclorismo do teu romance. Eu, que nem sequer leio o que escrevem sobre os meus livros, curiosamente não consigo suportar a raiva que me provocam as imbecilidades que são ditas sobre livros que, como o teu, considero tão importantes. Espero que possamos deveras falar sobre essas coisas em Bogotá.

És verdadeiramente incapturável. Quando eu pensei em te mandar os meus livros a Paris, Carlos Fuentes me escreveu que estavas em Lima. Por aqueles dias, apareceste em Nova York, e eu tinha acabado de receber a notícia quando Paco Porrúa mandou dizer que estavas em Buenos Aires.[201] Espero que recebas esta carta por algum meio.

Pelo que entendi, os planos de filmagem de *A cidade e os cachorros* caíram por terra, porque o produtor ficou com medo da reação do Peru. Isso era de se prever, mas, como me disseste, não custava nada tentar.

Peço encarecidamente que me respondas logo, para que eu tome decisões a respeito da minha viagem. Tenho um monte de coisas para resolver antes. É uma pena que não deixaram a par com mais antecedência, para ter arrastado o velho Fuentes pelos bigodes, e ter feito assim um verdadeiro massacre literário em Bogotá.

Um abraço cordial,

Gabriel

---

201 Francisco "Paco" Porrúa era o diretor literário da editora Sudamericana.

## De Julio Cortázar para Carlos Fuentes

Saignon, 24 de agosto de 1966

Meu querido Carlos,

Ah, meu velho, se Emir e tu queriam arrancar de Aurora e de mim um daqueles sentimentos de frustração que chega a doer nos ossos, regozijem-se, monstros, porque o triunfo foi completo. Se te digo que até tínhamos varrido um pouco a casa para receber a expedição (que agora qualifico mallarmeanamente de punitiva por ausência), e que eu tinha baús cheios de costeletas de cordeiro para submeter ao fogo heraclíteo preparado no nosso *barbecue*. E nem vamos falar do vinhozinho rosé resfriado com carinho na nossa cave de origem medieval. Mas agora, piadas à parte, espero que a doença (ignoro quem era o doente) tenha passado; a verdade é que, quando deram seis horas da tarde sem vê-los chegar (e nós com a casa varrida), começamos a temer um acidente nessa maldita N7 onde meia França está deixando pedaços do discurso do método. O teu telegrama (o de Bird, *of course*) nos deixou tranquilos; então, sem mais nem menos, começamos a xingá-los, como as mães fazem quando o bebê cai sem abrir muitas feridas.

Tudo bem, nos vemos em Paris. A princípio eu devo chegar por volta do dia 2 de outubro, mas como Aurora aceitou um compromisso de dez dias em Roma, acho que a deixarei voar de Viena e eu irei ao nível do solo no meu 4L, aproveitando para ficar uns dias em Siena e Florença, que não visito há anos. Ou seja, neste caso estaríamos nós dois em Paris por volta do dia 15 de outubro. Vou te telefonar tão logo eu lavar o rosto.

Duas coisas. Primeiramente, guarda para mim essas resenhas de *Hopscotch* que te dei, pois não tenho cópias. Em segundo lugar, uma dúvida: por caminhos labirínticos (uma carta do México destinada a um mexicano em Paris, carta que deveria ter sido entregue por uma senhora mexicana de passagem por Paris, a fim de que esse senhor entrasse em contato comigo; *bref*, e dada *the awful cussedness of things*, a senhora não encontrou esse senhor e então me mandou diretamente a carta depois do outro complicado labirinto que envolve a minha porteira...), AQUI VAI UM MURO DE CONTENÇÃO. Não bastaria um ponto-final, evidentemente. Voltando ao primeiro parágrafo, que ficou do outro lado do muro, a carta é de um tal de E. Carreón que fala em nome dele e de um Sr. Luis Barranco. Escreveram para o Sr. Tomás Pérez Turrent, e tudo isso se deve ao fato de que filmaram vários filmes curtos (*Luzbel*, *Los Judas*) e agora querem a minha autorização (*free, of course*) para filmar o meu conto "O ídolo das Cíclades", adaptado por Luis Covarrubias, que decidiu situar a ação em plena cultura olmeca, na falta de Cíclades ao alcance da mão. (É hilário que não saibam que Manuel Antín já o filmou no Peru, transformando o meu ídolo em vovozinha de Manco Cápac.)[202]

A dúvida é simples: sabes alguma coisa sobre essas pessoas? Se merecem o teu respeito, direi a eles que o conto já foi filmado, mas que se cultivam a monotonia, não me oponho a desenterrá-lo dos olmecas. O ídolo de todos os ídolos. E muito obrigado.

Naquele dia, fiquei com tantas coisas presas na garganta que corres o risco de que esta carta se transforme em uma plaqueta. Melhor não, tudo menos isso. Oh não. Que o doente já esteja bem, e até Paris. Nosso carinho para Rita e um forte abraço de

Julio

De 30 de agosto a 6 de setembro, estarei em:
Hôtel KREBS
Genfergasse 8, BERNE

De 20 a 28 de setembro:
Agence Internationale de l'Énergie Atomique
KÄRNTNER RING — WIEN, AUTRICHE

Não pareço realmente um halto hembaixador himportantíssimo?

---

202 O projeto não se concretizou. Em 1965, Manuel Antín havia dirigido *Intimidad de los parques* [Intimidade dos parques], baseado em dois contos de Cortázar: "Continuidade dos parques" e "O ídolo das Cíclades".

## De Carlos Fuentes para Gabriel García Márquez

Paris, 26 de agosto de 1966

Grande e querido MASTER,

Finalmente, jantei hoje com Segovia e ele me entregou a tua carta.[203] Quando o teu amigo esteve em Paris, eu andava em Roma vendo o estranho resultado do meu *Aura* no cinema, e depois subi para a Costa Azul para me reunir com Rita em uma maravilhosa aldeia provençal, Ramatuelle, perto de Saint-Tropez. Cheguei a Paris há cinco dias e desandei a reescrever um capítulo crucial de *Cambio de piel* sobre o qual Cortázar, com a habitual perspicácia penetrante de suas críticas, me surpreendeu com as calças *arriadas*. Estou levando quarenta novas páginas que dão ao romance o nível e a amplidão que — creio eu — merecia. Maldito ofício esse, tão interminável, tão fatalmente inclinado à imperfeição, a estar sempre aquém do sonhado, do que se sabe e não se pode escrever.

Mas me deixa dizer uma coisa de cada vez. A tua carta é tão pessoal, tão certeira e tão lúcida, que me comove. Tens razão: não dá para dialogar com esses camelôs de quarta que se fazem passar por "produtores de cinema". Não se pode silenciar a voz crítica, a voz cultural, a voz dissidente diante de nenhum de nossos governos: sobre eles, e não sobre as grandes potências, podemos e devemos exercer influência. Na semana que vem, Robert Wool vai passar uma semana no apartamento. Vou consultá-lo sobre um *writer-in-residence* em universidade norte-americana, mas sei por experiência própria que isso leva tempo e que agora eles já têm preparados os seus "anos acadêmicos". Mas é possível averiguar e tentar alguma coisa. Acho que tenho uma ideia melhor. Segovia retornará para o México, e ficará livre o seu cargo na *Mundo Nuevo*. Acho que isso seria o ideal para ti. O trabalho é — acredito — bem remunerado. Segovia se

203 Tomás Segovia, poeta hispano-mexicano que trabalhou como assistente de direção na *Mundo Nuevo*.

sustenta em Paris e sustenta a ex-mulher e três filhos no México com o salário. O horário é das dez às doze e das duas às cinco. O trabalho, pouco e interessante — algumas notas críticas e informativas, correspondência com escritores, provas. Paris, ideal para isolar-se e escrever, mas com todos os estímulos ao alcance da mão. Pensa nisso. Acabei de telefonar para Emir e ele está pulando de alegria com a ideia de te ter por lá. O que achas?

RE GAVILÁN: o bom major reaparece, já muito mudadinho, no bordel da Saturno (pp. 130-132; mencionado na 5ª linha de cima para baixo na p. 132), preparando a virada de casaca de Obregón contra Calles e com grau de CORONEL. Em seguida, Artemio o vê sair do escritório do presidente (Calles) na p. 138 junto com outros amigos que haviam passado a noite anterior com a Saturno. Isto é: Gavilán passou para o regime *callista* e, para ter se exilado, precisou fazer algumas destas coisas: a) Ficar do lado de Vasconcelos e contra o Chefe Máximo na eleição de 1932; b) Antes, unir-se aos *cristeros* durante o Maximato de Calles; c) Unir-se à rebelião escobarista contra Calles; d) Menos firme: ter acreditado que Aarón Sáenz era a carta escondida na manga em 32, quando na verdade era Ortiz Rubio; e) O mais viável: ir para o exílio quando Cárdenas rompeu relações com Calles em 1935-36 e mandou o Chefe Máximo e sua trupe para o exílio. Quanto ao nome, podes inventá-lo. Roberto Gavilán como homenagem a Gavaldón, ou Lorenzo Gavilán, que seria engraçado porque é o nome do filho de A. Cruz e talvez Gavilán tenha sido o seu padrinho.

Cortázar deixou a sua granja em Saignon e anda por Genebra, mas não tenho o endereço e ele não retornará a Paris até outubro. Mas procurarei os seus *whereabouts* e enviarei a ele a tua mensagem. Toda essa trama que tu teceste me parece sensacional. Vargas Llosa andava por Assunção do Paraguai, passará rapidamente por aqui e em seguida vai morar em Londres por um ano com o pagamento adiantado (8 mil dólares!) que Harper lhe deu por *A casa verde*.[204] Ontem à noite, eu estava jantando

---

204 MVL deixou de trabalhar na Radiodiffusion-Télévision Française no verão de 1966 e se mudou para Londres em setembro, onde passou a ministrar aulas no King's College London.

na Champs Élysées quando apareceu Asturias, nomeado embaixador.[205] Ele me disse que tinha acabado de ler o *Coronel* e estava entusiasmado. "Quero conhecer esse figurão!", gritava em meio à aglomeração veranil. Agora ele vai à Guatemala e ao México, e ficou de te procurar por lá. E o grande surdo Buñuel chegou hoje e vamos jantar com ele na Gare de Lyon, que tem o melhor e o mais gótico *restaurant* de Paris. Esse velho magistral conhece todos os lugares, vinhos e menus dessa cidade que, como já dizia Huidobro *in illo tempore*, foi a única cidade onde ainda vivia a aventura, onde a gente podia encontrar um fantasma que pedisse fogo para acender um cigarro antes que soassem as doze badaladas fatais e terminasse a sua permissão para passear na Terra. Acabou-se, podia. Uma cidade morta tem mais ruas do que uma cidade viva. Mas quem te tira o prazer de sentar para ler um pouco de *Le Monde* e outro tanto de Baudelaire, e depois escrever um capítulo na varanda da Rhumerie Martiniquaise, master?

María Teresa León, a mulher de Rafael Alberti, vai dirigir uma coleção sobre a crueldade histórica em uma nova editora italiana. Disse a ela que tu poderias fazer alguma coisa colombiana. E eu vou apanhar a deportação de dom Porfirio dos Yaqui de Sonora a Yucatán em princípios do século.[206] Me diz se tens interesse.

Me parece maravilhoso tudo o que me contas de *Cem anos de solidão*. Bravo, mestre. Nada irá te deter. O que eu disse no artigo da *Siempre!* é verdade: nos dás graça, humor, beleza e desejo!!

Monegal me disse que, no próximo número da *Mundo Nuevo*, sairá a tua entrevista com Luis Harss.[207]

Vejo com tristeza que todas as esperanças de um cinema novo no México caíram por terra. O que Juan Ibáñez está fazendo? Barbachano? Velo? *Pedro Páramo*? Acho que o cinema no meu país ficou estagnado

---

205 Miguel Ángel Asturias foi nomeado embaixador da Guatemala na França pelo presidente Julio Méndez Montenegro e ocupou o cargo até 1970. Ganharia o Prêmio Nobel de Literatura em 1967, mas a notícia não será comentada neste epistolário.

206 Outro projeto de CF que não se concretizou.

207 "Gabriel García Márquez o la cuerda floja" [Gabriel García Márquez ou a corda frouxa], *Mundo Nuevo*, Paris, n.º 6, dezembro de 1966. Também no seu livro *Los nuestros*.

para sempre. Já não é possível preencher essa lacuna de vinte e cinco anos de atraso. E Ripstein? E *Tiempo de morir*? Que sina de fracasso há no México? É preciso sair dali. É o país do masoquismo.

*Aura* — ou *La strega in amore*, horror — vai ser um sucesso de bilheteria. Mas o que eu quis dizer no livro já não está ali. Mas é um excelente filme de terror, moderno, bem-feito, com um arsenal de decorações suntuosas etc. Mas não sei para que me compraram a história. Mas, mas, mas...

Beijos e abraços para todo o clã gabista. Escreve logo e longamente, me diz o que achas disso tudo, acredita na velha e firme amizade do teu chapa e admirador e nostálgico *partenaire* de chás dominicais,

Carlos

## De Carlos Fuentes para Julio Cortázar

Paris, 25 de setembro de 1966

Queridíssimo Julio,

Perdoa a demora para responder. Tu tens a culpa. Reescrevi toda a parte final de *Cambio de piel*: oitenta e tantas novas páginas pagas com sangue, isso eu juro. Tua acertadíssima crítica foi adentrando lentamente a minha imaginação; a levei a Nova York *aller-retour*, a levei a Roma e Ischia, a levei a Ramatuelle e St. Tropez, e desde o meu retorno a Paris no final de agosto não fiz outra coisa senão levar toda a massa do romance às suas verdadeiras conclusões (conclusões iniciais, de recomeço). Morro de vontade de que tu e Aurora leiam o resultado. Já te disse em outra ocasião que *Cambio de piel* foi escrito pensando em ti, foi escrito sob o estímulo da liberdade que tu abriste para todos nós. Se esse foi o seu ponto de partida, também devo os pontos suspensivos de conclusão à tua crítica tão profunda, tão lúcida, tão dialogada e compartilhada. Por isso, tu e Aurora não devem estranhar se o romance aparecer dedicado a vocês. Neste caso, o reconhecimento e o carinho *ne font qu'une seule chose*.[208]

---

208 "Não são senão uma coisa só."

Logo narrarei de viva voz as aventuras dos telegramas Ramatuelle--Saignon. *It is not to be believed.*[209] Suspeito que os serviços telegráficos franceses estão nas mãos de Jacques Tati. Envergonhado, e ruborizado como um anão da Branca de Neve, eu me abstenho de comentar sobre as desvanecidas promessas da *parrillada*, do vinho e do chão varrido.

Estou conservando os recortes da imprensa norte-americana para o teu retorno. O meu comentário na *Commentary*, ou seja, o Anti-Wain, será publicado no próximo número da revista.[210] Aqui Erval me pediu outro para *La Quinzaine Litteraire*. Tive escrúpulos e disse que talvez não fosse conveniente um latino-americano escrever sobre a obra de outro. Mas a insistência dele foi tal que já estou sentado preparando isso. Não será uma repetição do que já escrevi sobre *O jogo da amarelinha*; quero dar outro enfoque.[211] Para isso, foi-me imensamente útil o esplêndido ensaio de Luis Harss que acabei de ler na *New Mexico Quarterly*.[212] Acho que nunca disseste, mais e melhor, quais são as chaves autênticas da tua obra. Vejo na tua teoria das figuras o signo profundo, a síntese efetiva e universal do que podemos fazer hoje a partir da nossa cultura, a partir da nossa língua.

Terminei *Cambio de piel* e já estou embarcando, com base nas tuas críticas, na revisão de *Zona sagrada*. Como estás me fazendo trabalhar, tchê! Não sei se exagerei no uso das omissões, das virtualidades, nesse romance. Acho que não aproveitei algumas oportunidades para preencher aquele buraco negro de Claudia (buraco negro? Zona sagrada: matriz e tumba?), ou pelo menos para iluminá-lo com a sua própria luz escura. Sim.

Lembro muito de ti com Buñuel, que vejo com bastante frequência. Jantamos há alguns dias com Mario Vargas antes deste ir embora para

---

209 "Não se pode acreditar nisso."

210 O poeta e crítico inglês John Wain publicou uma resenha de *Hopscotch* na qual o qualificava de "monumentalmente entediante". Wain, "Making it New", *The New York Review of Books*, vol. VI, n.º 7, 28 de abril de 1966. A resposta de CF, intitulada "A Demanding Novel", foi publicada na *Commentary*, Nova York, vol. 42, n.º 4, outubro de 1966.

211 Ver carta de JC para CF de 11 de outubro de 1966.

212 "Julio Cortázar or The Slap in the Face", *New Mexico Quarterly*, Albuquerque, vol. 36, n.º 2, verão de 1966. Trata-se do capítulo sobre JC incluído em *Los nuestros*.

Londres. Leio as críticas mexicanas de *A casa verde*. São revoltantes. Acham que é um romance como os de Ciro Alegría. Pedem para ele se dedicar à sociologia ou à pedagogia, porque não tem nada para fazer na literatura!!! No meu pobre país, eterno descobridor de mediterrâneos, aqueles que mandam nesses momentos são os pequenos freudianos, os maus remendos esquemáticos das ideias de Georges Bataille ou o melodrama de Pancha Sagan repleto de estilos pavesianos. É um país eternamente temeroso de seu próprio rosto. Os críticos costumam fazer listas do céu e do inferno literários: invariavelmente, no céu habitam os "escritores" que representam ou podem representar um compadrio burocrático para o "crítico" em questão. Uma imundice. Octavio me escreveu alarmado por uma homenagem da nossa *intelligentsia*, encabeçada por Arreola, ao burocrata ordinário Torres Bodet, na qual ele é comparado a Proust, Horácio e Péricles!!! Tudo isso me faz temer pelo destino de *Cambio de piel* no México. É um romance que está totalmente na contracorrente do que hoje se considera "literário" no meu país. Sinto a tentação de publicá-lo em Barcelona ou Buenos Aires, de impor essa distância.[213] Não sei. Em todo caso, me parece magnífico aquilo que tu dizes sobre os suicidas e os zumbis. Podes contar comigo na fila dos primeiros.[214]

Não sei quem são os mexicanos que estão te pedindo os direitos cinematográficos de "O ídolo das Cíclades". *Never heard of them*.[215]

Ainda tenho mil coisas para falar. Conversaremos longamente em Paris. Todo o meu carinho para Aurora; para ti, um fortíssimo abraço do teu amigo

Carlos

---

213 *Cambio de piel* obteve o Prêmio Biblioteca Breve da Seix Barral em 1º de março de 1967, com MVL no júri. A censura franquista exigiu mudanças que CF se recusou a aceitar e, portanto, o livro só foi publicado inicialmente no México (Joaquín Mortiz, 25 de agosto de 1967) e Buenos Aires (Sudamericana, 30 de outubro de 1967). A edição espanhola seria publicada anos depois (Barcelona, *Seix Barral*, abril de 1974).

214 JC disse para Harss: "Cada vez escrevo pior de um ponto de vista estético. Fico feliz, porque quiçá estou me aproximando de um ponto a partir do qual eu possa talvez começar a escrever como eu acredito que se deve fazer no nosso tempo. De certa forma, pode parecer uma espécie de suicídio, mas mais vale um suicida do que um zumbi."

215 "Nunca ouvi falar deles."

## De Gabriel García Márquez para Carlos Fuentes

México, 30 de setembro de 1966

Maester querido,

Não tinha te respondido porque o romance me deixou com uma ressaca terrível: de repente fui tomado pelo pânico de, na verdade, não ter dito nada em 500 páginas, e me trancafiei com o neurótico propósito de escrevê-lo de novo de outra maneira. Tudo se resumiu, felizmente, a uma boa lapidada, para tudo ficar mais limpo, e já está em Buenos Aires. Mandei sem mostrar para ninguém. Podes imaginar a situação em que me encontro, esperando que os leitores da Sudamericana mandem dizer que é uma merda.

Obrigado pelos esclarecimentos sobre o major (coronel) Lorenzo Gavilán. A menção ficou assim: "Entre eles (os fomentadores da greve bananeira) foram levados para a prisão José Arcadio Segundo Buendía e Lorenzo Gavilán, um coronel da revolução mexicana exilado em Macondo, que dizia ter sido testemunha do heroísmo de seu compadre Artemio Cruz." Na verdade, três meses depois foram liberados, "porque o governo e a companhia bananeira não conseguiram entrar em um acordo sobre quem deveria alimentá-los na prisão" e promoveram a grande greve.[216]

Eis aqui o fim do teu personagem: na tarde em que o exército encurralou e metralhou mais de 3.000 trabalhadores na estação de trem, José Arcadio Segundo e o coronel Gavilán estavam no meio da multidão. José Arcadio Segundo recebeu um golpe e perdeu a consciência. "Quando José Arcadio Segundo despertou, ele estava deitado de costas na penumbra. Percebeu que ia em um trem interminável e sigiloso, e que apesar de seus cabelos estarem engomados pelo sangue

---

216 Estas linhas e as seguintes apresentam ligeiras variações em relação ao romance publicado.

seco e de lhe doerem todos os ossos, havia passado para outro patamar do pânico. Sentiu um sono insuportável. Disposto a dormir por muitas horas, a salvo do terror e do horror, acomodou-se do lado que menos lhe doía, e só então descobriu que estava deitado sobre os mortos. Não havia nenhum espaço livre no vagão, a não ser no corredor central. Deviam ter passado muitas horas depois do massacre, porque os cadáveres tinham a mesma temperatura de gesso no outono, e a mesma consistência de espuma petrificada, e aqueles que os haviam posto no vagão tiveram tempo de arrumá-los com a mesma ordem e sentido com que transportavam os cachos de banana. Tentando fugir daquele pesadelo, José Arcadio Segundo se arrastou de um vagão a outro, na direção em que o trem avançava, e, sob os relâmpagos que estalavam entre os vãos da madeira, ao passar pelos povos adormecidos, via homens mortos, mulheres mortas, crianças mortas, que iriam ser arrojados no mar como rejeito de banana. Somente reconheceu uma mulher que vendia bebidas na praia, e o coronel Gavilán, que ainda levava enrolado na mão o cinto com a fivela de prata de Morélia, com o qual tentara abrir caminho em meio ao pânico."

*Fini le pauvre colonel Gavilán*, a quem cheguei a amar mais do que tu, porque ele demonstrou ser um homem dos bons na grande greve de Macondo.

Depois desse mundo terrível que eu estive manuseando durante quatorze meses — depois de tê-lo amadurecido durante 17 anos —, me sinto rarefeito. Estou esboçando uns contos estranhos, feitos com a minha nostalgia da Europa, que não sei se vingarão, enquanto restauro as finanças e vou firme com o ditador. Por ora, estou fazendo trabalhos pavorosos de publicidade e a situação está melhor, mas a cada dia estou mais convencido de que este não é o meu caminho. O que eu quero é escrever, caramba! Olha que, nos últimos dias de *Cem anos de solidão*, comecei a me fazer de desentendido, e queria continuar escrevendo-o por toda a vida, em cem volumes, para não ter que enfrentar de novo a maldita realidade cotidiana. Enfim, já enfrentei.

Master: pensei muito na tua proposta de substituir Segovia. Não quero que Emir saiba o que vou te dizer, porque talvez não interprete de forma precisa, mas a minha ideia é que *Mundo Nuevo*, apesar de ser uma revista estupenda nesse momento, vai cair no dia que menos se esperar... E seremos nós que a faremos cair. Não sei se me fiz entender: essa revista tem o seu inimigo dentro: somos nós. O *uthantismo*[217] de Emir a levará a um ponto em que se tornará insuportável para os seus patrocinadores, e então acidentalmente será Emir o primeiro a colocar a bomba. Algum dia, que tomara que esteja distante, tu e eu, e toda a máfia internacional, teremos que assinar uma carta contra a revista, e esse é o momento em que eu não quero estar dentro. Mais precisamente: o máximo a que posso chegar em uma revista com esses padrinhos é a colaboração esporádica, como tenho feito até agora e como pretendo continuar fazendo com todo o prazer. Ir além seria pôr em dúvida a realidade de que a dialética é implacável. Não, maester: não quero fazer agora as coisas que muito provavelmente terei que fazer por necessidade quando eu for velho. É uma desgraça, mas, nestes casos, o patriarca chinês que carrego dentro de mim sempre aparece. Outra coisa bem diferente, que não tem nada a ver com o que disse antes, é a forma como fiquei comovido e emocionado com a rapidez e a eficácia com que respondeste ao meu pedido de ajuda.

Continuo, portanto, com a ideia de ir escrever em uma universidade dos EUA no ano que vem. Já tenho gestões adiantadas em Berkeley, que além de ser o que é dentro do pensamento liberal norte-americano, está em uma das melhores cidades do mundo. Ainda não há indícios de que vai dar certo, mas Pepe Donoso, que passou por aqui, também está tentado conseguir alguma coisa para mim. Se tu também introduzires o assunto com Wool, acho que alguma coisa vai sair disso tudo.

Eu tinha ficado de ir à Colômbia, a convite dos estudantes da Universidade Nacional, para ministrar uma conferência no dia 18 de setembro. Vargas Llosa também iria. Os planos foram adiados para o fim de outubro, por causa de greves universitárias, e acho que Mario já deve estar em Londres, pois lhe enviei uma carta para Lima e não

217 Alusão a U Thant, secretário-geral das Nações Unidas entre 1961 e 1971, conhecido pelos seus esforços para conciliar posicionamentos antagônicos.

me respondeu. Ele é incapturável. O problema é que provavelmente eu não possa ir à Colômbia no fim de outubro. Que pena, pois teríamos feito o circo pegar fogo.

Deves estar ciente do embrulho no estômago que foi causado aqui pelo fato de "a máfia" ter ganhado o concurso de roteiros. Faz um século que não vejo Juan Ibáñez, e ainda por cima ele nunca me mostrou a história, mas imagino, pelo que os jornais estão publicando, que desta vez sairá o filme.[218]

Muito se fala de *Cambio de piel* e *Zona sagrada*, mas só conheço o capítulo publicado na *Siempre!*. Estou ansioso para ler mais. Orfila anunciou a próxima publicação e, é claro, furtarei as provas de imprensa, mas ela me disse que ainda não recebeu os originais. A propósito: amanhã, sábado, haverá um *cocktail* inaugural da Siglo XXI para o lançamento dos dez primeiros livros, entre eles o romance de Fernando del Paso.[219]

Bom, maester, e quando é que vamos nos ver, caramba? Aqui não se faz nada: virei um ermitão, sem chás dominicais nem *pachangas*. Até quando nós, escritores, vamos continuar brigados com o mundo? Eu já me perdi: principalmente com a Guarda Vermelha, apesar da inteligente defesa de Karol no *Le Nouvel Observateur*.[220]

Em *Todos os fogos o fogo*, Cortázar tem um conto — "El otro cielo" — que é genial. [221] Me desmontou de nostalgia: de algum modo que não consigo explicar, eu vivi tudo aquilo.

---

218 "Fuera del mundo" [Fora do mundo], no fim intitulado *Los Caifanes*.

219 Siglo XXI, a editorial mais influente da "nova esquerda" latino-americana, foi idealizada e dirigida por Arnaldo Orfila após a sua saída polêmica do Fundo de Cultura Econômica. CF expressou solidariedade com Orfila em privado e em público, e se tornou um ativo fomentador da nova editora entre escritores e editores. O romance mencionado é *José Trigo*.

220 A Guarda Vermelha consistiu em contingentes de jovens chineses, principalmente estudantes, mobilizados e armados para defender as políticas da Revolução Cultural colocadas em prática por Mao a partir de 1966. K. S. Karol publicou o livro *La Chine de Mao. L'autre communisme* (Paris, Robert Laffont, 1966), traduzido como *China: el otro comunismo* [China: o outro comunismo] (México, Siglo XXI, 1967).

221 *Todos os fogos o fogo* foi impresso em 30 de março de 1966 (Buenos Aires, Sudamericana).

Nesta casa, seguimos amando-os mais a cada dia e nos sentimos um pouco exilados sem vocês. Quando vão vir aqui, caramba?

Um grande abraço,

Gabo

## De Gabriel García Márquez para Mario Vargas Llosa

México, 1° de outubro de 1966

Meu querido Mario,

Não fiques quebrando a cabeça com isso. Mandei a carta para Lima com envelope de José Miguel Oviedo implorando que ele te encontrasse a todo custo.[222] Foi um recurso extremo diante da impossibilidade de te capturar, pois meus amigos de meio mundo me escreviam para dizer que tu tinhas passado por ali, mas que já tinhas ido embora. Eu queria te mandar os livros. Neste mesmo envio, está indo *Os funerais da Mamãe Grande*. Leste *A revoada*? Não tenho exemplares, mas faria um esforço para conseguir.

Não entendo como viajaste de Lima a Nova York, e vice-versa, sem passar pelo México. Eu esperava que fizesses uma escala aqui. Temos uma casa grande, verde, com um quarto para amigos, e a minha mulher já o havia preparado para o caso de ser certeiro o presságio de que ficarias no México por alguns dias. A única coisa ruim é o vinho, mas compensamos a má qualidade bebendo-o em grandes quantidades.

A conferência de Bogotá foi adiada para o fim de outubro e a data fica difícil para mim. Talvez eu também não vá. Em outra oportunidade, organizaremos o show completo com o velho Fuentes.

---

222 Oviedo, crítico literário peruano, foi amigo de MVL desde a infância e autor, entre outros livros, de *Mario Vargas Llosa. La invención de una realidad* [Mario Vargas Llosa. A invenção de uma realidade] (Barcelona, Barral, 1970).

Acho que ninguém compreende melhor do que eu o problema que tens para continuar o romance em Londres.[223] As mudanças de ambiente são terríveis. Olha que *O veneno da madrugada (A má hora)* eu comecei em Paris em 1955 e terminei no México de qualquer jeito em 1961, depois de ter começado e montado e desmontado cinco vezes — em Caracas e Nova York — porque as viagens esfriavam o meu material e para requentar era verdadeiramente sangrento. Quase me aconteceu a mesma coisa com *Cem anos de solidão*, porque na metade do caminho eu tive que ir à Colômbia por quinze dias e, quando voltei, descobri que tudo tinha desmoronado. Naquela vez, eu chorei de raiva, escrevi dois capítulos horrendos para retomar o fio e em seguida os cortei e os refiz com o braço quente. Por isso, quando surgiu a oportunidade de ir a Nova York para o congresso do PEN, não quis nem sequer considerar.[224] A verdade é que os quinze dias na Colômbia atrasaram o meu romance em seis meses. Não compensa.

Minha neurose vai além. Quando estou escrevendo, não posso trabalhar com mais nada, ainda que a minha esposa e os meus filhos morram de fome. Me sento diante da máquina de escrever às nove da manhã e escrevo sem interrupção até as quatro da tarde. Nessa hora, com a cabeça como um tambor, não tanto pelo cansaço quanto pelo cigarro, almoço qualquer coisa e tento dormir até as seis. Depois, começo a pensar no plano de trabalho do dia seguinte, fazendo anotações, até depois da meia-noite. Para não interromper o ritmo, já copiei capítulos inteiros sem necessidade quando materialmente não me surge nada novo ou tenho preguiça de escrever. Mais ainda: eu sempre tenho que escrever em tempos de calor. Quando chega o frio, meu cérebro se bloqueia e tudo vai para o inferno. Não consegui alcançar o despojamento de Fuentes, que

223 MVL estava escrevendo *Conversa no Catedral*.

224 GGM escreveu para Plinio Apuleyo Mendoza em 22 de julho de 1966: "O congresso do PEN Club, em Nova York, ao qual não pude ir para não segmentar de novo o romance, foi roubado pelos latino-americanos. Carlos Fuentes, que é uma espécie de caixeiro-viajante de todos nós, publicou na última *Life* um artigo que espero que tenhas lido. A ideia, ao contrário do que se propunha antes, é se apoderar desses meios de divulgação, que estão sendo liberalizados por fora porque não há outro remédio para se vender. Fuentes seguirá escrevendo na *Life*, sem limitações, e depois o fará Vargas Llosa, e um dia desses o farei eu."

é capaz de escrever sentado em uma lâmina de barbear. De modo que entendo muito bem o que me dizes. No entanto, tens a sorte de estar agora numa cidade que, por razões misteriosas, é a melhor para escrever, além de ser, para o meu gosto, a melhor do mundo. Eu cheguei lá como turista, e alguma coisa me obrigou a me trancafiar em um quarto onde materialmente se levitava com a fumaça do cigarro, e escrevi em um mês quase todos os contos de Mamá Grande. Perdi a viagem e ganhei um livro.[225] Tenho certeza de que, uma vez passado o desconcerto inicial, vai acontecer o mesmo com você.

O meu problema, em momentos como este, é que eu preciso acumular dinheiro para escrever o outro livro: *O outono do patriarca*, que será um longo monólogo com o qual um ditador envelhecido, surdo e gagá tenta se esquivar de sua culpa diante do tribunal revolucionário. Esse livro eu já escrevi uma vez, há dois anos, e perdi tudo porque o desenvolvi com um método inadequado. Agora que tenho a solução, tenho que juntar dinheiro para que a minha família sobreviva por seis meses. O que é mais ridículo é que, com cinema e publicidade, ganho praticamente o que quero, mas esse trabalho me provoca uma nevralgia de enlouquecer, que não se alivia com nenhum analgésico, e, no entanto, se cura de imediato quando começo a trabalhar meus livros. Até quando os escritores latino-americanos vão ficar nessa situação estúpida? Lembro que tu disseste alguma coisa sobre isso no congresso de Nova York.[226] O problema é mais sério, no meu caso, porque tenho o princípio, que não pretendo violar, de não aceitar nenhum tipo de subsídio para escrever.

No que estás trabalhando? Fico surpreendido com a quantidade de material de que dispões. Com o que há em *A casa verde*, teria sido possível escrever dez romances.

---

225 Esta viagem a Londres aconteceu no final de 1957. *Os funerais da Mamãe Grande* foi publicado em Xalapa pela Universidade Veracruzana em abril de 1962.

226 MVL disse o seguinte no congresso do PEN: "Grande parte da literatura peruana é, por isso, composta de desertores. São pessoas que começaram a escrever, que publicaram um ou dois livros e que bruscamente, sobretudo quando chegaram à maturidade, renunciaram a escrever, desertavam. Se tivessem persistido, se tivessem perseverado, não teriam tido futuro algum, ou melhor, o futuro teria sido o de gente segregada, gente marginal, um futuro um pouco de vagabundos" ("Papel del escritor en América Latina").

Não sei muito bem como anda o projeto de filmar *A cidade e os cachorros*. Eu deixei a coisa toda nas mãos de Balcells. O produtor, de fato, passou quase dois meses em Lima, em parceria com os Hermanos King, para filmar uma marmelada, e, pelo que entendi, ali o assustaram com prognósticos sinistros das reações que a filmagem do teu romance poderia causar. No entanto, o diretor, Luis Alcoriza, que foi por muitos anos o roteirista de Buñuel e que é muito meu amigo, continua insistindo com o produtor, que, por certo, deve ter achado o preço dos direitos aceitável. O cinema funciona assim: nunca se sabe ao certo o que está acontecendo, e num belo dia as coisas são resolvidas sem tampouco se saber por quê.

Bom, querido Mario, fico muito feliz de saber que tu já existes em um endereço. Sou um péssimo correspondente, mas me dá tranquilidade saber sempre onde estão os amigos. Isso se deve, talvez, ao fato de que a vocação transumante dos escritores latino-americanos, da qual eu mesmo não estou a salvo, me causa uma estranha sensação de desamparo.

Um grande abraço,

Gabriel

## De Julio Cortázar para Carlos Fuentes

Paris, 11 de outubro de 1966

Meu querido Carlos,

Obrigado por sua "caixa de Pandora", tão tua, tão linda.[227] Em poucas páginas, zás, a flecha acertou em cheio, *a dead shot*. Tu *vives* o que contas, extrais aquilo que é precisamente necessário. Se o que eu faço

227 Trata-se do ensaio mencionado por CF a JC em 25 de setembro de 1966, que, ao que tudo indica, foi enviado em manuscrito antes de ser publicado meses depois como "Trouverai-je la Sibylle?", *La Quinzaine Litteraire*, Paris, n.º 20, 15-31 de janeiro de 1967, em ocasião da publicação em francês de *O jogo da amarelinha* (Marelle, Paris, Gallimard). Em espanhol, foi reproduzido como "*Rayuela*: la novela como caja de Pandora" [O jogo da amarelinha: o romance como caixa de Pandora] na *Mundo Nuevo*, Paris, n.º 9, março de 1967. Com modificações, foi incluído no livro de CF *La nueva novela hispanoamericana* [O novo romance hispano-americano].

fosse ruim, demonstrarias com a mesma inapelável claridade. Como não acreditar, então — deslumbrado e confuso —, que tens razão quando dizes que é bom?[228]

Que sorte eu tenho de que sejas meu amigo.

Julio

## De Julio Cortázar para Mario Vargas Llosa

Paris, 11 de outubro de 1966

Meu querido Mario,

Encontrei a tua mensagem ao voltar de Viena, mas já não estavas em Paris e perdi o teu rastro até que Rodríguez Monegal me disse que estavas em Londres e me enviou o endereço do Sr. Trajtenberg, a cuja casa te envio estas linhas.

Primeiro: aqui vai uma carta que alguém me enviou para ti.

Segundo: mal tinha entrado na Unesco, e Herrero me perguntou por ti e, quando soube que estavas na Inglaterra, me pediu que te dissesse que, por favor, o avisasses na sequência se estás disposto a fazer a conferência geral como tradutor (25 de outubro-30 de novembro).[229] Vicente tem o teu contrato sobre a mesa, e o guardará até lhe responderes. Não demores, pois, se não aceitares, ele terá que procurar outro tradutor, e não é fácil com tão pouco tempo...

Nem preciso dizer o quanto eu gostaria que viesses, mas, por outro lado, se tudo vai bem na *merry* England, também fico contente.

---

228 Após uma análise extensa, CF chega, entre outras conclusões, a esta: "*O jogo da amarelinha* é em prosa em espanhol aquilo que *Ulisses* é em prosa em inglês [...] Com Octavio Paz e Luis Buñuel, Julio Cortázar representa hoje a vanguarda da contemporaneidade latino-americana."

229 Vicente Herrero Ayllón, chefe de tradução para o espanhol da Unesco.

Ao chegar em casa, encontrei *A casa verde*.[230] Edição bonita, e muita vontade de te ler bem impresso, e não nessas cópias nefastas que sempre me dás, oh monstro.

Qualquer que seja a tua decisão, manda duas linhas para que saibamos de Patricia, de Álvaro e de ti. Aurora lhes manda um fortíssimo abraço, peço desculpa pelas gralhas desta carta escrita a toda máquina (*c'est le cas de le dire*),[231] e espero te ver muito em breve.

Um fortíssimo abraço do teu

Julio

9, Place du Général Beuret

Paris 15[eme]

## De Julio Cortázar para Mario Vargas Llosa

Paris, 20 de outubro de 1966

Meu querido Mario,

Fazes muito bem; se estás trabalhando a fundo no teu romance e podes resistir economicamente, não faz sentido cortar esse barato para trabalhar na Unesco. Herrero teria apreciado imensamente te ter conosco, porque há um problema bastante sério em matéria de pessoal para a conferência, mas logo será resolvido de algum jeito. Não fiques com nenhum peso na consciência nesse sentido.

Antes de mais nada, fico muito feliz pela tua viagem a Cuba, pois eu também vou, e logo mais combinaremos (mediante David) de pegar o mesmo avião.[232] Aurora também tinha sido convidada, mas a sua mãe

---

230 A dedicatória manuscrita no exemplar de JC, conservado na Fundação Juan March de Madri, diz: "Para Julio e Aurora, os primeiros leitores deste romance de cavalaria peruano, com toda a admiração, a gratidão e o carinho de Mario. Lima, 'a terrível', julho, 1966."

231 "Literalmente."

232 Juan Eduardo David Posada, pintor e caricaturista cubano, que então se dedicava a ser conselheiro cultural da Embaixada cubana em Paris.

está muito doente e, por essa época, terá que ir a Buenos Aires. Eu, de todos os modos, devo ir a Cuba, porque talvez recordes que eu me recusei a fazê-lo em julho, e parece que essa reunião do comitê da revista é importante.[233] A propósito, num dia desses, além de David, vi Edmundo Desnoes e María Rosa, que agora vão a Londres.[234] Por todos eles, fiquei sabendo dos altos e baixos cubanos, e agora, mais do que nunca, quero dar uma volta, conversar com os amigos da Casa e ter uma ideia mais clara de algumas coisas.

Fico feliz, como bem podes imaginar, com o teu parecer sobre o meu livro de contos, que em todo caso me permitiu apoiar os dedos em um teclado experimental o mais amplo possível, como treino para esse romance no qual tanto trabalhei, mas que ainda continua muito nebuloso.[235] Quanto ao que me dizes a respeito das críticas mexicanas sobre *A casa verde*, com o que Carlos Fuentes me explicou sobre o que está acontecendo por lá foi suficiente para entender as críticas que te fazem. Para nós, só resta uma coisa, e é tão simples quanto bonita e divertida: seguir escrevendo tranquilamente, *en se foutant royalement des autres*[236] (partidários ou inimigos). Em relação a ti, não tenho o menor temor; serei eu o grande javali, como dizes, mas tu és como um rinoceronte que havia no zoológico de Buenos Aires e que certo dia, sem que ninguém nunca soubesse por quê, acabou com uma cerca dupla de ferro e foi mergulhar em um lago, de onde saiu muito tranquilo, embora com o chifre um pouco avariado. Não acredito que ninguém possa te prejudicar, por mais que te coloquem obstáculos.

---

233 MVL e JC participaram dessa reunião em janeiro de 1967. JC resumiu assim sua importância: "Representou o primeiro grande diálogo — aberto, livre, apaixonado, sem quartel — entre os membros cubanos e não cubanos" do comitê de colaboração (*Granma*, Havana, 3 de fevereiro de 1967).

234 Desnoes, escritor cubano, havia publicado em 1965 *Memorias del subdesarrollo* [Memórias do subdesenvolvimento] (Havana, Ediciones Unión). María Rosa Almendros, então sua esposa, trabalhou na *Casa de las Américas*.

235 O livro de contos é *Todos os fogos o fogo*, e o romance, *62/Modelo para armar* (Buenos Aires, Sudamericana, 1968).

236 "Atenciosamente desprezando os outros."

Meus agradecimentos para Westphalen e para ti por pedirem a minha colaboração.[237] É claro que sim, assim que eu tiver algumas páginas legíveis. Estou imerso nesse livro que prometi para a Orfila para a Siglo XXI, e como será composto por textos curtos, escolherei um para te dar.[238] Se vieres a Paris, como dizes, podemos dar uma olhada juntos na minha pasta de trabalho, e então me dirás pelos títulos o que possa parecer mais adequado para a revista.

Diz para Álvaro (com essa linguagem que, sem dúvida, pai e filho têm para se entender) que um resfriado em Londres não tem nada de excepcional e que o melhor é se curar logo. Um abraço nosso para Patricia e também para ti, com o grande afeto de

Julio

Jorge foi convidado para ir a Cuba, mas não poderá ir. Que pena!

Saiu algum livro sobre o "processo do pântano" (Brady e a moça)?[239] Se existir, me compra? *SADISME PAS MORT.*[240]

## De Julio Cortázar para Mario Vargas Llosa

Paris, 1º de dezembro de 1966

OIPC — ICPO
INTERPOL
BERNE (Suisse) 1966

---

237 Emilio Adolfo Westphalen, poeta peruano, foi diretor de *Amaru*, cujo primeiro número foi publicado em janeiro de 1967. MVL foi colaborador e, por um tempo, correspondente da revista.

238 *A volta ao dia em oitenta mundos*, impresso no México pela Siglo XXI em 30 de outubro de 1967.

239 Referência a Ian Brady, responsável, com Myra Hindley, pelos "assassinatos do pântano" ("Moors murders") na Inglaterra entre 1963 e 1965.

240 "O sadismo não está morto."

Meu querido Mario,

Não te assustes com o cabeçalho, é o único papel que tenho ao alcance, uma lembrança da minha última passagem pela Interpol.

Concordo com os acertos da viagem a Cuba: amanhã à noite, me encontrarei com David, de quem vão se despedir na embaixada, e também estarão lá Mario e Fernández Santos, de modo que todos nós tentaremos arrancar respostas precisas do gordo.[241] Eu gostaria muito de viajar contigo, primeiro porque tu também gostaste da ideia, e segundo porque teríamos muitas horas para colocar o assunto em dia em um diálogo que se tornou excepcional demais nos últimos tempos. Sem contar que, na escala de Praga ou de Madri (pois não sabemos de onde sairemos para Havana), poderíamos vagar juntos pela cidade. Assim que eu tiver uma definição concreta, te escreverei.

Obrigado pelo livro, que ainda não chegou (o que é normal quando se trata de um livro sobre sádicos).[242] A grande notícia é sobre Rabassa. Formidável, Mario, esse rapaz é um grande cronópio e vai te traduzir muito bem. O que tens que fazer com ele é organizar um envio sucessivo de capítulos, como fizemos com *O jogo da amarelinha*, que tu devolverias anotado; o homem trabalha muito rápido e bem, mas logicamente os regionalismos lhe passam despercebidos, e é preciso ajudá-lo; mas fica de "mãos dadas" rapidamente e com uma inteligência muito grande. Estou muito feliz com essa notícia.[243]

Te copiarei um texto para Westphalen e te enviarei *antes* de irmos a Cuba; me dá mais alguns dias, porque, ontem à noite, terminei com a Unesco e só agora começo a enxergar as coisas um pouco mais claras.[244]

---

241 Mario Benedetti e Jesús Fernández Santos. O "gordo" é Juan Eduardo David Posada.

242 Até esse momento, existiam pelo menos dois livros sobre os "assassinos do deserto": *The Moor Murders*, de David Marchbanks (Londres, Leslie Frewin, 1966), e *Satan's Children*, do juiz Gerald Sparrow (Londres, Odhams, 1966). Nenhum sobreviveu na biblioteca de JC, conservada na Fundação Juan March.

243 Gregory Rabassa traduziu *A casa verde* como *The Green House* (Nova York, Harper & Row, 1968). Nas suas memórias, *If This Be Treason* (Nova York, New Directions, 2005), Rabassa afirma que MVL o procurou após ficar insatisfeito com a tradução de Lysander Kemp de *A cidade e os cachorros*. Rabassa traduziria também *Conversa no Catedral* (Nova York, Harper & Row, 1974).

244 JC decidiu enviar "Tombeau de Mallarmé", uma prévia de *A volta ao dia em oitenta*

Muito carinho para Patricia e para Álvaro, meu sobrinho. Aurora, que vai a Buenos Aires (sua mãe está muito mal), envia todo o seu afeto aos três,

Julio

Rubén Bareiro me deu *Alcor*, onde, para o meu consolo, depois dos textos ilegíveis de Roa Bastos e de Casaccia, encontrei "Pichula Cuéllar".[245] Terás que me falar sobre esse "fragmento", pois eu não sabia que ias publicar alguma coisa na Lumen.[246] Nos primeiros três parágrafos, já me tinhas preso pelo nariz e sobretudo pelas orelhas. Quando aprenderão, nas nossas terras, o que é um estilo? As pessoas continuam "redigindo" contos e romances; quanto a Casaccia, parece de brincadeira, mas infelizmente não o é, suponho. Escrevi umas páginas enfurecidas sobre a surdez latino-americana, que incluirei no livro que estou terminando para a Siglo XXI. Haverá grandes polêmicas, porque já se sabe que não há piores surdos do que aqueles que não querem ouvir. Este vai ser justamente o título da crítica.[247]

## De Julio Cortázar para Mario Vargas Llosa

Paris, 2 de dezembro de 1966

---

*mundos*, que foi publicado no segundo número de *Amaru*, referente a abril de 1967.

245 *Alcor* era uma revista paraguaia dirigida por Rubén Bareiro Saguier. O número 41 (Asunción, outubro de 1966) incluiu o dossiê "Tres escritores, tres visiones de la novela" [Três escritores, três visões do romance], com "El baldío (fragmento)" [O baldio — fragmento], de Augusto Roa Bastos; "Los exiliados (fragmento)" [Os exilados — fragmento], de Gabriel Casaccia; e "Pichula Cuéllar", de MVL. Este último reproduzia o primeiro capítulo de *Os filhotes* com menos diferença em relação à versão final.

246 Em julho de 1964, depois de ler *A cidade e os cachorros*, Esther Tusquets contatou MVL e o convidou a escrever para a coleção Palabra e Imagen da Lumen. O livro, com introdução de Carlos Barral e fotografias de Xavier Miserachs, intitulou-se *Os filhotes. Pichula Cuéllar* (Barcelona, Lumen, 1967), embora o subtítulo não tenha aparecido na capa.

247 "No hay peor sordo que el que" [Não existe pior surdo do que aquele que], em *A volta ao dia em oitenta mundos*.

Querido Mario,

Espero que tenhas recebido a minha carta anterior. Estou respondendo ao que me perguntaste sobre a autorização para que publiquem o meu conto. Diz para Brotherston escrever para

M. Francisco Porrúa
Editorial Minotauro
Humberto I, 545
Buenos Aires

e Paco autorizará *oficialmente* (pois eles têm os direitos para o UK).[248]
Obrigado, e logo vão notícias sobre Cuba.
Um abraço,
Julio

## De Gabriel García Márquez para Mario Vargas Llosa

México, 5 de dezembro de 1966

Meu querido Mario,

Fico feliz que a Pergamon vai incluir "La prodigiosa tarde de Baltazar" [A prodigiosa tarde de Baltazar] em um livro para estudantes ingleses.[249] A Sudamericana tem os direitos em espanhol, mas hoje mesmo mandei uma observação para Paco Porrúa e ele vai te confirmar diretamente. Acho que não vai ter problema.

---

248 O professor inglês Gordon Brotherston e MVL coeditaram um volume de contos destinado para estudantes do Reino Unido, *Seven Stories from Spanish America* (Oxford, Pergamon Press, 1968). O conto de JC que incluíram foi "A ilha ao meio-dia", de *Todos os fogos o fogo*.

249 Este conto de *Os funerais da Mamãe Grande* foi publicado em *Seven Stories from Spanish America*, junto ao referido conto de JC e contos de Rulfo, Carpentier, Roa Bastos, Benedetti e Edwards.

Como agente, és pelo menos mais ativo do que Carmen Balcells. Já mandei para Westphalen um capítulo de *Cem anos de solidão*, e certamente um de meus preferidos: a subida aos céus de corpo e alma da bela Remedios Buendía. Então já marcaste um ponto para ti.[250]

Aceitei viajar a Buenos Aires em julho do ano que vem como jurado do concurso da *Primera Plana*. Essas aventuras interplanetárias acabam sendo desoladoras para mim, e já comecei a tomar tranquilizantes dissolvidos em martíni para conseguir subir no avião. Acho que na volta, em agosto, farei uma escala em Caracas para um congresso de escritores que será realizado lá, em ocasião da entrega do Prêmio Rómulo Gallegos, e que tu ganharás irremediavelmente com *A casa verde*. O meu outro candidato é Lezama Lima com *Paradiso*, mas duvido muito que lhe atribuam o prêmio.[251] De modo que lá nos encontraremos.

Eu tinha me esquecido do problema dos cigarros pretos em Londres. Eu fiquei arruinado comprando Gauloises importados! Desde que eu recebi a tua carta, iniciei um rodízio de circulares entre toda a máfia continental para que te fornecessem. Na primeira oportunidade, te mandarei cigarros mexicanos. Da Colômbia, sempre que for possível, te mandarão Pielroja. É muito provável que Pedro Gómez Valderrama, antigo diretor da revista *Mito*, seja nomeado embaixador de Londres. Neste caso, estás a salvo: encheremos a mala diplomática colombiana de Pielroja.

Todos os planos se fazem a longo prazo para mim. Por ora, sei que tenho que trabalhar aqui como uma mula, até julho, para terminar de pagar as dívidas deixadas pelo romance que eu já escrevi e acumular

---

250 "Subida al cielo en cuerpo y alma de la bella Remedios Buendía" [Subida aos céus de corpo e alma da bela Remedios Buendía], *Amaru*, Lima, n.º 1, janeiro de 1967. Westphalen escreveu para MVL no dia 3 de janeiro de 1967: "O texto de García Márquez é realmente extraordinário, e estou muito satisfeito de colocá-lo no primeiro número (e lhe agradeço pela sua intervenção no assunto e por ter predisposto o autor a favor da revista)."

251 *Paradiso* (Havana, Ediciones Unión, 1966) rapidamente se transformou em um dos romances mais admirados pelos membros do Boom. JC e MVL escreveram vastas resenhas que contribuíram para a difusão do romance no âmbito latino-americano. Ver JC, "Para llegar a Lezama Lima" [Para chegar a Lezama Lima], *Unión*, Havana, n.º 4, outubro-dezembro de 1966; e MVL, "*Paradiso* de José Lezama Lima", *Amaru*, Lima, n.º 1, janeiro de 1967.

algum dinheiro para o próximo, que não poderei escrever antes do segundo semestre do ano que vem. Enquanto isso, vou tentar escrever contos, porque, se deixo o motor esfriar, precisarei de cinco anos para aquecê-lo. Como algo muito vago, existe o projeto de ir morar em uma casa à beira-mar perto de Barcelona, com breves escapadas a Paris. No México, é bom negócio trabalhar e mau negócio escrever. A ideia é acumular em países de moeda forte e gastar em países de moeda fraca. Que barbaridade: nesse ritmo, não faremos muito como escritores, mas chegaremos muito longe como financistas.

Um grande abraço,

Gabriel

## De Gabriel García Márquez para Carlos Fuentes

México, 7 de dezembro de 1966

Master querido,

Macedônia acaba de me chamar para me dizer que a carta que te enviei por intermédio dela não chegou ao seu destino. Logo será encontrada pelos arqueólogos, quando estiverem organizando as nossas obras completas.

Não havia nada de especial. Simplesmente queria reclamar que me relegaste ao esquecimento: faz séculos que eu não recebo uma carta tua, pois nunca recebi resposta daquela na qual te expliquei os meus motivos para não aceitar o cargo na *Mundo Nuevo*. Posteriormente escrevi para Emir e, embora os motivos que lhe expus fossem diferentes, também eram válidos.[252]

252 Em 25 de outubro de 1966, GGM explicou para Rodríguez Monegal que "a única coisa que me interessa — e tenho o apoio de Mercedes — é escrever o dia todo e a noite toda até terminar o postergadíssimo romance do ditador e um livro de contos com as minhas nostalgias europeias [...] Sendo assim, não posso me comprometer com ninguém, e menos

Manda-me, por favor, o número de dezembro da revista em que está a minha entrevista com Luis Harss. O exemplar já chegou a Lima e eu ainda não o conheço.

Não lembro em que ponto paramos na última carta. Na Sudamericana, estão realmente entusiasmados com o meu romance e anunciam que sairá em abril ou maio "como o livro mais importante do ano". Imagina como estou contente, depois de tanto tempo sem escrever, e sobretudo pelos obstáculos de toda natureza que tive que superar para escrever esse livro.

Para mim, assim como para Hemingway, "todo livro acabado é como um leão morto". De modo que o meu problema agora é o seguinte calhamaço: o romance do ditador, que já me queima os dedos. Não estou disposto, no entanto, a escrevê-lo nas condições funestas em que escrevi o outro, e que parece que deixou Mercedes com uma úlcera gástrica. Minhas tentativas de proteção em universidades gringas fracassaram e, além disso, parece que o problema do visto não tem solução.

Minhas esperanças repousam agora nos adiantamentos que conseguirmos receber pelas traduções de *Cem anos de solidão*. Se Harper & Row der um grande, como espero que faça, irei a partir de agosto do ano que vem com toda a tribo para alguma praia próxima de Barcelona. Já dei instruções ao meu agente para ir guardando lá todo o dinheiro, pois aqui eu não tenho problemas econômicos enquanto não estiver escrevendo livros. De Barcelona, certamente, as escapadas a Paris serão mais do que frequentes.

De modo que os planos, como estão no momento, são os seguintes: ficarei aqui até julho, trabalhando em assuntos pavorosos e juntando todo o dinheiro que eu puder. Na primeira semana de julho, botarei todas as minhas coisas em um depósito, deixarei as crianças na Colômbia e partirei a Buenos Aires como jurado do concurso de romance da *Primera Plana*. Uma loteria: *Primera Plana* me dará a passagem para

---

ainda contigo, a aceitar um trabalho que, com certeza absoluta, vou deixar abandonado depois de poucos meses".

Barcelona. De Buenos Aires, voltarei para Caracas para o congresso de escritores que será realizado em ocasião do Prêmio Rómulo Gallegos, que certamente darão para Vargas Llosa por *A casa verde*, que a meu ver é a melhor publicação dos dois últimos anos. De Caracas, voarei para a Colômbia, buscarei as crianças e iremos para Barcelona, onde espero conseguir me sustentar por um ano. Se estiveres ainda em Paris, como tudo indica, nos veremos a todo momento. Trabalhando sem angústias, acredito que nesse período poderei entregar o romance e um livro de contos que já estão resolvidos em anotações.

Não te assustes com o fato de esses planos incluírem numerosas viagens de avião. Continuo com o mesmo terror aéreo, mas acho que, se eu não o vencer, perderei todo o ano que vem sem escrever.

Peço a tua colaboração para salvar o romance latino-americano: manda Gauloises Bleues para Vargas Llosa em Londres. Está desesperado, assim como aconteceu comigo naquela cidade, com a doçura do tabaco inglês, e consequentemente o romance dele estancou. Eu estou lhe mandando uma cartela de Elegantes por intermédio de todos que vão a Londres, e coloquei para funcionar a rede da máfia para que também lhe mandem cigarros colombianos.

Suponho que já tens notícias de *Pedro Páramo*. Para mim, é um iceberg. Além disso, de última hora, tiraram do roteiro a sequência das crianças e o filme inteiro ficou sem uma base, pois a paixão de Pedro por Susana se tornou ininteligível. É uma pena. Velo viu em meu rosto que eu não gostei, e eu prometi a ele que falaria por três horas sobre o assunto, mas *tête-à-tête*. Ficou de me telefonar, e não o fez.

Hoje veio a notícia nos jornais de que suspenderam a filmagem de *Los Caifanes*, que tinha começado anteontem. Suponho que conheces a confusão. O sindicato se nega a dar serviço de atores para o STIC, e a produção optou por solicitá-lo para um filme com outro nome: "Fuera del mundo" [Fora do mundo]. Passadas 24 horas, perceberam a manobra. Julissa parecia disposta a trabalhar sem autorização sindical. Não sei onde isso vai parar.

Ripstein deu instruções para Cimex, em Paris, para te organizarem uma sessão com *Tiempo de morir*, que lá está legendada em francês. Te mandei esse recado por meio de Rodríguez Monegal. Não o encontraste?

Isso é tudo por hoje, mestre. É uma alegria que tudo esteja indo bem em Paris, conforme Rita me contou. Nos fazes muita falta, mas ficamos felizes de que estejas contente. Logo mais nos veremos em outros ares.

Um grande abraço do teu chapa,

Gabo

# 1967

## De Gabriel García Márquez para Carlos Fuentes

México, 26 de janeiro de 1967

Master querido,

Neste mesmo envio, estou te mandando a edição brasileira de *Aura*. Eu iria enviá-la com José Miguel Oviedo, "nosso homem em Lima", que, a essa altura, deve estar em Paris, mas, de última hora, não consegui entregá-la.[253]

Que bom que me escreveste.[254] Há pouco tempo, dei algumas declarações para a *Visión*, que vai publicar um informe especial quando *Cem anos de solidão* for lançado, e nelas eu disse justamente que "as únicas associações de escritores que considero úteis e solidárias são as que se estabelecem mediante o contato pessoal e a correspondência privada entre escritores amigos".[255]

Ficamos esperando que Cortázar passasse por aqui partindo de Cuba. Paco Porrúa, da Sudamericana, nos deu a notícia, mas parece que, de última hora, Cortázar desistiu da viagem. Que pena, pois teria sido um alívio para as minhas solidões, cada vez mais intensas.

---

253 Oviedo esteve em Cuba como jurado do Prêmio *Casa de las Américas*, e em seguida passou uns dias no México, onde conheceu GGM por intermédio de Álvaro Mutis.

254 Essa carta não foi encontrada.

255 "Cien años de un Pueblo" [Cem anos de um povoado], *Visión. Revista Internacional*, vol. 33, n.º 4, 21 de julho de 1967.

Quero te contar que Roger Klein, com quem agora mantenho uma correspondência direta, foi para Coward-McCann como editor-chefe e quer levar com ele os livros de Vargas Llosa e os meus, que já havia encomendado para Harper. Acho que isso é um golpe de sorte, pois agora o padrinho é mais poderoso e entusiasta. Eu pedi para Emir, acreditando que era muito amigo dele, que lhe mandasse uma carta falando sobre *Cem anos de solidão*, e Emir me comunicou que tinha repassado o pacote para ti. Me apresso em te dizer que, se ainda não lhe escreveste, já não é indispensável que o faças, pois uma estranha casualidade me pôs em contato direto com Klein, depois de eu ter pedido a Emir que lhe escrevesse. Já enviei a ele uma cópia fotostática e o possível tradutor, que é o mesmo de *O jogo da amarelinha* e *A casa verde*, está lendo.[256] Acredito, então, que os meus livros nos EUA estão bem encaminhados.

Fico preocupado, em contrapartida, com o meu destino em francês. Na tua carta, davas a entender que Mascolo havia adquirido *O veneno da madrugada (A má hora)* para Gallimard, e me disseste que o havia aconselhado a me lançar com *Cem anos*, coisa com a qual concordo em absoluto.[257] Pensei, pela tua carta, que Carmen Balcells tinha feito um acordo com Gallimard que eu desconhecia. Mas, em carta posterior à tua, Carmen me disse que *Cem anos* está em posse da Éditions du Seuil, notícia que confirmei quando Emir me disse mais tarde que tinha lido o texto completo: imagino que Severo Sarduy lhe entregou.[258] Tu achas que, independentemente da estima que possas ter por Sarduy, Le Seuil é uma boa porta para entrar na França?

Como podes ver, estou me dedicando com muito zelo às minhas traduções, pois delas depende em grande parte o meu *séjour* de um ano

---

256 Gregory Rabassa, que, pelo que foi dito, leu o manuscrito de *Cem anos de solidão* antes de ser publicado.

257 Dionys Mascolo, escritor francês, membro do comitê de leitura da Gallimard.

258 Emir Rodríguez Monegal e provavelmente Severo Sarduy leram também o manuscrito do romance. Sarduy trabalhava para a Éditions du Seuil, e essa editora publicaria o romance em 1968, em tradução de Claude e Carmen Durand, como *Cent ans de solitude*. GGM ficou insatisfeito com essa tradução.

dedicado a escrever em Barcelona, e que até agora vai se definindo sem tropeços. Não quero que uma falta de cuidado coloque tudo a perder. *O veneno da madrugada (A má hora)* já foi publicado pela Aufbau, e parece que teve boa recepção, pois imediatamente me encomendaram *O coronel* e *Os funerais*, e pediram cópia de *Cem anos*.[259] Se as coisas continuarem assim, não duvides, meu querido master, que teremos bebedeiras múltiplas a partir do próximo verão, em diferentes lugares da Europa. Todos os meus direitos de tradução estão sendo reunidos com esse fim em Barcelona.

Aqui há grandes expectativas e alguma incerteza por um estranho congresso de escritores que a Secretaria de Educação está organizando para março e que Rulfo, de certa forma, está conduzindo. Ao que tudo indica, a máfia não será tida em conta. Basta eu dizer que o representante da Colômbia será Arciniegas, e acho que disse tudo.[260]

A propósito, esqueci de te alertar sobre a última investida de Arciniegas. Em razão de umas confusões na Universidade de Bogotá, esse cavaleiro andante, em um artigo, acusou Marta Traba de estar fazendo uma agitação comunista, e a apontou como candidata a ser expulsa do país como estrangeira perniciosa.[261] Isso me revirou o estômago e até escrevi uma resposta para Arciniegas, mas na Colômbia me aconselharam a deixar quieto o assunto para proteger Marta. No entanto, caso a campanha suja contra ela continue, me parece que todos devemos apoiá-la, para que Arciniegas e o governo da Colômbia se deem conta de que ela não está tão sozinha quanto eles supõem. Te dou esses antecedentes, que já dei a Mario, para que não sejas pego de surpresa se algum dia eu te pedir uma assinatura.[262] A verdade é que Arciniegas, que já não tem

259 Aufbau era uma editora alemã.

260 O registro sobre esse evento continua na carta de GGM para CF de 4 de março de 1967.

261 Traba era uma importante crítica de arte argentino-colombiana. Após um protesto seu por causa da intervenção da Universidade de Bogotá, foi ameaçada de expulsão. Intelectuais e artistas da América Latina se solidarizaram com ela, e no México foi anunciada a adesão dos quatro autores de *As cartas do Boom* ao protesto.

262 A carta para MVL não foi recuperada.

prestígio nem no pátio da casa dele, está tentando recuperá-lo com a bandeira do anticomunismo.

O romance latino-americano quebrou todos os recordes de vendas no ano passado na Colômbia, segundo recortes de imprensa que eu acabei de receber. Os livros mais vendidos foram *A cidade e os cachorros*, *O jogo da amarelinha* e *A morte de Artemio Cruz*. Também entre os primeiros ficaram *El siglo de las luces* e os meus. Isso quer dizer que o nosso público está respondendo muito bem. Sobretudo a juventude universitária, na Colômbia, é gente que nos segue com enorme interesse, e te aviso que esse respaldo juvenil para um grupo de escritores é um fenômeno completamente novo no meu país.

Já o teu país, eu acho um pouco confuso: embora *Gazapo*, de Sainz, tenha virtudes promissoras, está muito longe de ser uma revelação. José Agustín e outro adolescente de que não lembro o nome começam a fazer muito alvoroço, mas a meu ver eles falam muito e fazem pouco.[263] O *José Trigo* de Fernando del Paso, no qual depositamos tanta esperança, é um acidente descomunal: capítulo por capítulo é interessante, mas o calhamaço completo é simplesmente ilegível. Se não conheces, avisa-me que eu te mando.

Juan Ibáñez, louco como nunca, prometeu me convidar à primeira tomada de *Los Caifanes*. Não me restam dúvidas de que vai muito bem. É a única coisa interessante no cinema. Eu tenho muito trabalho nesse campo, mas nada grande, exceto duas coisas em que estou trabalhando com Alcoriza para Matouk. Neste momento, a única coisa que importa para mim é despachar antes de julho tudo o que for possível, para colocar alguns dólares no bolso e ir escrever dois livros na Europa. Não: eu também não fui o salvador do cinema mexicano e, em contrapartida, acredito que posso ajudar muito em nossa empreitada de colocar o romance latino-americano no mundo.

E tu, o que tens feito, vigarista? Quando os teus livrões vão ser publicados? Na minha casa, continuas sendo um ídolo, remoto, mas sempre presente, e cada vez ficamos com mais vontade de te ver.

263 Gustavo Sainz, José Agustín, Parménides García Saldaña e outros autores constituiriam a geração literária mexicana batizada por Margo Glantz como "a Onda".

Um abraço enorme,

Gabo

## De Mario Vargas Llosa para Carlos Fuentes

Londres, 10 de fevereiro de 1967

Querido Carlos,

Faz dias que quero te escrever, mas eu tinha perdido o teu endereço e também não tinha muita certeza se continuavas em Paris. Acabei de saber que segues lá (sinto inveja, pois, depois de passar alguns meses na civilização, descobri que, apesar de tudo, prefiro a barbárie francesa) e estou te escrevendo imediatamente. Não sei se viste Julio no retorno dele de Cuba. Para ele e para mim, os amigos cubanos deixaram uma mensagem para ti. Na reunião da Casa de las Américas, falou-se de alusões inamistosas e inclusive injustas sobre ti em alguns documentos, como a carta aberta a Neruda, e tanto Julio quanto eu criticamos o artigo de Ambrosio Fornet, publicado no último número da revista *Casa*, em que se refere a ti de uma maneira inaceitável.[264] Faz tempo que eu conheço Ambrosio — fomos colegas na Universidade de Madri — e tenho muito carinho por ele, e por isso mesmo fiquei surpreso que ele tenha se excedido dessa forma. Tu sabes o clima de tensão e de fervor que vivem os cubanos e a extrema vulnerabilidade política das condições da ilha (o bloqueio, a ameaça permanente de invasão, etc.); acho que isso explica muita coisa, mas certamente não justifica tudo. Na reunião, ficou bem claro — e o próprio Ambrosio concordou, assim como Roberto e os demais — que, acima de qualquer diferença de opinião ou de atitude em

264 Ambrosio Fornet, "New World en español" [New World em espanhol], *Casa de las Américas*, Havana, n.º 40, janeiro-fevereiro de 1967. Fornet sustenta opiniões como esta: "*Mundo Nuevo* encontrou o seu Boecio em Carlos Fuentes, cuja imagem sofisticada aparece na capa das grandes revistas norte-americanas destinadas à América Latina e cujos artigos frívolos são publicados com orgulho na *Life en Español.*"

face de um determinado problema, que poderia ser o encontro do PEN e a colaboração na *Mundo Nuevo*, não é justo lançar anátemas e decretos arbitrários, e que se deve discutir com dignidade, sobretudo entre amigos.[265] A mensagem em questão é a seguinte: dizer que as páginas da revista da Casa de las Américas estão abertas se quiseres responder ao artigo de Ambrosio, ou mais amplamente comentar as polêmicas que surgiram em relação à *Mundo Nuevo* ou à reunião do PEN. Já adianto que o teu texto será publicado integralmente e sem notas e destaques contraditórios. Acredito que, se decidires aceitar esta oferta, seria uma excelente maneira de silenciar para sempre os invejosos e ressentidos que, complexados pelos teus livros, aproveitaram os textos cubanos que fazem alusão a ti (textos que podem ser discutíveis, mas que pelo menos foram redigidos com boa-fé) para espalhar calúnias e te apresentar como um inimigo de Cuba. Já sei que contornaste essa série de golpes baixos dos pigmeus, mas de qualquer forma há de convir que, ao menos uma vez, desses neles um bom *tentequieto** (como se diz em Lima).

Quando o teu romance vai ser publicado? Julio me falou tão bem dele, com tanto entusiasmo, que tenho uma vontade imensa de ler de uma vez.[266]

---

265 Os debates em torno da *Mundo Nuevo* constituem um dos períodos mais cruciais no âmbito intelectual latino-americano. As relações entre a CIA e o Congresso pela Liberdade da Cultura, que patrocinava a revista, foram expostas pelo *The New York Times* em abril de 1966. Em 25 de junho de 1966, Benedetti escreveu para MVL: "segundo o que Lea [Lublin] me contou, os cubanos estão profundamente angustiados com o problema *Mundo Nuevo*; o colaboracionismo de Carlos Fuentes foi para eles uma facada da qual ainda não conseguiram se recuperar." Também se falou disso na reunião do comitê de colaboração da *Casa de las Américas* de janeiro de 1967, da qual participaram JC e MVL. Alguns meses depois, GGM enviou uma carta pública desvinculando-se da *Mundo Nuevo* (24 de maio), e MVL publicou "Epitafio para un imperio cultural" [Epitáfio para um império cultural] (*Marcha*, Montevidéu, ano XXVIII, n.º 1354, 27 de maio de 1967).

* Em português, "para-te quieto". [N. da T.]

266 MVL o leria muito cedo, pois foi membro do júri que concedeu o Prêmio Biblioteca Breve para *Cambio de piel*, no dia 1º de março. Escreveu para Jorge Edwards em 10 de março: "Já deves saber que Fuentes ganhou o Biblioteca Breve, com um romance muito extenso e muito ambicioso, embora (isso é confidencial) bastante discutível." Três anos depois, por ocasião de uma polêmica entre JC e Óscar Collazos, MVL defendeu *Cambio*

Um forte abraço de
Mario

## DE JULIO CORTÁZAR PARA MARIO VARGAS LLOSA

Paris, 21 de fevereiro de 1967

Meu querido Mario,

Arnaldo Calveyra te viu por um instante na Victoria Station e me disse que estavas bem; espero que Patricia e Alvarito sigam o teu exemplo.[267]

Se vieres a Paris, ou se eu tiver mais tempo, podemos falar sobre Cuba; permaneci lá até o dia 9 de fevereiro e acumulei muito mais experiências do que na minha primeira viagem. Voltei contente, porque acredito que as coisas ruins estão infinitamente aquém das coisas boas e que aquilo segue adiante como um manancial. Acredito também que a nossa presença no conselho foi útil para os amigos cubanos, e que, por exemplo, um homem tão estupendo como Ambrosio pensará duas vezes antes de escrever irrefletidamente, como o fez a respeito de Fuentes. Este tenho que ver em breve, e o deixarei a par dessa questão; também verei Monegal, mas suponho que ele não terá muita vontade de falar tão cedo sobre a "levantada de tampa da panela" que aconteceu nos últimos dias em relação à CIA. Acredito que a desconfiança dos cubanos se tornou cate-

---

*de piel* diante das observações de Collazos, e caracterizou o livro como "uma frenética revisão das mitologias e das modas ludibriantes da sociedade de consumo". Acrescentou: "O livro de Fuentes descreve com precisão as formas paródicas e caricaturais que esses mitos e modas adquirem quando são transplantados para uma sociedade subdesenvolvida como a mexicana, o caráter grotescamente de ritual que assumem em um mundo alienado. Essa descrição é complexa, porque o romance se alimenta daquilo que denuncia, em um jogo brilhante de equívocos (a falta de autenticidade da matéria se reflete em uma estrutura deliberadamente inautêntica, na qual o narrador vai destruindo de maneira sistemática tudo o que a narração constrói)." "Luzbel, Europa y otras conspiraciones" [Luzbel, Europa e outras conspirações], *Marcha*, Montevidéu, ano XXXI, n.º 1492, 8 de maio de 1970.

267 Calveyra era um poeta argentino residente em Paris desde 1960.

górica depois de uma coisa dessas. De pensar que a Asamblea Mundial de la Juventud era subsidiada pela CIA e que Aurora lhes fez traduções em outra época… A verdade é que é preciso pisar com uma cautela cada vez maior nesse terreno.

Uma dúvida: me escreveram da *Cuadernos Semestrales de Cuento*, Lima, dizendo que a revista será publicada em junho, que querem um conto, etc. Se tiveres um minuto, manda-me um postal dizendo se te parece uma publicação bem situada. É dirigida por Eugenio Buona e Marco Antonio Corcuera. O coordenador será o poeta Juan Gonzalo Rose. Conselho: Dr. Jorge Puccinelli, Alberto Escobar, catedráticos de San Marcos. Me ofereceram cem dólares pelo conto e isso é o que me causou inquietação, acho que é muito dinheiro para o Peru, ou estou enganado? Não queria cair em uma cilada.[268]

Obrigado pelo teu conselho, que aguardarei. Virás aqui, ou o romance te devora como a selva devora o protagonista de *La vorágine*? Lembro com tanta admiração da tua fala na Casa; acho que, naquela noite, compreendi muito melhor o que vês e o que queres fazer no romance.[269]

Aurora chegou bem. Meu carinho para Patricia e Júnior.

Um grande abraço do teu irmão

Julio.

És tido como o vencedor certeiro do Rómulo Gallegos.[270] Seria fabuloso; vais poder viver por muito tempo sem trabalhar, sem trabalhar,

---

268 JC não publicou nada nessa revista que, nos seus cinco números (1967-1969), incluiu textos de Asturias, Roa Bastos, Edwards, Bryce, Ribeyro e Le Clézio, entre outros.

269 Em 16 de janeiro de 1967, a *Casa de las Américas* organizou um café literário sobre *A casa verde*, do qual participaram MVL, Juan Larco, Ricardo Jorge Machado e Sergio Chaple.

270 Em Caracas e entre pessoas próximas do júri, tinha-se a mesma impressão. MVL hesitava em aceitar o prêmio no caso de recebê-lo, posto que era promovido por um governo conservador, e pediu a opinião de várias pessoas. Em 25 de abril de 1967, o escritor venezuelano Adriano González León escreveu para MVL não apenas dando por consumado o prêmio, mas também dando algumas sugestões sobre como se posicionar.

sem trabalhar, sem trabalhar. Eu continuaria escrevendo até o fim da página. Tomara, diacho.[271]

## De Carlos Fuentes para Mario Vargas Llosa

Paris, 22 de fevereiro de 1967

Querido Mario,

Te agradeço muito a carta do dia 10, em que me ofereces tantas provas de amizade verdadeira. Somente ontem eu pude ter uma longa conversa com Julio. A partir daquela carta e dessa conversa, pude ter uma ideia clara sobre os assuntos que nos deixam preocupados. Gostaria agora de te comunicar algumas de minhas reflexões e decisões.

Apenas no sábado, consegui ler o comentário de Fornet na Casa. Compreendo e aceito tudo o que me dizes sobre esse ponto na tua carta; Julio me explicou pormenorizadamente as circunstâncias nas quais esse texto foi discutido na reunião do conselho de colaboração. Podes acreditar, querido Mario, que a tua intervenção e a de Julio são mais do que suficientes para que eu dê o assunto por encerrado, sem resquício de rancor de minha parte: só gratidão por vocês. Não creio que seja o caso de responder ao artigo, por motivos óbvios: não acho que o assunto seja passível de discussão e temo, em contrapartida, que uma resposta se preste àquilo que até agora procurei evitar: qualquer esboço de pugna com os meus amigos cubanos, que já estão bastante assediados sem a necessidade de inventar inimigos ou de permitirmos que terceiros se

---

271 Em suas memórias, José Miguel Oviedo reproduz uma frase similar dita por MVL depois de obter o prêmio: "Em pleno voo [de Caracas a Bogotá], Mario me mostrou o tubo forrado em veludo — que não soltava por nada — com o diploma e acho que a medalha referentes ao prêmio e, em seguida, o polpudo cheque que acompanhava. Ele me disse: 'Sabe o que isso significa? Pelo menos dois anos sem fazer outra coisa além de escrever'." *Una locura razonable: memorias de un crítico literario* [Uma loucura razoável: memórias de um crítico literário] (Lima, Aguilar, 2014, p. 225).

aproveitem, para os fins da propaganda anticubana — tão virulenta no meu país —, de um debate que, nesta ocasião, não foi levantado com inteligência suficiente. Por razões semelhantes — não idênticas —, não gostaria de debater, por ora, em público, os outros assuntos que apontas na tua carta: o encontro do PEN ou a colaboração na *Mundo Nuevo*. Eu gostaria, isso sim, que os nossos amigos de Cuba entendessem amistosamente a minha posição. Acredito que a luta anti-imperialista, para ser efetiva, não deve se contentar com declarações; deve estar inclinada, de acordo com as nossas forças, a promover mudanças democráticas dentro das nossas respectivas sociedades. A minha sociedade é a mexicana: uma sociedade profundamente entreverada em um processo, pelo momento irreversível, de desenvolvimento capitalista. Enganadas ou não, muitas forças nacionalistas e independentes concorrem no México a esse desenvolvimento. Uma extrema porosidade social cria, no momento, a realidade ou a ilusão do rápido acesso à classe média. E essa classe média, por sua vez, estreia, por assim dizer, um poder que se justifica com lemas não de direita, mas de esquerda. A articulação desse poder — exemplar em sua estruturação prática e malícia política — abrange, em diversos graus de participação, consentimento ou engano, todas as classes sociais do país. Conhecemos o outro lado da moeda: má distribuição da riqueza, ausência de procedimentos democráticos alinhados com o desenvolvimento econômico do país, despolitização, aspiração aos ideais medíocres da burguesia, enfraquecimento do nacionalismo econômico diante da introdução do capital privado ianque, expansão lenta do mercado interno rural, soluções parciais e temporárias na ausência de planejamento das decisões político-econômicas. É imprescindível entender que, no México, as estruturas formadas por uma revolução capitalista e de classe média (embora utilizasse a força rural para alcançar os seus objetivos) são extraordinariamente sólidas; as falhas estão nas soluções. Esta distinção é importante: em quase toda a América Latina, primeiro é preciso destruir uma estrutura velha e criar uma nova antes de falar sobre soluções. A nossa visão não pode ser, como a de quase todos os outros países da zona, apocalíptica: os enfrentamentos esporádicos de grupos de trabalhadores ou de camponeses contra a estrutura só demonstraram a força desta e desencorajaram a outra luta, a única possível no México: não a luta frontal, mas a que se organiza de forma lenta, permanente, preenchendo o vazio político no meu país. A fragilidade da esquerda no México é que soube usar somente a carta do desastre esporádico ou cíclico; sua eventual força será o resultado de uma lenta, porém constante, organização — no nível substantivo — da diversidade social que a diversificação econômica do país forçosamente trouxe consigo. No nível adjetivo do escritor, essa luta se traduz em um esforço de politização, em uma afirmação do direito de discordar e criticar, em uma consciência de que a classe média mexicana é composta não só por clientes econômicos do imperialismo, mas por forças, adormecidas, porém passíveis de convencimento, democráticas e nacionalistas. Precisamos dessas forças para vencer várias batalhas, e a menor delas não é a batalha verbal. A corrupção radical da imprensa mexicana, a sua linguagem anticomunista e pró-ianque (sempre indo além do que o seu próprio senhorio pratica), deve, infelizmente, ser combatida de dentro. É extremamente fácil — e extremamente satisfatório — limitar-se ao público dos convencidos em publicações de ortodoxia impune e baixa circulação. Era mais eficaz o suplemento de Fernando Benítez com uma circulação de 120 mil exemplares no *Novedades* do que com uma circulação de 30 mil na *Siempre!*. Igualmente sei que *Life en Español* tem mais influência para dizer no México que a retórica do anticomunismo já não "cola" no próprio centro da sua gênese, ou que a caça às bruxas e as limitações impostas aos escritores de esquerda no México são ridículas e anacrônicas diante de uma reunião como a do PEN: jamais falei ali de coexistência política, mas de coexistência literária, e esta, no México, só pode jogar a favor de Benítez, de Pacheco, de Carballo, de Monsiváis, de Cardoza y Aragón, de Silva-Herzog, de González Casanova, não a favor dos escritores de direita que JÁ contam com todos os meios de divulgação. Igualmente sei que tem mais influência e mais efeito sobre um governo tão consciente do seu disfarce internacional como o do México aquilo que se possa dizer contra ele na *Mundo Nuevo*. Não sei como isso afeta a minha solidariedade com a Revolução Cubana — uma solidariedade que não é de ontem e que foi comprovada em dezenas de artigos e declarações, para não falar de repressões e bombas de gás da polícia mexicana. Acredito que deveria haver discernimento. E acredito que tenho razões para pedir que os intelectuais revolucionários de Cuba não tenham memória curta, a qual tem sido um dos vícios tradicionais da nossa cultura. Mas sobretudo tenho direito de pedir que não sejam os meus amigos cubanos aqueles que debilitarão a minha eficácia política no México: dos seus ataques, só a imprensa de direita tem tirado proveito no meu país: tem tirado proveito com deleite. Quem ganha com isso?

Perdoa-me pela longa digressão. Queria te dizer que minha decisão e minha resposta públicas são uma só: aderir à declaração redigida por vocês em Havana, que considero um modelo de autêntica reflexão e visão revolucionárias.[272] Já comuniquei o que expus acima a Roberto Fernández Retamar.[273] Sei o quanto tu e Julio exerceram influência para o tom exemplar desse documento, e os parabenizo por isso.

Quando vais abandonar os nevoeiros? Planejas vir em breve a Paris? Não deixes de me avisar se o fizeres. Enquanto isso, tu recebes um forte abraço com a gratidão e amizade de

Carlos

---

272 CF se refere à "Declaración del comité de colaboración de la revista *Casa de las Américas*" [Declaração do comitê de colaboração da revista *Casa de las Américas*], do qual faziam parte JC e MVL, datada de 8 de janeiro e publicada no número 41 da revista (março-abril de 1967).

273 A carta de CF para Fernández Retamar, também datada de 22 de fevereiro, foi publicada na *Casa de las Américas*, Havana, n.º 43, julho-agosto de 1967. Nela, CF expressa a sua adesão à mencionada "Declaração", "exemplar em seu tom e visão revolucionários", ao mesmo tempo que destaca a lucidez dos "parágrafos destinados a reiterar a validez revolucionária da liberdade artística e a diversificar as frentes de luta do escritor latino-americano. Em 28 de março de 1967, Fernández Retamar escreveu para CF do México, onde estava participando do Encontro de Escritores: "Fico feliz com a possibilidade de nos encontrarmos no fim do ano em Cuba, e conversarmos fraternalmente, e resolvermos qualquer mal-entendido. Igualmente, a tua adesão à declaração da nossa revista, que tornarei pública [...] É claro que fico entusiasmado para publicar um capítulo de *Cambio de piel*, sobre o qual Julio me falou tão contente." O capítulo foi publicado na *Casa de las Américas*, Havana, n.º 44, setembro-outubro de 1967. A viagem de CF não se concretizaria.

## De Carlos Fuentes para Gabriel García Márquez

Paris, 24 de fevereiro de 1967[274]

MAGÍSTER,

Mesmo que tu não tenhas te dignado a me responder — vigarista —, sei que me queres bem — muito vigarista — e estou te escrevendo antes de que evapores nas selvas do Orinoco e nos nevoeiros do Prata.[275]

Me falaste sobre os teus planos de passar o verão na Europa. Eu tive a ideia de alugar um *piccolo palazzo* sobre o canal da Giudecca em Veneza durante junho, julho e agosto. Até lá, estarei totalmente imerso na nova empreitada, e preciso de um lugar que me dê solidão quando eu quiser e um baita cenário quando idem. Veneza tem ambas as coisas, e proponho que tu te unas a uma mistura de mosteiro e carnaval, que nos permitiria trabalhar *tutto il giorno* enquanto as damas e *bimbi* se insolam no Lido, e depois encontrar cinemas, concertos, exposições (o próprio festival com as suas retrospectivas), além de excursões a Ferrara, Mântua, Trieste, a costa da Iugoslávia, Salzburgo *and what not*. Não acho que a costa catalã vá te sair, no verão, muito menos cara, e além disso sofrerás a invasão completa de toda a classe média francesa. Diz para mim o que achas desse itinerário, pois preciso defini-lo logo e aproveitar uma viagem a Salzburgo com Reichenbach no mês que vem para ver a casa.[276] Seria divino, pois além de tudo sabemos respeitar mutuamente o nosso tempo de trabalho e conversar quando precisamos. Merecemos

274 CF errou a data desta carta, apontando que era de janeiro.

275 CF ainda não havia recebido a carta de GGM de 26 de janeiro, provavelmente por uma série de greves nos correios da França entre dezembro e fevereiro, das quais o *Le Monde* discorreu a respeito.

276 François Reichenbach, diretor de cinema francês, fez o documentário *México México*, também conhecido como *Soy México* [Sou México], com narração de CF. Foi exibido fora de competição no Festival de Veneza de 1967, no qual CF foi jurado, e estreou oficialmente em 1968. Além disso, Reichenbach dirigiu o filme *¿No oyes ladrar los perros?* [Não escutas os latidos dos cachorros?] (1975), baseado em um conto de Juan Rulfo e com argumento de CF.

algo assim para nos purificarmos de todos os infernos de Gavaldón e purgatórios de Churubusco.

Como ficou *Los Caifanes*? Conseguiste assistir? Percebo que no México me atribuem a culpa por todos os desastres cinematográficos que já existiram e que ainda vão existir, de *Gallo* até *Páramo*, passando por *Tiempo de morir.*[277] *Ite missa est.* E talvez tenham razão. Não, és tu quem tem razão: não nos cabe ficar salvando cinemas subdesenvolvidos, mas escrever romances. Quando sairá *Cem anos*? Todo mundo que lê as tuas encomendas para a *Mundo Nuevo* fica de queixo caído. Beatriz Guido e Torre Nilsson acabaram de me escrever em relação a isso.[278] Por fim, é Leopoldo quem se interessou por *Zona sagrada* e propôs colocar a produção de pé por meio da Columbia e de um produtor mexicano: quem será ele? Os projetos com Alcoriza não deram certo por causa da habitual lentidão de Manolo. Aqui, liquidarei os meus assuntos em matéria de cinema dentro de algumas semanas com Reichenbach e recusei uma proposta estupenda de Clouzot (que, entre parênteses, é um sujeito excepcional): quero mergulhar de cabeça em "Los años por venir" [Os anos vindouros].[279] Tenho as paredes do meu escritório cobertas de anotações e diagramas, e não vejo a hora de me dedicar sem distrações a esse projeto, que é muito abrangente e vai me manter ocupado por um bom tempo.

Recebi carta de Mario Vargas e tive longas conversas com Julio Cortázar no seu retorno de Cuba. Existem muitos mal-entendidos com os nossos amigos havaneses, que estou disposto a resolver. Também tenho visto muito Carpentier, que acabou de publicar *Guerra do tempo*

---

277 *El gallo de oro* [O galo de ouro] (1964), de Manuel Barbachano, com argumento de Juan Rulfo e roteiro de CF, GGM e Roberto Gavaldón. As versões do roteiro foram reunidas em *Juan Rulfo en el cine. Los guiones de Pedro Páramo y El gallo de oro* [Juan Rulfo no cinema. Os roteiros de *Pedro Páramo* e *O galo de ouro*] (México, RM, 2021).

278 Escritora e diretor de cinema argentinos.

279 Embrião de *Terra nostra* (México, Joaquín Mortiz, 1975), que teve vários títulos provisórios: "La ópera del porvenir" [A ópera do porvir], "Tántalo" [Tântalo], "El regreso de las carabelas" [O retorno das caravelas] e "La tierra prometida" [A terra prometida].

em francês com dois novos contos, ainda inéditos em espanhol.[280] Está preparando *Los convidados de plata* [Os convidados de prata] e vejo que "El año 59" [O ano de 59][281] está ganhando corpo. Propus para Mario e para Julio que nós três façamos uma mesa-redonda sobre o estado atual da crítica na América Latina. Acho que precisamos pegar esse touro pelos chifres: uma literatura criativa em plena expansão e uma crítica ignorante, improvisada e ruim. Queres te unir ao debate?

Meus cumprimentos muito carinhosos para Mercedes e os meninos; para ti, um grande abraço de

Carlos

## De Gabriel García Márquez para Carlos Fuentes

México, 4 de março de 1967

Master,

Pela tua carta — que acabei de receber —, me dei conta de que não recebeste a última que te mandei ao Hotel d'Isly, no mesmo envio em que coloquei a edição brasileira do teu *Aura*, que obtive por meios diplomáticos. Talvez estejam lá.

Antes de mais nada, um abraço monumental pelo Prêmio Biblioteca Breve. A imprensa daqui, por um feliz acesso de chauvinismo que por um instante fez com que esquecesse seu rancor, publicou a notícia na

280 *Guerre du temps* foi publicado na coleção Croix du Sud da Gallimard, em 1967. Os contos que foram somados aos três da edição original ("Viaje a la semilla" [Viagem à semente], "Semejante a la noche" [Semelhante à noite] e "El camino de Santiago" [O caminho de Santiago]) são "Los advertidos" [Os advertidos] e "El derecho de asilo" [O direito de asilo].

281 *Los convidados de plata* foi publicado em 1972 (Montevidéu, Sandino); "El año 59" foi concebido como parte de uma trilogia de romances sobre a Revolução Cubana. Foi publicada uma amostra na *Casa de las Américas*, Havana, n.º 26, outubro-novembro de 1964. O projeto original não se concretizou e, anos mais tarde, se transformaria em *La consagración de la primavera* [A consagração da primavera] (México, Siglo XXI, 1978).

primeira página. Grande alegria para os teus amigos e indigestão massiva para o resto da humanidade. Aqui em casa, celebramos o acontecimento como se tivessem dado o prêmio para mim.

Rita tinha me falado sobre os planos venezianos e acho que ela te disse por telefone que será impossível compartilhá-los. Na minha carta anterior, ia meu roteiro completo, que não é compatível com o teu.[282] Repito sinteticamente: no dia 1º de julho, botaremos as nossas coisas em um depósito, deixaremos as crianças na Colômbia, e Mercedes e eu iremos a Buenos Aires por uns vinte dias: serei jurado do concurso da *Primera Plana*.[283] No retorno, ficarei uns quinze dias na Colômbia. Se Mario receber o Prêmio Rómulo Gallegos por *A casa verde*, como eu intuo e como ele merece, darei um pulo em Caracas para abraçá-lo. Na primeira semana de setembro, voarei com toda a tribo, ainda não sei se para Paris ou para Barcelona. Depois de ficar coçando o saco por uns dias, revivendo as minhas nostalgias europeias, permaneceremos na costa catalã — já sem turistas franceses — por um ano, no mínimo, para escrever o romance do ditador, que já está saindo pelos meus poros, e um livro de contos. Estaremos perto de Paris e terei carro, de modo que no caminho haverá oportunidades de organizar expedições invejáveis como a que me propões.

Tudo isso é possível graças a uma enorme quantidade de trabalho que fiz como uma mula (cinema, publicidade, televisão clandestina) aproveitando a velocidade que ficou do romance. Em três meses, terei economizado dinheiro suficiente para o ano na Europa, sem contar os adiantamentos que espero de todos os lados por *Cem anos*, e que servirão para prolongar a estadia o quanto for possível. Para mim, acabaram os primeiros quarenta anos de trabalhos forçados: a partir de agora, mesmo que seja comendo terra, não farei outra coisa senão escrever romance.

---

282 Na verdade, GGM compartilha esse cronograma com CF na carta de 7 de dezembro de 1966, que CF ainda não teria recebido.

283 GGM foi jurado junto com Augusto Roa Bastos e Leopoldo Marechal. O romance premiado foi *El oscuro* [O escuro], de Daniel Moyano (Buenos Aires, Sudamericana, 1968).

Há um congresso de escritores na Semana Santa patrocinado pela Secretaria de Educação.[284] No começo, era antimáfia: um museu de idosos. De última hora, se deram conta do perigo e estão nos convidando. Não vou comparecer. Preparei uma carta explicando os meus motivos: em um concurso com critérios tão díspares, as avaliações precisam ser, forçosamente, parciais para que as coisas não terminem em tiroteio. Ou seja, uma perda de tempo nestes países em que o problema mais drástico dos escritores é a falta de tempo para escrever. Eles tentaram me convencer dizendo que Vargas Llosa, Cortázar e tu viriam. Já sei que não é verdade.

Eu estava a par dos mal-entendidos em Cuba e soube das intervenções de Julio e Mario a teu favor. Tudo isso me parece simplesmente uma estupidez. Se os nossos amigos cubanos vão se tornar os nossos policiais, vão ouvir, pelo menos de minha parte, uma boa mandada à merda. O problema todo se resume ao fato de que lá uns têm medo dos outros e se dedicam à maratona do radicalismo, que só pode levar ao sectarismo. Que eles não se esqueçam de que somos escritores independentes, de que estamos com eles por convicção, e não por medo de que nos prendam. Já basta estarmos fichados com os gringos e não termos visto para ir ao cinema e a exposições em Nova York, para que agora, ainda por cima, também não possamos fazê-lo em Havana. Juan García Ponce escreveu a eles uma carta bem extensa e muito boa nesse sentido. Eu pretendo falar sobre o assunto com os delegados cubanos que vierem ao congresso. Se eles estão fazendo essas coisas desesperados pelo isolamento, vai ser pior para eles, pois vão ficar sem os seus melhores amigos. Eu avisei. Caramba!

Não vi *Los Caifanes*: parece que ainda não tem primeira tomada. Todas as esperanças de um bom cinema acabaram morrendo com Velo: ninguém mais acredita em nada com essas porcarias de três milhões de pesos. Que venham outros para salvar isso aqui. Eu estou indo embora![285]

---

284 Segundo Congresso Latino-americano de Escritores, cujas sessões centrais tiveram lugar em Guanajuato e Guadalajara, de 15 a 21 de março de 1967. O primeiro congresso tinha sido realizado em Arica em fevereiro de 1966. A finalidade declarada desses congressos era formar uma "comunidade latino-americana de escritores".

285 Há certo consenso em considerar *Los Caifanes*, de Ibáñez, um dos maiores clássicos do cinema mexicano, e *Pedro Páramo*, de Velo, um dos seus maiores fracassos.

*Cem anos de solidão* vai sair em um mês e meio, e o primeiro exemplar irá voando até ti de Buenos Aires. Já corrigi provas e encontrei poucas coisas para me arrepender. Serão 10.000 exemplares que espero que me tirem finalmente do meu círculo de amigos. Os fragmentos publicados na *Mundo Nuevo*, na *Amaru* e na *Eco* têm se saído muito bem: recebo cartas de entusiastas desconhecidos de tudo que é lugar.[286]

Me juntarei com prazer ao debate sobre a crítica, por carta, e não só sobre a latino-americana. Acabei de ler, no *Nouvel Observateur*, a crítica de Jean Bloch-Michel sobre *O jogo da amarelinha*, que é mais uma vez o pedantismo, o distanciamento, a miopia e a insuportável autossuficiência francesa contra a literatura do mundo inteiro.[287] Me parece criminoso o abismo que há entre o esplêndido trabalho de Cortázar e essa nota afetada, idiota, miserável, pequeno-burguesa, que, no entanto, há de influenciar os leitores franceses. Que a mim não critiquem e que enfiem o seu cartesianismo e o seu *dit donc* e seu *d'une parte et d'un autre parte* no lugar que acharem melhor!

Como podes ver, hoje é o meu dia. Naturalmente: na segunda-feira, farei 39 anos, então, a partir da semana que vem, vou ser um quarentão importante, cansado de estar sempre agradando a todos e evitando ferir sentimentos.[288] Que eles fiquem sabendo que *temos* romancistas dos

---

286 A primeira edição foi de 8.000 exemplares. As duas amostras na *Mundo Nuevo* e a da *Amaru* já foram mencionadas. A da *Eco*, em Bogotá, intitulou-se "Cien años de soledad (fragmento)" [Cem anos de solidão (fragmento)], no volume XIV, n.º 4, fevereiro de 1967. No total, existiram sete fragmentos publicados. GGM comentava a recepção desses textos para Rodríguez Monegal da seguinte maneira: "Vargas Llosa me escreveu uma carta de uma generosidade assustadora. Cortázar, depois de ler o capítulo da *Mundo Nuevo*, escreveu uma carta desaforada para Porrúa. Meu grande Carlos, que conheceu os três primeiros capítulos, não só publicou aqui um artigo tão exagerado quanto as declarações que fez a ti, como também me desconcertou com o seu entusiasmo em todas as cartas. José Miguel Oviedo me escreveu completamente louco, e eu já não sei o que fazer com a correspondência constrangedora dos meus amigos da Colômbia." (25 de outubro de 1966).

287 "Les jeux de l'amour et du néant", *Le Nouvel Observateur*, Paris, 22 de fevereiro de 1967: "Não vejo motivos para a existência de um livro com instruções de uso, como se se tratasse de um sabão ou de um medicamento. Um livro é um livro, e cabe ao leitor unicamente descobrir a chave."

288 Descobriu-se que GGM havia nascido em 1927, e não em 1928, como ele dizia, por *García Márquez. El viaje a la semilla* [García Márquez. Viagem à semente], de Dasso

bons, e que vamos continuar incomodando, e que somos uma máfia e quem não gostar que vá para a puta que pariu, e que vamos até as últimas consequências.

Eu te disse na carta anterior que já estabeleci contato direto com Roger Klein, que saiu da Harper e foi para a Coward-McCann como editor-chefe, levando debaixo dos braços todos os meus livros e os de Mario.

Mestre: não podes imaginar o quanto te amamos nessa maldita casa. Um abraço imenso,

Gabo

## De Gabriel García Márquez para Mario Vargas Llosa

México, 20 de março de 1967

Meu querido Mario,

Em virtude de alguma associação extraviada de ideias que desconheço qual seja, ocorreu-me escrever para ti depois de receber uma carta de José Miguel Oviedo. Deve ser porque ele me contou que te viu em Londres e, falando um pouco sobre a tua vida, fez uma referência incidental a Alvarito, a suas reinações exigentes e a tuas vigílias maternais, e tudo isso comoveu profundamente a minha mulher, que é uma egípcia de choro fácil.

Nas últimas semanas, insistiu-se que virias a um congresso meio fantasma que está sendo realizado aqui. Foi algo bem controverso. Oportunamente, eu declarei nos jornais que não compareceria "porque, na minha opinião, a situação dos escritores não pode ser resolvida com congressos, mas com um fuzil na serra". De última hora, Fernández Retamar me convenceu a ir com a esperança de que formássemos maioria, mas

Saldívar (Madri, Alfaguara, 1997). Em suas memórias, *Viver para contar* (Bogotá, Norma, 2002), GGM assinala o ano correto.

era uma esperança vã: é um respeitável congresso de fósseis reacionários, cujo objetivo — não sei se inspirado em sua antiguidade ou influenciado pela CIA — é criar a Associação Latino-americana de Escritores, uma entidade com ambições estratosféricas, destinada a garantir a despolitização da literatura do continente. O grande negócio para eles, é claro, em países onde os escritores de esquerda são os melhores e os mais numerosos. Alguns amigos — Ángel Rama, Mario Benedetti, Salvador Garmendia e mais alguns poucos — caíram por falta de informação. Os cubanos vieram, suponho, para não prejudicar as relações diplomáticas com o México. As notícias, até o momento, são que aquilo se transformou numa briga de galos, da qual, felizmente, não há de sair nada concreto.

Não vão faltar oportunidades de nos vermos por esses mundos. Os meus projetos estão sendo definidos muito rapidamente. Na primeira semana de julho, botaremos tudo que temos aqui em um depósito, iremos a Buenos Aires — onde serei jurado do concurso da *Primera Plana* — e na volta permanecerei na Colômbia por uns dias, e de lá darei um pulo em Caracas, em agosto, se ganhares o Prêmio Rómulo Gallegos. Em setembro, voaremos para Barcelona — com dois filhos! —, onde pretendo escrever por um ano, graças ao dinheiro que consegui arranjar dos meus trabalhos forçados nos últimos meses. Dali, não vai ser difícil dar umas escapadas a Paris ou a Londres. Além do mais, buscaremos ter um quarto para trancar o Alvarito com os meus don Rodrigo e don Gonzalo, caso vocês decidam aparecer por lá. A escolha por Barcelona não se deve ao fato, como todo mundo acha, de que ali será mais fácil conseguir dinheiro com Carmen Balcells, mas porque parece ser a última cidade da Europa em que a minha mulher poderá ter uma Bonifacia — que é o nome que ela dá para todas as criadas desde que leu *A casa verde*. Agora entenderás melhor por que ela se comoveu tanto quando soube que vocês estão tendo que carregar sozinhos a cruz de um filho em Londres.

Espero que um ano seja suficiente para resolver o disparate do ditador. Acho que será o meu romance mais difícil. Não sei se te comentei que se trata de um longo monólogo de um ditador de 120 anos, surdo e totalmente gagá, que tenta se justificar diante do conselho revolucionário que o destituiu e que irá fuzilá-lo ao amanhecer. O problema é que esse homem deve fazer uma recapitulação dos seus 80 anos no poder, e fazê-la em um tom decididamente lírico. Quero ver até onde é possível transformar em um relato poético a crueldade infinita, a arbitrariedade delirante e a solidão tremenda desse espécime bárbaro da mitologia latino-americana.

Acabei de corrigir as provas de impressão de *Cem anos de solidão*. Já não fede nem cheira, então em vez de mudar tudo, como eu desejava nas noites de insônia, decidi deixar tudo como estava. A única coisa que modifiquei por completo foi a situação e o ambiente de um bordel de Macondo, que, de acordo com as minhas lembranças, era uma casa de madeira em meio a um areal e que, de última hora, acabou curiosamente parecido com um certo cordel de Piura.[289] Acho que o livro sairá em maio, e Paco Porrúa me prometeu que o teu exemplar quentinho irá voando para Londres.

A coincidência do bordel me serviu de inspiração para uma ideia que, mais cedo ou mais tarde, tu e eu teremos que pôr em prática: temos que escrever a história da guerra entre Colômbia e Peru. Na escola nos ensinaram a furar a fila com um grito "Viva a Colômbia, abaixo o Peru!". A maioria das tropas colombianas que mandaram para a fronteira se perdeu na selva. Os exércitos inimigos nunca se encontraram. Alguns refugiados alemães da Primeira Guerra Mundial, que fundaram a Avianca, se colocaram a serviço do governo e foram para a guerra com os seus aviões de papel-alumínio. Um deles caiu em plena selva e teve as suas pernas comidas pelas formigas: eu o conheci mais tarde, levando as suas condecorações em uma cadeira de rodas. Os aviadores alemães a serviço da Colômbia bombardearam com cocos uma procissão de

289 Referência bem-humorada ao bordel-zoológico de *Cem anos de solidão*, que não se parece com o bordel de *A casa verde*. No entanto, GGM insistiria em estabelecer uma relação entre os dois romances meses depois, no seu diálogo público com MVL em Lima: "Tenho certeza absoluta de que a freira que leva o último Aureliano em uma cesta é a mãe de Patrocinio de *A casa verde*."

Corpus Christi em uma aldeia fronteiriça do Peru. Um militar colombiano foi ferido em uma escaramuça, e aquilo foi como ganhar na loteria para o governo: carregaram o ferido por todo o país, como uma prova da crueldade de Sánchez Cerro, e o carregaram tanto de um lado para o outro que o pobre homem, ferido em um tornozelo, teve gangrena na perna e morreu. Tenho duas mil anedotas como estas. Se tu investigares a história pelo lado do Peru e eu investigar pelo lado da Colômbia, eu te asseguro que escreveremos o livro mais alucinante, incrível e pomposo que se possa imaginar.[290]

Roger Klein me disse que quer levar os nossos livros para Coward-McCann. Eu disse para Carmen Balcells que, por mim, não havia inconveniente, e ela me comunicou agora que a questão será decidida em Londres nos próximos dias. Veremos o que vai acontecer. Parece que a Éditions du Seuil devorou *Cem anos de solidão*. Isso me faz pensar que talvez as coisas mudem, depois de ficar escrevendo por vinte anos para os amigos.

*Amaru* me pareceu uma boa revista, mas eu não ficaria surpreendido se ela já estiver agonizando por falta de colaboração para o segundo número. Não há muita gente para sustentar uma empreitada como esta. O seu maior defeito — e não me atrevi a apontá-lo para Westphalen — é que não se vê claramente a sua ideologia, e não só a política, mas sequer a estética. Por outro lado, contra a vaidade da Atenas Sul-Americana, tive a surpresa de encontrar uma série de notas estupendamente escritas por peruanos: Oviedo, Loayza, Cisneros, Pacheco, Oquendo.[291] Acho difícil de encontrar, em um só país da América Latina, um grupo tão lúcido e magistral com a sua prosa, e é dessas pessoas que depende o futuro da revista. Ao fim e ao cabo, são elas que estão firmes ao pé do canhão.

---

290 Embora MVL tenha achado a ideia atraente, o livro imaginado por GGM nunca foi escrito.

291 "Atenas Sul-Americana" é um apelido conhecido de Bogotá. Os autores peruanos mencionados são José Miguel Oviedo, Luis Loayza e Abelardo Oquendo, supracitados; Antonio Cisneros, poeta e amigo de MVL; e Luis Santiago Pacheco, sociólogo.

Paco Porrúa me falou sobre a carta que escreveste para Klein sobre *Cem anos.*[292] Essas coisas me deixam comovido, em um mundo em que as pessoas do mesmo ofício ficam trocando rasteiras entre si.

Um grande abraço, e a solidariedade da minha mulher para a tua,
Gabriel

## De Julio Cortázar para Mario Vargas Llosa

Paris, 21 de março de 1967

Querido Mario,

Obrigado pela tua carta e pelas informações sobre a revista peruana, que pelo que dizes parece bastante simplória e inofensiva. A verdade é que não tenho muita vontade de enviar nada para eles, mas se nesse meio-tempo descobrires mais alguma coisa sobre ela, isso vai me ajudar a tomar uma decisão.

Porrúa me escreveu falando de um projeto sobre o qual também te escreveu, isto é, alguns trabalhos de Vargas sobre Cortázar e de Cortázar sobre Vargas que seriam publicados em uma nova revista argentina. Respondi para ele que eu, particularmente, não gosto desse sistema de comentários recíprocos, porque me lembra os piores vícios de revistas como *Sur*, que por muitos anos se resumiu a uma série de notas em que um sujeito falava de outro em troca de que o outro fizesse o mesmo com ele, e assim até o infinito. Penso que qualquer um de nós pode escrever

292 Em 14 de dezembro de 1966, Porrúa havia escrito para MVL: "Harper receberá, nos próximos dias, uma cópia datilografada de *Cem anos de solidão.* Hoje mesmo, escreverei para Roger Klein recomendando que ele não deixe escapar essa obra de inventiva descomunal [...] Agora estou tentando fazer com que Gabriel tenha tempo de escrever. Possibilidades de livros aparecem para ele em sonhos e rumores. Acho que, se tu mandares também umas linhas a Klein, isso poderia ajudar — mais do que a minha carta — para que Gabriel consiga um bom adiantamento."

sobre um escritor que também é um amigo, mas que não deveria fazê-lo em uma espécie de "operação sincronizada"; eu, pelo menos, não sirvo para isso.

Passarei para o motivo direto destas linhas: na Mutualité haverá um ato de protesto contra o caso de Hugo Blanco.[293] Me perguntaram quem poderia redigir um texto breve em espanhol, que depois seria traduzido ao francês e lido, nos dois idiomas, nesse ato da Mutualité, do qual Sartre e outros intelectuais irão participar. Não há ninguém melhor do que tu para escrever essas linhas, me parece, mas como ignoro tudo o que concerne ao caso Blanco, me limito a dizer que, se quiseres fazê-lo, a coisa é urgente e terias que me enviar essa página (não será preciso mais do que isso, parece) o quanto antes para que eu a entregue ao Comitê Francês de Solidariedade. Se precisares de mais informações, a responsável pelo Comitê é a Mme. Andrée Dinouart, e o endereço, 30, Av. Carnot. Caso não fores escrever o texto, peço que me avises assim que puderes. E também, se este for o caso, que me recomendes um peruano que possa fazê-lo, pois precisamos do texto o quanto antes.[294]

O que eu disse sobre o Prêmio Gallegos não era brincadeira, tchê. Se o jurado peruano indicar o teu romance, quem está à tua altura nos últimos anos e na América Latina? De modo que eu estava falando muito sério, e continuo torcendo para que sejas o vencedor.[295]

Um grande carinho para Patricia e Júnior, com um forte abraço para ti do teu amigo

Julio

---

293 Dirigente camponês peruano. Liderou, entre o final da década de 1950 e início da seguinte, uma campanha de tomada de terras na região de Cusco. Em 1963, foi acusado de assassinar um policial. Após ser julgado e receber sentença de morte, a pena foi substituída por 25 anos de prisão.

294 MVL participou desse ato em 10 de abril, ao lado de Jean-Paul Sartre e Simone de Beauvoir, entre outros.

295 De acordo com as regras, só poderiam concorrer ao prêmio romances publicados entre 1964 e 1966. O jurado peruano indicou *A cidade e os cachorros*, publicado em Barcelona em 1963 e em Lima em 1964, assumindo erroneamente que esta última data o tornava elegível, mas o livro foi eliminado do concurso. *A casa verde* competiu como candidato do jurado venezuelano.

## De Carlos Fuentes para Mario Vargas Llosa

Milão, 7 de abril de 1967
[Cartão-postal com fotografia da Piazza del Duomo, Milão]

SIGNOR M. VARGAS LLOSA
7, PHILBEACH
LONDON SW5
ENGLAND

Querido Mario,
Vais achar graça da proibição de *Cambio de piel* pela censura espanhola. Os motivos são estritamente pré-cartesianos: pornográfico, comunista, anticristão, antialemão, pró-judeu e dedicado a Julio Cortázar! Como dizem os ingleses, *put that in your pipe and smoke it!*[296] Um abraço de
Carlos

## De Gabriel García Márquez para Mario Vargas Llosa

México, 11 de abril de 1967

Meu querido Mario,
Como eu fico contente que tu tenhas gostado da ideia do livro a quatro mãos. Me parece fascinante, e acho difícil que seja concebida uma

296 "Querendo ou não, vai ter que engolir". CF escreveu uma carta ao chefe da censura espanhola, Carlos Robles Piquer, veiculada em várias revistas, na qual criticava duramente a proibição do seu livro e lamentava que "o cadáver putrefato da Santa Inquisição continuasse dando sinais de vida na Espanha".

fábula mais inverossímil e hilária do que esse *esperpento* histórico. A possibilidade de aniquilar o patriotismo convencional é simplesmente formidável. Faz muitos anos que tenho essa ideia na cabeça, mas me negava a colocá-la em prática enquanto não encontrasse um cúmplice peruano, porque desse modo a "traição" é completa, em dose dupla e simplesmente sensacional.

Eu tenho pensado que isso deve ser tratado com a serena objetividade de uma reportagem, com recursos e técnicas puramente jornalísticos, e com uma seriedade e uma abundância de dados que deixem os hipócritas imobilizados contra a parede. Eu farei toda a história pelo lado da Colômbia, e tu pelo lado do Peru. Praticamente, a única coisa em comum que temos que fazer é o cotejo de alguns episódios para não haver contradições. Por exemplo: tu contarias o assassinato de Sánchez Cerro e eu contaria a forma como a notícia foi recebida e como repercutiu na Colômbia.[297]

Independentemente da aparência terrivelmente cômica dessa história, acredito que haja algo atroz: é provável que Sánchez Cerro e nosso Olaya Herrera tenham concordado em travar essa guerra, que consolidaria os dois no poder. Olaya Herrera era o primeiro presidente liberal depois de 45 anos de hegemonia conservadora, e a guerra com o Peru representou a oportunidade de unificar os partidos em meio ao fervor patriótico, e vestiu os decrépitos senadores da oposição com um uniforme de general da república, e os mandou à selva para morrer de malária. Há uma versão não oficial de que o assunto foi resolvido em um clube de Lima entre políticos e diplomatas de ambos os países, que faziam parte de uma equipe internacional de polo. Vê só como esse assunto rende!

O problema é que nós dois temos que ir aos nossos respectivos países para coletar os dados precisos. Eu penso em me trancar na redação do *El Tiempo* para reconstruir os fatos dia por dia, obtendo dessa forma

297 Entre os papéis de MVL em Princeton, há algumas notícias sem data sobre o ditador peruano Luis M. Sánchez Cerro e as circunstâncias do seu assassinato por um militante aprista. Essas notícias foram enviadas para MVL por Liliana Yábar, esposa do aprista Manuel Checa, e sugerem que ele havia começado a reunir informações para esse projeto.

toda a versão oficial, que hei de complementar com dados fornecidos pela academia de história. Uma vez em posse desse material, terei uma boa base para investigar por minha conta. Imagina que um dos heróis dessas expedições gloriosas é o poeta Juan Lozano y Lozano, que agora é embaixador da Colômbia em Roma, e que foi enviado a lutar "representando as letras colombianas". Há muitos como ele. A nossa vantagem é que agora eles se sentem autoridades esquecidas e, na menor provocação, vão soltar a língua achando que vamos fazer justiça por eles. Pensa que a Colômbia tentou aniquilar o Peru com uma máquina aérea mirabolante chamada sesquiplano, que foi comprada em Londres e levada para a baía de Tumaco com suas peças desmontadas. O sesquiplano nunca subiu mais de dez metros e, durante muitos anos, foi utilizado para excursões turísticas, rente à água, na baía de Tumaco.

Eu só poderei ir a Colômbia com este fim daqui a um longo ano, no meu retorno da Europa, e depois de ter escrito o romance do ditador. Quando chegar o momento, pretendo coletar os dados para outro livro, cuja elaboração pode vir a ser verdadeiramente perigosa, e para isso me será muito conveniente usar a fachada da guerra com o Peru. Contudo, precisamos manter esse assunto em segredo, evitando que eles se irritem antes da hora e deixem o nosso trabalho na metade do caminho. Para manter as aparências, maquiavelicamente, eu sou capaz de aceitar até um cargo oficial, embora seja mais provável que eu me refugie pelo tempo que for preciso no departamento de divulgação cultural da Universidade de Bogotá.

Imagino que para ti será mais difícil do que para mim, por causa da tua situação com os militares, a qual, suponho, vai piorar quando publicares o romance sobre o guarda-costas.[298] Mas acredito deveras que a questão merece que finjamos baixar a cabeça por um tempo para depois soltar a bomba. Por ora, é importante que ninguém fique sabendo desses planos enquanto não tivermos os dados em segurança no exterior. Conversei a noite inteira com Ángel Rama, que esteve aqui, no congresso,

---

298 "O romance do guarda-costas" era uma maneira comum de se referir ao que viria a ser *Conversa no Catedral*.

sobre aquela guerra de opereta e temia que ele sofresse um derrame. Eu achava que esse assunto não tivesse chamado a tua atenção. Mas hoje mesmo me apressarei em escrever para Rama para que ele não vá soltar a língua.

Outro dia, falarei contigo sobre outras coisas. Mas, por ora, tenho interesse em deixar esse assunto formalmente definido. Mais adiante, em qualquer lugar da Europa, pensaremos melhor a respeito.

Um grande abraço,

Gabriel.

Já ia me esquecendo: nos últimos dias do congresso, aqui se espalhou a notícia de que tu tinhas levado um tiro. Embora os rumores parecessem completamente loucos, tive alguns momentos de dúvida, porque eu, que sou o antissuicida por excelência, entendo que a gente queira explodir os miolos, só de raiva, durante um desses bloqueios terríveis que acontecem no meio de um romance. Foram tais a rapidez e a insistência com que correu a notícia que, em menos de duas horas, recebemos cinquenta ligações de amigos em busca de informações, e Manuel Carballo (Emmanuel) e eu ficamos tentando localizar o teu telefone em Londres para esclarecer o assunto de uma vez por todas. Foi impossível determinar a origem dos boatos. Como sempre, tratava-se de uma senhora peruana que tinha ligado para outra dizendo que tinham contado que tinham contado que tinham contado. Na mitologia dos antepassados, esses rumores são interpretados como sinais de uma vida longa e próspera. Saúde!

## De Gabriel García Márquez para Carlos Fuentes

México, 8 de maio de 1967

Master miserável,

Faz mais de um mês, quase dois, que não me escreves. Eu sei disso porque a última carta que te mandei foi no dia do meu aniversário.

Temos muito o que falar. A publicação de *Zona sagrada* deflagrou a artilharia de todos os lados. Estou em uma posição privilegiada para apreciar esse fogo cruzado, porque estou bem no centro: a impressão que todo mundo tem, e que me enche de orgulho, de que sou para ti uma espécie de cônsul pessoal em Kafkahuamilpa, me transformou em uma honorável vítima de todos os desabafos. Gostaria, pois, de te contar, sem boataria, e da forma franca e fraternal que tenho certeza de que esperas de mim, alguns pormenores dessa batalha.

*Zona sagrada*, como era de se esperar, foi recebido com dentes afiados, não tanto nas resenhas da imprensa quanto em privado. Fui o primeiro a comprar o livro, mas estava tão ocupado naquele momento que várias pessoas me anteciparam na leitura. Após três ou quatro dias, eu estava verdadeiramente alarmado: não podia ir a lugar algum, porque em toda parte me diziam as piores coisas possíveis sobre o teu livro. Os mais agressivos vociferavam que não tinham conseguido passar da segunda página, que era uma baixeza escrever um romance sobre María Félix, etc. Todos, é claro, queriam saber a minha opinião. E tenho que confessar uma fraqueza: diante da oposição unânime, tomei a firme decisão de não ler o romance por agora, mas deixá-lo para poucos dias antes de nos encontrarmos na Europa, de modo que eu pudesse dizer para ti, só para ti, tudo o que eu tivesse que dizer a respeito dele, sem dar a ninguém o prazer de concordar com reserva alguma. Para mim, a resposta era muito simples: "Ainda não li."

No entanto, não consegui suportar por tanto tempo a curiosidade e os anseios, em se tratando de um livro teu. De modo que, há algumas noites, fiquei em casa, disposto a ler o romance de uma só vez, e com a firme determinação de te escrever imediatamente o que eu pensava sobre ele, mesmo que essa opinião fosse a pior possível. De modo que eu o li uma vez, e gostei tanto que li de novo no dia seguinte, dessa vez com outra intenção: a de tentar entender por que não tinha agradado ao pequeno mundo que nos rodeia. Nesta carta, buscarei expor, apesar de ser péssimo como crítico, a minha conclusão.

*Zona sagrada*, meu querido master, é um livro bonito e triste. O drama daqueles dois protagonistas, e o mundo absurdo e falso em que eles vivem, me provocam uma terrível comoção. Quanto à forma em que escreveste, não posso deixar de recordar uma frase que não lembro onde li: "Civilização é transitar com facilidade por entre as coisas." Essa é a impressão que a tua técnica me causa: não há sequer um tropeço naquele labirinto de preconceitos, imbecilidades, mesquinharias, paixões e compaixões que te puseste a explorar. Os personagens estão vivos. Os conhecemos. Nos deixam exaltados, irritados e, sobretudo, envolvidos. Aqui recordo outra frase que também não lembro onde li e que, há pouco tempo, mencionei como se fosse minha em uma entrevista: "Para mim, o importante não é ser um escritor engajado, mas um escritor que engaje os seus leitores." O teu livro nos engaja. Para mim, isso bastaria.[299]

Entretanto, vou tentar explicar por que não agradou desde o primeiro momento. Estás em um terreno perigoso: capturando os mitos da nossa mais imediata atualidade, descobrindo-os, destrinchando-os, dissecando-os antes de eles sequer terem começado a se petrificar. Esses não são os mitos nostálgicos da nossa infância, nem os de outra época, melhor ou pior. São os mitos que constituem a nossa realidade circundante desta noite, os que estão fazendo o nosso próprio mundo, os protagonistas das notícias que vamos encontrar nos jornais de amanhã. Fazes, por assim dizer, um jornalismo transcendente. É natural isso semear o desconcerto, ao menos como primeira impressão. E só nós, que sabemos o que é en-

---

299 Em *García Márquez: história de um deicídio* (Barcelona, Barral, 1971; reeditado por Alfaguara, Barcelona, 2021), estudo sobre a vida e a obra de GGM, MVL relata um episódio jocoso sobre como ambos valorizavam esse romance de CF: "Essa personalidade é também imaginativamente audaz e libérrima, e nela o exagero não é uma maneira de alterar a realidade, mas de vê-la. Fizemos juntos uma viagem de Mérida a Caracas, e os ventos que agitaram a aeronave — somados a seu medo de aviões e ao meu também — tornaram a viagem um tanto penosa. *Um tanto*: algumas semanas depois verei nos jornais, em entrevistas de García Márquez, que naquele voo eu, aterrorizado, conjurava a tormenta recitando poemas de Darío em altos brados. E uns meses depois, em outras entrevistas, verei que, no apocalipse da tempestade, quando o avião ia cair, eu, agarrado ao colarinho de García Márquez, perguntava: 'Agora que vamos morrer, diga sinceramente o que acha de *Zona Sagrada*' (que Carlos Fuentes havia acabado de publicar). E depois, em suas cartas, algumas vezes ele me lembra aquela viagem, na qual morremos, entre Mérida e Caracas."

carar uma máquina de escrever, temos condições de entender o imenso valor pessoal — além de todo o resto — que é necessário para enfrentar o touro da literatura dessa forma, isto é, pegando-o pelos chifres. Estas considerações, que eu tinha vislumbrado antes em toda a tua obra, estão muito nítidas em *Zona sagrada*. Algum dia, em breve, colocaremos a bagunça dessa conversa em ordem com uma boa taça de Beaujolais.

Não quero, no entanto, deixar de fazer uma observação que, a propósito, considero muito natural: uma vez superado o desconcerto inicial, as coisas começam a tomar a sua devida proporção. Nesse estágio, as opiniões não são tão drásticas quanto no início. É como se o teu livro tivesse a virtude de se sedimentar na memória, liberando a sua essência mágica ao cabo de uma longa digestão. Aqueles que, nos primeiros dias, chegaram inclusive a se indignar, agora se curvam diante da razão. Também tenho encontrado, é claro, muitos críticos de meia tigela que, colocados contra a parede, confessam que não leram o livro. É justo reconhecer que, nesse processo digestivo, devemos muito a Ramón Xirau, que, em sua nota na *Siempre!*, foi o primeiro a dizer de alguma forma para os leitores: "Não sejam estúpidos, aprendam a ler!"[300]

Mais novidades? Não lembro bem quais já te contei. A Macedônia me disse que ficarás um tempo em Barcelona. Não consigo acreditar! Se for assim, será preciso chamar os bombeiros para nos resgatar do dilúvio de vinho e lagosta. Nós estaremos lá — ainda vou te confirmar — na metade de setembro.

*Cem anos de solidão* já está saindo do forno. Ao cabo de uma proveitosa disputa com Klein, que queria levar o livro para a Coward-McCann, a Harper & Row fica com ele, com um grande adiantamento.

Um grande abraço de Mercedes. E o meu, enorme e de irmãozaço, como sempre,

Gabo

300 "Zona sagrada, de la realidad a la magia" [Zona sagrada, da realidade à magia], *La Cultura en México*, suplemento da *Siempre!*, México, n.º 721, 19 de abril de 1967.

## De Carlos Fuentes para Mario Vargas Llosa

Paris, 11 de maio de 1967

Queridíssimo Mario,

Andei ruminando desde que conversamos naquela tarde, em Le Cerf Volant, sobre Wilson e *Patriotic Gore.*[301] E sobre um livro coletivo com essa inclinação. Conversei ontem à noite com Jorge Edwards e lhe propus o seguinte: um livro que poderia se intitular "Os Patriarcas", "Os Pais das Pátrias", "Os Redentores", "Os Benfeitores" ou algo assim. A ideia seria escrever uma narrativa sombria da nossa América: uma profanação dos profanadores, na qual, v. g., Edwards faria um Balmaceda, Cortázar um Rosas, Amado um Vargas, Roa Bastos um Francia, García Márquez um Gómez, Carpentier um Batista, eu um Santa Anna e tu um Leguía... ou outra figura ilustre do Peru. O que achas? O projeto precisa ser refinado, é claro, mas poderíamos começar uma correspondência tu e eu, e Jorge, que está entusiasmado com a ideia, e fazer essa proposta para Alejo, Julio, Augusto, Gabriel e Jorge Amado. Se chegarmos a um acordo, eu poderia me encarregar de organizar o projeto de edição através do meu agente, a fim de contar com adiantamentos de editoras europeias e norte-americanas que nos permitam trabalhar, cada qual, por dois ou três meses no projeto. Podes ter certeza de que o resultado será um dos livros de maior sucesso na história da literatura latino-americana, e a própria temática garantiria o seu sucesso, se não tão grande, pelo menos comparável, na Europa e nos Estados Unidos. Do valor literário nem se fala: o enfoque pessoal de cada escritor será também um elemento de fascínio. Fico deslumbrado ao imaginar o que cada um conseguirá fazer com o seu material, com o seu percurso pessoal da narrativa histórica em vias de ser literatura para ser ainda mais histórica. Além disso, acredito que seria um esforço paralelamente de memória e de registro, de uma utilidade incrível. Já podes ver que estou bastante arrebatado com a ideia,

301 Edmund Wilson, *Patriotic Gore: Studies in the Literature of the American Civil War* (Londres, Andre Deutsch, 1962).

e por mais de uma razão.[302] O pessoal da Gallimard, em seu retorno da Tunísia, me comentou sobre o entusiasmo com que os críticos de várias zonas idiomáticas falaram sobre o grupo latino-americano.[303] Destacar esse senso de comunidade, de tarefa em equipe, me parece sumamente importante para o que vier no futuro. Sem desmerecer as características individuais, acredito que com efeito há uma série de denominadores comuns — literários, políticos, linguísticos, de esperança e de futuro também — que convém destacar e reforçar diante do desmantelamento do romance por essas bandas.

Quando me escreveres, envia para Veneza (Fondamenta San Sebastiano 2545, Dorsoduro, Venezia), e recebe por enquanto um forte abraço do teu admirador e amigo,

Carlos Fuentes

## De Gabriel García Márquez para Mario Vargas Llosa

México, 12 de maio de 1967

Meu querido Mario,

Concordo com tudo o que me disseste na tua carta. Considera isso feito. Como primeiro passo, e já com plena consciência de trabalho, neste mesmo envio aceitei o convite para o congresso de Caracas em agosto, contrariando o meu princípio de não participar dessa classe de eventos es-

---

302 O projeto deixou os envolvidos entusiasmados, mas não se concretizou, embora alguns deles tenham dado os primeiros passos. CF, por exemplo, escreveu para Fernando Benítez: "Para a minha Santa Anna, estou trabalhando todas as manhãs na biblioteca do British Museum [...] Esses bárbaros possuem, talvez, a bibliografia mais completa do nosso século XIX; não há uma proclamação, uma fraude, uma réplica da nossa pequena e acidentada vida que não se encontre ali. Basta dizer que, sobre dom Antonio López de [Santa Anna], há cerca de noventa folhetos da época." (26 de fevereiro de 1968).

303 Naquele ano, o último em que seria realizado, o Prix International des Éditeurs ocorreu em Gammarth, Tunísia. O vencedor foi Witold Gombrowicz, com o romance *Kosmos*.

téreis. Agora existe um bom motivo, embora somente nós saibamos: vamos estabelecer as primeiras bases do plano. Antes terei ido a Buenos Aires. Depois ficarei na Colômbia por pelo menos um mês, para em seguida voar para a Europa. Neste mês, vou adiantar um pouco o trabalho, e espero levar material suficiente para conseguirmos estudar juntos para a elaboração do plano narrativo geral. Se tiveres uns dias livres, posso te providenciar um convite da Universidade Nacional da Colômbia, por exemplo, ou qualquer outro local que sirva de pretexto para passarmos uns dias em Bogotá, jogando verde. E não te preocupes: eu sou um túmulo.

Paco Porrúa te mandará *Cem anos* assim que o livro estiver impresso. E mais: pode ser que chegue sem a capa, que foi produzida aqui, se perdeu no correio, e só agora conseguimos enviar uma substituta.[304] Isso acarreta um novo atraso, semelhante ao que já tivemos, também por causa do correio, com a perda das provas de impressão que eu deveria revisar. Eu não me desespero. É um bom sinal. "Sorte em excesso é azar", dizem os alemães. Em todo caso, o livro precisa ser publicado muito antes de eu ir a Buenos Aires, pois fico arrepiado só de pensar que a minha viagem pode ser interpretada como um golpe para promover o livro.[305]

Um abraço imenso,

Gabo

## De Carlos Fuentes para Julio Cortázar

Veneza, 26 de maio de 1967

Queridíssimo Julio,

Te escrevo em conformidade com Mario Vargas. Recentemente, em Paris, Mario e eu falamos com entusiasmo sobre o *Patriotic Gore* de Edmund

---

304 A primeira edição teve uma capa de emergência com design da artista argentina Iris Pagano (pseudônimo de Iris Alba) em Buenos Aires. A capa produzida no México, com design de Vicente Rojo, foi utilizada a partir da segunda edição.

305 *Cem anos de solidão* foi impresso em 30 de maio de 1967 (Buenos Aires, Sudamericana) e, segundo informes, saiu à venda em 5 de junho do mesmo ano. GGM viajou a Buenos Aires em agosto.

Wilson e achamos que os nossos países se prestariam imensamente a uma visão desse tipo. Desenvolvendo essa ideia, pensamos em um volume coletivo que, sob o título "Os Benfeitores", "Os Pais das Pátrias" ou algo similar, reunisse a narrativa sombria dos nossos patriarcas inverossímeis: segundo Mario, uma espécie de "vidas paralelas" grotescas. A ideia é que Mario faça um Sánchez Cerro ou um Benavides, eu um Santa Anna, Alejo um tirano do Caribe, Edwards (que já aceitou a proposta) um Balmaceda, Roa Bastos um Francia ou um López, García Márquez um Juan Vicente Gómez... e tu: Rosas, Perón, Evita, material platense não há de faltar. Certamente, não se trata de escrever ensaio ou história, e sim de transpor cada um dos temas literariamente, de fazer uma obra de criação: o personagem em questão pode até ser somente um estímulo, uma presença como pano de fundo, etc. Eu acredito que a história só se torna verdadeiramente histórica quando é literatura, e esse projeto nos traz, no plano do imaginário, a possibilidade de derrotar os monstros, recordando-os, da nossa teratologia hispano-americana. E, como disse Mario na sua última carta, "esse trabalho em equipe seria uma bofetada formidável em todos os pequenos maquiavéis sul-americanos que estão empenhados em nos dividir e nos indispor uns com os outros".[306]

Peço que me dês a tua opinião assim que puderes. Nem preciso dizer que a tua participação no projeto será capital, sob todos os ângulos: o literário, o amistoso, o político. É necessário discutir muitos detalhes e montar uma operação editorial que garanta ao livro o sucesso latino-americano e internacional que, sem dúvida, irá alcançar. (Falei com Alfredo Guevara em Paris sobre esse assunto, e ele ficou impactado; Cuba faria uma edição particular de grande tiragem.)

Trabalho estupendamente nesse lugar de encontro, como dizia o velho Goethe, entre as terras da alvorada e as terras do crepúsculo. Rita voltou do México, a menina vai a uma escola perto da Chiesa dei Frari e, nas sombrias dependências do meu *palazzo*, escuto os passos de Henry James, Thomas Mann e o barão Corvo.[307]

---

306 A carta mencionada não foi conservada no arquivo de CF em Princeton.

307 Cecilia Fuentes Macedo, filha de CF e Rita Macedo, havia nascido em 1962. Seu pai dedicaria a ela *La nueva novela hispanoamericana* e outros livros.

Viste a comparação estupenda de Octavio entre a linguagem de Lezama, a tua e a minha?[308]

Todo o meu carinho para Aurora, e para ti, ideólogo perigoso, a velha admiração e sólida amizade de

Carlos

## De Julio Cortázar para Carlos Fuentes

Saignon, 2 de junho de 1967

Meu querido Carlos,

A ideia é excelente, nem tanto por nos reunir em um volume, mas pelo tema deste. A ideia em si da reunião em um volume não me entusiasma muito, primeiro porque sou um solitário como já sabes, e segundo porque não se deve desafiar demais o destino, e a história da literatura demonstra que a maneira mais eficaz de desunir é agrupar. Os "maquiavéis sul-americanos" mencionados por Mario me valem quatro caralhos; dar-lhes qualquer importância é um favor que nem eles mesmos ousariam sonhar.

Mas, em contrapartida, o tema do livro é bom, e eu teria gostado de apostar todas as minhas fichas. É só que... Impossível pensar na mais remota possibilidade de eu escrever alguma coisa nova neste momento. O meu *work in progress* é uma espécie de polvo de papel e tinta que estende os seus tentáculos em todas as direções enquanto eu, perdido em algum lugar, tento organizar esse caos lamentável. Não tenho uma incrível capa-

308 "A vertigem provocada pelas construções do grande poeta cubano [Lezama] é a da fixidez: o seu mundo verbal é o da estalactite; em contrapartida, a realidade de Fuentes está em movimento e é uma contínua explosão [...] Pelo seu cosmopolitismo, Fuentes poderia se assemelhar a Cortázar, o mais lúcido e radical dos nossos desarraigados: mesmo quando escreve em argentino portenho, a ironia conserva a distância entre o escritor e a fala." Octavio Paz, "La máscara y la transparencia: Carlos Fuentes" [A máscara e a transparência: Carlos Fuentes], em *La Cultura en México*, suplemento da *Siempre!*, México, n.º 726, 24 de maio de 1967; incluído em *Corriente alterna* [Corrente alternada] (México, Siglo XXI, 1967).

cidade de trabalho como a de Mario e a tua (dá para perceber, *inter alia*, que sou muito mais velho; como o grande Tommy Loughran, a partir do oitavo round tenho que me cuidar) e, além do mais, não ando nada bem de saúde nesta temporada. Não é grave, espero, mas vivo fatigado, sem a mesma vontade de trabalhar que eu tinha antes, um pouco à deriva. Andropausa, sem dúvida, ou "osso duro de roer" *more* Havana. Algo assim.

Mas então eu tive uma ideia que talvez me permita estar com vocês no livro. Em 1951, escrevi um romance de que alguns falam agora como uma espécie de mito. Chamava-se *El examen*, era muito fraco por sinal, mas nem queira saber quantas coisas formidáveis que ele tinha, e que de alguma maneira nunca superei.[309] Havia um ar, uma atmosfera, não sei o quê. Os poucos que leram o manuscrito (em seguida, vim para a Europa, e ficou na gaveta para sempre) se lembram dele com uma clareza que me faz pensar que o livreco tinha o seu diferencial.[310] Além disso, demonstrou que tenho uma visão aguçada, porque em 1950 eu escrevi ali algo que, dois anos depois e quase literalmente, foi o funeral de Eva Perón na Plaza de Mayo. No meu livro, havia uma cerimônia mágica à qual o povo portenho se entrega, apavorado com uma misteriosa e irrefreável destruição da cidade, que vai apodrecendo como um cadáver. Como forma de exorcismo, todos vão à Plaza de Mayo para adorar um objeto mágico em uma tenda montada às pressas. Quando o protagonista consegue chegar até a caixa onde está o objeto, ele vê que é um osso; nunca descobre muita coisa sobre a razão de ser e a procedência do osso. Mas, retrospectivamente, esse capítulo se mostrou muito verdadeiro, e é principalmente disso que se lembram os raros leitores do romance.

Se tu concordares, podemos fazer uma coisa: quando eu der uma passada em Paris no fim do mês, levarei comigo o manuscrito de *El examen* para Saignon e verei se, com um prefaciozinho adequado, valeria a pena incorporar esse capítulo ao livro do projeto. Mas antes me diz franca-

---

309 Na carta original, CF escreveu *Os prêmios* por engano.

310 JC não recordava que CF havia sido um desses leitores onze anos antes (carta de CF para JC de 1º de fevereiro de 1956).

mente o que achas disso. Bem pode ser que a leitura desse segmento me desencante e eu desista de publicá-lo; mas não posso te antecipar nada.

Do ponto de vista editorial, nem preciso dizer que a Sudamericana certamente ficaria entusiasmada e se encarregaria da edição. Se Mario e tu não tiverem outros planos, deixa-me a par disso também, pois no caso de levar a ideia adiante, eu escreveria para Paco Porrúa para resolver o assunto. (Paco vem para a Europa em setembro, e talvez tu também possas encontrá-lo, mas em todo caso ele vai passar duas ou três semanas comigo; seria o momento oportuno para deixar tudo em ordem.)

Acabei de ler *Três tristes tigres*.[311] Livro curioso, repleto de coisas magníficas, mas um fracasso total como estrutura de romance, como *livro*. Às vezes, o engenho é o pior inimigo do talento, e neste caso Cabrera Infante não conseguiu resistir ao quase infernal engenho que o habita. Agora que estou refletindo, caio na mesma opinião que eu mesmo condeno em muitos críticos de *O jogo da amarelinha*, obstinados em preferir os capítulos mais essencialmente dramáticos e romanescos, deixando de lado o restante; em *Três tristes tigres*, os capítulos romanescos (todos os que estão intitulados como "Ella cantaba boleros" [Ela cantava boleros]) me parecem o melhor do livro. E se eu estiver enganado? Por que fazer com o livro de Cabrera aquilo que eu não gosto que façam com o meu? Em todo caso, o romance tem materiais estupendos, e pessoas como tu e eu ("cosmopolitas da cultura", como sabes, trânsfugas do que é telúrico) gozam imensamente com o sistema complicado de alusões, jogos de palavras, citações e *boomerangs* em diversos idiomas e planos mentais. Logo me dirás o que achas.

Não, não li esse texto de Octavio em que ele trata das nossas linguagens. Podes me dizer onde foi publicado para eu procurá-lo?

Nossos afetos para Rita e a menina (que estranho imaginá-la em uma escola perto da Chiesa dei Frari), e um abraço muito forte para ti de

Julio

---

311 O romance havia recebido o Prêmio Biblioteca Breve em 1964, com MVL no júri, e a sua publicação sofreu atraso por intromissões da censura franquista.

Se encontrares Luigi Nono, manda meus cumprimentos a ele, bem como à sua mulher.[312]

## De Gabriel García Márquez para Carlos Fuentes

México, 5 de junho de 1967

Querido master,

A ideia é boa e deve ser levada adiante.[313] Acredito, isso sim, que cada autor deve escrever, sem exceção, sobre um ditador do seu próprio país. Assim se obtêm mais autoridade, mais propriedade, e haverá menos inconvenientes para alcançar os fins pretendidos.

*Dunque*: o meu candidato é o general Tomás Cipriano de Mosquera, aristocrata, ex-oficial de Bolívar, que assumiu a presidência quatro vezes. Certamente, ele tem muito do teu Santa Anna. Don Tomás estava completamente louco e, no entanto, foi um grande homem: o primeiro liberal que se interpôs à febre ditatorial do Libertador e naturalmente acabou se tornando, por sua vez, ditador. Tinha toda a mandíbula reconstruída em prata, se vestia, no seu segundo mandato, como os reis da França, e era cruel, arbitrário, verdadeiramente progressista e ótimo escritor. Expulsou os jesuítas do país, liderados pelo seu próprio irmão, que era arcebispo primaz de Bogotá. Já em plena decadência, louco e alcoólatra, andava com o seu velho sabre perseguindo as crianças que zombavam dele na rua. Reclamou para o presidente e, como este não lhe deu atenção, expulsou-o com um pé na bunda do palácio e se proclamou chefe-geral supremo pela terceira vez. Enfim, está dentro da grande linhagem dos pais da pátria.

Outro ditador famoso na Colômbia — o único reconhecido oficialmente como tal — traz um inconveniente: foi na verdade um reformista

---

312 Compositor italiano.

313 Essa carta de CF, à qual GGM responde, não foi encontrada.

dos grandes. Me refiro a José María Melo, apresentado agora como um tirano pela história escrita pelos padres, embora fosse na verdade um juarista. Na presidência, tentou implementar o radicalismo liberal no país, mas a aristocracia e o clero abafaram-no e fizeram-no sair do país após sete meses de governo. Não serve: era um homem sério, morreu no México, lutando contra Maximiliano.

Rojas Pinilla, que foi o clássico ditador de opereta, carece de grandeza. Não me interessa. Está vivo, e acredito que, se nos concentrarmos nele, acabaremos lhe dando uma boa chance de se eleger.

O homem, pois, é dom Tomás. No mês que vem, em minha passagem pela Colômbia, conseguirei toda a documentação sobre ele e a levarei para a Espanha, onde escreverei as suas memórias no meu tempo livre. Há muita pressa? Porque o meu problema é que, a essa altura, e sem contar o coletivo, tenho quatro livros pela frente. A torneira está aberta, master.

Obviamente, é impossível que esse livro saia sem Juan Vicente Gómez e sem Trujillo.[314] Quem mais poderia fazê-lo? Talvez Otero Silva na Venezuela e Bosch em Santo Domingo? Verei Otero em agosto em Caracas: tu queres que eu fale com ele? Por outro lado, acho que Asturias deve escrever um Estrada Cabrera.[315] É preciso, além disso, que algum escritor salvadorenho escreva sobre o mais curioso de todos: o general Maximiliano Hernández Martínez, teósofo, que inventou um pêndulo para examinar se os alimentos estavam envenenados, e fez com que se cobrisse com papel vermelho toda a iluminação pública do país para conjurar a peste. Tudo isso em 1944!

Ocorreu-me, e seria bom que todos nós fôssemos acertando esses detalhes, que esse livro deve ser escrito sem rancor. Um bom exemplo de estrutura, tendo em vista a brevidade do espaço, são as biografias

---

314 A ditadura de Trujillo seria o tema de *A festa do bode*, romance de MVL publicado trinta e três anos depois (Madri, Alfaguara, 2000).

315 Asturias já havia baseado *El Señor Presidente* [O senhor presidente] (México, Costa--Amic, 1946) em Estrada Cabrera.

publicadas por John Dos Passos.[316] Para mim, particularmente, um bom exemplo do espírito com o qual esses homens devem ser vistos é a morte de dom Porfirio em Paris, escrita por Martín Luis Guzmán.[317]

Não há chance de tu amarrares as calças e vires a Caracas em agosto? Mario virá. Combinamos de nos encontrar lá. Sei que foste convidado. Mesmo que tenhas dito que não, o assunto pode ser resolvido. Tenho condições até de te arrumar lá algumas conferências ou bate-papos com estudantes para que descoles uns bons trocados em dólares no retorno à Europa. Os venezuelanos são ótimos amigos, e o que vamos fazer lá, diferentemente dos congressos de briga de galo que costumam ser feitos, será uma *pachanga* dos compadres.

Além disso, e que isso seja também um motivo, tenho informações confidenciais de que o Prêmio Rómulo Gallegos será dado para Mario. O grande candidato era Asturias. Não tenho nada contra ele, mas o prêmio não é pela obra, e sim pelos livros concretos, e não há nem o que se discutir entre *Mulata de tal* e *A casa verde*.[318]

Eu já estou praticamente fazendo as malas. Em 15 de julho, vou a Barranquilla. Em 1º de agosto, a Caracas. Em 15 de agosto, a Buenos Aires. No começo de setembro, retorno a Bogotá e, na segunda quinzena do mês, voarei direto para Barcelona.[319] E vou escrever como um animal! Meus dedos já estão ardendo!

Te envio, sem comentários, uma cópia da carta oficial que mandei para Emir.[320] Já me respondeu: ele a publicará intacta. Peço a ti que reco-

---

316 *The Men Who Made the Nation* (Nova York, Doubleday, 1957).

317 "Tránsito sereno de Porfirio Díaz" [Passagem serena de Porfirio Díaz], em *Muertes históricas* [Mortes históricas] (México, Compañía General de Ediciones, 1958).

318 Como foi dito anteriormente, o regulamento do prêmio só considerava romances publicados entre 1964 e 1966. *Mulata de tal* foi publicado em 1963 (Buenos Aires, Losada).

319 Como se pode ver, GGM ainda não tinha uma visita a Lima em sua agenda. O convite, por iniciativa de José Miguel Oviedo, foi feito pela Universidade Nacional de Engenharia quando GGM estava em Buenos Aires.

320 Nessa carta, já mencionada, GGM diz: "Quando o senhor me convidou para colaborar na *Mundo Nuevo*, muitos amigos, com menos senso de humor do que eu para a política, me alertaram sobre a suspeita universal de que o Congresso pela Liberdade da Cultura tivesse certos vínculos extraconjugais com a Agência Central de Inteligência dos Estados Unidos

nheças, mais uma vez, as minhas virtudes de sábio de Aracataca. Há quase um ano, te anunciei que, cedo ou tarde, essa carta haveria de ser escrita.[321]

Nos próximos dias, receberás diretamente de Buenos Aires um exemplar quentinho de *Cem anos de solidão*. Eu vou esperá-lo por esses dias, mas dei instruções à editora para que os exemplares da máfia fossem enviados, inclusive, antes do meu. Tenho um medo de barata perto da iminente publicação do calhamaço. Já assinei com a Le Seuil e estou esperando o contrato da Harper. Mario deve ter te contado que, depois da disputa, a Harper ganhou da Coward-McCann. Fiquei doído por Roger Klein, mas não tinha jeito: a Harper me dará um adiantamento que me permitirá prolongar pelo menos um ano a minha permanência do outro lado do charco.

Um grande abraço a Macedônia, que mais uma vez entrou viva no curral. E, para ti, o imenso abraço do teu irmão, que tanto se preocupa com os teus longos e misteriosos silêncios,

Gabo

## De Julio Cortázar para Mario Vargas Llosa

Saignon, 3 de julho de 1967

Meu querido Mario,

Chegamos a Saignon há dois dias e, no meio de dois metros cúbicos de cartas e pacotes, encontrei a tua carta de 11 de junho, que me deu como sempre uma grande alegria. Também havia uma do outro Mario,

---

[...] Não deixava de ter uma certa graça o fato de que parte do orçamento da espionagem norte-americana estava sendo utilizada para difundir a obra deste escritor, que não tem permissão para entrar nos Estados Unidos, em homenagem à sua periculosidade política." A carta não foi publicada na *Mundo Nuevo*, apesar da promessa de Rodríguez Monegal, e sim na *Encuentro Liberal* (Bogotá, n.º 6, 3 de junho de 1967), revista dirigida por Germán Vargas, amigo íntimo de GGM.

321 Ver carta de 30 de setembro de 1966.

o uruguaio, em que ele dizia que tinha visitado vocês em Londres, notícia que me provocou uma inveja considerável.

Embora eu não concorde muito com a tua teoria sobre a minha influência sobre Antonioni, gostei muito da tua crítica da *Blow-Up* pela abundância de linhas de fuga e aberturas apontando para todas as direções.[322] Vi o filme em Amsterdã, tornei a vê-lo em Paris, e me deixou bem frio nas duas vezes. Objetivamente te digo que o vi como se fosse qualquer outro filme, sem que a menção ao meu nome nos créditos me colocasse em uma diferente perspectiva. É claro que uma coisa é o que a gente deseja, e outra é o que realmente acontece nos níveis mais profundos; é possível que a minha reação possa ter tido inconscientemente um pouco de ressentimento. Inconscientemente só porque, desde o início, A. e eu combinamos que ele trabalharia com autonomia, baseando-se tão somente na ideia central do meu conto; mas eu já vivi demais para não saber que em mim há muitos, e que aquilo que chamamos de opinião é o resultado misterioso de infinitos níveis, dos quais só conhecemos alguns, geralmente os menos importantes. Apreciei o talento cinematográfico de A., o seu admirável manuseio da câmera, e a sequência de ampliações da fotografia me pareceu o melhor do filme. Vou te dizer que só me reconheci por um brevíssimo instante, que me comoveu muito: quando o fotógrafo retorna ao parque e descobre que o cadáver desapareceu, a câmera foca no céu e nos galhos de uma árvore sacudidos pelo vento. Aí, nessa tomada que dura apenas dois segundos, *senti* que havia alguma coisa minha. O resto, talvez por sorte, é integralmente de Antonioni.

Me deixaste estupefato com a tua referência a um ensaio meu intitulado "La situación de la novela" [A situação do romance], publicado na *Imagen*. Primeiro não me lembro de ter escrito esse ensaio, e segundo não conheço a publicação chamada *Imagen*. Há dezessete anos, escrevi um ensaio bem longo sobre o romance, que saiu em *Cuadernos Hispanoamericanos*, e que ninguém ou quase ninguém leu naquela época. Será que eles o reproduziram, aproveitando que os meus textos são mais requisitados agora? Se um dia me mandares duas linhas (não o faças imediatamente porque sei muito bem quanto trabalho tens e não quero

---

322 "Um conto de Cortázar filmado por Antonioni", incluído no apêndice deste livro.

incomodar por uma bobagem), peço que digas em todo caso de onde é a revista para eu procurá-la.[323]

Estive uns dias em Paris para ver *La noche de los asesinos* [A noite dos assassinos] e me encontrar de novo com Miriam Acevedo e José Triana.[324] Eu aproveitei bastante, e a obra foi estupendamente recebida pelo público, como era merecido.

A tua anedota sobre a conferência de Asturias é um deleite. O que podem fazer os anos, as privações de todo tipo e os cabrestos. O que causa mais deleite é que um dos pontos altos da literatura se chame Volodia Teitelboim. Parece que inventaste. Quanto à intervenção da madame Asturias, era previsível: faz anos que ela desempenha o papel de mediadora do marido, isso quando não toma a palavra diretamente, como já fez em vários congressos de escritores, para o assombro dos circunstantes.[325]

O teu romance está avançando? Te desejo um ótimo trabalho, e espero que Patricia e Alvarito estejam muito bem. Afetos de Aurora, e um grande abraço,

Julio

## De Carlos Fuentes para Mario Vargas Llosa

Veneza, 5 de julho de 1967

Queridíssimo Mario,

Retornei de Paris esta manhã, um pouco fatigado pelo trabalho (vais adorar o filme que fiz com Reichenbach: é a prova da absoluta contemporaneidade do "primitivo" latino-americano; revisei a tradução do

---

323 *Imagen*, Caracas, n.º 1, 15-30 de maio de 1967. Como JC suspeita, é uma reprodução de "Situación de la novela" [Situação do romance], *Cuadernos Hispanoamericanos*, Madri, vol. IX, n.º 4, 1950.

324 *La noche de los asesinos* [A noite dos assassinos], do cubano José Triana, obteve o Prêmio Casa de las Américas de teatro em 1965 e teve uma turnê de apresentações na Europa. Miriam Acevedo, atriz cubana.

325 MVL escreveu sobre esse encontro com Asturias em "Un hechicero maya en Londres" [Um feiticeiro maia em Londres], *Caretas*, Lima, n.º 355, 3-12 de julho de 1967.

livro de *nouvelles*, que será publicado pela Gallimard em janeiro, etc.), mas não quero deixar passar nem um dia sem que eu te deixe a par do nosso projeto.[326] Julio decidiu participar com grande entusiasmo: um texto de vinte páginas de alusão ao cadáver de Eva Perón. Mas quem está alucinando com a ideia é Carpentier; escolheu Machado, com uma parte final colocando em cena o sargento Batista; na Gallimard, me disseram que ele telefona todos os dias para conversar sobre a ideia e impulsioná-la ali; e para mim, telefonava a cada dois ou três dias para expressar a sua satisfação. Nunca o vi assim. Ele acredita que esse será um dos livros capitais da nossa literatura, e lhe dou razão. Id., Miguel Otero Silva fará um Juan Vicente Gómez (encontrei Miguel na casa de Neruda, e ele me convidou para o evento em Caracas; a minha aerofobia me impedirá de participar). Id., Roa Bastos ingressou com o seu ditador Francia e um entusiasmo semelhante. De maneira que temos, praticamente, tudo encaminhado. Id., García Márquez com um tirano da Colômbia.) Julio e Alejo concordaram que a edição seja feita no México: Espanha ou Argentina são países muito perigosos para um livro dessa natureza. Te proponho que o editor seja Mortiz, sem dúvida o mais sério e mais organizado do México. Resumindo, a lista até o momento seria:

CUBA: Carpentier: Machado.
MÉXICO: Fuentes: Santa Anna.
COLÔMBIA: García Márquez: Tomás Cipriano de Mosquera.
VENEZUELA: Otero Silva: Juan Vicente Gómez.
PERU: Vargas Llosa: Prado, Sánchez Cerro?
CHILE: Edwards: Balmaceda.
PARAGUAI: Roa Bastos: Francia.
ARGENTINA: Cortázar: Eva Perón.

326 *Chant des aveugles* (Paris, Gallimard, 1968), com prefácio de Octavio Paz, incluiu *Cantar de ciegos* e *Aura*, mas não *Zona sagrada* como CF menciona em seguida.

Há lacunas consideráveis. Estrada Cabrera, Melgarejo, Rosas, Porfirio Díaz, e principalmente algum ditador contemporâneo e recente, como Trujillo. Não quero me estender até o infinito com esse assunto e desejo saber a tua opinião (*the baby is ours*). Juan Goytisolo me propôs participar com uma imagem fundamental e fúnebre: uma visão paralela entre El Escorial e o Vale dos Caídos. Para Estrada Cabrera ou Ubico, poderíamos convidar Asturias. Não conheço um boliviano capaz de encarar Melgarejo. Porfirio Díaz poderia ser feito por Benítez ou Pacheco. Rosas, Ernesto Sabato. Faltaria também o teósofo Martínez de El Salvador: Claribel e Bud? (ou Rosas, Martínez Moreno?). TRUJILLO! Bosch? Estou pensando em voz alta: F. D. Roosevelt disse uma coisa genial sobre Benefactor: "*He's a son of a bitch, but he's OUR son of a bitch.*"[327] Não seria divertido convidar, para esse caso específico, um romancista norte-americano para tratar do tema? Tenho em mente o candidato ideal: William Styron.

Enfim, aguardo a tua resposta sobre todos esses pontos. Se tivermos sorte, os textos estarão prontos no começo do ano que vem.[328] Gallimard e Feltrinelli estão entusiasmados. Para a língua inglesa, seria melhor confiar tudo a um agente norte-americano. Ofereço o meu, Brandt & Brandt, a menos que haja alguma objeção.

Abraço fraternal,
Carlos

PD. Excelente a tua nota sobre *O jogo da amarelinha* na *Les Lettres Nouvelles*. Na América Latina, os criadores são os únicos críticos válidos.[329]

---

327 "Ele é um filho da puta, mas é o NOSSO filho da puta." A origem dessa frase — por quem foi dita e sobre quem foi dita — não foi completamente elucidada pelos historiadores.

328 Como já foi dito, o projeto não se concretizou. Carpentier escreveria o seu próprio romance do ditador anos depois com *O recurso do método* (México, Siglo XXI, 1974), baseado principalmente em Guzmán Blanco da Venezuela, e Roa Bastos faria o seu próprio com *Yo el Supremo* [Eu, o Supremo] (Buenos Aires, Siglo XXI, 1974), baseado no doutor Francia. CF escreveria décadas depois o libreto da ópera *Santa Anna* (Barcelona, Ediciones Originales, 2007), com música de José María Vitier, e o seu entusiasmo para transformar Trujillo em personagem literário teria resultado com o já mencionado *A festa do bode*, de MVL.

329 "Marelle de Julio Cortázar", *Les Lettres Nouvelles*, Paris, maio-junho de 1967. Trata-se de uma tradução de "*O jogo da amarelinha*, de Julio Cortázar, um livro maior", incluída no apêndice desta edição.

## De Carlos Fuentes para Gabriel García Márquez

Veneza, 5 de julho de 1967

MASTERAÇO!

Acabei de chegar de Paris esta manhã e te escrevo voando para te pescar antes que tu deixes (*for good, I hope*) essa merda de cidade, vulgo transparente. Terminei o meu filme com Reichenbach: é maravilhoso. México visto pelos olhos de Max Ernst, Chagall, Picasso: a absoluta "contemporaneidade" do "primitivo" e a absoluta caducidade do "moderno" no México. Deixei pronta a edição de *nouvelles* com a Gallimard (*Aura*, os contos de *Cantar de ciegos* e *Zona sagrada* — o que enlouqueceu os leitores franceses, que veem nela a primeira atualização latino-americana do estruturalismo literário e uma imponente encarnação do rosto como terror —, para que vejas o valor das idiotices de coquetel dos nossos amigos: aqui ninguém conhece M. Félix, leem um livro: *c'est tout la différence*).

Mas vamos ao nosso projeto: me encontrei muito em Paris com Carpentier, Cortázar e Miguel Otero via Neruda. Miguel fará o Gómez. Julio, vinte páginas fazendo alusão a Eva Perón: um cadáver na catedral de Buenos Aires que dissemina uma peste incontrolável. Alejo, um Machado, com parte final introduzindo o sargento Batista. Alejo é o maior entusiasta do nosso projeto: falava comigo diariamente para fazer comentários a respeito, convenceu Gallimard a publicar o livro, parece um menino com brinquedo novo. Até o momento, então, ficou assim:

CUBA: Carpentier: Machado.
MÉXICO: Fuentes: Santa Anna.
COLÔMBIA: García Márquez: Mosquera ou Melo?
VENEZUELA: Otero Silva: Gómez.

PERU: Vargas Llosa: Sánchez Cerro.

CHILE: Edwards: Balmaceda.

PARAGUAI: Roa Bastos (já aceitou, entusiasmado): Francia.

ARGENTINA: Cortázar: Eva Perón.

Peço a tua opinião sobre os seguintes pontos:

a) Juan Goytisolo quer fazer uma espécie de pórtico ou epílogo de origens ou destinos: uma imagem paralela de El Escorial e o Vale dos Caídos.

b) Há sérias lacunas: Estrada Cabrera ou Ubico (Asturias?), Hernández Martínez (Claribel Alegría?), Porfirio Díaz (Fernando Benítez?), Rosas (Sabato ou Martínez Moreno?) e principalmente TRUJILLO. Bosch? Embora eu tenha pensado — e peço a tua opinião — que, só para o caso do Benefactor, pudéssemos recorrer a um escritor norte-americano: William Styron. Recordas o que FDR disse: "Trujillo é um filho da puta, mas é o NOSSO filho da puta."

Escreve assim que puderes sobre isso e me passa os teus diversos endereços. Miguel me convidou para o evento em Caracas; a aerofobia, o trabalho e ser jurado em Veneza me impedem de ir.[330] Abraça a todos os comparsas em meu nome e continua sendo o meu procônsul por lá — assim como eu sou o teu aqui. Na Le Seuil, estão encantados com *Cem anos de solidão* e estão preparando um lançamento magnífico. Viste o artigo dedicado a nós ontem no *Le Monde*?[331]

E PRINCIPALMENTE: HOJE CHEGOU *CEM ANOS*... E AMANHÃ COMEÇAREI A LER SOB O SOL DE LIDO.

---

330 CF integrou o júri do 28° Festival de Cinema de Veneza, de 26 de agosto a 8 de setembro, com Alberto Moravia de presidente, e Susan Sontag, Juan Goytisolo e outros como membros. O León de Oro foi entregue para Buñuel, por *Belle de jour*.

331 Claude Fell, "D'une littérature dominée à une littérature possédée", *Le Monde*, Paris, 5 de julho de 1967: "A realidade latino-americana está carregada de grandes movimentos passionais e líricos, que reaparecem em romances que são um imenso frescor de vivacidade. Essa corrente é impulsionada pelos argentinos Sabato e Cortázar, pelos mexicanos Rulfo e Fuentes, pelo peruano Vargas Llosa, pelo uruguaio Martínez Moreno e pelo colombiano García Márquez."

Na segunda-feira, descerei para Roma para ver Octavio: leste o excelente *aperçu* da tua obra no ensaio dele sobre a minha obra?[332] Excelente.

Teu irmão te abraça,

Carlos

## De Gabriel García Márquez para Mario Vargas Llosa

México, 5 de julho de 1967

Meu querido Mario,

O meu endereço atual no México, até o último dia deste mês, é

Álvaro Mutis
Plaza Washington 47
Dpto. 104
MÉXICO 6, DF

Está agendado para 1º de agosto o meu voo a Caracas, onde nos encontraremos.

Vou matar Paco Porrúa e Tomás Eloy Martínez: não podes imaginar o horror que são os 42 romances do concurso!

Abraços,

Gabriel

---

332 "Em outros dois notáveis romancistas hispano-americanos, um da sua mesma geração e outro da anterior, Gabriel García Márquez e Adolfo Bioy Casares, o amor é, igualmente, uma paixão soberana. No mundo de García Márquez, o amor é o poder genesíaco que reina como uma presença obscura, impessoal e todo-poderosa: é o mundo do primeiro dia ou, mais precisamente, a noite primordial." Octavio Paz, "La máscara y la transparência" [A máscara e a transparência].

## De Julio Cortázar para Mario Vargas Llosa

Saignon, 12 de julho de 1967

Meu querido Mario,

Obrigado por ter me enviado a revista, que elucidou o meu problema. Os resultados da elucidação, poderás vê-los na cópia da carta que estou enviando para o diretor da *Imagen*, e à qual quero dar o máximo possível de divulgação em benefício de todos nós, porque a pirataria já não tem limites na América Latina.[333]

Se conheces alguma publicação responsável no teu país, eu gostaria de te pedir, inclusive, para mandares esta cópia com pedido para que a publiquem; desde já, se isso te trouxer problemas ou se não quiseres fazê-lo, não te preocupes em absoluto. Enviei uma cópia para Ángel Rama, e espero que ele a publique ou a comente na *Marcha*.

Se me permitires, guardarei o teu exemplar da *Imagen* por um tempo, dadas as possíveis repercussões desse assunto. Não me esquecerei de devolvê-lo assim que o Grande Esquecimento entrar em jogo, como sempre entra. (Curiosamente utilizei duas vezes o termo "esquecimento", mas com valores diametralmente opostos, como deves imaginar.)

Acho ótimo que tenhas mergulhado fundo no romance, e eu tenho certeza absoluta de que ninguém vai reclamar das duas mil páginas que nos prometeste. Eu não consegui retomar o terceiro rascunho do romance em que estou trabalhando; o clima provençal e talvez o canto das cigarras tenham uma parcela de culpa, mas já é sabido que a gente sempre busca os melhores pretextos para casos como esse.

333 Na carta assinada em 12 de julho de 1967 e dirigida a Esdras Parra, quem estava na direção da *Imagen*, JC acusou a revista de praticar pirataria e acrescentou: "A publicação desse texto constitui uma dupla fraude, ao leitor e ao autor [...] O leitor com boa-fé acreditará estar lendo um trabalho recente sobre um tema que sofre mudanças e se renova continuamente e, pelo contrário, tropeçará em um texto que pode, quando muito, ter algum valor acadêmico. Por sua vez, o autor aparece defendendo em 1967 uma série de pontos de vista válidos, talvez, em 1949, mas que nem sempre continuam sendo os seus."

Obrigado novamente e até logo, com um grande abraço para Patricia e Álvaro, compartilhado pela minha mulher,

Julio

## De Gabriel García Márquez para Carlos Fuentes

México, 12 de julho de 1967

Master,

A tua carta me alcançou aqui, em meio a quadros amontoados pelos cantos, caixas de livros e carregadores astecas que estão levando o meu mundo de sete anos para enfiá-lo em um depósito.[334] A operação está em andamento, mas tu ainda tens tempo de me escrever outra carta para o México.

A coisa é assim: Mercedes e as crianças vão para a Colômbia dentro de três dias, e eu permaneço aqui rompendo os últimos laços, até 28 de julho, dia em que pegarei um voo direto para Caracas. Ficarei lá até 15 de agosto, quando voarei para Buenos Aires, com uma escala em Bogotá para buscar Mercedes. Ficarei novamente na Colômbia durante todo o mês de setembro, e na primeira semana de outubro irei a Barcelona.

O meu endereço, pelos dias que me restam no México:

Álvaro Mutis<br>
Plaza Washington 47<br>
Departamento 104<br>
MÉXICO 6, DF

Vou mandando os sucessivos endereços em cartões.

O mês em Bogotá será para reunir dados sobre o Mosquera. Vou até Popayán, para ver a imensa fazenda rodeada de árvores onde ele morreu,

334 Na verdade, GGM tinha residido no México por seis anos, desde 26 de junho de 1961.

provavelmente louco. O inventário de autores e temas que me mandaste é estupendo. Acho ótimo o Estrada Cabrera por Asturias.[335] Já a ideia de Goytisolo me parece, à primeira vista, forçada. O problema em relação a Trujillo é grave: Bosch, por ser mais ex-presidente do que escritor profissional, não me parece apropriado, e Styron, diferentemente, apesar de não fazer parte da família, poderia escrever uma coisa estupenda. Eu não fico tão preocupado quanto tu pela falta de certos nomes: se não aplicas critérios drásticos, a lista se torna interminável. Sobretudo o de ser um ditador para cada país. Enfim, o importante agora é que o projeto vá assumindo uma forma estupenda.

Não, não vi o *Le Monde*. Por outro lado, vi o artigo estupendo de Octavio Paz sobre ti, e com menções a mim, e esperava encontrar esse amigo aqui antes de ir embora, mas parece que não chegará ainda neste mês. Cancelei o envio do exemplar de *Cem anos* que a editora iria mandar para Deli, e agora não sei o que fazer para que ele o receba. Em todo caso, ele o encontrará aqui.

E em relação a *Cem anos*, estou um pouco atordoado: já é um sucesso estrondoso! A Sudamericana esgotou a primeira edição de 10.000 exemplares em três semanas, somente no Cone Sul, e já tem segunda edição.[336] O México pediu 4.000 exemplares, que não puderam ser fornecidos na íntegra, e estão sendo vendidos como pão. O que eu mais gosto é que não deu tempo de esperar as críticas: foi vendido à base de propaganda boca a boca. Tu podes acreditar quando digo que eu tinha depositado muita confiança nesse livro, mas nunca pensei que viesse com essa força explosiva. A notícia de que hoje tu estás lendo me deixa arrepiado.

Que pena que não vais a Caracas, onde deixaremos de lado todas essas implicâncias bobas para que seja uma assembleia de compadres.

Um abração,

Gabo

---

335 O próprio GGM propôs que Asturias se encarregasse de Estrada Cabrera em sua carta para CF de 5 de junho de 1967.

336 A segunda edição de *Cem anos de solidão* foi impressa em 30 de junho de 1967.

## De Carlos Fuentes para Julio Cortázar

Veneza, 21 de julho de 1967

Queridíssimo Julio,

Te escrevo pela necessidade imperiosa que sinto de compartilhar um entusiasmo. Não sei por onde anda Gabriel García Márquez nessas horas e, posto que não posso escrever para o autor, escrevo para ti, a quem todos nós tanto devemos (esse TANTO indefinido que é novos ares, um campo mais amplo, uma constelação que se integra). Acabei de ler *Cem anos de solidão*, e sinto que passei por uma das experiências literárias mais íntimas de que me lembro. Conhecia algumas partes que Gabriel tinha me deixado ler no México; mas, apesar de todo o meu entusiasmo prévio, eu não estava preparado para a deslumbrante totalidade dessa narrativa exaltante e triste, para essa prosa mantida sem vacilo, para essa imaginação radicalmente libertadora. Me sinto diferente depois de ter lido o livro, como se eu tivesse conseguido finalmente reconhecer toda a minha gente e lhe dar a mão (porque era preciso dar as costas para essa mesma gente quando era vista sob o olhar circunstancial e *patronizing* do naturalismo: Gallegos e Alegría e Icaza haviam nos divorciado de meia América). Tenho a impressão de ter lido algo como o Dom Quixote latino-americano: um Dom Quixote preso entre as montanhas e a selva, sem campos para percorrer, um Dom Quixote claustrofóbico que, por isso, tem que inventar o universo a partir de suas quatro paredes corroídas. Que maravilha essa re-invenção do mundo a partir da re-invenção das invenções; que prodigiosa essa imagem cervantesca do mundo transformado em discurso da literatura, em constante e imperceptível transição do real para o vivido e para o imaginado: os Buendía, assim como Dom Quixote, só existem a partir da literatura, mas a literatura se transforma em uma realidade superior porque é capaz de dar vida aos Buendía. Tem que existir por aí um Aureliano com a cruz de cinzas na testa, que agora saia a protestar contra a narração histórica do bisneto do coronel Gerineldo Márquez, para corrigir os erros inevitáveis e propor uma nova, radical e insuspeita leitura dos pergaminhos de Melquíades. Certa vez, tu me escreveste sobre romance mutante.[337] Acredito que esse romance de Gabriel é isso: uma geração e regeneração, até o infinito, das figuras que o autor nos propõe, sendo ele inicialmente o mago de um exorcismo que já não pode ter fim. E que sensação de alívio, Julio: tu não sentes que todo bom romance latino-americano te liberta um pouco, te permite delimitar com exaltação o teu próprio terreno, aprofundar aquilo que é teu com uma consciência fraternal de que outros estão complementando a tua visão, dialogando, por assim dizer, com ela? Bom, perdoa-me por todo esse despropósito e me dá um desconto pela urgência de compartilhar contigo esta alegria.[338]

Lamentei por não os ter visto mais vezes em Paris: o trabalho para o filme foi exaustivo, mas o resultado ficou excelente. Emir e Rodolfo Nieto viram a metade que já está montada e sonorizada, e ficaram entusiasmados.[339] O mundo indígena é o tema mais atual que temos no México, porque é o único que está imerso nas fontes originárias do pensamento e da vida. É interessantíssimo ver um filme sobre o México que parece uma pintura de Picasso, Chagall e Max Ernst. São as formas originárias e o realismo é uma de-formação.

Conversei muito com Neto. Ele guarda uma amizade e uma admiração muito profundas em relação a ti. Ele ficou de vir a Veneza para ficar durante todo o mês de agosto. Como vão [ilegível] de vocês?

Um beijo para Aurora e para ti um forte abraço de

Carlos

---

337 Ver carta de JC para CF de 15 de agosto de 1964.

338 Alguns dias depois, JC escreveu para Francisco Porrúa sobre *Cem anos de solidão*: "Que livro incrível, Paco. Nos últimos anos, não vejo nada comparável com esse livro e *Paradiso* de Lezama Lima em nossas terras. Fuentes me escreveu de Veneza igualmente entusiasmado. Enfim, nós, os mais velhos, já podemos morrer. É hora de passar o bastão." (4 de agosto de 1967).

339 Nieto foi um pintor mexicano.

## De Carlos Fuentes para Gabriel García Márquez

Veneza, 22 de julho de 1967

PRIMEIRO ANO DEPOIS DOS CEM DE SOLIDÃO!

MESTRE E ARCANJO!!!!

A tua carta acabou de chegar, e eu andava como gafanhoto sobre brasas, a ponto de me torrar de vontade de te escrever, mas disposto a passar cem anos de aflição acompanhando os teus sucessivos paradeiros, e eu com a boa-nova na ponta da língua:

*CEM ANOS DE SOLIDÃO* É UMA OBRA-PRIMA.

E como eu não podia dizer isso para ti, eis que, assim que terminei, febril, profundamente comovido, deslumbrado, o teu livro, sentei-me e escrevi para Julio Cortázar porque eu iria explodir se não falasse com alguém que entendesse tudo, e talvez seja melhor eu te transcrever a carta para Julio e pronto:[340]

"Querido Julio,

Te escrevo pela necessidade imperiosa que sinto de compartilhar um entusiasmo. Não sei por onde anda Gabriel García Márquez nessas horas e, posto que não posso escrever para o autor, escrevo para ti, a quem todos nós tanto devemos (esse TANTO indefinido que é novos ares, um campo mais amplo, uma constelação que se integra). Acabei de ler *Cem anos de solidão*, e sinto que passei por uma das experiências literárias mais íntimas de que me lembro. Conhecia algumas partes que Gabriel tinha me deixado ler no México; mas, apesar de todo o meu en-

340 A transcrição de CF tem leves modificações em relação à carta original.

tusiasmo prévio, eu não estava preparado para a deslumbrante totalidade dessa narrativa exaltante e triste, para essa prosa mantida sem vacilo, para essa imaginação radicalmente libertadora. Me sinto diferente depois de ter lido o livro, como se eu tivesse conseguido finalmente reconhecer toda a minha gente e lhe dar a mão (porque era preciso dar as costas para essa mesma gente quando era vista sob o olhar circunstancial e *patronizing* do naturalismo: Gallegos e Alegría e Icaza haviam nos divorciado de meia América). Tenho a impressão de ter lido algo como o Dom Quixote latino-americano: um Dom Quixote preso entre as montanhas e a selva, sem campos para percorrer, um Dom Quixote claustrofóbico que, por isso, tem que inventar o universo a partir de suas quatro paredes corroídas. Que maravilha essa re-invenção do mundo a partir da re-invenção das invenções; que prodigiosa essa imagem cervantesca do mundo transformado em discurso da literatura, em constante e imperceptível transição do real para o vivido e para o imaginado: os Buendía, assim como Dom Quixote, só existem a partir da literatura, mas a literatura se transforma em uma realidade superior porque é capaz de dar vida aos Buendía. Tem que existir por aí um Aureliano com a cruz de cinzas na testa, que agora saia a protestar contra a narração histórica do bisneto do coronel Gerineldo Márquez, para corrigir os erros inevitáveis e propor uma nova, radical e insuspeita leitura dos pergaminhos de Melquíades. Certa vez, tu me escreveste sobre romance mutante. Acredito que esse romance de Gabriel é isso: uma geração e regeneração, até o infinito, das figuras que o autor nos propõe, sendo ele inicialmente o mago de um exorcismo que já não pode ter fim. E que sensação de alívio, Julio: tu não sentes que todo bom romance latino-americano te liberta um pouco, te permite delimitar com exaltação o teu próprio terreno, aprofundar aquilo que é teu com uma consciência fraternal de que outros estão complementando a tua visão, dialogando, por assim dizer, com ela? Bom, perdoa-me por todo esse despropósito e me dá um desconto pela urgência de compartilhar contigo esta alegria."

Eu poderia continuar eternamente; o que vou fazer é me sentar e escrever um longuíssimo ensaio, digno de Melquíades ou pelo menos daquele Aureliano que se salvou da morte graças à proteção do coronel Lorenzo

Gavilán e que ainda anda, dizem, em um pé de guerra perpétuo na Sierra Madre, informando as autoridades, de tempos em tempos, mais do que sobre uma rebelião, sobre uma herança: a do coronel Aureliano Buendía.

Te confesso que me sinto demolido. Com um *block* do caralho. Vamos ver por quanto tempo. Me parece inútil escrever depois de ler o teu livro. É a mesma impressão que se tem lendo a Bíblia ou as tragédias gregas: tudo já foi dito, o verbo encarnou.

Parto amanhã a Paris por uma semana para terminar o filme de Reichenbach; espero encontrar Carpentier por lá, espero que ele tenha lido o teu livro: faremos uma reunião em tua homenagem. Octavio deve ter chegado hoje ao México; vai morar na casa de Julissa; falei muito sobre *Cem anos* para ele na semana passada, quando estivemos juntos em Roma (com o miserável José Emilio, que esteve na Europa exatamente por cinco dias e desprezou o meu convite para vir a Veneza).[341]

Comunica-me os teus sucessivos paradeiros, mestraço, e de novo, o maior ABRAÇO do mundo pela tua maravilhosa façanha!

Carlos

## De Gabriel García Márquez para Mario Vargas Llosa

México, 26 de julho de 1967

[Telegrama]

LT VARGAS LLOSA 7 PHILBEACH GARDENS
LONDRES W5 ENGLAND

VINTE E UM ESTOUROS DE CHAMPANHE PELO JURADO

341 José Emilio Pacheco, escritor mexicano. MVL dedicou a ele e à sua esposa, Cristina, o ensaio *García Márquez: história de um deicídio.*

MAIS JUSTO DO MUNDO[342]

GARCÍA MÁRQUEZ

## De Mario Vargas Llosa para Carlos Fuentes

Londres, 27 de julho de 1967

Querido Carlos,

Te escrevo quatro linhas velozes, rodeado de malas feitas pela metade, passaportes vencidos, papéis e livros espalhados pelo chão, pois viajarei dentro de alguns dias a Caracas (em seguida darei um pulo em Lima e voltarei para Londres no dia 15 de setembro). É uma pena que não venhas, pois lá estará um montão de amigos excelentes. Neruda também vai.[343] Fico muito feliz por saber que o livro a 18 mãos e cento e oitenta dedos avança como um vendaval. O resumo é estupendo, e me parece magnífico o colofão de Juan sobre El Escorial e o Vale dos Caídos, bem como a ideia de que Asturias faça um texto sobre Estrada Cabrera e Bud e Claribel sobre o teósofo sanguinário. Não haveria maneira de conseguir que um haitiano escreva sobre Papa Doc, que é uma das flores mais lindas do pântano ditatorial? Durante o mês que passarei em Lima, vou entrar de corpo e alma no meu texto; tenho já uma ideia nebulosa a respeito dele, que me excita muito. Não tenho tempo agora para te escrever longamente, como eu gostaria, sobre *Zona sagrada*, que li há alguns dias. Creio que não é tão importante quanto aquele monumento que é *Cambio de piel*, no entanto me parece um livro revolucionário sob o ponto de vista da técnica narrativa, o primeiro romance exclusivamente *visual*. Sei, por Díaz-Lastra, que fez um enorme sucesso e isso não me

342 Três dias antes, em 23 de julho, o Prêmio Rómulo Gallegos havia sido concedido para MVL por *A casa verde*. MVL recebeu a notícia por telegrama no dia seguinte.

343 Neruda não participou.

surpreende, porque tu merecias.[344] Te deixo o meu endereço em Lima, caso precisares: Casimiro Ulloa 490, San Antonio, Lima.

Um grande abraço de

Mario

## De Julio Cortázar para Mario Vargas Llosa

Saignon, 31 de agosto de 1967

Imagino que estejas retornando de Caracas, mas tenho a vaga lembrança de que irias de lá para Lima. De todos os modos, suponho que te encaminharão as tuas correspondências.

Ontem, pela carta de Bud Flakoll, eu soube que tinhas ganhado o Prêmio Gallegos. Embora não pudesse ser de outra maneira, a confirmação me trouxe uma grande alegria, porque suponho que, além do que o prêmio em si representa, o lado material facilitará aquilo que para ti é essencial: continuar escrevendo em paz. E assim todos os teus leitores também terão ganhado esse prêmio de certa forma, que irão receber das tuas mãos sob a forma de livros. Estou muito contente, Mario, e te mando um grande abraço ao qual Aurora se junta e que tu repartirás com Patricia e Alvarito.[345]

Te quero muito bem,

Julio

Cortázar — Saignon (Vaucluse)

---

344 Alberto Díaz-Lastra, escritor e jornalista mexicano.

345 JC disse para Jorge Edwards semanas depois: "Escrevi para ele [para MVL] quando ganhou o Prêmio Gallegos, mas imagino a montanha de cartas que ele terá recebido e o seu decorrente e justificado mau humor. Leste o discurso dele? Vale a pena, e eu teria gostado de estar lá para ver algumas caras..." (2 de novembro de 1967). Oviedo conta em suas memórias que GGM revisou a versão final do discurso de MVL antes de ser lido e lhe disse: "É perfeita."

# De Julio Cortázar para Carlos Fuentes

Paris, 5 de novembro de 1967

Meu querido Carlos,

Nesta semana, de volta a Paris, Ugné me passou o teu endereço em Londres.[346] Como apenas passarei três semanas aqui antes de ir a Genebra para trabalhar por outras três, e não sei se nesse ínterim tu virás a Paris, te envio estas linhas pelo motivo a seguir.

Carlos Franqui está aqui, ocupando-se do Congresso de Havana em janeiro. Estou te enviando a programação, caso não a tenhas. Aquilo que foi pensado inicialmente como uma reunião de escritores do "terceiro mundo" se transformou, como verás, em um congresso muito maior (e provavelmente menos eficaz, ai!), ao qual decidiu-se convidar os intelectuais por motivos de qualidade e interesse (interesses deles nos problemas a tratar), o que significa que será uma reunião muito parecida com os Jogos Olímpicos, só que menos divertida. Mas isso é crítica interna e pessoal; creio que o que conta é que pessoas como nós trabalhem um pouco nessa assembleia massiva.[347]

Franqui me pediu para te deixar a par dessas coisas, e que me (ou lhe) respondas se poderás ir. Estou enviando agora umas linhas para Mario, que não sei se está em Londres, para que ele comunique igualmente para Franqui as suas possibilidades. Tudo isso é bastante absurdo, porque não

346 Ugné Karvelis, escritora e tradutora lituana, editora da Gallimard (1959-1983) e par romântico de JC de 1968 a 1978.

347 O Congresso Cultural de Havana, reunido de 4 a 11 de janeiro de 1968, foi um evento importante na política cultural da Revolução Cubana. Participaram cerca de quinhentos intelectuais de setenta países. A morte recente de Che Guevara marcou muito dos debates e resoluções. O único autor de *As cartas do Boom* que participou foi JC, o qual admitiu que "realmente é preciso gostar muito dos cubanos para quebrar uma norma inflexivelmente respeitada ao longo de toda a minha vida", isto é, a de evitar eventos e reuniões (carta para Francisco Porrúa, 14 de novembro de 1967). CF enviou uma carta para o ministro de Educação de Cuba (1º de janeiro de 1968) para explicar a sua ausência por "obrigações imperiosas", reiterar o seu apoio à revolução e enfatizar a necessidade de preservar a "liberdade cultural". Também enviou um telegrama de adesão ao congresso redigido por ele e Goytisolo e assinado por vários intelectuais.

se organiza um congresso a dois meses de sua realização, e a loucura tropical está aprontando novamente uma das suas; mas estou confiante de que tanto Mario quanto tu poderão aceitar. Quero esclarecer que não foram feitos convites oficiais (a verdade é que nada foi feito, a não ser falar muito em Havana, conforme Carlos me contou, e de última hora o enviaram à Europa para convidar pessoalmente os escritores, cientistas, sociólogos — a lista é insana e quase encantadora à força de ser maluca). Esta carta é, pois, uma ajuda minha para Franqui, para que ele não se dê um tiro no hotel em uma noite dessas, já que o noto muito sobrecarregado com tudo o que está tendo que lidar.

Escreve-me, fala comigo se quiseres (LECOURBE 69-23, de manhã) e, em todo caso, deixa-me saber de ti.

Um grande abraço e todo o meu afeto,

Julio

Qualquer coisa, Franqui está no Hotel du Quai Voltaire.

LITTRE 42-91

## De Gabriel García Márquez para Mario Vargas Llosa

Barcelona, novembro de 1967

Irmãozaço,

Enfim, depois da viagem interminável, eu vim parar nesse hospício.[348] Conseguimos um apartamento confortável, no qual espero come-

348 A viagem interminável de GGM e MVL pode ser resumida assim: ambos chegaram a Caracas, o primeiro saindo do México e o segundo, de Londres, em 2 de agosto. Segundo MVL, os seus aviões aterrissaram quase ao mesmo tempo. Este foi o primeiro encontro pessoal deles. Participaram do XIII Congresso Internacional de Literatura Ibero-Americana, durante o qual MVL leu o seu discurso de recebimento do Prêmio Rómulo Gallegos, em 10 de agosto. Viajaram juntos a Mérida (Venezuela), onde participaram de uma mesa-redonda sobre romance ibero-americano, e em seguida a Bogotá, em 12 de agosto. MVL partiu para Lima em 15 de agosto e, nesse mesmo dia, GGM voou, com Mercedes, a

çar a escrever o quanto antes.[349] Fernández Retamar vai me matar, mas definitivamente não posso ir a Cuba.[350] Ficou tarde demais para mim. Não localizo Fuentes. Se ele estiver em Londres, podes dizer para ele me mandar o endereço dele a fim de restabelecermos o contato? Como está o meu afilhado? Quando vocês virão a Barcelona? Caramba! Me sinto um pouco lascado por ver a Europa, depois de doze anos, tomada de material plástico.[351] Beijos para Patricia, e para ti o grande abraço do irmão errante,

Gabo

República Argentina 168
Apto. 4-2
BARCELONA, 6

---

Buenos Aires, onde seria jurado do concurso de romance da *Primera Plana*. Ficaram duas semanas. Os amigos se reencontraram em Lima no começo de setembro. A convite de José Miguel Oviedo, nos dias 5 e 7 tiveram duas conversas públicas na Universidade Nacional de Engenharia (UNI). Em 11 de setembro, no mesmo dia em que GGM partiu de Lima a Bogotá, nasceu o segundo filho de MVL, que recebeu o nome de Gonzalo Gabriel em homenagem a GGM e ao segundo filho dele. GGM passou alguns meses na Colômbia antes de se mudar para Barcelona. Após a visita de GGM a Buenos Aires, Tomás Eloy Martínez escreveu para MVL em 9 de outubro de 1967: "Durante duas semanas inteiras, eu soube das tuas histórias via Gabo. Ele falava de ti o tempo todo, com um entusiasmo maluco, como se tivesse descoberto o amigo da vida dele."

349 GGM tinha chegado a Barcelona por volta de 11 de novembro, dois meses depois do previsto. Moraria lá até 1975.

350 Convidado para ser jurado do Prêmio Casa de las Américas, GGM comunicou a Fernández Retamar a sua decisão de não viajar em uma carta escrita de Bogotá "no fim de outubro" que o cubano não recebeu. GGM lhe escreveu outra em 22 de dezembro reiterando as suas desculpas: "Sinto-me na obrigação de te dizer o quanto fico incomodado por ter te feito essa desfeita, o quanto me dói não poder encontrar em Havana tantos amigos do mundo todo, e principalmente o quanto fico preocupado que a minha decisão de última hora seja objeto de interpretações errôneas." Em 25 de janeiro de 1968, GGM sugeriu para Fernández Retamar a publicação de uma edição cubana de *Cem anos de solidão* para aliviar o "peso na consciência" pela viagem cancelada. Essa edição da Casa de las Américas foi impressa em 9 de abril de 1968, com prefácio de Mario Benedetti e três comentários na contracapa (um deles de MVL).

351 A primeira estada de GGM na Europa se estendeu de julho de 1955 a dezembro de 1957.

## De Julio Cortázar para Mario Vargas Llosa

Genebra, 27 de novembro de 1967

Querido Mario,

Recebi carta de Marc Moyens, um intérprete encarregado de organizar as reuniões do Comité Consultivo Internacional del Algodón. Aurora e eu já trabalhamos duas vezes para esse comitê (em Frankfurt e Amsterdam). A próxima reunião é em Atenas, em *junho* de 1968 (dez dias, na metade do mês). Moyens, que é teu leitor, pergunta se "farias" essa conferência. Pagam salários de *revisor* e dietas excelentes.* Se a ideia de umas quase férias helênicas te deixa tentado, responde-me logo, pois, em caso negativo, terei que procurar outro tradutor para Moyens. Manda-me duas linhas de volta pelo correio, por favor. Nem preciso dizer o quanto eu adoraria passar dez dias em Atenas contigo e talvez com todos vocês para conhecer Álvaro e Gonzalo.[352]

Um abraço para Patricia, afetos de Aurora, e um forte abraço para ti de

Julio

Escreve ou envia um telegrama para
Office des Nations Unies
Section de traduction espagnole
Palais des Nations
Genève

Cables: UNATIONS GENEVE

*E a viagem de avião, *of course.*

---

352 MVL aceitou o trabalho e recordaria essa experiência muitas vezes. Em carta para Cabrera Infante de 29 de junho de 1968, JC escreveu: "Suponho que terás visto Mario e que este terá te contado sobre as nossas longas e maravilhosas noites nas tavernas atenienses, diante de garrafas potentes de vinho branco com resina. Foram dez dias magníficos, em que ganhamos um mar de dinheiro sem fazer praticamente nada e ficamos em dia em matéria de amizade e literatura."

## De Gabriel García Márquez para Mario Vargas Llosa

Barcelona, 2 de dezembro de 1967

Irmão:

Tu és um bárbaro! Acabei de ler a tua nota sobre *Cem anos* — reproduzida pelo *El Espectador*, de Bogotá, pois nunca recebi a *Amaru* — e estou simplesmente estarrecido.[353] Acredito que, no mundo da amizade, valemo-nos um pouco da generosidade, mas não tanta, velho! É a melhor coisa que eu já li a respeito do romance, e agora não sei muito bem onde me esconder, em parte estupefato, em parte envergonhado, e em parte muito lascado por não saber o que fazer com essa bomba que jogaste para mim.

Como uma vingança involuntária, mas merecida, recebi o recorte quando estava terminando de ler, finalmente, *Os filhotes*, que tinha ficado para trás em meio a tantas viagens.[354] É estupendo, e eu pretendia discorrer muito mais sobre ele, mas agora ficou embaraçoso: fico tenso só de pensar que isso possa parecer uma reverência japonesa.

Encontrei a única má notícia casualmente, nesse mesmo recorte que te mencionei, perdida num canto: o velho Guimarães Rosa morreu.[355] Isso é o que me deixa alarmado — e muito! — em relação à Espanha: vive numa bolha sem comunicação. Assaltas as bancas de jornais e revistas, e já de noite, cansado de ler merda, descobres que não te informaram nada![356] O falecimento de Guimarães, quem conheci pessoalmente, me deixou um pouco desconcertado.

Não: não posso ir a Londres agora. Preciso me sentar, com urgência, e escrever. Meu braço esfriou, e o romance do patriarca está apodrecendo dentro de mim. Felizmente, está acontecendo um pequeno milagre: me

---

353 "*Cem anos de solidão*: o Amadis na América", *Amaru*, Lima, n.º 3, julho-setembro de 1967, e *El Espectador*, Bogotá, 26 de novembro de 1967.

354 *Os filhotes* foi posto à venda no final de fevereiro ou começo de março de 1967.

355 João Guimarães Rosa havia falecido em 19 de novembro de 1967, no Rio de Janeiro.

356 A censura imposta pela ditadura de Franco, embora reduzida, continuava limitando o acesso a informação e a diferentes manifestações culturais.

lembrei de um conto que eu tinha deixado de lado há muitos anos, e que agora me veio completo e redondo. Já comecei e estou me divertindo como um anão. Praticamente tudo está no título:

"A incrível e triste história da Cândida Erêndira e sua avó desalmada"[357]

Pensei que era algo muito pequeno, e agora eu sei que vai ficar grande e quase tão longo quanto o *Coronel*. É como se eu tivesse ganhado na loteria sem comprar o bilhete.

Li os *Três tristes tigres*. Poucas vezes me diverti tanto quanto na primeira parte do livro, mas logo tudo desmoronou, ficou mais engenhoso do que inteligente, e no final eu fiquei sem saber o que afinal queriam me contar. Cabrera, com o seu estupendo dote de escritor, está, no entanto, descalibrado.

Beijos para Patricia e para a prole. E para ti um imenso abraço,

Gabo

## De Gabriel García Márquez para Carlos Fuentes

Barcelona, 2 de dezembro de 1967

República Argentina 168
Apto. 2 4.º/2.º
BARCELONA, 6

Irmãozaço,

Finalmente te encontrei! A primeira pista de que estavas em Londres foi de Buñuel em Madri, mas só Rodríguez Monegal e em seguida Vargas Llosa

---

357 Foi publicado em 1972 como um dos sete contos do livro homônimo. Teve edições em Barcelona (Barral), México (Hermes), Caracas (Monte Ávila) e Buenos Aires (Sudamericana). Com exceção desta última, todas foram impressas em Barcelona. Ao mesmo tempo ou mesmo antes, GGM planejava fazer um roteiro de cinema com essa história; seria rodado na década seguinte: *Eréndira* (1983), dirigido por Ruy Guerra.

acabaram de me fornecer as tuas coordenadas exatas. Por um momento, tive a impressão de que estavas perdido nos pântanos da pútrida Europa.

Bom, cá estamos nós, em um apartamento bem americanizado no sopé do Tibidabo, onde há um quarto transformável: durante o dia, servirá para eu tentar domesticar os meus fantasmas, e durante a noite é uma estupenda pista de aterrissagem para os amigos. Saibam, pois, Rita e tu, que vocês já têm casa em Barcelona, com estupendas sardinhas na chapa e um armário cheio de vinho.

Não pretendo me mudar daqui até o verão do ano que vem, que passaremos em Paris. Sim, já sei que nisso eu procedo ao contrário de todo mundo, mas para o momento me deixarão um apartamento em Paris, e além de não querer perder essa oportunidade, tenho a vaga lembrança de que a estação do calor é a melhor dos boulevards para quem os conhece bem: as grandes sacadas cheias de alemãs nuas! O meu plano inicial de permanecer aqui por um ano se prolongará para dois anos se as coisas continuarem como estão até agora, embora eu não descarte a possibilidade de passar o segundo ano em Londres.

A propósito: Mario me falou sobre o teu plano de fazer o *Réveillon* do Boom.[358] A ideia é sensacional, mas não me atrevo a me mexer nessas horas. Justamente por isso, eu tive que dizer para Fernández Retamar, com toda a dor da minha alma, que não poderei ir a Cuba em janeiro como jurado da Casa de las Américas. Acabei de fazer uma viagem infinita — da qual Mario e Rodríguez Monegal devem ter te contado alguns pedaços —, e agora o que eu preciso com urgência é escrever. Sinto como se eu tivesse perdido o eixo, e sei que não vou encontrá-lo enquanto eu não ficar quieto por alguns meses.

Ainda não comecei *O outono do patriarca*. A minha viagem pela América do Sul me fez mudar quase completamente de perspectiva para esse livro, e me pus a repensá-lo do início até o fim. Enquanto isso, estou me divertindo como um japonês com um conto longo que me caiu de repente e que começarei a escrever em breve. Só o título já me

358 Até então, os quatro autores de *As cartas do Boom* nunca haviam estado num mesmo lugar. Acontecerá apenas uma vez, em agosto de 1970, como será contado mais adiante.

deixa satisfeito: "A incrível e triste história da Cândida Erêndira e sua avó desalmada." É uma loucura que eu acho que tu vais gostar muito.

Acho que tu tens a informação por outras vias, mas te confirmo: *Cem anos* continua vendendo como salsicha e já vai sair a quarta edição. Isso, é claro, me deixa muito feliz, mas fico mais feliz ainda pela comprovação de que a América Latina se transformou em um dos grandes mercados de livros do mundo. Para mim, o famoso Boom não é tanto um boom de escritores, mas um boom de leitores.[359] Que maravilha! Por outro lado, a editora Sudamericana me saiu estupenda: paga os meus royalties com uma religiosidade assustadora, e isso está me permitindo estender os planos europeus, que estavam previstos como curtos e estreitos, para longo prazo. Além disso, consegui lhes passar todos os meus livros anteriores para edições de bolso, e já começam a invadir as vitrines do continente. Mercedes, com a sua velha sabedoria egípcia, vê e não crê. Estou simplesmente assustado, embora eu tente disfarçar.

Ainda não tive tempo de formar nenhuma opinião a respeito desse estranho planeta em que caí. A única coisa inquietante é a terrível falta de informação em que se vive aqui. Pior do que em Kafkahuamilpa. Acabei de fazer uma assinatura do *Le Nouvel Observateur*, que é a única maneira de recebê-lo. Me parece absurdo viver na Europa como se fosse em Toluca: até agora, ainda não consegui descobrir exatamente o que foi que De Gaulle falou.[360] A imprensa daqui só publica fragmentos depurados. E outra coisa mais alarmante: ontem eu fiquei sabendo casualmente, em um recorte que me mandaram da Colômbia por outros motivos, que o velho Guimarães Rosa morreu. Isso me deixou muito abalado.

---

359 GGM reitera uma ideia expressa no diálogo público com MVL em Lima, em setembro daquele ano. JC concordará com essa visão em uma entrevista com César Hildebrandt: "O Boom não foi feito pelos editores como se tem sugerido agora, mas pelos leitores latino-americanos, que, em pouco mais de uma década, atingiram o mais formidável estado de consciência, jamais visto antes em nossos países (e significativamente paralelo ao estado da consciência política e revolucionária)", *Caretas*, Lima, n.º 472, 6-22 de fevereiro de 1973.

360 Em julho, De Gaulle visitou a Exposição Universal em Montreal e teve um incidente diplomático com o Canadá quando palavras suas foram entendidas como um apoio aos independentistas quebequenses.

Disse para Chaneca, que anunciou visita para o fim deste mês, trazer para mim *Cambio de piel*, pois descobri há poucos dias que o livro tinha sido publicado no México.[361] Carlos Barral ficou de me passá-lo, mas foi embora para Madri, e estou ansioso para conhecer a famosa aberração. Em todo caso, se tiveres um exemplar sobrando, manda-me de Londres. Os malditos editores mexicanos se negam a me mandar as suas novidades simplesmente porque não lhes ofereço notas críticas. Em contrapartida, os de Buenos Aires me têm naufragando de tanto livro que aparece.

Tens que me escrever uma carta bem longa e me contar o que tens feito desde o nosso último contato. Te escrevi de Buenos Aires a Veneza — em ocasião daquela carta que me mandaste sobre a nota na *Primera Plana* — mas suspeito que não recebeste nada, pois te dei um endereço para que escrevesses para Colômbia e estive lá por um mês sem receber uma resposta.[362] És um irmão daqueles, mas nesta casa te amamos tanto que já andas como um fantasma, estás em todos os cantos. Que vontade de te ver! Mercedes diz que, quando nos encontrarmos, espera não estar por perto, pois não será capaz de aguentar o infinito blá-blá-blá que vamos armar.

Um grande beijo para a Macedônia, e para ti, o maior abração do mundo,

Gabo

---

361 Bertha Maldonado, publicista mexicana conhecida como "Chaneca", foi amiga de GGM e CF. Este lhe dedicou o conto "Un alma pura" [Uma alma pura], de *Cantar de ciegos* [Cantar de cegos].

362 Ambas as cartas mencionadas não foram recuperadas.

# 1968

## De Carlos Fuentes para Gabriel García Márquez

Londres, 6 de fevereiro de 1968

Mestraço arcangélico, solitário e centenário, *old man of The Ramblas*, etc.,

Perdoa a demora. Acabei a minha obra de teatro e estou traçando os planos de um transatlântico, tudo graças à hermética solidão de Londinium, urbe sórdida, sombria, dickensiana, onde o sol é igual à população: esperando que alguém o apresente.[363] Definitivamente os minhas recompensas estão às margens do Sena — nem esta severidade inglesa, nem aquela frivolidade itálica. Totalmente *homme moyen sensuel*. E tu nas tuas Ramblas? Quem está feliz aqui é a Macedônia; entrou para o Central School of Speech and Drama, onde a transformaram em uma mistura de Demóstenes e Marcel Marceau; sai às nove, deixa Cecilia na escola e retorna às seis transformada em um pretzel, pois parece que a base da escola inglesa de atuação é a ginástica sueca, o levantamento de peso e a yoga. Mas eu a banho em cerveja e fica derretida de novo.

Nem preciso dizer que os teus comentários telefônicos sobre *Cambio de piel* me deixaram nas nuvens. Se tu gostaste, basta, caramba, e que os mexicanos (e alguns rio-platenses) continuem se dedicando ao esporte de opinar sobre o livro. Não creio, apesar de tudo, que seja um romance

363 A obra de teatro é *El tuerto es rey* [Quem tem um olho é rei] (México, Joaquín Mortiz, 1970).

só para romancistas. Na Itália está na terceira edição e em Nova York começou de forma estupenda. Eu me pergunto a razão da minha batalha crescente com os críticos e leitores latino-americanos. ???

Muitos amigos de passagem durante o Ano-Novo: Octavio, José Luis, Chaneca; um San Silvestre de mínimo Boom (Mario, Cabrera e eu) brindando pelos ausentes, e algumas telefonadas enciclopédicas ao grande Julio, que agora anda pelas Índias como hóspede do poeta Paz e trabalhando na conferência de comércio e desenvolvimento. Que livro fascinante é *A volta ao dia em oitenta mundos* — fascinante por sua grande tristeza e grande exaltação, sempre unidas!

O livro dos ditadores está em andamento. Já se interessaram, antes de vê-lo, Gallimard, Feltrinelli e Jonathan Cape, e em uma reunião de trabalho com Mario, estabelecemos o dia 1º de julho como data de entrega e a seguinte lista definitiva de colaboradores:

Carpentier: Machado.
Monterroso: Somoza.
Claribel Alegría: Maximiliano Martínez.
García Márquez: Mosquera.
Otero Silva: Gómez.
Vargas Llosa: Sánchez Cerro.
Donoso: Melgarejo.
Edwards: Balmaceda.
Roa Bastos: Francia.
Martínez Moreno: Rosas.
Cortázar: Eva Perón.
Fuentes: Santa Anna.

Estamos pensando que, com as abundantes regalias, o melhor é comprar um vilarejo para escribas latinos expatriados na costa amalfitana. Divididas entre os doze, mal dariam para os caminhões e os cigarros.

Mil agradecimentos pela tua ajuda com Rosa Regàs. Ela me mandou uma esplêndida bibliografia, que consegui localizar no British Museum

Reading Room. Imagina por quantos cerros de Úbeda andarei para ler tratados de falcoaria do século XV![364]

No mais, os Feltrinelli te leem e traduzem com um entusiasmo de louco, e eu estou muito contente que tenhamos editores em comum na Itália e na Inglaterra. Estou preparando o meu estômago e outras vísceras para o nosso encontro parisiense; Gallimard vai nos oferecer um grande jantar com Carpentier. Mas antes dessas calendas, escreve! Manda um beijo para Mercedes e para as crianças, e tu recebe um poderoso abraço do teu chapa,

Carlos

## De Gabriel García Márquez para Mario Vargas Llosa

Barcelona, 7 de fevereiro de 1968

Meu querido Mario,

Estou escrevendo agora para Oviedo para desautorizar a publicação em forma de livro dos nossos diálogos limenhos.[365] Isso estava combinado. Li o texto e continuo achando que não é ruim para um espetáculo de circo, mas em um livro acabaria sendo superficial e afobado. Permitir que seja impresso seria de uma frivolidade imperdoável.

Não há nada ali que tu ou eu não tenhamos dito para todos os jornalistas da América Latina. E mais: muitos dos conceitos que aparecem como meus são conceitos teus — tu já sabes — e me apropriei deles abusivamente para não entrar em apuros. Não posso aceitar que agora sejam apresentados oficialmente como de minha autoria. Também não

---

364 Leituras para *Terra nostra*.

365 Em janeiro de 1968, José Miguel Oviedo escreveu para GGM e MVL para propor a eles uma coedição UNI-Sudamericana da transcrição do diálogo que haviam realizado em setembro de 1967 em Lima, "para que seja lançado para toda a América do Boom".

posso permitir que seja divulgada amplamente aquela atitude de simples mediador que tu assumiste voluntária e generosamente, e que já em um livro pareceria injustamente subalterna.

Só para não criar problemas para José Miguel — e supondo que tu não terás nenhum inconveniente —, vou permitir que o jornal universitário seja publicado. Mas, isso sim, lapidando muito o texto.[366] A única coisa que não farei, por questões de honra elementar, será acrescentar linhas novas. E, no futuro, tomarei muito cuidado para não deixar esses filhos espúrios vagando pelo mundo.

Estou perdido: o romance do ditador cresce e se ramifica mentalmente, e parece que será um monstro de sete cabeças. Tomei a firme decisão de escrevê-lo a fundo, e depois me retirar aos meus aposentos particulares. Não consigo de outra forma: tenho a terrível impressão de que estou me suicidando com a máquina de escrever. Por ora, para aquecer o braço, continuo escrevendo alguns contos infantis, que podem nunca ser publicados.[367]

Te esperamos ansiosamente para o fim deste mês. Vamos conversar, caramba, agora sim! Seria formidável se Patricia viesse também: nunca a vimos vazia.[368]

Abraços,

Gabo

366 *La novela en América Latina: diálogo* (Lima, UNI-Carlos Milla Batres, 1968) teve depois várias reedições; a última, em 2021, sob o título *Duas solidões: um diálogo sobre o romance na América Latina* (Barcelona, Alfaguara). Não se sabe o paradeiro das cintas em que o diálogo foi gravado, por isso ignoramos se foram feitos recortes na transcrição, que foi finalizada, segundo Oviedo, "após meses de trabalho com gravadores defeituosos, secretárias idiotas, e interpretação de texto" (carta para MVL, 24 de janeiro de 1968).

367 Alguns desses contos foram reelaborados e publicados depois em *A incrível e triste história da Cândida Erêndira e sua avó desalmada* (1972).

368 Os García Márquez só tinham visto Patricia uma vez, grávida de seu segundo filho, em Lima.

## De Carlos Fuentes para Julio Cortázar

Londres, 15 de fevereiro de 1968

Queridíssimo Julio,

Lembrei de ti agora há pouco porque, enquanto eu escrevia, Coleman Hawkins jogava na televisão, um ritual circular, o mais antigo e o mais atual, e os olhos daquele velho bruxo de costas carregadas, ombros inclinados e braços totêmicos completavam a música, eram o seu mais distante e o seu mais próximo, e como o que ele tocava era triste e exaltante ao mesmo tempo, como o teu maravilhoso *Volta ao dia*... E como tu e Coleman... bom, sentei-me para te escrever uma carta, queria te enviar o recorte que aqui vai da *Saturday Review*, que me deixou muito honrado pelo parágrafo final e talvez te divirta.[369] Jean-Louis de Rambures também acabou de me enviar o número da *Réalités* dedicado a ti (*practically*) e me sinto um pouquinho responsável, porque Rambures me fez sentar em uma mesa do Dupont-Montparnasse em uma manhã gelada de novembro para me fazer perguntas, e eu me senti como um daqueles personagens de *Cidadão Kane* que não sabem bem o que significa "Rosebud".[370] Mas sim, sim, talvez mataram Oliveira a sangue frio em uma segunda-feira, na serra boliviana.[371]

Lembramos de ti sempre e muito, com Mario e Guillermo, e ontem também com Emir em uma de suas passagens por Cambridge. Emir me contou que está deixando a revista em definitivo. Longe de garantir mais

---

369 CF usa "jogava", no começo deste parágrafo, com o duplo sentido de *play* em inglês: jogar e tocar um instrumento. Robert J. Clements, "A Riddle of Life and the Good Love", *The Saturday Review*, Londres, vol. 51, n.º 4, 27 de janeiro de 1968. O último parágrafo diz o seguinte: "Quando a narrativa de Fuentes no México ou a de Cortázar na Argentina são comparadas com os livros nacionalistas ou indigenistas do passado recente, fica evidente que o romance latino-americano alcançou a maturidade."

370 Jean-Louis de Rambures, "Cortázar. Le troisième grand de la littérature sud-américaine", *Réalités*, Paris, n.º 265, fevereiro de 1968.

371 Referência ao assassinato de Che Guevara, ocorrido em 9 de outubro de 1967, uma segunda-feira.

autonomia, como ele queria, os patrocinadores lhe impuseram condições inaceitáveis: fazer a revista em Buenos Aires, em estreita colaboração e sob a vigilância do Ilari e, enfim, adotar a postura a-crítica mais intolerável.[372] Emir vai retornar em maio para Montevidéu e a revista vai retornar para as suas verdadeiras mãos: às de um Arciniegas da vida. Estão dizendo que o sucessor de Emir pode ser Murena, e isso diz tudo. Creio que tudo isso se deve a uma mudança política bastante evidente. Quando Emir, com toda a boa-fé (quem poderia duvidar da sua grande honestidade, às vezes do seu candor), assumiu a revista, o problema era liquidar a herança da Guerra Fria, e o esforço de Emir atendeu a essa necessidade de desdemonizar e desmaniqueizar (que vocábulos horrorosos eu estou empregando). Mas agora as coisas se apresentam de outra maneira; já não se trata de uma campanha contra a conspiração global e monolítica do comunismo, que tirava o sono de Dulles; a União Soviética é quase um aliado dos americanos e o monolitismo comunista está em ruínas. O "anticomunismo" hoje é somente um antinacionalismo dirigido contra países pequenos, potencial ou efetivamente revolucionários. Trata-se, como diz Octavio, de uma guerra de civilizações: a civilização industrial e imperialista, seja qual for o posicionamento ideológico, contra as plurais civilizações marginais, excêntricas, economicamente fracas. Essa será, sem dúvida, a orientação da *Mundo Nuevo* sem Emir e a orientação de toda a política cultural das grandes potências. Terror e nojo.

Estou revisando a minha pequena obra de teatro e enviarei para vocês um exemplar para leitura em breve. Valerio Riva está traduzindo-a para o italiano e Luigi Nono se encarregará da parte musical. Não me atrevo, de forma alguma, a estreá-la primeiro no México.

Um beijo para Aurora, cumprimentos muito muito carinhosos para Octavio e Marie José, e para ti um forte abraço com toda a admiração e a amizade de

Carlos

---

372 Ilari era o Instituto Latino-americano de Relações Internacionais, um órgão vinculado ao Congresso pela Liberdade da Cultura e financiado pela Fundação Ford.

## De Julio Cortázar para Carlos Fuentes

Nova Delhi, 20 de fevereiro de 1968

Meu querido Carlos,

Que alegria a tua carta, que lemos em voz alta no jardim da casa de Octavio, com as nossas mulheres escutando atentamente e as *seven sisters*, uns pássaros pardos em bandos de sete, comendo as migalhas de pão aos nossos pés. Sem falar dos gatos, esquilos, melros e demais bichos que compõem o zoológico particular de Marie José. Falando em zoológico, não posso deixar de te contar logo que, num dia desses, vimos um tigre branco, de cuja existência eu não tinha conhecimento, e que é de uma beleza incrível. Como um fantasma de tigre, quase transparente em contraste com os outros, de listras marcadas. Um tigre budista, convicto de sua própria irrealidade e esfumando-se na atmosfera. Pensei em Borges: alguém viu um tigre, e muitos anos depois, ao tentar recordá-lo, o esquecimento já fez o seu trabalho, e só obtém uma visão esfumada; não é difícil dar o salto e entender que o tigre branco é o sonho de alguém que quase o esqueceu, que o mantém precariamente à beira do nada. Em tudo isso que te digo, notarás a perversa e maravilhosa influência de Octavio, com quem conversamos por horas e horas de tudo o que ele conhece tão bem, tão *deveras*. Perto dele, a Índia se torna uma experiência mais profunda, ainda que dois meses não me tirem da triste condição de turista efêmero. Curiosamente, essa Índia não tem nada a ver com aquela que eu acreditei ver em 1956, e o motivo não é que ela tenha mudado, mas eu mudei. A vida, o descobrimento dos problemas que me interessam hoje mais do que os tigres brancos, me obriga a olhar de outra maneira, a não camuflar o terror deste país em nome dos templos de Khajuraho. Mas, te digo sabendo que é verdade, talvez justamente por isso, os templos de Khajuraho e os tigres brancos me parecem ainda mais bonitos. Não é questão de lucro ou prejuízo, mas de uma abordagem mais vertical. A Índia, Vietnã, Cuba, todos nós, doem em mim. Como não sentir melhor, então, esses pontos extremos, essas utopias prodigiosamente realizadas contra o vento e contra a maré, que são as escultoras indianas ou as cúpulas dos palácios mongóis? Eu já acreditei ser possível, ingenuamente, uma visão estética da realidade e da literatura; eram os meus tigres brancos, já podes ver, as minhas restritas opções insustentáveis. Não posso conhecer o meu próprio futuro, mas de certa forma não tenho medo dessa imersão em uma realidade em que tenho que enfrentar o que displicentemente eu tinha posto de lado, em nome de uma suposta hierarquia de valores que se quebra por todos os lados. A verdade é que os valores que realmente contam permanecem de pé, ainda mais admiráveis do que antes. Nenhuma revolução me fará renunciar a Marcel Duchamp; mas Duchamp já não poderia hoje me fazer renunciar à revolução. Tudo consiste, tudo consistirá, como sempre, em procurar e encontrar as articulações da nova estrutura. Creio que tu, que todos nós que valemos alguma coisa estamos procurando juntos.

Achei muito divertida a resenha de *Cambio de piel*; o bom Clements não sabe muito bem o que fazer com o teu livro, mas de todas as maneiras ele sentiu que estava diante de algo que estava além dele e teve a decência de transmitir essa sensação ao leitor. Também fico muito contente com essa aproximação — ou melhor, essa proximidade — mencionada na última frase. E já que tu gostaste de *A volta ao dia*, suponho que também achaste divertida a passagem em que prevejo o que ocorreria em nossos países se tu ou eu publicássemos as nossas memórias.[373] E agora umas

---

373 Trata-se de "Verano en las colinas" [Verão nas colinas], em que escreveu: "E por que não um livro de memórias? Se eu ficar com vontade, por que não? Que continente de hipócritas, o sul-americano, que medo de ser tachados de vaidosos e/ou de pedantes. Se Robert Graves ou Simone de Beauvoir falam de si mesmos, grande respeito e adesão; se Carlos Fuentes ou eu publicássemos as nossas memórias, imediatamente nos diriam que nos achamos importantes". Diferentemente de MVL e GGM, JC e CF não publicaram livros de memórias. CF incluiu dois textos autobiográficos no seu livro de ensaios *Myself with Others* (Nova York, Farrar, Straus and Giroux, 1988), publicado somente em inglês; outros registros sobre a sua vida podem ser lidos em *En esto creo* [Nisto eu acredito] (México, Seix Barral, 2002) e *Personas* [Pessoas] (México, Alfaguara, 2012). Quanto a JC, as suas *Cartas*, editadas por Aurora Bernárdez e Carles Álvarez Garriga em cinco volumes (Buenos Aires, Alfaguara, 2012), podem ler lidas como uma longa narração autobiográfica.

linhas sobre o que me contaste a respeito da *Mundo Nuevo*. Ainda em Havana, tive notícias de que algo assim iria acontecer, embora lá pensassem que a revista sairia de circulação por volta de março ou abril; pelo que me disseste, o plano é continuá-la com outro diretor (e aquele que mencionaste seria desde já perfeito, *our man in Buenos Aires*); em todo caso, para efeitos práticos, será como se tivesse deixado de existir, porque sob a direção de Emir a revista foi excelente e cumpriu tudo o que Emir tinha planejado e nos havia dito desde o começo. Concordo contigo que ele foi candoroso, coisa séria em tempos como esses; em todo caso, já sabes por que me neguei a colaborar na revista desde o começo, talvez por um candor de orientação oposta, vá saber; mas, à luz do que me contaste, é evidente que eu não me equivoquei.[374] E também é evidente que o ponto de vista assumido por ti, e compartilhado por Octavio, é muito justo. Há realmente uma guerra de civilizações, e todo o *puzzle* está se desmontando e montando de uma maneira muito diferente, pelo menos em relação às denominações e aos *slogans*. Penso, por exemplo, no problema trágico do *brain drain*; as cifras, os dados de que tive conhecimento no Congresso de Havana pela boca de delegados indianos, argentinos, chilenos, etc., são preocupantes quando julgados à luz desse choque entre a civilização industrial e imperialista e os países pequenos e desabastados. Penso que, há pouquíssimos anos, eu achava tudo bem que os argentinos fossem aos Estados Unidos para se aperfeiçoar, e inclusive que não voltassem; mas agora descobri que, muitas vezes, é quase pior que voltem, porque muitos deles voltam para trair, consciente ou inconscientemente, totalmente sujeitos a esse plano de conquista cultural do qual se tornam instrumentos, embora, naturalmente, sejam muito úteis e façam o bem em seus respectivos países. A questão é diabólica, porque se baseia nos mais altos sentimentos e valores humanos, no justo

374 O último número da *Mundo Nuevo* dirigido por Rodríguez Monegal em Paris foi o 25, referente a julho de 1968. Depois, sob a coordenação de Horacio Daniel Rodríguez, a revista foi publicada em Buenos Aires até 1971.

direito que tem um médico boliviano sem dinheiro nem apoio de ir a Detroit para aprender tudo o que jamais aprenderia em La Paz; mas a cada dia eu tenho mais medo do "espírito científico", da amoralidade que se verifica nos pesquisadores quando a vocação é mais forte do que qualquer sentimento de solidariedade com um mundo miserável e explorado. Acredito que nós, escritores, estamos mais a salvo de tudo isso do que os físicos e os biólogos, porque o nosso "aperfeiçoamento" felizmente é feito de outra maneira. Mas não estou te enchendo o saco?

Os quatro aqui presentes aguardamos a estreia da tua peça de teatro, e noto em Aurora uma forte impaciência; haverá, eu te previno, batalhas surdas e astutas pela posse do exemplar. Que coisa boa que Nono vai escrever a música; em Havana, escutei *La floresta es joven...* [A floresta é jovem...], que me pareceu admirável; além disso, faz muitos anos que sou um admirador da sua obra e da sua conduta.[375]

Diz para Mario e Guillermo que aqui vai um abraço para eles. Diz para Guillermo que, a dez mil metros de altura, em um Boeing de Air India, testemunhei uma intérprete das Nações Unidas passar a noite inteira lendo *Três tristes tigres*, leitura que foi seguida de um debate apaixonado na hora das bandejinhas. Guillermo pode se gabar por ter levado a cultura às alturas. Quanto a Mario, diz para ele que aqui vivo rodeado dos seus amigos Loayza e Deustua, os únicos seres dignos no triste, sinistro panorama dos "servidores civis internacionais".

Todo o nosso afeto para Rita e a menina, e até sempre, com um abraço de Aurora e de

Julio

Obrigado pelo *briefing* que deste para Rambures. A nota da *Réalités* é muito digna, embora a frase final não seja nem minha, nem de Mallarmé.

---

375 *A floresta é jovem e cheia de vida*, de Luigi Nono, foi apresentada em Havana, em 1967, por Alicia Alonso, com o título *Génesis* [Gênese].

## De Gabriel García Márquez para Carlos Fuentes

Barcelona, 1º de junho de 1968

Irmão,

Esta não é a carta que tenho que te escrever, mas um papelzinho para te avisar que, entre 8 e 10 de junho, um grande amigo de Barranquilla vai te telefonar, em Londres. Chama-se Alfonso Fuenmayor e é um louco inveterado da boa literatura que quer te conhecer.[376] Tira um tempo para tomar com ele nem que seja um café.

Toma nota dos itinerários: em 18 de junho, nós vamos à casa de praia de Cicogna por dez dias, no seguinte endereço:[377]

Enrico Cicogna
La Scogliera — Sori (Gênova)
Tel. 78601

Fica a duas horas de Milão, de modo que é fácil nos vermos por lá. Depois, a partir dos primeiros dias de julho, estaremos em Paris:

17, rue Guénégaud
Paris VI
(último andar sem elevador)

A única coisa que estragaria os meus planos seria uma guerra civil na França, o que não acredito que vá acontecer depois que o PC demonstrou

376 Jornalista colombiano, integrante do lendário Grupo de Barranquilla, ao qual pertenceram Germán Vargas, Álvaro Cepeda Samudio e o "sábio catalão" Ramón Vinyes. GGM os transformou em personagens em *Cem anos de solidão*.

377 Enrico Cicogna traduziu *Cem anos de solidão* ao italiano.

que vai mais atrás do que a base.[378] Se eu mudar os planos, te avisarei. A única coisa que eu sei é que neste verão nós vamos nos ver. Caramba!

Me convidaram para ir a Moscou em 18 de junho, por duas semanas, ao centenário de Górki, mas não aceitei. Moscou me entedia e o avião me apavora.

Pepe Donoso, tiveram que colocá-lo para dormir por vários dias porque foi vencido pelo medo da morte. Já está melhor, mas não acho que vai conseguir aguentar o tranco.

Abraços,

Gabo

## De Gabriel García Márquez para Mario Vargas Llosa

Barcelona, 1º de junho de 1968

Irmão Mario,

Só um papelzinho para te avisar que, entre 8 e 10 de junho, um grande amigo meu de Barranquilla vai te telefonar, em Londres: ele se chama

---

378 Referência às revoltas de maio e junho de 1968. Após semanas de distúrbios, greves e violência, o presidente Charles de Gaulle ameaçou declarar estado de emergência, ordenou que os trabalhadores retornassem aos seus ofícios e convocou as eleições, anúncios que contribuíram para desmobilizar estudantes e trabalhadores, o que pressupôs o final da (temida por uns, desejada por outros) "revolução de 68". CF se entusiasmou com os acontecimentos e viajou de Londres a Paris em 30 de maio. A viagem foi programada inicialmente com MVL uma semana antes, tal como CF escreveu, entre outros, para Ramón Xirau: "Amanhã, viajarei com Vargas Llosa para Paris em um Deux Chevaux cheio de tanques de gasolina; de ferry até Ostende e dali pegaremos a estrada para a Comuna. Falo todo dia com Goytisolo e Cortázar por telefone. O entusiasmo é delirante. Todas as previsões da sociologia da abundância, todos os dogmas do Partido Comunista caíram por terra. É como uma ressurreição das grandes ideias libertárias [...] A fonte da revolução são as ideias, a juventude, a necessidade inenarrável em uma sociedade que acreditava ter suprimido a necessidade material: a necessidade nascida da abundância, o escândalo imprevisível." (carta de 23 de maio de 1968).

Alfonso Fuenmayor e é um sujeito incrível, falador de literatura até morrer, e tem muita vontade de te conhecer. Tira um tempo para tomar com ele nem que seja um café.

Nós vamos no dia 18 deste mês para a casa de Cicogna em Sori, Gênova. Ficaremos lá por uns dez dias, insolando-nos, enquanto De Gaulle termina de demonstrar que é o único sujeito com colhões na França, e poderemos ir a Paris. Calculo que estaremos lá a partir dos primeiros dias de julho. Manda-me os teus planos agóra mesmo para não haver desencontros de verão.

Não pude ir a Paris agora, como eu queria. Minha opinião folgada é que os estudantes e os obreiros ficaram sem bons líderes para fazer o que teria sido o acontecimento político mais importante do século XX. Concordas? Espero que não concordes comigo, para assim me consolar da frustração que estou sentindo.

Me convidaram para ir a Moscou em 18 de junho, por duas semanas, ao centenário de Górki, mas me pareceu um programa muito entediante. Não vou.[379]

Terminei cinco contos infantis, mas já não me apetecem. Não serão publicados. Acho que, depois do verão, vou começar o romance para levantar os ânimos ou terminar de me lascar.

Grandes abraços,

Gabo

## De Gabriel García Márquez para Carlos Fuentes

Milão, 26 de junho de 1968

---

379 MVL havia estado em Moscou de 24 a 30 de maio. De lá, viajou a Atenas. No seu retorno a Londres, escreveu o artigo "Moscú: Notas a vuelo de pájaro" [Moscou: notas a voo de pássaro], publicado em duas partes na *Caretas*, Lima, n.º 379, 23 de agosto-12 de setembro de 1968, e n.º 382, 14-24 de outubro de 1968.

Giangia como Feltrinelli Editore
Societa per Azioni — capitale interamente versato 500.000,000
Milano via Andegari 6

Mestre,

Estou em Milão e vou a Roma na semana que vem. Não sei quais endereços, mas Riva te dirá como me encontrar.

Em 10 de julho, chegarei a Paris:

Paul Coulaud
17, rue Guénégaud
PARIS VI

Hoje mesmo te mandarei outra carta a Londres, para ver com qual delas vou te alcançar.

Um abraço,

Gabo

## De Gabriel García Márquez para Carlos Fuentes

Milão, 26 de junho de 1968

Giangiacomo Feltrinelli Editore
Societa per Azioni — capitale interamente versato 500.000,000
Milano via Andegari 6

Mestraço misérrimo,

Por onde diabos andas? Rivas disse que estás em Paris, mas todas as tentativas para te encontrar foram inúteis. Em todo caso, esta carta vai duplicada para ver se tropeça contigo. Te mandei a Londres, há muitos dias, o endereço da casa de praia de Cicogna, onde estou passando uns dias com toda a tropa, e tu não dás nenhum sinal de vida.

Bom, estarei em Roma do dia 1º ao 8 de julho. Ainda não tenho endereço lá, mas na livraria de Feltrinelli saberão como me encontrar. Além disso, Riva, de Milão, saberá sempre como me capturar. Aparece, caralho!

Estarei em Paris a partir de 10 de julho no seguinte endereço

Paul Coulaud
17, rue Guénégaud
PARIS VI

Aí, todo o mês de julho e de agosto.
Grandes abraços,
Gabo

## De Carlos Fuentes para Gabriel García Márquez

Londres, 30 de junho de 1968

Mestraço,

Maldito e misérrimo serás tu, forasteiro, o que andas fazendo *lonje* de Macondo, mandando-me telefones inexistentes em Sori, Gênova e alguns pontos marginais para os quais infrutiferamente telefonei noite e dia, a fim de comunicar para ti, Amaranto e Úrsulo, as minhas exaltações e angústias e noites em claro e loucuras do vendaval francês? Para vender *jelo* e dentaduras postiças na selva, camarada!

Mas, para que vejas como, apesar de tudo, te amamos como um Cristo encarnado, vamos aos Parises todos juntos com Macedônia e Gordinflona para passar seis semanas de falatório, pois já é hora, e um minuto a mais sem Gabos será um desafio para a providência, cujas consequências não quero sofrer.[380] O romancista gringo Mr. James Jones (*From Here to Eternity*) me deixou, por um tempo menor do que o do seu título, o seu soberbo apartamento no quai d'Orléans, na Île Saint-Louis, em frente à Notre Dame bem lascada por M. Malraux. De maneira que ali estaremos todos de 25 de julho até 6 de setembro, e o melhor será fazer uma reunião de uma vez na Embaixada de Cuba no dia 26, via nosso camarada Alejo.[381]

Logo conversaremos muito com Buñuel, Goytisolo, Semprún e os Cortázar, se eles se deixarem ver em um *weekend*, a respeito de tudo o que aconteceu. Eu tenho a cabeça revirando dados e conversas e impressões obtidas em Paris durante as duas últimas semanas, e agora estou tentando organizar tudo e escrever um longuíssimo ensaio para a *Siempre!* e para a *Marcha*: é preciso defender e explicar uma revolução que expõe ao ridículo todos os regimes "liberais" da América Latina e a sua inspiradora Alpro.[382] Fiz uma loucura e meia em Paris, e me sinto como um dos teus personagens, com a rola da alma tatuada. Caralho! Cortázar é magnífico! A postura dele foi de uma inteligência e de uma coragem admiráveis![383]

---

380 "Gordinflona" era o apelido familiar da sua filha Cecilia.

381 Carpentier havia sido nomeado em 1966 ministro conselheiro na Embaixada de Cuba em Paris.

382 Aliança para o Progresso, programa de assistência econômica lançado pelo presidente Kennedy em 1961, para reduzir a pobreza nos países latino-americanos e enfrentar o comunismo. CF escreveu um ensaio sobre os acontecimentos parisienses que foi publicado com títulos diferentes em diferentes lugares: "París: la revolución de mayo" [Paris: a revolução de maio], *La Cultura en México*, suplemento da *Siempre!*, México, n.º 788, 31 de julho de 1968; "La Francia revolucionaria: imágenes e ideas" [A França revolucionária: imagens e ideias], *Marcha*, Montevidéu, n.º 1411-1414, entre 20 de julho e 9 de agosto de 1968; "París: la revolución de mayo", *Cuadernos de Marcha*, Montevidéu, n.º 15, julho de 1968; e como publicação de tamanho grande com fotografias de Antonio Gálvez, *París: la revolución de mayo* (México, Era, 1968). Foi reproduzido muito mais tarde no livro *Los 68*. Paris-Praga-México (México, Debate, 2005).

383 Estudantes contrários ao regime de Onganía ocuparam o pavilhão da Argentina na Cidade Universitária de Paris, com o apoio de JC, CF, Sartre, De Beauvoir, Sarraute, Goytisolo, entre outros. Sobre isso, JC publicou "Homenaje a una torre de fuego" [Homenagem a uma torre de fogo] na *Marcha*, Montevidéu, ano XXIX, n.º 1408, 28 de junho de 1968. Em seu ensaio sobre

Aqui vai um abraço dos grandes pelo sucesso de *Cent'anni* na Itália Famosa. Terás visto com quanto cuidado e entusiasmo Riva e Ravoni tomam conta das nossas coisas.[384] Diz para mim, sabes se já publicaram o pequeno ensaio sobre o teu livro que mandei para Feltrinelli?[385]

Escreve logo e recebam *tutto il nostro amore*,

Carlos

## De Carlos Fuentes para Julio Cortázar

Londres, 8 de julho de 1968

Querido Julio,

Impossível deixar passar este mês sem uma espécie de missiva de onomástica, não atual, mas futurizável, pois um dia todas as contradições serão resolvidas (somente para originar outras, novas, imprevisíveis) e germinará plenamente esse personagem-livro-calendário-mutante-átomo-cronópio-raio-laser-onda, o Julio dos Julios silvavernecortázarcésareinaudilaforguesuperviellegarfield (porque sabes que o nome de John Garfield era Julius Garfinkle) que dará a volta ao livro em oitenta mundos (já sabes que na Iugoslávia "Julius" é sobrenome, de maneira que é imposto pelo sangue e não pela água, como vocês).[386]

---

Maio de 68, CF detalhou: "No mesmo lugar em que começa *O jogo da amarelinha*, na passagem que conduz da rue de Seine ao quai de Conti, onde Oliveira procurava a Maga, há agora um cartaz azul e preto com um desenho em branco vazado de Julio Silva e um texto de JC: 'Vocês são as guerrilhas contra a morte aclimatada que querem nos vender sob o nome de futuro'." O balanço final de JC aparece em carta ao tradutor Rabassa: "Aqui na França, batalhamos por semanas e semanas, ao lado dos estudantes exasperados, para pôr abaixo as consciências tranquilas gaullistas e mostrar que a poesia pode sair às ruas e mostrar um caminho de salvação... Resultado? Já sabes. De Gaulle venceu as eleições de ponta a ponta... *Well*, estou amargurado, mas não sou bobo e sobretudo não sou ingênuo; as coisas são assim, e será preciso continuar a luta onde e como der, em Cuba, na Argentina, nos EUA, no Vietnã..." (26 de junho de 1968).

384 Valerio Riva e Marcelo Ravoni trabalhavam para Feltrinelli.

385 Esse ensaio não foi identificado.

386 Lista de Julios: Silva, Verne, Cortázar, César, Einaudi, Laforgue, Supervielle, Garfield. JC chamava *A volta ao dia em oitenta mundos* de "o livro dos Julios", "pois a magia, sempre desperta nos nomes, quis que três Julios colaborassem com a sua concepção". Entrevista para *Juventud Rebelde*, Havana, 4 de janeiro de 1968.

Me acabei em Paris, fui a Nanterre, falei com estudantes, com obreiros, fui aos Comitês de Ação Revolucionária, retornei e despachei 48 páginas para a *Siempre!* e para a *Marcha*: nossa gente tem que entender o que aconteceu. Não se trata apenas de uma virada fundamental na história contemporânea: Marx, no fim das contas, tinha razão, e a revolução no mundo industrializado é possível e é possível com liberdade. Além disso, trata-se da comprovação de que a Revolução Francesa deixou sem metas, sem justificativas, não mais os regimes castrenses e feudais da América Latina, mas as vanguardas "progressistas" da Aliança para o Progresso e os governos burgueses do México, Chile, Uruguai, Peru, Venezuela, que nos adormeceram com a promessa de um paraíso de consumidores. Agora, todo esse mundo aparece nu, como o imperador de Hans Christian: é, como tu chamas, o mundo da morte aclimatada. (Para efeitos literários, o teu cartaz aparece em meu texto fixado em uma parede dessa passagem entre a rue de Seine e o quai de Conti, onde TANTAS coisas começam e recomeçam...)

Me deixaram um belo apartamento em Paris, de 26 de julho (e dá-lhe) até 6 de setembro: Île Saint-Louis, com vista para Notre Dame. Te deixo o endereço se, um dia desses, tu e Aurora descerem e quiserem tomar uma taça conosco e conversar sobre certas coisas: 10, quai d'Orléans (entrar por 2, rue Budé), e o telefone é DAN 1850.

Muito trabalho: o novo romance (*working title*: "Tántalo", simples autocrítica) está avançando; às vezes me encontro com Guillermo e Mario e lembramos de vocês.

Enquanto isso, um grande abraço para os dois, ao qual Rita e Cecilia se unem. (Pergunta paterna: "Cecilia, tu estás com a revolução ou com a contrarrevolução?" Resposta filial: "Papi, eu estou contigo..." O que fazer com as mulheres, meu chapa?)

Carlos

## De Carlos Fuentes para Julio Cortázar

Londres, 24 de julho de 1968

The City, July 24th, 1968[387]

Dear Mr Julius Court a Tsar and You End Up Full of Lead Just Like Rasputin the Mad Monk of All Them Roosias Who Ate Patty Cake Patty Cake Full of Cyanide and Other Hashes of the Gay Nineties, Hear Ye, Hear Ye:

Well, man, I just happened to pop over to G. Cain my brother he of the Ass Jaw after going with George, Paul and John (God's Truth) to see a psychedelic flicker called *You Are What You Eat* and sure enough, man, sure enough, there lay on his fridge the extant proof that you, Sire, are the perfidious and anonymous author of several underground masterpieces that relate, among sundry facts, to those relevant to the case of M. Valdemar: you wrote 'em boy, don't hedge with an Aztec priest 'cause I got them obsidian knives under mah skin, you wrote them and then Charlie B. translated them into the French from your English and then an obscure boozer from Baltimore retranslated them into Pidgin English and there the matter rests (RIP Van Winkle). And yet another evening I went to that fleabitten vaudeville joint known as the Aldwych

387 Esta carta utiliza, de uma maneira joyceana (fluxo de consciência, homônimos, trocadilhos, entre outros), vários registros literários (Dickens, Shakespeare, Joel Chandler Harris e Mark Twain do Deep South estadunidense, para citar alguns) para sugerir, por sua vez, diversos registros linguísticos, culturais e regionais da América Latina. As alusões a Guillermo Cabrera Infante são ao mesmo tempo chamativas e irônicas, porque GCI seria o grande expoente dos entrecruzamentos brincalhões, sobretudo os especificamente joyceanos, entre o espanhol e o inglês em suas múltiplas variedades. CF demonstra aqui (para JC, grande conhecedor da obra de Joyce) que não foi em nada inferior a GCI em seu domínio da língua e os diversos sensos de humor britânicos, irlandeses e norte-americanos. Em outro texto em inglês, CF escreveu para Ugné Karvelis: "Te envio este texto em inglês porque foi escrito em inglês, e traduzi-lo ao castelhano para publicação no México foi uma proeza um tanto frustrada: aquilo que é pensado em inglês não se deixa reduzir facilmente a línguas menos flexíveis, ou que apenas o serão se Cortázar continuar lutando *round* após *round* com Battling Academy the Madrilian Mamuth." (8 de maio de 1969).

Theater to see the premiere of «Injuns» by my pal Kopit and directed by his pintsize Ziegfeld, our Great and Common Friend Mr. Jack Gelber and was frozen to death and hear palsy when at intermission time came to us one P. Brook and then I realized we were all living through certain secret instructions broadcast by courtesy of Laser Rays Inc. from a faraway shanty in the Deep South of Frogland. You bet your life: the actor who was supposed to play Geronimo in Mr. Kopit's carnival opus had been floored by snake-bite and in his place, who should be treading the creaky boards of Tippsy Chore but one R. Howells our bosom companion of long standing and fast falling. And so, Bro'er Julius, on my very last day in the foggy banks of the Thames where corpses are fished out at midnight by a black necrophile and his lily-white daughter, G. Cain and thy 'umble servant raised a glass of tepid ale to your own health and that of Mistress Dawn by your side and the Thirty Ghosts behind you (my private computer inform me, with suspicious exactitude, that each and every one of us God's Chillun is the Sole and Happy Possessor of Thirty Ghosts, for such is the mathematical relationship, as you well know, between the living and the dead!!!). And well, a bit of Good Newes: the aforementioned G. Cain He of the Ass & Jew and this Your Most 'Umble Servant 'ave been signed up to do the script of the Volcano & Mescal opus of the late lamented M. Lowry, to be filmed by the noted Aragonian expatriate Mr. Louis Boon Yell, so all is for the good in the best of all possible wells: up to your neck in shit and wallowing for more.

Having said a mouthful, the undersigned thanks you for your July letter, o Julied Julying Julius, begs you extend a pure kiss to the Mistress Dawn and the Familiar Cat T. W. Trinkett:

Charlie Fountains[388]

---

388 A Cidade, 24 de julho de 1968

Prezado senhor Julius Corte, Czar, se cortejares um czar terminarás crivado de bala tal qual Rasputin, o monge maluco de todas as Rússias que comeu um bolinho envenenado de cianeto e outras iguarias da folia dos 1890, ouçam, ouçam:

Pois, rapaz, dei um pulo lá no G. Cain [Guillermo Cabrera Infante], meu irmão, o da mandíbula de asno, depois de sair com George, Paul e John (juro por Deus) pra ver um filme psicodélico chamado *Você é o que você come*, e olha só, rapaz, não é que bem ali, na geladeira dele, lá estava a prova viva de que tu, meu senhor, és o pérfido e anônimo autor de

# De Carlos Fuentes para Julio Cortázar

Paris, 7 de agosto de 1968

Querido Julio,

Fiquei comovido com a tua carta.[389] Perdoa a demora em te responder. Precisei assimilar tantas coisas que disseste... E depois os aconte-

---

várias obras-primas do submundo que tratam, entre outros assuntos diversos, do caso de M. Valdemar [ref. ao conto de Poe]: tu as escreveste, rapazinho, não me faças de tolo, que sou sacerdote asteca com lâminas de obsidiana debaixo da pele, foste tu que as escreveste, e depois Charlie B. [Baudelaire] as traduziu para o francês a partir do teu inglês, e em seguida um beberrão sombrio de Baltimore retraduziu tudo para um inglês macarrônico, e aqui jaz o assunto (RIP Van Winkle). E noutra noite, ainda fui ao antro de pulgas de vodevil conhecido como Teatro Aldwych para ver a estreia de *Malditos índios*, do meu chapa Kopit, dirigida por seu pequeno Ziegfeld, nosso Grande Amigo em Comum, o senhor Jack Gelber, e eu estava morrendo de frio e zonzo dos ouvidos quando, no intervalo, surgiu um tal de P. [Peter] Brook, e então percebi que todos nós estávamos vivendo segundo certas instruções secretas transmitidas por cortesia da Laser Rays S. A., direto de uma cabana remota no extremo sul da Froglândia [Frogland é França na gíria londrina]. Podes apostar a tua vida: o ator escalado para viver Gerônimo na peça carnavalesca do senhor Kopit fora derrubado por uma picada de cobra e, em seu lugar, quem pisou nas tábuas rangentes de Tippsy Chore foi ninguém menos que o nosso velho amigo de longa data e queda veloz, o senhor R. Howells [ref. ao conto de JC "Instrucciones para John Howell" — Instruções para John Howell]. Pois bem, Mano Julius, no meu último dia nas margens nevoentas do Tâmisa, onde cadáveres são pescados à meia-noite por um necrófilo negro e sua filha, branca como um lírio, G. Cain e eu, teu humilde servo, erguemos um copo de cerveja morna à tua saúde, à da senhora Dawn [Aurora Bernárdez] que te acompanha, e à dos Trinta Fantasmas que te seguem (meu computador privado me informa, com precisão um tanto suspeita, que cada um de nós, Filhos de Deus, é o Feliz e Exclusivo Possessor de Trinta Espectros, pois tal é a relação matemática, como bem sabes, entre os vivos e os mortos!!!). E enfim, as boas-novas: o já citado G. Cain, Asno & Judeu, e este Teu Mais Humilde Servo foram contratados para escrever o roteiro do opus de Vulcões & Mescal do finado e lamentado M. Lowry, a ser filmado pelo notório expatriado aragonês senhor Louis Boon Yell [Luis Buñuel], então tudo está pelo melhor dos melhores poços possíveis: até o pescoço na merda, e querendo mais.

Tendo dito um mundaréu de coisas, aquele que assina agradece tua carta de julho, ó Julhoso Julhante Julius, e pede que mandes um puro beijo à senhora Aurora e ao Gato Familiar T. W. Trinkett [o gato se chamava Teodoro W. Adorno],

Carlinhos Fuentes

389 A referida carta não foi encontrada nos papéis de CF em Princeton. Nela, como se deduz pela resposta, JC contava para CF sobre a sua separação de Aurora Bernárdez.

cimentos no México, a ruptura do beato *statu quo* da nossa democracia controlada e olímpica... O ano de 68! Com quais surpresas ainda vamos nos deparar.

Fiquei abalado pelo que disseste em tua carta. Sim, entendo perfeitamente e ao mesmo tempo me nego a entender. Existem, em meio a tudo isso, tantos afetos sólidos, tantos laços concretos de admiração, respeito, carinho. Tenho um profundo respeito pela vida provada dos meus amigos (o fato de meus compatriotas desconhecerem essa virtude é talvez um dos principais motivos pelos quais saí do México) e não me atrevo a fazer nenhum comentário além do testemunho de uma dor e uma alegria compartilhadas, um dilaceramento, uma terrível esquizofrenia sentimental que compartilho contigo porque a conheço... O que dizer para ti, Julio querido, senão que te envio os meus braços amigos, abertos, e que estou contigo da única maneira que concebo entre amigos: com a segurança de um silêncio solidário e fraternal?

Deves ter visto o número da *Primera Plana* sobre os "exilados" e as declarações de Guillermo.[390] Entenderás o *désarroi* e o *trouble* que imperam aqui entre nós (Gabriel García Márquez, Juan Goytisolo e eu). Juan, antes de ter conhecimento das declarações de Cabrera, já estava preparando uma carta para Fernández Retamar, carta estritamente privada, que assinaríamos entre vários amigos de Cuba e da liberdade do escritor contra o destino injustamente sofrido por Walterio Carbonell.[391]

---

390 Tomás Eloy Martínez, "América: los novelistas exilados" [América: os romancistas exilados], *Primera Plana*, Buenos Aires, n.º 292, de 30 de julho a 5 de agosto de 1968. A reportagem incluiu GGM, CF, JC, Cabrera Infante e Sarduy. Na capa, uma fotografia de Cabrera Infante.

391 Em uma carta para Octavio Paz de mesma data, diante das informações que chegavam de Cuba, CF lhe informava que Juan Goytisolo havia começado a preparar uma carta privada dirigida para Fernández Retamar "e que assinaríamos entre vários amigos de Cuba, mas também da liberdade do escritor". E acrescenta: "García Márquez está escandalizado e diz que, se isto é o socialismo, ele o reprova." Carbonell era um intelectual cubano muito crítico com o regime revolucionário pela sua falta de atenção às desigualdades raciais. Em 1978, foi preso sob a acusação de sedição por elaborar, junto de outros intelectuais negros, um documento sobre esses assuntos que seria apresentado no Congresso Cultural de Havana.

A isso se soma o problema de Heberto Padilla e, agora, a denúncia de Guillermo.[392] Estou ciente dos elementos de histeria e paranoia que permeiam as declarações de Guillermo, assim como o caráter profundamente antipolítico das mesmas, todas as vezes que elas acabam favorecendo diretamente os pequenos Zhdánov da ilha. Mas, mesmo assim, não é possível ignorar o cerne do problema: é inadmissível que, em Cuba, em nome do socialismo e com base na chantagem de vencer o jogo contra o imperialismo, Lisandro Otero e companhia instaurem um tribunal permanente contra os escritores cubanos e latino-americanos. Isso não toleraríamos de nenhuma das nossas oligarquias nacionais (que, verdade seja dita, nem nos perseguem, nem nos ajudam); menos ainda de um regime socialista com que nos solidarizamos. Gostaríamos, pois, de pedir a tua opinião. Tu, mais do que ninguém, conheces bem a realidade cubana e tanto fizeste em defesa da revolução e da liberdade dos escritores em Cuba.

Esperamos ansiosos pelas tuas linhas.

Um grande abraço, querido Julio; confia na verdadeira e estreita amizade de

Carlos

392 O "problema" mencionado por CF teve origem na resposta que o poeta Heberto Padilla deu à enquete que a revista havanesa *El Caimán Barbudo* (n.º 15, junho de 1967) organizara em função do romance *Pasión de Urbino* [Paixão de Urbino], de Lisandro Otero (Havana, Instituto del Libro, 1967). Em sua participação, Padilla criticou Otero e elogiou Guillermo Cabrera Infante, naquele momento já ostensivamente contrário à revolução, e o seu romance *Três tristes tigres*. A crítica de Padilla deu lugar a uma conturbada polêmica e gerou um clima de hostilidade contra ele. No ano seguinte, Padilla apresentou o seu livro *Fora do jogo* ao concurso de poesia Julián del Casal da Uneac. O jurado internacional foi pressionado a não o premiar por ele ser considerado provocador e até contrarrevolucionário. Em 28 de outubro, o prêmio foi anunciado para Padilla e a campanha de hostilidade se intensificou. O livro foi publicado em 23 de novembro de 1968 com uma extensa "Declaração da UNEAC" que repudiava o seu "conteúdo ideológico". O mesmo ocorreu com o livro de Antón Arrufat, *Los siete contra Tebas* [Os sete contra Tebas], vencedor na categoria teatro. A contenda entre Padilla e o regime cubano é objeto de comentários epistolares posteriores.

## De Julio Cortázar para Mario Vargas Llosa

Paris, 14 de outubro de 1968

Meu querido Mario,

Missão cumprida. Entregarei hoje para Alejo uma carta para Roberto na qual a tua vai incluída; dessa forma, por mala diplomática, existe a possibilidade de recebermos uma resposta relativamente rápida. Assim que ela chegar, te enviarei pelo expresso. Imagino que o problema de viajar dos EUA para Cuba deva te deixar preocupado; veremos se Roberto encontrará a melhor solução.[393]

Por pouco, não nos encontramos em Havana (o que, depois de Atenas, teria sido bastante vertiginoso), mas no fim não irei, a menos que surja algum trabalho concreto que eu possa fazer lá, porque não gosto de ir a Cuba como turista; nunca o fiz, e recuso qualquer convite que não tenha finalidade prática.[394] Mas suponho que nos encontraremos na Europa dentro de pouco tempo. É verdade que planejas morar em Barcelona? Eu soube de algo por Gabo, a quem finalmente conheci em Paris e com o qual conversei por muitas horas (sendo tu um dos assuntos centrais, posto que é evidente que tens casa própria em Macondo).[395]

---

393 MVL, que naquele semestre estava dando aula na Universidade Estatal de Washington, em Pullman, havia aceitado o convite para ser jurado no Prêmio Casa de las Américas, que deveria se reunir em Havana em janeiro de 1969. No fim, não chegou a participar.

394 Aurora Bernárdez também havia sido convidada como jurada do Prêmio Casa de las Américas. Sem que os convocadores soubessem que ela e JC estavam em processo de separação, este foi convidado a viajar com ela. Aurora declinou, e JC, pelos motivos expostos aqui, também. No entanto, pouco tempo depois que esta carta foi escrita, tanto JC quanto MVL foram convidados a participar da segunda reunião do comitê de colaboração da *Casa de las Américas*, também em janeiro de 1969. Em 20 de outubro de 1968, JC escreveu para Fernández Retamar: "O acaso e a poesia (que são a mesma coisa) zelam sempre por nós; agora há um trabalho concreto, agora há viagem aceitável e aceita." JC participaria dessa reunião, enquanto MVL se absteria.

395 JC para Francisco Porrúa, editor de *O jogo da amarelinha* e *Cem anos de solidão*: "Queria te dizer que conheci Gabriel, que ele ficou dois dias a mais em Paris para se encontrar comigo, e que tanto ele quanto Mercedes foram maravilhosos; a amizade nasce como um manancial quando te coloca diante de seres assim." (23 de setembro de 1968).

Já deves saber que Aurora e eu nos separamos; se não for assim, me parece fundamental te dizer, e também fundamental não incorrer em explicações que de nada serviriam. Talvez, em Atenas, a tua sensibilidade pôde notar a distância que já nos separava; o restante, como sempre, vai depender de tantos fatores que nenhuma imaginação é capaz de prever.[396] Estou bastante devastado por dentro, mas ao mesmo tempo sinto que algo pode se salvar, e me empenho com todas as forças. Me perguntaste pelo romance, e te digo que a princípio deverá sair dentro de dois meses.[397] Quanto ao teu, nos matarás de fome, isso é certo. Mas quiçá, se sobrevivermos, estará nos esperando um daqueles banquetes que nos fazem esquecer todos os jejuns prévios. O "quiçá" não põe em dúvida que o banquete será real, mas se refere ao fato de que és perfeitamente capaz de reescrever o livro, e então não nos restará nada além de nos enrolar na toga como César e esperar as punhaladas da fome definitiva...

Um grande abraço para Patricia, e até sempre, com todo o afeto de

Julio

Franqui, Fuentes, Goytisolo e eu estamos elaborando uma carta privada para Fidel sobre os problemas dos intelectuais em Cuba.[398] Evidentemente, tu estás incluído para as assinaturas (estariam também Semprún e o outro Goytisolo, mais ninguém, para que a coisa tenha impacto; ah, Gabo também, claro. Quando o rascunho estiver pronto, te mandarei para que me digas se concordas e se vais assiná-lo. PEÇO QUE MANTENHAS RESERVA TOTAL SOBRE ISSO. Trata-se de estabelecermos

---

396 Em "La trompeta de Deyá" [O trompete de Deyá] (*Vuelta*, México, n.º 195, fevereiro de 1993), MVL escreveu, após ter mencionado a sua viagem para Atenas com JC: "Quando retornei a Londres, disse para Patricia: 'O casal perfeito existe. Aurora e Julio conseguiram operar este milagre: um casamento feliz.' Poucos dias depois, recebi uma carta de Julio anunciando a sua separação. Acho que eu nunca me senti tão despistado." Aurora Bernárdez conservaria a amizade com JC, o acompanharia em seus últimos momentos e se tornaria a sua executora testamentária.

397 *62/Modelo para armar.*

398 O plano previa que essa carta privada seria expedida por meio da Embaixada cubana em Paris, e deve ter sido enviada por volta de 13 de novembro. Não foi recuperada.

contato direto e estreito com Fidel, evitando a exposição, que é inútil e contraproducente. Te escreverei em breve sobre isso).

## De Carlos Fuentes para Gabriel García Márquez

Paris, 29 de outubro de 1968

Mestraço,

Tenho andado sobrecarregado com os acontecimentos no México, uma gripe e uma viagem a Londres (não sei o que é *pior*): desculpa a demora para te escrever (e guarda a carta para a Universidade de Harvard).[399]

A situação do México é totalmente degradante, apesar da bela e chauvinista fachada olímpica.[400] As cartas de Rita, Fernando, José Emilio, etc., indicam que foi instaurado um clima de horror, denúncia e confusão que, no entanto, não consegue tirar o ânimo de renovação dos jovens. O que aconteceu em Tlatelolco só é comparável à matança czarista em Odessa. A metáfora foi longe demais: duzentos inocentes assassinados em frente a um templo asteca e uma basílica espanhola. As fotos e as informações são horripilantes: nos estacionamentos subterrâneos de Tlatelolco, o exército fuzilou e incinerou quinze membros do comitê de greve como advertência final. Só uma atitude como a renúncia de Octavio

---

399 Em 2 de outubro de 1968, após vários meses de mobilização estudantil contra o governo mexicano, as forças da ordem reprimiram uma manifestação pacífica na Plaza de las Tres Culturas, com um saldo de pelo menos trezentos mortos. O Massacre de Tlatelolco, como passaria a se chamar, representou um marco trágico e decisivo na história contemporânea do México e na relação entre os intelectuais e o regime do PRI.

400 De 12 a 27 de outubro, haviam sido celebrados os Jogos Olímpicos na Cidade do México. Em uma carta premonitória para José Donoso de 15 de março de 1968, CF escreveu: "Preciso de testemunhas próximas para me contarem como o meu país ridículo está se desintegrando com essas Olimpíadas que pagaremos com sangue, assim como dom Porfirio pagou pelos bailes do centenário."

vem nos salvando do total desespero histórico.[401] A campanha contra os intelectuais é encabeçada por Garro e a Paz: a delação como síntese da virgindade prolongada e da menopausa precoce.[402] Monsiváis, Cuevas, os Segovia, Villoro: começou o êxodo dos intelectuais. A mordaça, a ditadura militar, o fim das casas editoriais; este é o prognóstico mais certeiro. Nada disso é fortuito: toda a América Latina se transformará em um enorme quartel, do Rio Grande à Patagônia. Quem colocaria as mãos no fogo hoje por Lleras Restrepo ou Leoni... mesmo por Frei? A consagração das esferas de influência permite isso e muito mais. Dias muito nefastos nos esperam.

Goytisolo retornou de Praga. Parece que os tchecos querem convidar a ti, a mim e a Julio Cortázar juntos. Isso seria para o fim de novembro ou começo de dezembro. Aceitarias? Conversei muito em Paris com um magnífico romancista tcheco da nossa idade, Milan Kundera (tens que ler *La plaisanterie*), e ele me disse que o melhor apoio que poderíamos dar consistiria em visitá-los como se os russos não estivessem ali, como se o programa democrático de janeiro continuasse sem contratempos. Acho que ele tem razão.

Queria te pedir um favor imenso. Deflagrou-se uma campanha na imprensa mexicana que está me acusando de difamar o país pela minha participação no *México México*. A denúncia (mais uma) é de Durán Chávez.[403] Rita me disse que ameaçam retirar o meu nome dos créditos, etc. Tu que viste o filme e gostaste dele, tu que gozas de um prestígio

---

401 Embora o recurso de Paz tenha sido um "pedido de afastamento" antes que uma renúncia (para não perder "direitos legítimos de aposentadoria e pensão", conforme Paz explicou para CF em 12 de outubro), o objetivo final e o simbolismo eram os mesmos.

402 A escritora Elena Garro, ex-esposa de Paz, e a filha de ambos, Helena Paz Garro, publicaram na imprensa acusações contra Paz, CF e outros intelectuais, culpabilizando-os de ter incitado os protestos estudantis no México. Também solicitaram telegramas de apoio ao governo de Díaz Ordaz para escritores estrangeiros, sob a alegação de que haviam sido os comunistas que atiraram tanto contra estudantes quanto contra o exército. Jorge Luis Borges, Adolfo Bioy Casares e Manuel Peyrou atenderam a esse chamado: "Pedimos encarecidamente que transmita nosso apoio ao governo do México."

403 Jorge Durán Chávez, deputado e líder dos trabalhadores técnicos do cinema mexicano.

incomparável no México, serias capaz de enviar uma carta breve para Del Río do *Novedades* dizendo simplesmente o que achas e negando a acusação de "difamar a pátria"? Sei que o que te peço é excessivo e não ficarei nem um pouco incomodado se não quiseres fazê-lo.

Talvez eu vá a Madri na semana que vem, para falar com Buñuel e me despedir dos meus pais, que retornarão à terra dos sacrifícios. Verei se passo, na volta, por Barcelona. Acho impossível estar na oposição e me radicar na Espanha: o contra-ataque seria fácil demais. Vi uma linda casa de campo em St. Germain em Laye. Talvez eu me mude para lá. Rita não aguenta mais as campanhas de insultos e delações no México e quer retornar o quanto antes. Octavio chegará no fim do mês. Quando renunciou, me disse que só tinha dinheiro para sobreviver por dois ou três meses. Por sorte, consegui um cargo para ele na nova Faculté des Lettres de Vincennes.[404] Vamos viver aqui como dois exilados russos do século XIX.

Um beijo à divina Gaba (daquele que por ela baba) e gestos desaforados para os *Eton schoolboys*.[405] Para ti, a fraternal amizade de

Carlos

## De Gabriel García Márquez para Carlos Fuentes

Barcelona, 2 de novembro de 1968

Mestre,

Te procuramos em todos os telefones de Paris depois da matança de Tlatelolco e tu não apareceste em nenhum deles. O teu silêncio era

---

404 Paz declinou essa oportunidade para ocupar a Cátedra Simón Bolívar da Universidade de Cambridge na Inglaterra, que também seria ocupada por MVL em 1978 e CF em 1986.

405 Alusão divertida ao fato de que os filhos de GGM estudavam no colégio britânico Kensington de Barcelona.

angustiante. Inclusive vasculhamos no mais fundo das nossas consciências, temendo que tivéssemos falhado com você em alguma coisa, e nos encontramos limpos e nostálgicos. Conseguimos respirar novamente com a tua carta.

A questão do México é atroz: o esplendor das Olimpíadas foi imposto à bala. No entanto, por mais que seja muito doloroso reconhecer, acho que o que era falso era a imobilidade política e social de antes, e o que está acontecendo agora é a tremenda realidade do país. Toda vez que me lembro da alegre irresponsabilidade com que eu andava pelas ruas do México, inclusive maldizendo as mães dos policiais, me dá um aperto no rabo. O futuro é nefasto, mas não deixa de ter um semblante saudável o fato de que o regime tenha sido forçado a tirar a máscara. Embora, lendo os teus livros e entrevistas, eu me pergunte quantas máscaras sobre máscaras sobre máscaras terá que tirar para mostrar o verdadeiro rosto. Renuncio à minha posição cômoda de intelectual de gabinete e fico lutando contra a vertigem.

É claro que irei a Praga assim que a expedição estiver pronta. É um dos poucos motivos pelos quais guardarei na gaveta o romance que já começou a sair aos borbotões. Peço que me mantenhas a par do projeto.

O gesto de Octavio é emocionante. Como o primeiro abraço que ele vai receber será o teu, quero que o segundo seja o meu: tu mesmo podes dar e dizer que aqui estamos às ordens. Diz para ele não se preocupar, porque já somos muitos e a cada dia seremos mais.[406]

É claro que escreverei a carta sobre *México México*. Acredito que encontrarei os argumentos e principalmente o tom para fazer uma réplica respeitável. Só que a dignidade não me permite escrevê-la para Del Río, quem certamente buscará a maneira de desqualificar a defesa para ser mais papista do que o papa, por puro medo do regime. Eu vou escrevê-la diretamente para Durán Chávez, a quem conheço muito bem, se tu fizeres o favor de conseguir para mim o texto exato da declaração dele.

---

406 Paz passou por Barcelona rumo a Nice em 3 de dezembro. CF avisou que o esperaria no cais junto de "tanta gente que te quer bem e te admira e quer, sem demora, te abraçar e te estender a mão". Estiveram lá CF, GGM, Goytisolo, Pere Gimferrer e Carlos Barral, entre outros.

Pelo visto, o nosso verdadeiro destino está na literatura epistolar. Agora mesmo estou escrevendo uma carta extensa, o mais violenta possível, para os meus compatriotas: ao que tudo indica, o próximo presidente da Colômbia será mais uma vez Mariano Ospina Pérez.[407] Encontrei uma maneira de desviar desse despropósito, prescindindo de qualquer argumento político e apelando somente à moral pública e à dignidade nacional. Esse bárbaro, que agora tem mais de 80 anos, foi quem montou no poder todo o tremendo aparato de violência que custou meio milhão de mortos no país em dez anos, só para intimidar os liberais. Agora são estes que lhe oferecem essa oportunidade quase póstuma de reabilitação, para ele ganhar a própria estátua em virtude da falta de colhões, de memória e de imaginação do país. A peste do esquecimento que flagela a nação não pode ser levada a tal extremo. É uma falta de respeito com a nossa geração, que saiu da adolescência e agora vai entrar na velhice com o mesmo homem no poder. Digo na minha carta pública (que ninguém se atreverá a não publicar) que qualquer outra catástrofe nacional seria preferível a esta vergonha, e eu estou certo de que o país vai se dividir pela metade, não pelo peso da carta em si, mas porque na verdade ninguém, absolutamente ninguém quer que Ospina seja presidente, e alguns vão aceitá-lo por comodidade, outros por preguiça mental, outros pela chantagem da violência, outros por passividade, e falta alguém para lhes dizer, como eu vou fazer, que o que todos são é um bando de veados.

Por falar em cartas: Castellet me disse que a carta privada para Fidel, escrita por Cortázar, está pronta para ser enviada, mas eu a desconheço. É claro que eu a assinaria sem precisar ler, e te autorizo a dizer isso para Julio, mas não é justo que eu fique na curiosidade de conhecê-la.

---

407 Ospina Pérez havia sido presidente da Colômbia entre 1946 e 1950. Durante o seu governo, ocorreu o Bogotaço, nome dado aos incidentes violentos que se seguiram ao assassinato do dirigente e candidato liberal Jorge Eliécer Gaitán, e que dariam início à era conhecida como "a Violência", guerra civil não declarada entre partidários do Partido Liberal e do Partido Conservador. Misael Pastrana seria eleito presidente para o período 1970-1974.

Conseguimos um apartamento grande, silencioso, bem no coração de Sarrià, e nos mudaremos em 15 de novembro. Tem quarto de hóspedes. Se vais a Madri, como disseste, terás que fazer a escala aqui. Mercedes diz, e ela tem razão, que com tantos inconvenientes tchecos e mexicanos, no fim ficamos sem palavras.

Aqui vimos *Los Caifanes*. Gostei muito, embora eu tenha me dado conta de que os personagens de Quique e Julissa ficam sobrando e só têm a função dos antigos cavaleiros andantes, que saíam para encontrar aventuras surpreendentes. Mas o filme está bem-feito para caralho, a partir da base literária, e os Caifanes são estupendos. Além disso o filme nos deu a oportunidade de apreciar mais uma das características irremediáveis do cinema mexicano: fizeram bastante publicidade, mas, em virtude de certos acordos comerciais, passam o material mexicano em cinemas baratos, nos quais se corre até perigo de morte. Aconteceu a mesma coisa na América do Sul.

Cass Canfield, da Harper, ficou surpreso: *No One Writes to the Colonel* foi publicado há algumas semanas, a crítica o recebeu muito bem e está vendendo. O *The New York Times* publicou uma nota que diz uma coisa encantadora: "*Our parochialism has been compounded by the long delay in translating Márquez into English.*"[408] Não é de morrer de rir?

(NB: O autor desta carta certifica que ela é apócrifa, portanto não pode ser vendida a Harvard.)

Um grande abraço,

Gabo

## De Julio Cortázar para Mario Vargas Llosa

Paris, 3 de novembro de 1968

408 "O nosso provincialismo se agravou pela longa demora na tradução de [García] Márquez ao inglês." James R. Frakes, "Density Clarified", *The New York Times*, 29 de setembro de 1968.

Querido Mario,

Suponho que recebeste as minhas linhas em que eu acusei recebimento da tua carta e te avisei que a tua mensagem para Roberto sairia o quanto antes rumo a Havana.

Trata-se agora da carta que encontrarás em anexo e que Fuentes, Goytisolo e eu elaboramos, baseando-nos em uma série de informações confiáveis que chegaram para nós recentemente. Não vou comentá-la, porque penso que a leitura dela é suficientemente clara; refletimos que, de maneira nenhuma, deveria ser uma carta aberta, mas um pedido de informação. E que só deveriam assiná-la alguns poucos escritores amigos de Cuba e conhecidos em qualquer lugar.

Acredito que as coisas são graves o bastante para não ficarmos calados. Em janeiro, me encontrarei contigo em Havana para a reunião da revista, e provavelmente lá teremos a resposta para esta carta; pelo menos, é o que espero.[409]

Como não podemos perder tempo, peço encarecidamente que assines, se concordares, o original e as cópias (das quais só vai a última página, por motivos de conveniência e economia). A ideia é enviar o original para Fidel de modo oficial, isto é, por meio da embaixada de Paris e destinado para Raúl Roa, e as cópias para Haydée, Dorticós, Celia Sánchez e Llanusa; o objetivo dessas cópias é dar a conhecer as nossas inquietudes suficientemente, entre essas pessoas-chave, e obter assim uma resposta ou uma mudança de postura, conforme for o caso.[410] As cópias destinadas para essas pessoas vão a Cuba em mãos de um viajante de confiança, que as entregará pessoalmente.

Por favor, assina imediatamente as cartas *e as envia para Gabriel García Márquez*. Este as devolverá para nós enviando-as a Paris, de

---

409 Como foi dito, MVL não participaria dessa reunião. Isso significa que também não pôde participar do ciclo sobre narrativa latino-americana organizado por Mario Benedetti na Casa de las Américas, no qual estava programado que ele fizesse uma conferência sobre GGM.

410 Roa foi ministro das Relações Exteriores de Cuba de 1959 a 1977; Haydée Santamaría foi diretora da Casa de las Américas; Osvaldo Dorticós, presidente de Cuba de 1959 a 1976; Celia Sánchez era secretária da Presidência do Conselho de Ministros; José Llanusa, então ministro da Educação.

onde sairão para Havana. Fuentes e eu gostaríamos de ter te enviado um rascunho para que o aprovasses previamente, mas a questão é urgente e pensamos que concordarás com a redação da carta; é claro que, se não for assim, avisa-nos, mas peço que tenhas em conta que perderíamos muito tempo para elaborar um novo texto, e que é importante que todos os destinatários (principalmente Fidel, é claro) saibam dela antes da nossa chegada em janeiro.

Fica subentendido que enviarás tudo a Gabo para ganharmos tempo; ele já foi notificado por Fuentes e nos enviará as cartas a Paris na sequência.

Até logo, com muita vontade de te ver em Cuba, e um abraço para Patricia e para ti do teu amigo

Julio Cortázar

## De Gabriel García Márquez para Mario Vargas Llosa

Barcelona, 12 de novembro de 1968

Grande Chefe Inca,

O calhamaço chegou são e salvo, mas vou segurá-lo por 24 horas para conseguir a assinatura de Águia Asteca, que está vindo de Madri hoje à noite rumo a Paris, depois de se despedir de seus pais, embaixadores em Portugal, que retornaram ao México. Se isso não é internacionalismo, não sei o que é.

O texto, efetivamente, me pareceu excelente. Acredito, no entanto, que não servirá para nada. Fidel responderá, com a maior fineza que lhe for possível, que o que quer que ele faça com os seus escritores e artistas é assunto seu, e que portanto podemos ir à merda. Sei, de fonte confiável, que ele está desgostoso com o nosso posicionamento em relação à

Tchecoslováquia, e agora tem uma boa oportunidade para desabafar.[411] A minha impressão é que está desesperado pela situação interna geral e já não está em condições de ver nada com serenidade.

Também me convidaram à Casa de las Américas, mas expliquei os meus inconvenientes para Alejo e ele pareceu compreender. Francamente, não quero estar lá em janeiro, nem em qualquer outro lugar, a não ser diante da minha máquina de escrever.[412] Também nos convidaram — Cortázar, Fuentes e eu, e suponho que tu se estivesses ao alcance — para conversar em Praga com a União de Escritores.[413] Seria em dezembro e eu gostaria muito de ir, mas as últimas notícias não dão alento ao otimismo: é evidente que a URSS está fomentando uma crise interna na Tchecoslováquia, tentando fragmentar a unidade que provocou o fracasso da intervenção armada, e temo que vai conseguir.

Essas evidências sombrias, no entanto, não te dão o direito de me escreveres aquela carta tão deprimente. Eu a li na agência e tive que tomar meio litro de uísque para digeri-la. Deixou Mercedes em pânico. Não sei até que ponto tiveste consciência de ter escrito uma carta de véspera do apocalipse.[414]

Talvez eu me sinta menos pessimista do que tu, em geral, porque sou fatalista: Nixon não pode ser pior do que Johnson, Breznev não pode ser pior do que Stalin, os militares do Peru não podem ser piores do que Belaunde, nada pode ser pior do que nada neste mundo de merda e,

---

411 Em 21 de agosto de 1968, a invasão das tropas do Pacto de Varsóvia pôs fim às reformas democratizantes da chamada Primavera de Praga. Os quatro autores deste epistolário, entre outros, enviaram uma carta de protesto à União de Escritores da URSS. Ver apêndice.

412 A possibilidade de reunir em Havana os quatro autores de *As cartas do Boom* em janeiro de 1969 encheu Fernández Retamar de entusiasmo: "Devem vir também, em janeiro, Mario (Vargas Llosa), Gabo e (de acordo com a resposta deles) Carlos. Que encontro às margens do Almendares! (como diria Lezama)." Carta a JC, 30 de julho de 1968. Somente JC viajou a Cuba nessa data.

413 Como foi dito, MVL estava dando aulas na Universidade Estatal de Washington, em Pullman. Não há registro de que tenha recebido o convite, e ele não fez parte do grupo que visitou Praga.

414 Ao que tudo indica, MVL escreveu uma carta com o mesmo teor para JC, conforme Ugné Karvelis contaria para CF em 28 de março de 1969: "*Mario a écrit entre temps une longue lettre extrêmement déprimée à Julio.*" Essa carta não foi recuperada.

com toda a certeza, nossos próximos romances serão melhores do que os últimos. Não vejo, portanto, por que teríamos que nos suicidar agora se não o fizemos no ano passado.

A dessacralização do Boom me parece saudável. Já sabes que esse sempre foi o meu ponto de vista, embora eu entenda que Marta Traba não o fez por questões sanitárias, mas simplesmente porque tem necessidade de comer, e o seu último recurso é fazer o *trottoir* literário.[415] O drama daqueles que não nos querem bem é muito mais sério do que o nosso, pois têm que se sentar e escrever romances melhores do que os nossos, e aí tudo se complica para eles. Eu, de minha parte, estou de saco cheio de Gabriel García Márquez, farto de leitores de romance, de admiradores idiotas, de jornalistas imbecis, de amigos por conveniência, e eu já me cansei de ser simpático e estou aprendendo muito bem a arte de mandar as pessoas à merda. Viva Marta Traba!

Parece que o meu próximo romance será vítima do sucesso do anterior. Estou escrevendo de modo deliberadamente hermético, denso, complexo, para que somente aqueles que se deram ao trabalho prévio de aprender literatura possam suportar, isto é, nós mesmos e uns poucos amigos. Estou trabalhando com muito prazer, divertindo-me muito e com toda a calma possível, e a convicção de que o livro será tão melhor quanto mais arruinado o mundo estiver ao nosso redor. Acho que terei trabalho para vários anos.

Eu já sabia, pelos teus editores, que continuas pegando firme no romance. Fiquei muito contente em saber, pela tua carta, que o fazes sem dificulda-

---

415 Marta Traba viajou para Montevidéu, Santiago do Chile e Lima, onde fez críticas frequentes contra o Boom. Em seu retorno a Bogotá, declarou: "Minha crítica é ideológica, em relação tanto ao comportamento político quanto ao estético das cinco estrelas do Boom [os quatro autores deste livro e Cabrera Infante] [...] A minha impressão é que, ao lançá-los em promoções semelhantes às de qualquer produto da sociedade de consumo, entregar para eles o 'estrelato', os prêmios, os convites de universidades norte-americanas, as revistas financiadas pela CIA, etc., está sendo realizado um processo muito claro de neutralização da agressividade, do inconformismo, da 'grande recusa', que deve se manter sem atenuantes no escritor ou artista." Camilo Restrepo, "Marta Traba. Su más y su menos" [Marta Traba. O seu mais e o seu menos], *Cromos*, Bogotá, n.º 2655, 30 de setembro de 1968. Ver também "Marta Traba contra el 'boom'" [Marta Traba contra o boom], *Oiga*, Lima, n.º 288, 30 de agosto de 1968.

des materiais. Eu me comprometi com Cortázar de alertá-lo para não o entregares ao editor enquanto não entrarmos em um acordo, todos, sobre a necessidade de rever os nossos direitos de autor. Explico: fazendo as contas, Julio e eu chegamos à conclusão de que os editores fizeram uma fortuna vertiginosa com os nossos livros. O fato é que sempre assinamos o contrato elaborado por eles, e é preciso inverter a situação, de modo que sejam eles a assinar contratos feitos por nós. Os 10% são um roubo, a participação do editor sobre traduções é um roubo, a participação do editor sobre clubes do livro e reproduções é um roubo, o controle dos editores sobre as cifras reais da tiragem é um roubo. Trata-se de entrarmos em um acordo para modificar essas cláusulas monstruosas, e não só em benefício dos escritores mais vendidos, mas de todos. O principal problema é operacional: carecemos de um órgão gremial por meio do qual sejam feitas as reivindicações. Peço encarecidamente que reflitas um pouco sobre tudo isso, pois continuaremos conversando sobre essa questão nos próximos meses.

Outra coisa são as edições nos países socialistas. Com a barganha de que eles são muitos pobres e nós somos seus amigos, estão nos ordenhando. A Romênia só paga 80 dólares de direitos depois de esgotada a edição, e sentindo-se no direito de descontar desses 80 dólares o valor das perdas se a edição não é vendida. Os demais, tu já sabes, pagam 7% sobre as vendas, sem adiantamento e na moeda nacional. Por último, sentem-se no direito de mutilar o livro como lhes aprouver. Eu dei instruções para Balcells dar aos socialistas as mesmas condições que der aos capitalistas, porque é praticamente uma contradição filosófica o fato de os países exploradores nos explorarem menos e nos respeitarem mais do que os supostos não exploradores. Por ora, rejeitaremos um contrato para a Polônia. É claro que, se eles estiverem interessados pelo livro, publicarão de uma forma ou de outra, mas não é ruim que fique demonstrado desde já que são capazes de atos vis que nem os ladrões capitalistas ousam cometer. Não sei o que achas disso, mas para mim tudo está muito claro.

Antes de receber a tua carta, eu já suspeitava que não estarias aqui em março: a Seix Barral me pediu para te substituir no júri da Biblioteca

Breve. Respondi a eles que o faria com muito prazer se fizerem uma seleção prévia muito criteriosa e eu não tiver que ler mais de cinco ou seis originais. Farei isso sem muita expectativa, certo de que não haverá outro Vargas Llosa inesperado nos próximos anos, e de que tudo o que chega ao concurso é mais ou menos lixo. Consola-me a ideia de que pelo menos as reuniões do júri serão divertidas.[416]

Estamos em um hotel. Depois de procurar feito loucos, concordamos em mobiliar um apartamento, novo, enorme, com jardim, no bairro mais tranquilo da cidade e a uma quadra do colégio das crianças. Além disso, ele tem, em meio aos seus luxos catalães, um quarto monástico onde me porei a inchar aquele ditador decrépito que se parece cada vez mais com Luis Buñuel, e que há muitos anos recebeu a visita de Cristóvão Colombo, e lhe ofereceu um grande banquete, e procurou para ele índios com penas, colares de ouro e frutas exóticas para que os reis católicos acreditassem que ele realmente havia descoberto um novo mundo.

As crianças estão crescendo, Mercedes compra coisas e todos nós nos lembramos do caluniado Alvarito, o grande cavalheiro britânico que se comportou tão bem em nossa casa, ainda que ninguém acredite. Oviedo deu notícias de Londres e nos ameaça com visitas em dezembro. Barcelona, com o seu trote tranquilo de província da Europa, faz hoje, ainda, 22 graus de temperatura, com um sol esplêndido e enguias inconcebíveis. Um abraço do caralho,

Gabo

---

416 No dia de 1º março de 1969, o Prêmio Biblioteca Breve foi para *Una meditación* [Uma meditação], de Juan Benet, cujo insólito manuscrito consistia em um só rolo de papel contínuo. Benet ganhou por dois votos favoráveis contra dois em branco. Em 10 de março, GGM escreveu para seu amigo Germán Vargas que "o romance premiado, de um espanhol, é muito bom".

## De Carlos Fuentes para Mario Vargas Llosa

Barcelona, 13 de novembro de 1968

La Rotonda, Paseo de San Gervasio, 51, Barcelona 6

Queridíssimo Mario,

Vim uns dias para ver meu irmão Gabo, que me leu a carta impressionante que enviaste dos EUA. Te escrevo impelido por uma verdadeira necessidade de comunicação — o que disseste coincide tanto com a minha própria impressão do mundo, cada dia mais terrível, em que vivemos. Venho de Madri, onde me encontrei com meu pai. A campanha de delações no México só se compara a tempos nefastos na Itália de Mussolini. Elena Garro, a ex-mulher de Octavio Paz, denunciou quinhentos intelectuais como "conspiradores contra a ordem", e especificamente eu e Vicente Rojo, editor da minha coluninha sobre Paris, como "incitadores da violência". A exemplar renúncia de Paz do seu cargo de embaixador, depois da matança de 2 de outubro na Praça das Três Culturas, provocou a fúria do cambaleante PRI contra ele. Isso era de se esperar; mas não que Octavio fosse denunciado pela própria filha em uma carta aberta, na qual ela o acusa de ter "envenenado" uma geração professando "o ódio contra Deus e o amor à matéria". (!) A minha própria postura de apoio aos rapazes magníficos que colocaram em crise todos os pressupostos da paralítica ordem mexicana — o caráter sagrado do Senhor Presidente, a imortalidade do PRI, a permanência e estabilidade da Revolução Mexicana — rendeu-me uma enxurrada de desaforos encabeçada por Salvador Novo (transformado em policial literário do regime), que chegou à asquerosa conclusão de encurralar o meu velho e honorável pai para que me denuncie ou renuncie à sua embaixada. Acredito que vivemos uma espécie de alpinismo universal de denúncias e uma aliança tácita de todos os medíocres da América Latina. Marta Traba descobriu, com a menopausa, uma tardia vocação de "nacionalista" entre aspas, e o pobrezinho Arguedas (meu filho: só serás bom escritor se fores devorado pelas pulgas ou tirado da miséria pelo romanticismo) ressuscita, a essa altura, a querela entre "indigenismo" e "cosmopolitismo".[417] Mas tudo isso era de se esperar, cedo ou tarde. O que dói, o que realmente dói, é o que está acontecendo em Cuba. Isso sim me faz perder as esperanças nas minhas mais profundas convicções e cair nos piores lugares-comuns reacionários: a história se repete, o progresso é uma ilusão, as nações não são capazes de abandonar o terreno fértil dos seus mitos de origem — ou talvez, simplesmente, a vocação para a tragédia é a mais profunda do homem. Heberto Padilla foi denunciado por Otero, *Granma* e *Verde Olivo* como contrarrevolucionário, desviador de fundos, *snob* cosmopolita e também por ter vivido nos EUA antes da revolução (quantas cabeças cairão se isso for enquadrado como crime contra a revolução!).[418] O que causa espanto é que a origem de tudo está no orgulho ferido de Otero: o crime de Padilla é que ele não gostou de *Pasión de Urbino*! Enviamos um telegrama para a Casa de las Américas expressando a nossa preocupação.[419] Haydée respondeu para Julio: "Não ousem julgar de tão longe. Nós sabemos o que é a revolução e o que é a contrarrevolução. Eu, como disse Che Guevara, morrerei pela revolução com a metralhadora na mão."[420] O

---

417 CF se refere ao escritor peruano José María Arguedas, que havia publicado alguns meses antes "El zorro de arriba y el zorro de abajo" [A raposa de cima e a raposa de baixo], *Amaru*, Lima, n.º 6, abril-junho de 1968. Esse texto comentava, sem mencionar, uma carta pública de JC para Fernández Retamar sobre o intelectual latino-americano, na qual criticava o telurismo ("estreito, paroquial e eu até diria provinciano") daqueles escritores que, "quase sempre por deficiências culturais, são obstinados em exaltar os valores da comarca em detrimento dos valores em si, o país em detrimento do mundo, a raça (porque se resume a isso) em detrimento das raças. *Casa de las Américas*, Havana, n.º 45, novembro-dezembro de 1967. Arguedas se sentiu aludido e respondeu assumindo uma posição antagônica aos escritores do Boom e, em particular, a CF ("é muito artifício, como as suas atitudes") e JC ("que insinua com a sua 'genialidade', com as suas solenes convicções de que a essência do nacional é mais bem compreendida a partir das altas esferas do supranacional").

418 *Verde Olivo* era a revista das Forças Armadas Revolucionárias de Cuba. Por volta de 1968, assumiu protagonismo na definição da política cultural cubana.

419 O telegrama de 9 de novembro foi dirigido a Fidel Castro e a Haydée Santamaría, e assinado pelos quatro autores de *As cartas do Boom*, Jorge Semprún e Juan Goytisolo. Ver o documento no apêndice deste livro.

420 O texto do telegrama de Haydée Santamaría, datado também de 9 de novembro de 1968, é o seguinte: "É INEXPLICÁVEL QUE, DE TÃO LONGE, POSSAM SABER SE É UMA CA-

delírio e nenhuma razão. Por meio do caso Padilla, claro, aqueles jornais definiram a arte revolucionária como uma arte dirigida, ditada pelo poder, destinado a criar uma nova vanguarda artística (como, no que consiste?) que escolha a priori o "conteúdo revolucionário" das obras (id., id.) e que rejeite a "experimentação" própria da "imitação esnobística de modelos europeus e norte-americanos".[421] Como podes ver, a consagração da autossuficiência cultural e do mais estreito regionalismo.

Jaime Salinas e Javier Pradera foram ontem para Havana; Marsé retornou dizendo que começamos a ser objeto de críticas pela adesão à Tchecoslováquia.[422] Julio, Gabo e eu fomos convidados para ir a Praga juntos. Duvido muito, depois das notícias dos últimos dias, que a viagem, prevista para o fim do mês, seja realizada. Os russos estão conseguindo, com pressão e intriga, tudo o que não conseguiram com os tanques. Uma grande promessa, cheia de riscos, mas também de experiências fundamentais para o socialismo, foi assassinada e vencida pela segunda Doutrina Monroe: não há socialismo maior do que o de Moscou. E nós já sabemos, há muito tempo, o que isso significa. Os EUA estão proclamando isso há um século e meio. Ali tens os teus "democratas" em Lima. Que horror![423] Toda a América Latina será um imenso quartel,

---

LÚNIA OU NÃO UMA ACUSAÇÃO CONTRA PADILLA STOP A LINHA CULTURAL DA *CASA DE LAS AMÉRICAS* É A LINHA DA NOSSA REVOLUÇÃO A REVOLUÇÃO CUBANA E A SUA DIRETORA ESTARÁ SEMPRE COMO QUIS CHE COM OS FUZIS DISPARANDO PARA TODOS OS LADOS." JC respondeu em 12 de novembro: "PEÇO ENCARECIDAMENTE QUE COMPREENDA INQUIETAÇÕES QUE SURGIRAM SOLIDARIEDADE COM A REVOLUÇÃO STOP ESPERAMOS RECEBER INFORMAÇÕES DIRETAMENTE CASA AMÉRICAS STOP FRATERNALMENTE SEU JULIO CORTÁZAR."

421 É a primeira vez que se usa, neste epistolário, o termo "caso Padilla" e que se faz alusão aos acontecimentos de 1968. Seria mais comum utilizá-lo para os episódios de março e abril de 1971, mencionados mais adiante.

422 Jaime Salinas, escritor e editor; Javier Pradera, jornalista, escritor e editor; Juan Marsé, romancista. Todos, espanhóis.

423 Algumas semanas antes, em 3 de outubro, os militares peruanos tomaram o poder e deram início ao que chamaram de "revolução peruana". Presidido pelo general Juan Velasco Alvarado, o regime foi, diferentemente de outros na região, de caráter nacionalista e anti-imperialista. Embora MVL tenha questionado a origem golpista do regime, apoiou publicamente algumas das reformas implementadas, em particular a reforma agrária (ver carta para CF de 10 de novembro de 1971), e criticou medidas como a expropriação dos

do México à Argentina. Até o pobre Frei pode se ver nesse espelho — sem contar Leoni ou Lleras Restrepo! A terrível doutrina das esferas de influência deve levar a isso. Que barganha repulsiva: a paz mundial em troca da submissão nacional e da alienação pessoal. Não há remédio a não ser continuar lutando, gritando, dizendo o indizível — mesmo com a certeza de que fracassaremos.

Sei que detestas o gênero epistolar — e não te peço resposta. Conserva, isso sim, a carta para Harvard (brincadeira).

Rita está no México, onde fazem da vida dela um inferno.

Cumprimentos afetuosos para Patricia — para ti, um grande abraço de Carlos

## De Julio Cortázar para Gabriel García Márquez e Carlos Fuentes[424]

Praga, dezembro de 1968

AVISO AOS ROMANCISTAS LATINO-AMERICANOS

Convém tomar o café da manhã às 8h. Vão nos buscar às 8h15 para assistirmos aos filmes.

A Condessa Bathori.[425]

---

meios de comunicação e a deportação de jornalistas. Mais adiante, ele se transformaria, retrospectivamente, em um ferrenho opositor do reformismo militar.

424 Mensagem humorística encontrada nos arquivos de CF, escrita por JC durante a estadia dos três amigos em Praga, para onde viajaram acompanhados por Ugné Karvelis. Na ocasião, realizaram, para a revista *Listy*, a única entrevista grupal de que se tem conhecimento, incluída no apêndice deste livro. CF narra essa viagem em "Milan Kundera. El idilio secreto" [Milan Kundera. O idílio secreto], incluído em *Geografía de la novela* [Geografia do romance] (México, Fundo de Cultura Econômica, 1993) e *Los 68. París-Praga-México* [O ano de 68: Paris-Praga-México]. GGM faz menção a ela em "Carlos Fuentes bom em dose dupla" (1984), também incluído no apêndice.

425 Erzsébet Báthory (1560-1614), nobre húngara conhecida como "Condessa Sangrenta", é até a data a assassina em série mais prolífica da história. Aparece, também como "Bathori", no romance de JC *62/Modelo para armar*.

# 1969

## De Mario Vargas Llosa para Carlos Fuentes

Pullman, 20 de janeiro de 1969

Meu querido Carlos,

Não sei por onde andas, mas espero que Gallimard esteja seguindo as tuas pegadas e ponha esta carta em tuas mãos. Faz uma barbaridade de tempo que fiquei de te escrever, mas, além da minha alergia pelo gênero epistolar, fui impedido pela falta de tempo. Estive trabalhando muito no meu romance, que felizmente está dando os seus últimos suspiros, e perdendo horas atrozes dando aulas que, para completar e para dobrar a minha angústia, eram em inglês. Acompanhei bem de perto a situação do México e sei de cor todos os impropérios e a imundície que lançaram contra ti. Acredito que deves te sentir muito contente com isso. Com o teu admirador e crítico Joseph Sommers, conseguimos a assinatura de mais de cem professores universitários para uma carta de protesto contra a repressão aos intelectuais e estudantes no México. Imagino que não vai servir para nada, mas teria sido pior não protestar. A tua carta com as armas do café de La Rotonda me deixou moralmente abalado por alguns dias, mas o mais triste é que ela parece condizer com a realidade. O panorama não pode ser mais cinzento. Aqui tudo vai ficar pior com Nixon na Casa Branca, e receio que a situação da República Dominicana seja uma brincadeira de criança [em comparação] com o que pode acontecer na América Latina nos próximos anos.[426] Não sei de nada sobre Cuba. Não fui à reunião da revista porque não tinha tempo nem muita vontade, mas falei por telefone com Fernández Retamar numa noite dessas. Julio acabava de sair de Havana. Liguei para Roberto para confirmar se era verdade que Edmundo Desnoes estava na prisão, acusado de agente da CIA, mas ao falar com ele não ousei perguntar.[427] Notei que ele estava um pouco cauteloso e tive medo de colocá-lo em apuros. Estou sumamente inquieto, angustiado e assustado com o que está acontecendo em Cuba, e desejo que me contes o que sabes. A última coisa que chegou até minhas mãos foram os discursos de Lisandro Otero, que me provocaram calafrios, quase tantos quanto os que tive quando li as frivolidades indecentes contra a revolução do nosso amigo Guillermo. No Peru, a confusão política está atingindo níveis paranoicos. Os generais vão ficar no poder por muitos anos e contam com o apoio da esquerda, que proclama a torto e a direito que o regime é nacionalista e anti-imperialista, o que é um disparate apocalíptico. Mas não se pode sequer atacar os generais, porque isso seria acabar beneficiando a extrema direita, que comanda a oposição. Tendo em vista esse caos, decidi não retornar ao Peru. Não consegui economizar aqui o suficiente para ter alguns meses de liberdade e aceitei um contrato em Porto Rico por um semestre, o que é como colocar a cabeça na boca do lobo, porque na ilha pululam os vermes cubanos (dizem que há também quarenta mil poetisas).[428] Permanecerei lá até julho e depois retornarei a Londres, para me identificar com a neblina e me transformar talvez em um fantasma. Só me resta, pelo menos agora, fechar os olhos, apertar os dentes e escrever, escrever até perder

---

426 O republicano Richard Nixon começou a sua administração no mesmo dia em que esta carta foi escrita. Em 1965, durante o governo do presidente anterior, o democrata Lyndon B. Johnson, os Estados Unidos haviam ocupado militarmente a República Dominicana pelo temor de uma "segunda Cuba".

427 Desnoes era membro do comitê de colaboração da *Casa de las Américas*. A notícia de sua detenção acabou sendo falsa.

428 MVL deu aula na Universidade de Porto Rico durante o primeiro semestre de 1969, incluindo uma disciplina sobre a obra de GGM.

o fôlego. Me darias um prazer imenso se me escrevesses umas linhas para San Juan, para:

Universidade de Porto Rico
Departamento de Estudos Hispânicos
RÍO PIEDRAS PORTO RICO 00931

Um grande abraço de
Mario

## De Julio Cortázar para Mario Vargas Llosa

Paris, 31 de janeiro de 1969

Querido Mario,

Fuentes me deu ontem o teu endereço, e eu estava prestes a te escrever quando chegou a tua carta (com uma carta para Roberto, que estou mandando para ele neste mesmo envio).[429]

Não é fácil te resumir a situação em uma carta. O que é claro para ti, os teus pontos de vista e as tuas atitudes, refletiram-se de uma maneira muito diferente em Cuba, com consequências muito sofridas para nós, que somos os teus amigos e nos vimos obrigados a imaginar as tuas verdadeiras intenções, a fim de te defender diante dos ataques de que eras alvo. Acredito que, entre esses amigos, conto com direito o suficiente para falar contigo com total franqueza, pois nada está perdido na medida em que se procede com energia e verdade diante dos mal-entendidos. Mas repito que a tua conduta nos colocou, como teus amigos, em uma posição mais do que incômoda em Havana, como verás pelo que vem a seguir.

429 A carta de MVL para Fernández Retamar responde a uma carta que este lhe enviou em 18 de janeiro de 1969, com um resumo dos debates mencionados por JC.

Primeiro, ao chegar lá, eu esperava te encontrar, e foi grande a minha surpresa ao saber não somente da tua ausência, mas também do teu obstinado silêncio diante dos sucessivos telegramas que a Casa tinha te enviado ou estava te enviando. Recordas que eu tinha repassado o teu pedido de instruções para Roberto acerca da melhor maneira de viajar a Cuba; como eu poderia imaginar, então, que te absterias de ir à reunião de última hora?

Porque, e este é o segundo ponto, a reunião não era uma bobagem qualquer, e tu bem sabes. Diante de episódios como o dos prêmios da Uneac, os ataques contra Padilla e Arrufat, os artigos da *Verde Olivo*, etc., sem contar o texto da carta dirigida a Fidel que tinhas assinado conosco, eu considerava e continuo considerando imperioso que deixasses de lado o que quer que fosse para passar pelo menos três dias em Havana. A isso somou-se o que eu só descobri quando cheguei: a estupefação, a consternação e a forte reação provocadas pelo teu artigo na *Caretas*.[430] Ninguém — apresso-me em dizer — discutia o teu direito de se opor à postura da URSS na Tchecoslováquia; além disso, ninguém ignorava que eu havia assinado telegramas e mensagens de protesto, e acabado de passar oito dias em Praga a convite da União de Escritores. Mas, em Havana, e creio que não viste isso com clareza suficiente, havia o entendimento de que as tuas frases em relação à postura de Fidel eram inadmissíveis quando vindas de alguém que, diante de problemas críticos da revolução (o Congresso Cultural de Havana, primeiramente, e agora a reunião da revista), permaneceu ausente por questões de trabalho no primeiro caso e sem dar satisfação alguma no segundo.[431]

Durante cinco dias, discutimos, por vezes violentamente, os problemas culturais no seio do comitê. Ausentaram-se Zalamea, muito doente, e tu, que não respondeste a nenhuma mensagem depois que a Casa te re-

430 O artigo "El socialismo y los tanques" [O socialismo e os tanques] (*Caretas*, Lima, n.º 381, 26 de setembro-10 de outubro de 1968) critica o apoio de Fidel Castro à invasão da Tchecoslováquia por parte das tropas do Pacto de Varsóvia em agosto de 1968.

431 Mario Benedetti também escreveu um artigo questionando a invasão soviética, mas a sua crítica, assim como a de JC, não foi dirigida a Fidel Castro, diferentemente da de MVL.

meteu a passagem para a viagem.[432] Dada a agitação que sempre domina os cubanos diante dos seus problemas, não ficarás surpreso em saber que a tua ausência foi mais e mais tida em conta à medida que todo mundo se fazia, por assim dizer, mais presente por meio de posicionamentos, metas de trabalho, análise dos problemas e coordenação de futuros projetos. Quando terminamos a declaração (que talvez já tenhas visto, e que sintetiza esses dias de trabalho), Haydée em pessoa levantou a questão da tua ausência e comunicou a reprovação da direção da Casa em relação ao teu posicionamento (o artigo da *Caretas*, no que concerne a Fidel) e à tua ausência sem justificativa na reunião. Logo percebi que o pessoal da Casa dava por consumada a tua exclusão automática do comitê. Então Ángel Rama e eu entramos em jogo e, de maneira mais indireta, Roque Dalton, Vinas e Fornet, para negarmos rotundamente um "julgamento" em tua ausência. Eu disse para Haydée que tu poderias estar gravemente doente, ou não ter recebido os telegramas, ou ter qualquer problema sério, e que se fazia absolutamente necessário estabelecer contato contigo e te convidar para viajar a Havana para que pudesses dar as explicações que julgasses apropriadas. Entenderam imediatamente, e o resultado foi essa carta que todos nós assinamos; depois, no retorno a Paris, recebi um telegrama de Roberto em que ele dizia que tu tinhas telefonado e que estava te escrevendo; agora recebo a tua carta com o teu ponto de vista e os teus motivos.[433]

É evidente que, quando li a tua carta, muito do que eu digo aqui te pegará de surpresa e parecerá excessivo e injusto por parte da Casa. Se eu não tivesse ido a Havana, acredito que também acharia tudo isso excessivo e injusto, mas eu fui — com pouquíssima vontade, podes acreditar, porque se tratava de enfrentar uma penosa situação de intimidação e de injustiça que dizia respeito a muitos amigos meus —, e como eu fui e

432 Jorge Zalamea, escritor colombiano. Obteve o Prêmio Casa de las Américas em 1965 e o Prêmio Lênin da Paz em 1968. Faleceu em 10 de maio de 1969.

433 A carta, assinada por todo o comitê de colaboração e datada de 11 de janeiro de 1969, convidava MVL para viajar a Cuba em um futuro próximo, pois haviam surgido "dissidências em relação a atitudes e declarações tuas" e era preciso discuti-las pessoalmente.

estive na reunião, posso afirmar que a tua postura, vista sob a inevitável e compreensível ótica cubana, justificava em boa medida o desconcerto e a amargura daqueles que tanto te querem bem. Ver e escutar Ambrosio, por exemplo, foi terrivelmente penoso para mim, porque esse menino te quer bem como poucos e estava desolado, desfeito, sem saber o que pensar e principalmente o que fazer diante da tua ausência, do teu silêncio e da falta de qualquer argumento válido que oferecesse alguma explicação. É evidente que foi um descuido teu e que, se tinhas motivos para não ir, teria sido mais do que necessário que os expusesses. Agora está acontecendo o que é de praxe: os "temperamentais" somam a tua ausência no Congresso Cultural com essa segunda ausência, acrescentam o teu artigo de Lima, e a dedução é inevitável. Estive em situação análoga à tua, depois dos telegramas que enviamos para Haydée e do meu telegrama pessoal para Padilla, o que caiu como uma bomba nessa atmosfera de cidade pequena. Imagina se, deprimido como me sentia, eu decidisse não ir à reunião. Como os meus amigos poderiam me defender diante dessa ausência inexplicável? A tua não tinha justificativas válidas, pelo contrário, um total silêncio para as sucessivas mensagens; é preciso levar em conta o clima de perseguição contínua e a excessiva vulnerabilidade que os cubanos estão vivendo; por isso, digo que cometeste um equívoco tático. Se não querias ir, seria preciso explicar claramente; terias causado má impressão, mas ninguém teria cogitado que estavas desistindo deles para sempre.

Esta síntese imperfeita te dará, de todos os modos, uma ideia de como as coisas aconteceram. Eu achei magnífica a tua proposta de ir a Havana quando terminares o teu trabalho em Porto Rico, porque algumas horas de diálogo com o pessoal da Casa, que te quer bem e te admira para muito além das circunstâncias do momento, serão fundamentais para eles e para a revista. Me perguntaste se vale a pena ir e qual é o clima no âmbito intelectual. Posso te dizer que se cheguei muito pessimista a Havana, acho que uma semana de "psicodrama" coletivo nos fez um grande bem a todos, a começar por Haydée, sempre generosa e disposta a entender o viés mais frutífero; com ela, tive um diálogo privado por três horas, em que dissemos um ao outro tudo o que nos passou pela cabeça, tanto fraternal quanto energicamente. Ela me mostrou que eu tinha informações inconsistentes sobre muitas coisas e que, na Europa, é muito fácil ter a consciência tranquila à base de telegramas e protestos; eu mostrei a ela que a culpa pelas informações inconsistentes era da Casa (montamos um dispositivo mais eficaz para o futuro, pois a Casa *está devendo* informação para ti, para mim e para os demais estrangeiros que são membros do comitê), e também que era necessário reagir mais energicamente diante da campanha de intimidação deflagrada pela *Verde Olivo* (na qual o papel de Otero não está claro, embora exista sem dúvida; a propósito, Otero compareceu à reunião, mas quase não abriu a boca, e podes acreditar que ele teve que aguentar, por parte de Ángel e minha, algumas alfinetadas diretas e indiretas que não devem ter lhe apetecido muito).

Posso responder, pois, à tua pergunta. Acredito que o clima tenha melhorado, que os incidentes do tipo Padilla e Arrufat não vão se repetir por ora, e principalmente que a nossa função (não de fiscais, como disse *Verde Olivo*, mas de gente que traz uma visão mais universal de algumas coisas) continua sendo importante e necessária. Nunca me arrependerei de ter ido nesta ocasião a Havana, embora o meu fígado tenha ficado como uma peneira; e tornarei a ir se houver novas oportunidades, porque é por ora a minha única maneira de estar com essa revolução que, com todos os seus vaivéns, continua sendo para mim a única coisa que importa nos últimos anos na América Latina.

Escreve-me sem rodeios caso quiseres alguma informação complementar ou uma ampliação desta; entenderás que é quase impossível resumir doze dias de discussão contínua e entrevistas em poucas páginas; mas acredito que esta carta te ajudará a entender melhor algumas coisas, a começar pela atitude dos cubanos em relação a ti. Acredito que seja um episódio que deve ser liquidado, e que isso depende tanto deles quanto de ti, mas que a tua presença é imprescindível assim que puderes.[434]

Até sempre, com um abraço muito forte,

Julio

---

434 MVL não viajou a Cuba naquele ano. A sua próxima visita, a última, deu-se em janeiro de 1971.

Marc Moyens deseja saber se vais à Uganda de 1º a 11 de junho. Dei a ele o teu endereço, ele te escreverá em breve. Eu não poderia responder por ti, como entenderás.

Um grande abraço para Patricia e para as crianças.

## De Carlos Fuentes para Mario Vargas Llosa

Tenerife, 10 de fevereiro de 1969

Queridíssimo Mario,

Aproveito esta escala nas Canárias para te enviar umas linhas apressadas: agradeço muito, em primeiro lugar, a tua carta. Considero urgente que escrevas para Julio — acabou de retornar de Havana, está inquieto, tem muita vontade de restabelecer a comunicação contigo, ignora o teu paradeiro.

Passarei por San Juan entre 20 e 21 de fevereiro. Vou a Veracruz, lentamente (bem sabes que os serviços de trem e navio a vapor só subsistem como deferência a alguns escritores latino-americanos) no navio espanhol Virginia de Churruca, da Compañía Transatlántica Española. Esses cargueiros não são muito pontuais, e seria bom que te certificasses da data de chegada a San Juan — para mim, seria uma grande alegria te encontrar e conversar contigo, nem que seja por algumas horas.[435]

Lembramo-nos muito de ti com Gabo, há alguns dias, em Barcelona — assim como há dois meses, quando passeávamos nus às margens do Ultava a 17 °C abaixo de zero (ninguém acredita, mas foi exatamente assim). Enfim, temos mil coisas para contar, e a boca do lobo não é o pior lugar para fazer isso — se o rum for bom.

Até muito breve, então — com um grande abraço de

Carlos

---

435 Em 22 de fevereiro de 1969, CF foi impedido de desembarcar em San Juan por ordem das autoridades de imigração estadunidenses. MVL subiu a bordo para vê-lo.

## De Carlos Fuentes para Mario Vargas Llosa[436]

Mérida (México), fevereiro de 1969

[Cartão-postal com imagem do
Templo do Adivinho, Uxmal, Yucatán, México]

SR. MARIO VARGAS LLOSA
UNIVERSIDADE DE PORTO RICO
DPTO. DE LITERATURA
RÍO PIEDRAS
PORTO RICO
AVIÃO

Querido Mario,

O retorno foi furacanado — estou procurando perspectiva, consolo e vidência nos templos dos meus antepassados. Tomara que consigas vir!

Meus cumprimentos para Patricia — para ti, um grande abraço de Carlos

## De Julio Cortázar para Mario Vargas Llosa

Paris, 11 de março de 1969

Querido Mario,

Recebi a tua carta e a destinada para Roberto, que sairá com envelope certificado para Havana.[437] Fico muito contente que tenhas conseguido

436 O cartão-postal não tem data, mas foi escrito após a passagem de CF por San Juan a caminho de Veracruz.

437 Em sua carta para Fernández Retamar, MVL reclama que "minha ausência foi interpretada como um pouco menos do que uma deserção", e acrescenta: "O meu apoio a Cuba é muito profundo, mas não é nem será como o de um incondicional que toma como suas

conversar longamente com Ángel, posto que ele podia te fornecer muito mais informação do que eu.[438] De minha parte, juntamente com o teu envio para Roberto, respondi a uma carta deste que eu estava lhe devendo e aproveitei para dizer (assumindo que as minhas palavras vão muito além dele) tudo o que eu pensava sobre esse assunto infeliz; reiterando o meu posicionamento nas jornadas de janeiro na Casa, insisti para que não cedam tão facilmente às paixões e aos reducionismos, não somente no que concerne a ti, mas às relações de forma ampla com os amigos que vivem e atuam no estrangeiro.[439]

Espero que estejas equivocado e que a tua impressão de que não vão te convidar para ir a Cuba não se confirme; se for assim — e dou a entender claramente para Roberto — estariam cometendo um erro gravíssimo. Não porque tu fosses mudar de atitude em relação a Cuba por um motivo dessa espécie, e sim porque esse comportamento não serve para outra coisa a não ser isolá-los cada vez mais. Amanhã isso pode acontecer comigo, já verás, e embora eu também não mude de opinião em essência, vou me sentir muito infeliz diante de uma situação como essa.

De todos os modos, Mario, na tua carta há alguns parágrafos que, se quiseres, podemos discutir algum dia só entre nós, mas que não parecem uma explicação definitiva para a tua ausência na reunião. Penso que cometeste um descuido, que calculaste mal as datas, tudo isso porque no fundo o que estava acontecendo lá te desanimou e te deixou sem vontade de ir; sei como é esse sentimento, porque eu lutei

---

de maneira automática todas as posturas adotadas pelo poder revolucionário em todos os assuntos." (1º de março de 1969).

438 Ángel Rama.

439 Nessa carta, de 11 de março, JC se esforçou para evitar a ruptura. Não admitia que o trabalho de MVL na Universidade de Porto Rico nem o seu artigo sobre a Tchecoslováquia "justificassem uma ruptura definitiva e irreparável com alguém sem a menor vontade de romper com Cuba, muito pelo contrário [...] Mario, de cuja integridade ninguém poderia duvidar (os erros, as hesitações originam-se de múltiplos fatores, como o temperamento pessoal e a falta de comunicação em circunstâncias críticas), expõe uma série de motivos que eu acredito que devem ser levados em conta. Para mim, a questão, como acredito que falei em nossa reunião, é não cair no erro crasso de cortar os elos por motivos que podem não ser fundamentais. Dito curto e grosso: Mario não é Cabrera Infante".

contra ele até o momento de ir a Madri para pegar o avião. Por exemplo, o que me disseste sobre a passagem não contradiz a afirmação da Casa; de fato, eles nunca enviam "uma passagem", mas aquilo que se chama "situar un pasaje" na gíria cubana, ou seja, telegrafam dizendo que tens uma passagem à tua disposição; não entendo como náo recebeste um telegrama nesse sentido e, para dizer a verdade, eu gostaria de conhecer oportunamente o texto desses telegramas (no plural, segundo a Casa) que te enviaram a Pullman.[440] O segundo fato que me deixou surpreso é que, apesar de Haydée ter dito para ti — conforme tu me comentaste — que a reunião coincidiria com os prêmios, tu falaste de "várias semanas de antecedência" em relação ao teu telefonema para Roberto; na verdade, a reunião do júri sempre acontece no dia 15 de janeiro o mais tardar, de modo que, mesmo nesse caso, estavas atrasado quando telefonaste para Havana. Mas tudo isso são detalhes, e não cabe a mim elucidá-los; em contrapartida, concordo plenamente contigo que a situação em Cuba tem arestas críticas, das quais o caso Padilla é apenas um dos aspectos em destaque, mas que, apesar de tudo, a nossa solidariedade com a essência da revolução continua sendo o melhor que podemos fazer para a América Latina depois de e com nossos livros. Por isso, pedi a Roberto que não façam bobagem do lado de lá, que não se deixem levar por histerias absurdas, e para ti eu peço, se existe a mínima possibilidade de ires a Havana e dissipares as dúvidas e os mal-entendidos, que o faças assim que puderes.

Também não concordo contigo quanto ao que disseste para Roberto sobre a tua cátedra nos EUA; sempre achei que, ao assinarmos a declaração anterior da revista da Casa, em 66 ou 67, estaríamos moralmente obrigados a não participar da fuga de cérebros. Acredito que, se tivesses vindo ao Congresso Cultural, em que esse assunto foi de suma importância, não terias aceitado ir a Pullman; há alguns dias, tive a oportunidade de dizer o mesmo para Octavio Paz, que ficará em Pittsburgh por três

---

440 Nos papéis de MVL na Universidade de Princeton, existem, efetivamente, dois telegramas da Casa de las Américas recebidos em Pullman em 19 de novembro e 10 de dezembro.

meses. De minha parte, vou rejeitar o convite da Columbia, de forma cortês, mas categórica, porque embora eu saiba de sobra as condições excelentes que haveria lá para dizer o que se pensa (assim como tu dizes sobre a tua universidade), o que conta hoje na América Latina é a decisão *física* de não ir, posto que em nossos países poucos podem saber se trabalhamos com liberdade ou não nos EUA, e em contrapartida todos sabem as vantagens de toda espécie que os ianques oferecem aos seus hóspedes culturais, e naturalmente deduzem que, de uma maneira ou de outra, nós cedemos à pressão e aos elogios.[441] Digo, de passagem, que eu provavelmente terei problemas em Cuba quando sair uma entrevista que, depois de pensar bem sobre o assunto, dei para a *Life en Español*.[442] Quando a leres (sairá no dia 7 de abril), verás a história de como as coisas aconteceram nas primeiras páginas e tirarás as tuas próprias conclusões. De minha parte, tive o entendimento de que, aí sim, valia a pena entrar no território inimigo, posto que as minhas afirmações em matéria de política serão lidas por milhares de pessoas que jamais seriam alcançadas pela revista da Casa ou qualquer outra revista em que eu posso escrever. Mas me julgarão mal, assim como se apressaram a te julgar, porque a radicalização em Cuba é muito forte, existe uma espécie de exasperação

441 A pertinência de visitar os Estados Unidos por parte de intelectuais cubanos ou solidários com Cuba foi um assunto muito debatido, com muitas interpretações e posturas que se modificaram ao longo do tempo. JC, conforme se constata nesta carta, adotou durante muitos anos uma postura de recusa a qualquer vínculo com instituições estadunidenses. Anos depois, em 1980, ministrou aulas na Universidade da Califórnia em Berkeley, as quais seriam compiladas no seu livro póstumo *Aulas de literatura* (Madri, Alfaguara, 2013).

442 "Julio Cortázar: un gran escritor en su soledad" [Julio Cortázar: um grande escritor em sua solidão], *Life en Español*, Nova York, vol. XXXIII, n.º 7, 7 de abril de 1969. JC respondeu por escrito a um questionário de Rita Guibert, que também foi incluído no livro póstumo de JC *Papeles inesperados* [Papéis inesperados], edição de Aurora Bernárdez e Carles Álvarez Garriga (Madri, Alfaguara, 2009). A entrevista não foi mal recebida em Cuba. Um telegrama de 3 de abril fez com que ele soubesse: "LEMOS TUA LUTA DIALÉTICA ACREDITAMOS QUE FIZESTE O DIABO PAGAR CARO. ABRAÇOS. A CRONÓPIA E OS CRONÓPIOS. CASA DE LAS AMÉRICAS." *Juventud Rebelde*, o jornal da juventude comunista, deu ampla cobertura e reproduziu fragmentos da entrevista. E Fernández Retamar escreveu para ele em 7 de abril: "Lemos aquelas páginas com tanto orgulho que às vezes parecia que haviam sido escritas por nós mesmos."

que, por um lado, dá esplêndidos resultados no setor econômico, mas que coloca os escritores em um maniqueísmo cada vez mais reducionista do qual não há de sair nada de bom; e por isso, repito, espero que tu e eu e os demais amigos estrangeiros possamos continuar fazendo o que acreditamos ser justo diante de Cuba e de nossos próprios países.

Bom, Mario, não sei quando voltarás para a Europa, e lamento que não venhas para a Uganda, porque lá poderíamos ter conversado longamente sobre tudo isso, além de irmos olhar os rinocerontes e as gazelas. Avisa-me, por favor, dos teus planos, porque convém nos mantermos em contato para quaisquer questões urgentes relacionadas a todas essas coisas.

Meus afetos para Patricia, obrigado pela tua confiança e tua franqueza incondicionais para comigo, e já sabes que serei sempre o teu irmão que te adora,

Julio

## De Julio Cortázar para Carlos Fuentes

Paris, 16 de março de 1969

Meu querido Carlos,

Agradeço a tua extensa carta, repleta de notícias, à qual infelizmente eu não responderei com a mesma extensão porque, nas últimas semanas, os meus problemas de trabalho não estão me deixando dormir; tenho que acabar, com Julio Silva, a maquete de *Último round*, o livrinho que estou devendo para a Orfila, e como depois terei que passar duas semanas na Polônia e em seguida esperar o verão em Saignon, quero liquidar a minha etapa parisiense deixando para trás o mínimo possível.[443]

Ugné e eu estávamos em Palma Nova, na casa dos Flakoll, quando lemos nos jornais americanos a notícia do incidente em Porto Rico, as tuas declarações e o alvoroço que se armou.[444] Não vou dizer que fiquei

443 A "extensa carta" de CF não foi recuperada. *Último round* foi impresso em outubro de 1969 (México, Siglo XXI).

444 O *The New York Times* publicou inclusive quatro matérias sobre o incidente. A primeira delas, em 28 de fevereiro, com a manchete: "Leftist Novelist is Barred by US. Fuentes Halted

muito surpreso com isso. Tu também não, suponho. As regras do jogo são cumpridas inexoravelmente.

Fiquei muito contente por Mario ter subido a bordo para falar contigo, porque terá compensado em boa medida o triste episódio. Recebi uma carta dele há pouco tempo, referente aos seus problemas cubanos, e já lhe respondi. Toda essa questão foi e é bastante triste, e concordo contigo que a carta de Retamar para Mario tende a cortar os elos em vez de abrir o diálogo, mais necessário do que nunca, depois desses incidentes.[445] É o que acabei de dizer amistosamente em uma carta para Roberto, mas sem muitas expectativas de que dê algum resultado, porque os cubanos estão vivendo uma fase de radicalização que pode ser sentida em todos os âmbitos.

Não te preocupes demais com a história dos telegramas e da opinião que o pessoal da Casa de las Américas possa manifestar em relação aos seus signatários; o que deve te tranquilizar é saber que, definitivamente, aqueles telegramas tiveram um efeito excelente, e acho que contribuíram para mostrar aos cubanos que o posicionamento deles era muito maniqueísta. A propósito, decidi escrever nos últimos dias uma nota para o *Nouvel Observateur* sobre o livro de Padilla, que acabou de ser publicado em francês pela Seuil.[446] Como não me é difícil imaginar que logo vão tentar tirar proveito disso para apresentar Heberto como um novo Pasternak, coisa que está longe da realidade, procurei expor o pro-

---

at San Juan as 'an Undesirable Alien'" ("Romancista de esquerda impedido de ingressar nos Estados Unidos. Fuentes, retido em San Juan como um 'estrangeiro indesejável'").

445 Nessa carta, Fernández Retamar censura que MVL, entre outras coisas, tenha aceitado dar aula em universidades estadunidenses: "A tua necessidade de estabilidade financeira para poder escrever já está suprida, não só com o dinheiro obtido pela aceitação do Prêmio Rómulo Gallegos, mas sobretudo com a tua cátedra em Londres. Outros motivos, portanto, te levam para esse cargo." (18 de janeiro de 1969).

446 "La révolution a-t-elle besoin de poètes?", *Le Nouvel Observateur*, Paris, 7-13 de abril de 1969. Esse texto também causou mal-estar em Cuba. Teve notas na imprensa, chamadas, cartas e esclarecimentos. JC enviou um telegrama para o jornal *Juventud Rebelde* em 28 de abril de 1969, procurando esclarecer o seu posicionamento: "CONFIRMANDO DECLARAÇÕES TELEFÔNICAS ESCLAREÇO ARTIGO NOUVEL OBSERVATEUR SE DESTINA A ALERTAR PÚBLICO EUROPEU DIANTE DE POSSÍVEIS DISTORÇÕES FATOS RECENTES EXPRESSANDO APOIO INCONDICIONAL POLÍTICA CULTURAL CUBANA REITERO DIREITO E DEVER DO INTELECTUAL SOCIALISTA DE UMA CRÍTICA CONSTRUTIVA DENTRO DA REVOLUÇÃO E PARA ELA/CORTÁZAR."

blema da forma mais clara possível, embora eu tenha receio de acabar malvisto pelos cubanos e pelo próprio Padilla, sem falar dos inimigos da revolução. Mas, neste caso, aquela frase do "Amicus Plato…" se repete, se é que eu a escrevo em bom latim.[447]

Bom, espero que não guardes rancor de mim por ser tão breve; queria simplesmente que soubesses que estou bem e que recebi a tua carta. Ah, assim que estiveres relativamente tranquilo no México, peço que não te esqueças de perguntar para a Orfila ou para o pessoal da Era se estariam interessados no álbum de Gálvez.[448] Parece que uma grande casa suíça faria a impressão e venderia a maquete; essa casa se encarregaria da versão em alemão e inglês; acho que o México seria um excelente lugar para lançar a versão espanhola.

Até sempre, Carlos, com os meus cumprimentos para a tua mulher e um grande abraço do teu camarada cronópio que, junto de Ugné, sente muito a tua falta em uma Paris bruscamente desmexicanizada a um ponto intolerável.

Julio

## De Gabriel García Márquez para Carlos Fuentes

Barcelona, 17 de março de 1969

Mestre querido,

Chegaram até aqui os ecos da tua chegada triunfal na Rica Villa de Vera Cruz, da tua expedição cosmopolita para procurar o Tarzan entre

---

447 "Amicus Plato sed magis amica veritas", frase de Aristóteles, célebre na versão latina de Amônio, que pode ser traduzida como "sou amigo de Platão, mas mais amigo da verdade".

448 Esse projeto de Antonio Gálvez, um livro-álbum de escritores latino-americanos, não chegou a ser publicado. Várias dessas fotografias foram reproduzidas em outros livros e na exposição "Mis amigos los cabezones" [Meus amigos, os cabeçudos] (2018).

os Lacandón, e de muitos outros feitos gloriosos em armas e letras na Tenochtitlán das estrelas. Só faltam as tuas crônicas para preencher as enormes lacunas entre as diferentes versões.

Recebi os teus relatos de navegação de Porto Rico a Santo Domingo.[449] O *New York Herald Tribune* publicou para os ávidos leitores deste lado do oceano a notícia do teu desembarque proibido em Borinquen.*[450] Depois que me telefonaste de Cádiz, tornei a perguntar por ti na central de telefones, mas ninguém soube responder. Queria ter dito para tomares um táxi, que em quinze minutos te levaria para Vejer de la Frontera, um povoado incrível, no qual das janelas se vê a África, e à sombra das laranjeiras há mulheres bordando em bastidor com o rosto coberto por véus mouros. Fica para a próxima.

A primavera amanheceu aqui, hoje de manhã, com quatro dias de antecipação, e agora há uma tarde violácea que me lembra as do México e me retorce as tripas de nostalgia. O ruim da primavera aqui é que te faz esquecer a sua beleza com uma umidade terrível que coloca uns cacos de vidro nos ossos. Eu a trocaria, satisfeito, por uma xícara de chá yucateco disfarçado de chá chinês na Galeana 16, naquele mezanino histórico que aguentou sem vacilar toda a nata da intelectualidade de um continente e de parte de outro.

Escrevi para o Sumo Cronópio uma carta muito formal, para que ele faça o que quiser com ela.[451] Expliquei a ele como foram as minhas conversas com os cubanos, e concluí que o que me dá nos nervos não é que digam que eu disse o que eu não disse, mas que tenham usado a maldita fachada de cafezinho entre amigos para me fazer cair na armadilha de um inquérito policial. Me senti na obrigação de escrever uma carta para o Grande Cronópio, mas depois do que fiquei sabendo sobre Cuba, eu não tenho vontade de mais telegramas nem de mais nada. No entanto, o meu instinto de patriarca chinês me mostra que a hora da verdade já vai

---

449 Essas mensagens não foram encontradas.

* Nome de origem nativa, proveniente da língua taína, usado para designar a ilha de Porto Rico. [N. da T.]

450 GGM se refere ao *International Herald Tribune*, jornal do qual o *The New York Times* era coproprietário.

451 Não foi recuperada.

chegar: Cuba vai acabar em lua de mel com os gringos, muito em breve, e então veremos quem vai tirar satisfação com quem.

*Cem anos de solidão*, em francês, foi apresentado para o prêmio de melhor livro estrangeiro, mas eu sei (e desejo) que vão entregá-lo para Milan Kundera. Nada é mais agradável do que ser vencido, em franco embate, por aquele louco desvairado que nos explicou os problemas do seu país primeiro a 120 graus acima de zero e depois a 20 graus abaixo de zero, em um inacreditável conciliábulo de bichas nuas fumando pela bunda. É possível conceber uma cena de teatro mais impressionante?

O meu romance está crescendo e crescendo deformado pela talidomida da história do Caribe. Agora descobri que Cristóvão Colombo, assim como o meu ditador, não tinha linhas na palma da mão, e por isso não se sabe em qual das suas três tumbas estão os ossos. Na de Santo Domingo, encontraram um cofre com os dizeres: "Última parte dos restos mortais do Almirante", como se o cadáver de um homem pudesse entrar para a história em episódios sucessivos, como os romances em fascículos. Agora estou escrevendo o capítulo de um conquistador que nunca conseguiu sair da armadura enferrujada, e morreu dentro dela depois de viver muitos anos como um fantasma no palácio do ditador, desesperado pelo amor de uma freira com quem não conseguiu ter relações por causa do seu terrível cinto de castidade de corpo inteiro. O ruim é que agora o romance vai me arrastando, que já nem sei para que diabos de lugar está me levando nem quantos capítulos vai ter, nem se será bom ou ruim. Só sei que estou fazendo o que eu queria, isto é, o que me dá na telha.

Um beijo para a Macedônia do meu coração, e um abraço de macho do teu amigo abandonado por aqui, tão longe,

Gabo

## De Carlos Fuentes para Gabriel García Márquez

México, 15 de abril de 1969

Mestraço inesquecível,

E digo de verdade: penso muito em ti, sinto a tua falta, ainda mais neste país onde os amigos completos (do coco e do *cuore*) se contam nos dedos. Muitas quedas, mestre; muita gente que, em quatro anos, engordou, emburreceu, perdeu o senso de humor (que latino-amerisottosvilupato é confiar na intuição e terminar seco na praia aos 35 anos!).[452] Mais gente do que tu pensas, mais gente do que tu imaginas. É preciso defender o nosso pequeno círculo de gente que sabe trabalhar, amar e pensar: a meia dúzia que manteve os pés no chão e escapou de uma lavagem cerebral. A vontade de trabalhar e o pênis fosforescente: não há mais garantias de juventude. Dito está.

Esta carta será entregue pela minha mãe, que está indo amanhã para Madri. Tenho muito receio de que a correspondência (assim como os telefones) esteja interditada neste México que tu não reconhecerias: é a Itália de Mussolini, e impera um clima de intranquilidade, suspeita, delação e repressão. O massacre de Tlatelolco deixou uma ferida aberta neste país: esses erros custam caro, cedo ou tarde. As famílias das crianças mortas foram pressionadas, inclusive foram advertidas de que, se protestarem, haverá mais de um morto na família. O *limogeage* de professores do Poli e da UNAM é terrível, assim como o de técnicos, economistas, funcionários menos importantes que se atreveram a discordar ou fazer distinção entre os seus serviços para o governo e a sua consciência política.[453] A vingança é a norma do momento: o criminoso que nos governa reage por

---

452 CF faz um jogo de palavras entre "latino-americano" e "sottosviluppo" ("subdesenvolvimento" em italiano).

453 O "Poli" é o Instituto Politécnico Nacional, cenário de mobilizações de estudantes e ocupação militar em 1968, no qual as ações das forças oficiais foram particularmente brutais.

birra, e isso se estende a toda a cadeia. Aí está o perigo: para ficar bem com o "Senhor Prosodonto", os pigmeus podem te armar uma cilada. Contra mim, a coisa ficou muito clara. Cheguei, fiz declarações para o *Excélsior* dizendo que o sistema político mexicano já não dava espaço para as aspirações dos jovens e que uma coisa era o governo e outra era a nação. Resposta: GDO deu ordens pessoais para o Banco Cinematográfico não dar crédito à Clasa para *Zona sagrada*.[454] Suas palavras precisas: "Esse sujeito diz que eu estou de passagem. É verdade. Mas, NESTE momento, eu estou no poder. O filme não será feito." Maldita vingança: eu já embolsei a minha grana há um ano. Sacanearam a Félix, o Figueroa e o Alcoriza. O nível de irracionalidade é esse e, repito, aí está o perigo. São muito pigmeus. O presidente do PRI respondeu aos meus argumentos me chamando de "drogadito". Utilizam *El Día* para me atacar da "esquerda": Beltrán me caricaturiza como "agente da CIA". Já conheces o estilo. Mas para mim, são como os redemoinhos diante do Benemérito.[455] Além do mais, acredito na vingança divina. Escrevi *en toute innocence* a minha obrinha de teatro, *El tuerto es rey*. E não é que hoje GDO amanheceu *tuerto* [caolho]: está internado no hospital militar e deverá ficar de cama por sessenta dias. Consegues imaginar os *hunting grounds* de Huichilobos, dois meses sem o seu Moctezuma do coração? Já se fala em motins, golpes, o que preferires. Nos próximos dois meses, os nomes "ocultos" vão devorar uns aos outros, com capuz e tudo. Enfim. Estou trabalhando muito: reuni em um mês as 300 páginas do meu livro de ensaios, comecei a minha segunda peça de teatro, escrevi um texto longo sobre Cuevas.[456] Quando já não aguento o cansaço e a solidão, tenho ido ver o velho Buñuel: não se pode mais falar quase com mais ninguém. Não há referências. Tudo é

---

454 Gustavo Díaz Ordaz, presidente do México de 1964 a 1970, responsável pelo Massacre de Tlatelolco.

455 CF faz alusão à famosa frase mexicana "lo que el viento a Juárez" [como o vento diante de Juárez]: impassível diante de uma suposta adversidade.

456 O livro de ensaios, *La nueva novela hispanoamericana;* a peça de teatro, *Todos los gatos son pardos* [Todos os gatos são pardos], impressa em 5 de maio de 1970 (México, Siglo XXI); o texto sobre Cuevas foi publicado no livro-catálogo *El mundo de José Luis Cuevas* [O mundo de José Luis Cuevas], impresso em outubro de 1969 (México, Galería de Arte Misrachi).

tacanho, local, dado a fofocas: se eles disseram, se tu disseste, se és antimexicano, o caramba. *Sottosviluppo, thy name is Kafkahuamilpa!* Bom: me dei conta de que não tenha nada para fazer aqui. A "atualidade" das ondas, múmias e morangos fica por conta de José Agustín. Eu posso me dedicar a escrever o que eu quiser, e o Mediterrâneo é vasto e alheio. Não acho que vou aguentar até setembro, e não faltam pretextos para voltar. Estreias de teatro, projetos de cinema. Quando menos esperares, eu aterrissarei perto do Montjuic. Te invejo, meu irmãozaço.

Carlos

## De Gabriel García Márquez para Carlos Fuentes

Pantelária, 15 de julho de 1969

Mestre querido e remoto,

Tive que vir para esta ilha fora do mapa para poder te escrever sem interrupções. É uma rocha vulcânica ao largo da Tunísia, fustigada pelos ventos eternos do canal da Sicília, onde os telefones não tocam e o correio chega de burro, e onde somente o louco do Enrico Cicogna, nosso tradutor italiano, poderia pensar em comprar uma casa.[457] As crianças estão felizes, banhando-se em piscinas sulfurosas, Mercedes olha para o mar sem limites pelos quatro quadrantes da rosa náutica com a suspeita secreta e a esperança vã de que algum dia chegue um armazém flutuante, e eu ando pelado, com o pimentão à mostra, imaginando como será o mundo quando o inventarem. A única coisa que falta para sermos felizes é estar com alguns amigos dos bons, e busco trazê-los ao lhes mandar cartas.

Barcelona, com a proximidade do verão, tinha se tornado insuportável. Espécies raras de sáurios americanos apareciam a cada duas horas, e

457 Cicogna traduziu ao italiano vários livros de GGM e MVL, mas nenhum de CF.

a casa que se destinava a ser um cantinho de paz tinha se transformado em um bordel, onde mal dava tempo de jogar fora as garrafas vazias. Um dia peguei as minhas fitas de quartetos de cordas, os originais do meu romance, as anotações para os meus contos e nem um livro sequer, e tivemos que trocar de barco seis vezes para chegar aqui, mas cá estamos. Retornaremos para a Espanha em agosto, quando o meu telefone de lá estiver cansado de tocar no vazio, e percorreremos de carro toda a costa do Mediterrâneo. Em Arezzo, temos um encontro marcado com Miguel Otero Silva, e o Sumo Cronópio já me mandou as chaves para chegar à sua casa em Saignon, onde faremos um almoço nostálgico entre amigos. Espero, então, voltar para Barcelona com gasolina suficiente para chegar à reta final do *Patriarca*, que está ficando cada vez mais abstrato e misterioso. A ideia que agora me acompanha é que eu nunca soube escrever, que é impossível fazê-lo, que tudo foi uma invenção de vocês, mas reflito serenamente que isso se deve à influência funesta de Pepe Donoso, que deixei empoleirado em uma casa em Vallvidrera, inventando raras doenças noturnas para si, e buscando mostrar para todo mundo que ele é o único escritor na terra que tem dificuldade para escrever.

Não tenho certeza se esta carta vai te alcançar antes de ires para o Chile. Neruda insistiu por telegrama para que eu fosse, mas eu lhe respondi a verdade: "Todo o mar pelos ares é medo em demasia para um só homem."[458] Se fores a Arica — como afirmam os anúncios de imprensa — faz-me o favor de dizer para Neruda o quanto o telegrama dele me comoveu, e explica para ele até que ponto para mim é impossível voar por 30 horas com a perspectiva de outras tantas no retorno. E brindem por mim. Para todos os amigos que vires por lá, grandes abraços.

Recebi todas as tuas cartas e cartões-postais. A última foi reexpedida pela sua mãe em Madri. Sergio Pitol, com quem me encontrei em Barcelona antes da minha vinda para cá, me deu novas informações sobre a situação do

---

458 A Sociedade de Escritores do Chile organizou, de 18 a 30 de agosto de 1969, o Encontro de Escritores Latino-americanos em Valparaíso, Viña del Mar e Concepción. CF não participou. MVL esteve presente ao lado de Neruda, Rulfo, Traba, Rama, entre outros.

México. É difícil de acreditar que aquele seja o mesmo país em que vivemos por tantos anos sem suspeitar que estávamos sentados sobre um arsenal.

A viagem de Rockefeller pela América Latina, acho eu, trouxe à tona muitos problemas adormecidos.[459] Desse ponto de vista, foi importante. O fato de os chilenos, para não perder o poder, terem se atrevido a dizer que foi a América Latina que financiou o desenvolvimento dos EUA, e não o contrário; o fato de até Lleras Restrepo ter se atrevido a denunciar uma empresa norte-americana que, em um ano de operações na Colômbia, obteve lucros oito vezes maiores do que o valor do seu investimento; e outros gestos semelhantes de outros governantes demonstram até que ponto as nossas classes dirigentes se encontram com a água no pescoço diante da pressão do inconformismo coletivo. Faz dias que tenho muito pouca notícia de lá, mas acho que estamos nos encaminhando para uma OEA com Cuba, mas sem os EUA, e que é isso o que Nixon está tentando fazer, uma espécie de vocês que se entendam entre si e depois me digam o que é que vocês querem, para que eu decida o que fazer. Acredito que, de todos os modos, esse seria um passo positivo. No entanto, o nosso folclore não tem limites: hoje de manhã, escutei no rádio a notícia de que Honduras e El Salvador estão em guerra como consequência de um jogo de futebol.[460] Pelo visto, a realidade latino-americana está se encarregando de nunca pararmos de escrever romances fantásticos inspirados na vida cotidiana.

O bárbaro do Mario Vargas Llosa mandou finalmente para a Barral o seu romance para quatro volumes e, quando já estavam organizando-o, mandou um acréscimo de quase 300 páginas.[461] Acho isso um abuso com os leitores e uma deslealdade com os seus pobres colegas constipados, e só estou esperando para dizer isso a ele pessoalmente. Em todo caso,

---

459 Nelson Rockefeller, então governador de Nova York, foi enviado pelo presidente Nixon para a região para avaliar como estavam as relações entre os Estados Unidos e a América Latina. A sua visita gerou protestos em vários dos vinte países visitados.

460 Trata-se da mal denominada "Guerra do Futebol", cujas causas reais estavam relacionadas à presença massiva de imigrantes salvadorenhos em Honduras e as tensões resultantes disso.

461 *Conversa no Catedral* foi concebido para ser publicado em quatro volumes. Por fim, apareceu em quatro partes divididas em dois volumes (Barcelona, Seix Barral, 1969).

considero uma prova para os leitores latino-americanos isso de lhes jogar quatro volumes sem pestanejar. Se aguentam essa bomba, podemos dormir tranquilos: aguentarão tudo!

Gregory Rabassa finalmente terminou a tradução de *Cem anos*. Com o meu escasso inglês e com o abundante inglês de alguns amigos, pareceu-me uma versão estupenda. Será publicada no próximo inverno, e o nosso amigo Cass Canfield — que conheceste no Bocaccio com um trovão de neve — ficou muito otimista depois de ler o livro.[462] Vamos ver quando sair à luz.

A minha intuição me diz que, do Chile, retornarás para a Europa em uma viagem de barco interminável. Será difícil vocês encontrarem algum que não passe por Barcelona. Já estaremos lá, e o teu quarto já está pronto para te receber. Te sugiro que admitas a nossa casa como uma plataforma de lançamento, a partir da qual poderás calcular sem riscos esse novo salto em direção à velha e pútrida Europa. Quando eu chegar a Barcelona, na última semana de agosto, espero encontrar uma carta tua confirmando os teus planos.

E por hoje é isso, velho querido, a não ser o abração de sempre,

Gabo

## De Carlos Fuentes para Gabriel García Márquez

Cuernavaca, 11 de setembro de 1969

Mestraço siciliano,

Recebi a tua carta dos atóis rossellinianos em que te escondeste; suponho que agora já retornaste a Barcelona, imagino que *O outono do patriarca* já chegou às suas primaveras, espero que tenhas recebido o meu livro sobre a verdadeira máfia e que as minhas interpretações não

462 *One Hundred Years of Solitude* foi impresso em 25 de fevereiro de 1970 por Harper & Row, Nova York, cujo diretor era Canfield.

ofendam a tua fidelidade a *i racconti della nonna*.[463] Esse livrinho foi um grande sucesso de livraria aqui, apesar do (ou graças ao) boicote do governo contra qualquer informação sobre o meu livro ou sobre o livro novo, de poemas, de Octavio.[464] Já deves saber que o *Excélsior* (*o tempora*, etc.) se tornou o único jornal livre e crítico no México, e pelo menos ali é possível defender algumas ideias; também no suplemento de Fernando.[465] O restante é o terror que conheces bem, potencializado pelo medo de que, agora sim, chegou o momento das mudanças. Todos falam de "mudanças estruturais", naturalmente; o general Cárdenas iniciou com um discurso em Guadalajara e logo o PRI, Fidel Velásquez e GDO aderiram à nova visão revolucionária; todos fazem o prognóstico de "confrontos fratricidas" se as coisas não forem resolvidas, mas eles são os únicos que poderiam resolvê-las, e isso requer o que Pancho Villa tinha de sobra e que está faltando nos atuais: simplesmente o *mais importante*. Medo dos Iturbide, Trouyet, Sánchez-Navarro & Co. Pois o caminho a seguir é óbvio: uma nacionalização bancária que permita levar dinheiro ao campo e distribuir melhor a riqueza. Com o acordo tácito dos gringos, se não fizerem isso logo, teremos uma reunião no México daqui a alguns anos.

Passei o verão em Cuernavaca, em uma linda casa decorada a rigor: piscina, buganvília, azaleia. Entreguei uma *novella*, *Cumpleaños* [Aniversário], para Mortiz e uma coleção de ensaios, *Casa con dos Puertas* [Casa com duas portas], além de avançar na *novelota* até quase a metade.[466] Agora vou retornar ao DF, onde trabalharei até fevereiro; então retornarei à Europa para a estreia da peça de teatro em Paris em meados de março: vocês estão mais do que convidados, e lhes

---

463 O já mencionado *La nueva novela hispanoamericana*.

464 Octavio Paz, *Ladera este* (1962-1968) (México, Joaquín Mortiz, 1969).

465 Entre 1971 e 1976, o *Excélsior* acolheu a revista *Plural*, de Octavio Paz. Durante esse período, o jornal foi dirigido por Julio Scherer, que no futuro seria grande amigo de GGM. O suplemento a que se faz alusão é o várias vezes mencionado *La Cultura en México*, que era publicado na revista *Siempre!*.

466 Ambos foram publicados no México por Joaquín Mortiz: *Cumpleaños* foi impresso em 28 de novembro de 1969, e *Casa con dos Puertas*, em 30 de maio de 1970; a "novelota" é *Terra nostra*.

*cai de madonna* se não forem.[467] Enquanto isso, esperarei por aqui a visita de Juan Goytisolo em novembro e de Dois Cronópios Dois em dezembro.[468] Desisti de ir ao Chile; senti o cheiro de armadilha dos democratas-cristãos (que facilitam muito as coisas para os gringos; antes a fronteira radical era Castro, agora são Frei e Gabriel Valdés!); fiquei sabendo que queriam que sentássemos no banquinho dos "desertores" que se atrevem a respirar outros ares que não os de tortilhas e *chile piquín*; e me dava náusea de me encontrar com os sabatos, martatrabas e arguedas desse mundinho. Mario te escreveu sobre as experiências dele no Chile? Jean Franco passou por Cuernavaca e me disse que Mario tinha escandalizado a plateia afirmando que a literatura não tinha a menor utilidade sociológica.[469] Carballo e Neus fizeram um molotov: retiraram-se afirmando que não aceitariam ser peões em um governo lacaio.[470] Os estudantes obrigaram os escritores a entoar um mea-culpa público pavoroso por não se dedicarem à guerrilha. Rosario Castellanos e Rulfo alegam que foram os únicos, por tradição ruizalarconiana, que não se prestaram à humilhação. Uma vez que todos admitiam a sua culpa de lesa-revolucionaridade, foram convidados a visitar os obreiros em Lota. *Sanctus, sanctus, sanctus.* Quando será feita uma distinção entre o cidadão e o escritor? Enquanto isso, serão abundantes os cidadãos ruins e os escritores ruins, caralho.

Escreve logo, saber de ti é fonte de alegria e saúde. Muitos beijos para toda a Sagrada Família (a de Sarrià, não a de Gaudí), e um abraço potente do teu chapa que tanto sente a tua falta,

Carlos

---

467 *El tuerto es rey.*

468 JC e Ugné Karvelis.

469 Franco foi uma acadêmica inglesa, especialista em literatura latino-americana, amiga de MVL e CF.

470 Neus Espresate, editora mexicana, sócia-fundadora da editora Era.

## De Gabriel García Márquez para Mario Vargas Llosa

Barcelona, 21 de outubro de 1969

Irmão,

A tua carta chegou depois de todas as notícias trazidas por Plinio, e ambas foram complementadas com as novidades de Beatriz.[471] Estamos, portanto, praticamente a par da vida de vocês na cinzenta Londres.

Plinio me falou sobre os arquivos amazônicos que te servem como base para um livro que te pedi para não escrever, e te considero deveras.[472] Pensa que um dos meus entretenimentos mais sãos é confundir a posteridade com os dados mais contraditórios, e utilizo os jornalistas como instrumento. Esquece essas fichas, organiza as tuas dúvidas e, quando vieres no mês que vem, resolveremos tudo em uma só noite.

Atormentei Carlos Barral com a boa ideia de que ele me passasse as provas do teu livro, pois não consigo suportar a impaciência por lê-lo. Mas Carlos é tão teimoso que insiste em não mostrá-las para mim, e o máximo que ele chegou a me oferecer foi o primeiro exemplar quentinho que sair do forno. Não tem cabimento.

O nosso telefone é 203 42 82, mas estou tentando alterá-lo, porque não aguento mais a enxurrada latino-americana neste outono devas-

---

471 Beatriz de Moura, editora catalã nascida no Brasil. Primeiro trabalhou na Lumen e depois fundou a Tusquets.

472 *García Márquez: história de um deicídio.* MVL não tinha planejado escrever um livro sobre GGM, mas as reflexões e o acúmulo de fichas e anotações de dimensões "amazônicas" sobre a obra de seu colega e amigo, utilizadas para ministrar disciplinas em três universidades entre 1968 e 1971, convenceram-no a utilizá-las para escrever uma postergada tese de doutorado, defendida em 25 de junho de 1971, que depois se transformaria em livro. O orientador da tese, Alonso Zamora Vicente, fez algumas observações no rascunho: "Muito bem pensado e feito com uma paixão contida, paixão de entendimento, excelente. Receio que, como tese, possam fazer alguma objeção. Deve acrescentar alguma coisa daquela discreta pedanteria tão útil e tão elegante no gênero. Será suficiente fazê-lo nas notas de rodapé." (12 de fevereiro de 1971).

tador. Nos veremos no mês que vem, sem falta. Avisa se quiseres que procuremos alojamento para ti. Um grande abraço de todos, para todos,

Gabo

## De Julio Cortázar para Mario Vargas Llosa

Paris, 20 de novembro de 1969

Meu querido Mario,

Já deves saber que, dentro de poucos dias, Ugné e eu teremos o prazer de te abraçar em Londres. De todos os modos, como o que vem a seguir é bastante urgente, prefiro te antecipar algumas linhas a respeito.

Acredito que o texto em anexo será suficiente para ilustrar a tentativa de pressionar Ovando com vistas a pressionar Bustos, Debray e os demais presos políticos.[473] Parece (falei com a mulher de Régis) que o governo dará a anistia para todos os presos políticos, exceto para Bustos e para Debray, por ter o entendimento de que estes últimos foram julgados e condenados "legalmente". Verás que, no meu texto, coloquei todo mundo na mesma linha de raciocínio, pois é assim que eu penso que se deve proceder. Em resumo, pode ser que os intelectuais bolivianos, que estão agindo energicamente contra o governo, se sintam muito motivados se receberem testemunhos da nossa solidariedade; e eu acredito que as mensagens individuais sejam mais eficazes do que uma carta assinada por todos ao mesmo tempo. Por isso te escrevo, e também aviso Gabo e Fuentes; Debray menciona todos nós em uma carta para a sua mulher que

473 O texto em anexo deve ser o mesmo que acompanha a carta para CF, reproduzida a seguir. O general Alfredo Ovando assumiu a presidência da Bolívia após um golpe de Estado em 26 de setembro de 1969. O seu governo, de caráter nacionalista, teve fim em 7 de outubro de 1970. Ovando também exercia a presidência da Bolívia em outubro de 1967, quando Che Guevara foi capturado e assassinado. Ciro Bustos, pintor argentino, e Régis Debray, filósofo francês, tinham sido detidos em abril de 1967, sob acusação de colaborar com Che Guevara. Pouco tempo depois, o comitê de colaboração da *Casa de las Américas* emitiu uma declaração, que incluía as assinaturas de JC e MVL, exigindo a liberdade de Debray.

acabei de ver em Paris, pois ele tem a convicção de que uma intervenção nossa terá efeitos positivos em véspera da decisão do governo (as anistias foram anunciadas para o Natal).[474]

De resto, falaremos em Londres. Nem tenho palavras para expressar a vontade que tenho de vê-los e de conhecer os juniores. Até lá, pois, com um grande abraço,

Julio

A minha técnica tem sido escrever a mensagem e mandá-la à AFP e Prensa Latina para ser difundida de imediato.

## De Julio Cortázar para Carlos Fuentes

Paris, 20 de novembro de 1969

Querido Carlos,

Duas linhas urgentes e necessárias, que espero que cheguem até ti o quanto antes. Tu já sabes que os escritores bolivianos estão lutando para obter a anistia de Régis Debray e dos demais presos políticos. Ovando parece disposto a libertar os que não foram julgados, mas não Debray ou Bustos, que foram condenados após um julgamento. Falei com a mulher de Debray, que me mostrou uma carta de Régis, o qual está convicto que se, depois da intervenção francesa (Sartre, Malraux e Mauriac), os escritores bolivianos recebessem mensagens de solidariedade de escritores como tu, Mario, Gabo e eu, isso teria uma grande repercussão em todos os âmbitos e ajudaria a pressionar Ovando tendo na mira a anistia.

Pela página em anexo, verás o que eu decidi fazer. Entreguei essa mensagem às agências de imprensa para que elas a difundam, e acabei de

474 A esposa de Debray era, naquela época, a antropóloga venezuelana Elizabeth Burgos.

escrever para Gabo e para Mario, para que decidam qual postura tomar, como faço agora contigo.[475]

O assunto é urgente, porque as anistias serão decididas na semana do Natal.

Em outra ocasião, te escreverei com mais profundidade, ou talvez o melhor seja vires algum dia a Paris, mexicano errante, e colocarmos o papo em dia. Se puderes transmitir essa mensagem para Octavio, seria também muito importante, e o mesmo se tiveres em mente outros escritores ou artistas amigos que possam se interessar pelo problema.

Um grande abraço e até muito breve,

Julio

Perdoa-me o desalinho. Comprei uma máquina elétrica — e me saiu assim. Oh, tecnologia!

[Documento anexado]

Intelectuais e artistas da Bolívia manifestaram, em diferentes ocasiões e por diversos meios, sua vontade de obter a anistia de Ciro Bustos, de Régis Debray e de todos os que se encontram encarcerados por razões políticas neste país.

Como escritor latino-americano, solidário a um movimento do qual se pode dizer pelo menos que traduz e põe em ação o sentimento de milhões de homens de todas as terras da nossa América, quero dizer hoje aos escritores e artistas da Bolívia que estou mais do que nunca do lado de vocês nessa luta, porque entendo que não cabe somente à simpatia que, no terreno individual e das ideias, possa ser inspirada por aqueles que padecem de prisão na Bolívia por razões políticas ou em decorrência de julgamentos baseados em sua participação ativa ou ideológica nos movimentos guerrilheiros. Para além do que são como pessoa, homens como Régis Debray e os seus companheiros encarnam a esperança e a força dos povos latino-americanos que se rebelam contra o imperialismo

475 A carta para GGM não foi recuperada.

e o colonialismo, e que marcham para a conquista da autêntica soberania nacional e da justiça social.

Esse grupo de prisioneiros políticos é apenas uma das manifestações visíveis do destino de milhões de latino-americanos que são prisioneiros do Terceiro Mundo, prisioneiros da fome, prisioneiros da exploração e da injustiça; a obtenção da sua liberdade constitui hoje uma das múltiplas etapas de uma operação que está sendo feita apesar de todos os obstáculos, e que um dia transformará em realidade os ideais pelos quais viveu e morreu o comandante Ernesto Guevara.

Julio Cortázar
Paris, 23 de novembro de 1969[476]

## De Julio Cortázar para Mario Vargas Llosa

Paris, 11 de dezembro de 1969

Meu querido Mario,

E pensar que falamos sobre Arguedas em Londres, tu te lembras, e que ele já estava morto.[477] Curiosamente, depois do que tu tinhas me dito sobre ele, a notícia não me deixou muito surpreso, posto que Arguedas repetiu em sua última mensagem o que tu tinhas adivinhado sobre a sua estagnação. Mas nada disso muda a grande desgraça que é a sua morte e, ao contrário, prova até que ponto ele viveu e vivia para a sua obra, a ponto de se matar diante da impossibilidade de continuá-la. Para mim, agora, ficou pendente um diálogo com ele que eu nunca mais terei neste mundo, e como não acredito em outro, e suponho que ele também não, não nos veremos de novo. Como eu gostaria de imaginar algo como

---

476 Como se pode constatar, o documento possui data posterior à da carta para CF.

477 O escritor peruano José María Arguedas morreu em 2 de dezembro de 1969, devido a um tiro dado na cabeça cinco dias antes.

aqueles encontros que lemos em Homero e em Luciano, aqueles diálogos das sombras no Hades.[478]

Aqui te mando uma cópia das minhas reflexões sobre o trabalho de Óscar Collazos. Eu gostaria que lesses e que depois me devolvesses, porque tenho poucas cópias e pretendo tentar publicar esse texto na *Marcha* e em Cuba (acho difícil este último, mas de qualquer maneira tenho que enviá-lo ao próprio Collazos).[479]

Como fizeste a gentileza de te oferecer para me arranjar um pouco mais de *poeiana*, aqui deixo anotados dois livros caso os encontrares na Foyles ou em alguma dessas livrarias que frequentas (não que devas ir obrigatoriamente):

V. Buranelli, *Edgar Allan Poe* (1961)
N. B. Fagin, *Histrionic Mr. Poe* (1949)

Me interesso pelo segundo mais do que pelo primeiro; não conheço os editores, mas acho que podem ser ingleses, e por isso o meu pedido; é claro que, se cair em tuas mãos algum outro livro sobre o assunto, anota, por favor, se achares interessante, e, caso eu não tenha, comprarei em março quando eu for a Londres.[480]

---

478 Arguedas e JC tiveram uma troca áspera entre 1967 e 1969, mencionada anteriormente. Anos mais tarde, JC consideraria se tratar de "uma falsa, absurda polêmica". "Neruda entre nosotros" [Neruda entre nós], *Plural*, México, n.º 30, março de 1974.

479 O texto de Collazos, intitulado "La encrucijada del lenguaje" [A encruzilhada da linguagem], foi publicado na *Marcha*, Montevidéu, em 30 de agosto e em 5 de setembro de 1969; a resposta de JC, "Literatura en la revolución y revolución en la literatura: algunos malentendidos a liquidar" [Literatura na revolução e revolução na literatura: alguns mal-entendidos para liquidar], foi publicada também na *Marcha* em 9 e em 16 de janeiro de 1970. Ambos os textos, e mais um de MVL e uma resposta de Collazos, foram reunidos em *Literatura en la revolución y revolución en la literatura* (México, Siglo XXI, 1970).

480 Nenhum dos dois livros solicitados por JC tinha sido publicado na Inglaterra. O primeiro foi publicado em Twayne Publishers, Nova York, e o segundo, em Johns Hopkins University Press, Baltimore.

Como podes ver, continuo decidido a ir em março, de modo que lá poderemos falar melhor e mais demoradamente do que da última vez, embora eu esteja muito longe de me queixar, pois de todos os modos conseguimos *causer litterature* por um bom tempo.

Um abraço forte para os meus sobrinhos e Patricia, e outro para ti do teu velho

Julio

Ugné os abraça muito.

P. S. Hoje à tarde, vi Antonio Gálvez. De todos os textos para o álbum dele, só falta o teu. Poderias enviá-lo quando for propício? Agradecimentos dele e meus.

# 1970

## De Gabriel García Márquez para Carlos Fuentes

Barcelona, 19 de janeiro de 1970

Irmão,

Eu disse para alguns amigos que estavam aqui em casa, na noite em que saiu a notícia do prêmio: "Aposto que o primeiro telegrama será o de Carlos Fuentes."[481] Chegou na manhã seguinte.[482] Não sei como a notícia se espalhou: será transmitida oficialmente no dia 7 de fevereiro, mas já sei que foi publicada na Cidade do México e em Lima. Le Seuil vai fazer um coquetel ao qual me nego ir, como podes imaginar, e não estão contentes comigo. Em síntese, até agora só me deu desgosto uma notícia que deveria ser motivo de alegria, e a única compensação é o júbilo dos meus amigos, tendo a ti em mente.

Estou em um período epistolar ruim, primeiro porque estou imerso até o cangote no romance, segundo porque muita gente passa por Barcelona, e terceiro porque alguns amigos me trazem notícias dos demais, e é como se houvesse uma correspondência intensa.

Passei o Ano-Novo em Londres, com Mario. Tinha passado o Natal em Paris, com Julio. Comprei casacos coloridos, botas de inválido e gravatas de

481 GGM recebeu o Prix du Meilleur Livre Étranger por *Cent ans de solitude*.

482 Esse telegrama não foi encontrado.

veado, e falamos muito de ti, comendo e bebendo, com Tom Maschler.[483] Um grande sujeito. No meu retorno, encontrei uma garrafa de tequila, o teu livro novo e um cartão de José Luis Martínez, que parece ter vindo no mesmo dia em que fomos a Londres. Fiquei muito triste por não o ter visto. Diz para ele, por favor, que estamos nos devendo a *pachanga* e que avise com antecedência na próxima vez que vier. Se eu soubesse que ele viria, teria adiado a viagem em dois ou três dias. Manda um grande abraço para ele.

Ainda não li *Cumpleaños* porque o bárbaro do Mario me pegou pelo nariz com o seu par de calhamaços, e o próximo será *Último round*.[484] É uma coisa só: passamos dois anos sem escrever e depois publicamos todos os livros ao mesmo tempo.

Sempre recebo notícias tuas, legais e ilegais. Respondi ao teu telegrama sobre Revueltas com uma franqueza e uma sinceridade que só são possíveis entre nós. Estou farto de mensagens inúteis.[485] Nos últimos dias, estive um pouco enojado porque tive que enviar um telegrama respeitoso para Ovando, quando o que eu queria era praguejar a mãe dele, mas tive que fazê-lo depois de receber um telefonema da mulher de Debray, de Paris. Fiz isso com muito prazer, da forma mais digna possível, embora eu soubesse que seria inútil. Não nos iludamos: não levam a sério os escritores. A nossa missão, infelizmente, é póstuma.

Espero que, para o verão, trabalhando como agora, eu já tenha um esboço completo do meu romance. Só então terei a perspectiva necessária para saber se presta ou não presta. Neste último caso, levarei a cabo uma reescrita profunda. Cada vez fica mais difícil, e particularmente com esse livro não sei muito bem o que estou fazendo, mas a curiosidade de saber me queima o estômago. Acho que é por isso que escrevo.

---

483 Editor inglês. Publicou pela Jonathan Cape traduções de vários livros de MVL e GGM. Foi um dos criadores do Prêmio Booker em 1969.

484 Os calhamaços eram os dois volumes de *Conversa no Catedral*.

485 O telegrama não foi encontrado. Em 25 de dezembro de 1969, foi publicado um manifesto de solidariedade com José Revueltas e outros presos políticos mexicanos, assinado pelos quatro autores de *As cartas do Boom*, entre outros. Consta no apêndice deste livro. A frase de GGM revela que ele o assinou sem estar convicto de sua eficácia. Um ano antes, os quatro, juntamente com outros colegas, haviam assinado outro manifesto pela liberdade de Revueltas (18 de dezembro de 1968).

Carlos Barral leu o romance de Pepe Donoso e me disse com a barba arrepiada que é colossal.[486] Eu acredito: a neurastenia, quando é desse tamanho, tem que servir para alguma coisa.

Um imenso abraço do amigo que mais gosta de ti,

Gabriel

## De Carlos Fuentes para Julio Cortázar

México, 28 de janeiro de 1970[487]

Julio querido,

Estou mais atrasado na minha correspondência contigo do que a Revolução Mexicana no cumprimento das suas promessas; por meio da Suprema Lapinessa Lituana, terás, no entanto, notícias minhas de tempos em tempos, além do meu impertinente telegrama de Ano-Novo, enviado, como podes imaginar, no calor das celebrações e porque o natural entusiasmo com *A volta ao dia* praticamente nos uniu, Jean e eu; em Durango, onde ela está filmando um tenebroso *western*, e eu, escrevendo a minha segunda peça de teatro, lemos em voz alta *Último round*, que há alguns dias subtraí de Orfila com sutilezas e audácias dignas do herói Maurice Leblanc.[488] A propósito: Jean teve contato com o teu livro por meio do filho de Pedro Armendáriz, também ator, e talvez o teu mais formidável

---

486 *El obsceno pájaro de la noche* [O obsceno pássaro da noite], que concorreu ao Prêmio Biblioteca Breve de 1970, com GGM e MVL no júri. A decisão foi suspensa em solidariedade com Carlos Barral, que foi forçado a renunciar à Seix Barral. No entanto, o romance de Donoso foi impresso pela mesma editora em dezembro, com um extenso *blurb* de Carlos Barral, no qual escreveu: "Tenho certeza de que *El obsceno pájaro de la noche* garante a José Donoso um lugar definitivo no topo da geração de narradores latino-americanos que forma hoje a vanguarda do romance em língua espanhola."

487 CF colocou essa data por engano em 1969.

488 "Suprema Lapinessa Lituana" é Ugné Karvelis. Jean Seberg foi uma atriz norte-americana com a qual CF esteve envolvido sentimentalmente. CF recriaria essa relação no romance *Diana o la cazadora solitaria* [Diana ou a caçadora solitária] (México, Alfaguara, 1994). O *western* referido é *Macho Callahan* (1970), dirigido por Bernard L. Kowalski.

fã em terra asteca (*excluding me, of course*). Verás as voltas (ou *rounds*) que o mundo dá.

Sobre esse livro maravilhoso, aberto, no qual todas as coisas adquirem a sua devida proporção (nem o grandão é tão grandão quanto acreditávamos, e o que parece pequeno é tão imenso, Julio), discorrerei no dia em que eu terminar de lê-lo (mas será que um dia se pode terminar de ler um livro infinito? Que contradição. Será esse último round o de *tutti quanti*, *a bang and a whimper*, e por isso, e por isso / Não; enfim me dei o grande prazer de ler *62*. Dirás que sou ultrapassado, e terás razão; acontece que, quando te leio, todos os poros dessa nossa pele literária, que tu conheces tão bem, abrem-se como após uma boa fricção capilar; me deixa tão submerso no seu mundo que já não sei distingui-lo do meu, e então o dublê daquele que falava Kleist em *Pentesilea* começa a caminhar comigo todas as noites, e tcharam, acabou a minha possibilidade de escrever: sou um personagem de Cortázar, paredro, e as minhas páginas com garranchos vão para o raio que as parta, mano). Passei o verão em Cuernavaca escrevendo *Cumpleaños* [Aniversário], que se ainda não chegou até ti, está por chegar, e depois comecei a peça de teatro, fui ver Octavio em Austin e o Moratorium em New York, depois apareceu por aqui o meu grande chapa Bill Styron, até que fui tomar sol, antes do Ano-Novo, em Puerto Vallarta, e consegui mergulhar no teu grande romance. O fato é que cada livro teu nos abre (esse *nos* não é imperial; é o mais humilde dos pronomes: nos, leitores que somos autores e autores que somos leitores e acreditamos saber o quanto custa para ser um e ser outro, caramba) visões vertiginosas; tu deixas para trás o que já fizeste, dás um salto que faz parecer que Gagarin ou Bob Mathias apenas engatinham (não falo dos *All American Boys who went and left their Kansas shit on the moon*) e temos que nos segurar como em uma montanha-russa dos pequenos (ou dos grandes), porque um romance teu se lê assim como se sente o mar em um dia frio e ensolarado, quando vamos para a proa e respiramos com a boca aberta contra o vento, e parece que os nossos pulmões não foram feitos para tanto ar quanto há no mundo.[489] Cada livro teu tem a sabedoria de cancelar e assumir todos os livros anteriores, e isso é o que os idiotas não querem ou não conseguem entender; *62* é outra maneira de ler *O jogo da amarelinha*, *Todos os fogos o fogo*, *A volta ao dia*, *As armas secretas*... tudo. O fato é que as essências desses livros passaram, muito sutis, como um aroma, como uma artéria simples, mas vital, para o corpo do romance seguinte, que é todos os anteriores, assim como o corpo é a soma de células, nervos, sangue, mas também é o corpo em si, soma, porém algo a mais do que a soma, a nova totalidade que transcende as suas partes. Digo que cada obra tua parece uma leitura mais misteriosa e implícita das tuas obras anteriores; mas cada uma dessas obras é, por sua vez, uma leitura do mundo, de maneira que espiral e organicamente essa progressão narrativa é como uma leitura crescente do real, das suas verdadeiras dimensões: uma criação expansiva, paulatina, e não uma explosão única, irrepetível e por isso *dated*; quem poderá, algum dia, datar os teus livros? Seria uma temeridade; talvez, se analisarmos bem, o teu primeiro livro é *62*, que contém todos eles, oferecendo-os em seu ponto culminante e incandescente; depois, dessa bola de fogo se originam "O perseguidor" ou "Axolote" ou "Reunião"... ou até mesmo *O jogo da amarelinha*. É como se acreditássemos ter vivido em um arquipélago, e caminhássemos um pouquinho, e nos convencêssemos de que estamos em uma ilha, e continuássemos caminhando e ah caramba é um continente, e depois déssemos a volta pelo globo, e víssemos mais longe, e descobríssemos que o mundo é apenas outra ilhazinha de outro arquipélago que desconhecíamos, e voltássemos a caminhar e / Escreveste uma comédia admirável — uso o termo dantescamente — um compêndio destilado, terrivelmente consciente da sua relatividade, da trágica dificuldade de existir, de ser. *62* é um drama existencial e, ao mesmo tempo, uma comédia anarquista; aquele é profundo e doloroso como o destino de Tántalo: tudo parece muito acessível, mas não se pode tocar em nada, muito menos reter; acho que nunca li páginas tão

489 A frase em inglês (que pode ser traduzida como "os lindos meninos estadunidenses que foram à lua e deixaram lá a sua bosta do Kansas") é uma referência aos astronautas da missão Apolo 11.

comoventes sobre essa necessidade e impossibilidade de ter quanto as que dedicaste à relação entre Hélene e Celia; a comédia anarquista não deixa o drama *sombrer*, literária e humanamente: é a sua salvação (porque é a sua graça): Calac e Polanco nos fazem acreditar no drama terrível porque jogam uma torta na cara dele: que lágrimas são essas, se não as nossas, as de nossa QUEDA literal?: regozijante tragédia (Baudelaire escreveu uma admirável página a respeito, lembras?). Outra maneira de dizer que o drama confere à comédia toda a sua gravidade de redução ao pó. Em *62*, Marcel Carné dá a mão para Mack Sennett. Quando Anabella está prestes a se jogar no canal St. Martin, perto do Hotel du Nord, Harry Langdon e Harold Lloyd se antecipam e caem, atônitos, com os rostos caiados e os olhos arregalados, no mesmo charco suicida: acontece que tinha apenas 10 centímetros de profundidade. Tu és um *past master* do tragicômico; *here, my friend, you surpass yourself.*[490] Porque em *62*, mais do que nunca, transformaste essa alternância no ritmo real da vida, de maneira que ler o teu romance é como respirar, levantar-se, sentar-se, caminhar: elementar e sobre-humana vontade de ser, apesar de tudo e que caia quem tiver que cair. Assim, o jogo dos espaços, a simultaneidade da Cidade (sim, nós nos lembraremos dela), as imagens de Monsieur Ochs e a Condessa Bathori, são como as presenças envolventes de tudo aquilo que lembramos, tememos, desejamos justamente no momento de respirar, comer, fazer amor, jogarmo-nos no rio, ler Butor ou pedir um castelo sangrento. Não sei se estou conseguindo explicar, Julio. Tateio; vais muito longe. Observações: p. 91, não é Swiss Village, mas Swiss Cottage, e te digo porque eu passava por ali para ir de Hampstead a Westminster.[491] Outro: p. 150.[492] Como Viena não abrange os astecas? O meu chauvinismo insurgente: no Kunsthistorisches estão as plumas de Moctezuma, enviadas por Hernán Cortés para Carlos Habsburgo; e na Cripta dos Capuchinhos está enterrado Maximiliano, cuja morte (patriotadas à parte) pode ser vista como a vingança de um Huitzilopochtli

---

490 "Aqui, amigo, tu superas a ti mesmo."

491 "Descemos em Swiss Village e trocamos para a linha do norte, rumo ao West End."

492 Onde Calac diz que o dos astecas é "um tema que domino, embora desde já não abranja Viena".

liberal, positivista e vestido de israelita, assim contra aquele Carlos *just mentioned* como que contra Quetzalcóatl, o deus loiro e barbudo que aparece em qualquer esquina na história do México. Dito está. Um abraço grande; escreve (para Mortiz). Teu chapa

Carlos

## De Julio Cortázar para Mario Vargas Llosa

Paris, 20 de fevereiro de 1970

Meu querido Mario,

Muito obrigado pela tua carta, que me trouxe uma grande alegria em uma época em que as alegrias estão cada vez mais raras. Nada pode trazer mais confirmação do caminho que tomei do que as coisas que me disseste sobre o meu livro, sobre a tua reação ao avançar na leitura, sobre o que descobriste nele.[493] Eu, de minha parte, finalmente deixando para trás uma montanha de tarefas — muitas delas estúpidas, porém inevitáveis, e outras entediantes, porém necessárias por motivos de solidariedade latino-americana —, consegui começar a ler o teu romance nos últimos dias, e espero terminá-lo antes do meu desembarque em Londres, para conversar contigo longamente sobre ele.[494]

Ugné me transmitiu a tua mensagem. Te agradeço muito por teres encontrado alojamento para mim, posto que a data da minha chegada está se aproximando. Ugné e eu vamos a Roma no fim do mês para assistir à estreia de uma obra de Luigi Nono em homenagem ao Che, com texto de Carlos Franqui.[495] Como retornarei a Paris no dia 2 de março, acho melhor passar a semana resolvendo o que tiver se acumulado nesse meio-tempo, e viajar a Londres *no domingo, 8 de março.* Se quiseres, portanto, podes fazer a reserva para essa data.

---

493 Provavelmente *62/Modelo para armar* ou *Último round.*

494 JC se refere a *Conversa no Catedral.*

495 *Y entonces comprendió* [E então entendeu], de Nono.

Estive olhando no mapa a localização do 11, Cadogan Gardens. O problema é que há três diferentes, mas espero que seja o mais central, perto da Soho Square. Se me mandares duas linhas, poderias esclarecer isso para mim. É um quarto de hotel, ou uma espécie de pensão, ou outra coisa? Espero não me defrontar em Londres com problemas de puritanismo, como aconteceu comigo em Barcelona recentemente; no hotel, reservado por Paco Porrúa, não queriam deixar entrar Ugné (que chegou um dia depois de mim) e tive que armar um escândalo. Gostaria que tivesses em conta essa questão, porque nunca se sabe; em suma, na pior das hipóteses, eu poderia ir para outro lugar se eles se mostrarem decentes demais.

Sara Facio e Alicia D'Amico, que estão fazendo um álbum de todos nós, disseram-me que não lhes respondeste; elas viajarão à Europa em abril e precisarão se encontrar contigo; acho que também será o caso de contarem com um texto teu, comentando as fotos ou algo assim. Essas meninas são excelentes e trabalham muito bem, de modo que as recomendo.[496]

Bom, Mario, logo conversaremos por lá. Meus carinhos para Patricia e para os meus sobrinhos, e um grande abraço para ti de

Julio

## De Julio Cortázar para Mario Vargas Llosa

Paris, 25 de fevereiro de 1970

Querido Mario,

Acabei de escutar o diálogo entre Santiago e Vallejo para te mandar estas linhas, destinadas a te dar algumas instruções.[497] A mulher de Italo

---

496 O resultado foi *Retratos y autorretratos. Escritores de América Latina* [Retratos e autorretratos. Escritores da América Latina] (Buenos Aires, Crisis, 1973). Esse livro incluiu fotografias e textos breves de 21 escritores, entre eles, os quatro autores deste livro. Em 1968, ambas as fotógrafas tinham publicado pela Sudamericana um fotolivro com textos de JC, *Buenos Aires, Buenos Aires*. As fotógrafas não se encontraram com MVL na Europa e utilizaram tomadas que fizeram dele em 1969, no Chile.

497 Personagens de *Conversa no Catedral*. Santiago Zavala, o protagonista, e o diretor do jornal *La Crónica*, Vallejo, dialogam no capítulo I da segunda parte.

Calvino me disse que eles moraram em um hotel do Strand chamado STRAND PALACE HOTEL, que é uma espécie de formigueiro gigante e bastante informal (o que convém a um sujeito de costumes ligeiramente desregrados como eu), e que embora esteja longe de ser uma maravilha, não é caro e fica bem no centro. Se tiveres oportunidade de dar uma volta por lá, talvez possas me reservar um quarto nesse hotel, e eu verei *sur place* se permaneço ou procuro outro lugar.[498]

Perdoa-me por tanta chateação, e até o dia 8, com carinhos para todos os teus, e um grande abraço,

Julio

## De Julio Cortázar para Patricia Llosa e Mario Vargas Llosa

Londres, entre 5 e 9 de março de 1970

Queridos Patricia e Mario (*plus my nephews!*),

Este é um boletim informativo sobre a situação geral e os detalhes específicos. Primeiramente: obrigado, muito obrigado pela hospitalidade, agradecimento que Ugné compartilha comigo — no caso dela, misturado com a tristeza de não ter conseguido vê-los sequer na véspera da partida de vocês.

Espero que não encontrem o apartamento nem mais, nem menos arruinado do que como deixaram. O *meter* da sala continua aprontando as suas, ou seja, fica travando, e eu estou com os dedos machucados e esfolados de tanto mexer na maldita alavanca; acho que seria bom dar uma olhada, porque quando saí da casa ele estava ferrenhamente travado e não houve invocação mágica ou porrada portenha que pudesse tirá-lo da sua obstinação. Pode ser que o depósito esteja abarrotado de xelins e

---

498 JC e Ugné Karvelis encontraram "outro lugar": hospedaram-se no apartamento dos Vargas Llosa, que se ausentaram durante a estadia deles.

centavos, e isso explicaria tanta má vontade; porque já perdi a conta de quanto dinheiro eu meti lá dentro para aquecer um pouco a casa. E isso explica (como na canção "Tout va très bien, madame la marquise") por que fui embora do apartamento bem antes do retorno de vocês — exatamente no domingo, dia 4.[499] O frio, esse conceito desprezível em nossa era tecnológica, continua sendo uma realidade terrível em um apartamento inglês. Enquanto Ugné permaneceu aqui, não fez muito frio e estivemos muito bem (mesmo que a calefação da cozinha tivesse seus momentos de desânimo e os banhos de banheira eram mais adequados para pinguins); mas assim que ela se foi, a temperatura começou a baixar em Londres, e nevou desde sexta-feira. Eliot tinha razão, *April is the cruellest of months.* As minhas manobras estratégicas consistiram, no início, em fazer a calefação funcionar no máximo; em seguida, me entrincherei na sala para trabalhar; depois coloquei três pares de meia e dois *pullovers*; ao final, eu me enrolei numa colcha para traduzir e ler, e passei para o regime de meia garrafa de Scotch por dia, além de café a cada meia hora. No sábado, dia 3, esgotados os recursos logísticos, táticos e de outra natureza, comecei a tossir. Nada me deixa mais apavorado do que uma gripe no exterior; consumi doses navegáveis de xarope peitoral, tomei aspirina, andei em círculo a cada cinco minutos, recitando aos berros Bhagavad-Gita. No sábado à meia-noite, quando o meu amiguinho declarou que jamais sentiu tanto frio, entendi que era hora de ir embora.

Havia problemas de: a) correio; b) vigilância da casa vazia; c) observação ocular e carinhosa do carro. Abro um parêntese para dizer que Ugné não se animou a tocar no carro, e eu não a encorajei em absoluto, porque penso que, se alguém tem medo, o mais provável é que tenha também um acidente, de maneira que encontrarão o carro exatamente onde deixaram, isto é, no segundo retângulo do estacionamento, contando a partir da esquina. Acabei de vê-lo hoje de manhã, e trocamos acenos cordiais; ele parece estar muito bem, com as suas rodas dianteiras ligeiramente inclinadas para o lado, como o seu amo as deixou. Conti-

---

499 A canção referida é do francês Ray Ventura.

nuarei cuidando dele e da casa até a noite de quinta-feira, dia 9, quando pegarei o *boat train*.

Voltando ao tema central: no domingo de manhã, tracei um círculo mental de duas quadras nos arredores e explorei os hotéis em busca de um quarto *quente*. Pequeno, sujo, horrífico, com aranhas, com três senegaleses dormindo no chão, com fantasmas ou vampiros, mas *quente*. Eu o encontrei na Trebovir Road, em um hotel chamado ASTOR HOUSE, e decidi que a localização era perfeita para ir, uma ou duas vezes ao dia, cuidar do carro, pegar as correspondências e dar uma olhada no *igloo* (pois já não merecia outro nome assim que os radiadores foram desligados). Penso, então, que não terei sido negligente com aqueles que me ofereceram tudo o que possuem tão generosamente.

Os problemas domésticos não são complicados: levei os lençóis e as toalhas para uma lavanderia, mas me disseram que só poderiam lavá-los e secá-los; tu me perdoarás, Patricia, porque eu queria deixá-los bem passados para ti; em todo caso, vais encontrá-los limpos.

Ugné e eu fizemos alguns telefonemas para Barcelona e Paris. Não sei quanto vão custar, mas penso que essas cinco libras vão cobrir mais ou menos os gastos.

E agora, Mario, um detalhe que comprova o caráter dos escritores argentinos (como se ainda fosse necessário comprová-lo, depois de Sabato e Mallea). Junto com as tuas correspondências, chegou uma nota do Post Office dizendo que tinhas um pacote certificado, que era a terceira chamada e que, se não fosses buscar, enviariam de volta para o remetente. Achei que poderia ser importante e meditei. Havia a possibilidade de que tu me autorizasses a retirar o pacote em teu nome; desandei, pois, a falsificar a tua assinatura para a tal autorização. Pensei comigo que talvez o correio tivesse um registro das assinaturas dos clientes, e neste caso terias que ir me tirar da prisão. A ideia, confesso sem rubor, não me apetecia, mas muito menos que perdesses o pacote, que poderiam ser provas, caviar, um tamanduá ou ânforas de mel e aljôfar para Patricia e as crianças. Fechei os olhos e soltei um "Mario Vargas Llosa" com ímpeto no formulário de autorização; depois, verde de medo, apresentei-me no correio. O atendente olhou para mim, olhou para a tua assinatura, eu estava com os dedos cruzados (dentro do bolso), e me pediu o passaporte. Mostrei a minha *carte de séjour* francesa; olhou para a foto e disse: "Well, you've changed a lot." A barba, claro. Expliquei os motivos cabeludos, e então ele perguntou: "Quando o senhor Vargas Llosa partiu?" "Hoje de manhã", respondi. "Me deixou a autorização porque não teve tempo de vir." Refletiu um pouco e perguntou quando tu retornarias. Disse que no dia 10 ou 11. Olhou para mim, olhou para a minha foto, olhou para a tua assinatura, suspirou, pediu que eu aguardasse, e o pacote é o da Seix Barral, que encontrarás entre as cartas. Não tem de quê.

Bom, acho que isso é tudo. Ah, quando nos telefonarmos no teu retorno, não te esquece de me dar o endereço de Szyszlo para meu amigo Thiercelin, que vai ao Peru, e quiçá o de Oviedo.[500] Eu te darei informações sobre a semana latino-americana para sincronizar a tua viagem. Assumo que estão descansados, torradinhos, que as crianças aproveitaram e que tudo saiu como o planejado. De resto, conversaremos em Paris.

Obrigado mais uma vez, e um grande abraço quádruplo do teu grato

Julio

*STOP THE PRESS!*

Bom, vou embora hoje à noite. Está tudo em ordem na tua casa. Patricia: os lençóis e as toalhas estão de volta, limpos e secos, mas — perdoa-me — sem passar. Mario: encontrarás mais dois avisos do Correio. Fui perguntar se alguma das *duas* cartas certificadas era para mim e, com efeito, entregaram-me uma. Por conseguinte, só tens que recuperar a que falta (o atendente tachou *two* e colocou *one*, de modo que tudo está claro). Há também três pacotes para ti.

---

500 Jean Thiercelin, pintor e poeta francês. José Miguel Oviedo.

=

Escreveram-me de Paris, propondo *dia 25 de abril, sábado*, como data para a mesa-redonda. Espero que seja conveniente para ti. Eu telefonarei de Paris.

Outro abraço de

Julio

## De Gabriel García Márquez para Mario Vargas Llosa

Barcelona, 15 de maio de 1970

Velho querido,

A tua carta parece uma ressurreição: sentíamos que estavas distante, embora Carmen nos mantivesse a par das tuas angústias editoriais, do teu mau humor londrino e da iminência da tua vinda.[501] Lendo a tua carta, nós nos demos conta de que notícias de segunda mão não nos bastam.

Se deste o meu endereço a alguém, é porque se trata de um amigo, de modo que o aguardaremos. Sem álcool, porque um médico fúnebre me fez tomar um copo de cimento líquido para me ver por dentro, encontrou o meu fígado maior do que o meu coração e, sem o menor resquício de piedade, suprimiu as bebidas dramáticas pelo resto da minha longa vida. Depois fiquei sabendo, pelos meus beberrões da Colômbia, que todo mundo no trópico tem o fígado maior — coisa que os cartesianos

501 GGM faz alusão a problemas com as dezenas de erratas nas primeiras edições de *Conversa no Catedral* e à mudança para Barcelona que os Vargas Llosa fariam em julho de 1970. Carmen Balcells havia convencido MVL a deixar de lecionar para dedicar-se somente a escrever. Em 16 de abril de 1969, escreveu aconselhando-o a "fazer as malas, mudar-te para Barcelona ou outro lugar que te apeteça e viver do que tu escreves. Tudo o que tenho para te dizer, e não sei se é muito ou pouco, se reduz ao seguinte: diz para mim de quanto dinheiro tu precisarias mensalmente para se mudar para cá". E ao final escreveu à mão: "O essencial é que fiques tranquilo, e eu já me sinto com as rédeas na mão para que tu consigas fazê-lo. Tudo o que não foi mencionado na minha carta está na minha cabeça, de modo que *tu* podes ficar *TRANQUILO!*"

europeus ignoram —, mas eu já estava começando a me sentir tão bem sem a minha meia garrafa diária de uísque que preferi abandoná-la para sempre. Só me falta um trombone para tocar na porta da Sears, recolhendo esmolas para o Salvation Army.

Não lembro quem me contou o episódio sangrento da Cité Universitaire.[502] É isso que acontece com Julio e contigo porque são patriotas. Eu estou a salvo desses massacres inúteis. E mais agora, que estou me preparando para uma velhice feudal, com a minha última e dispendiosa insensatez: comprei uma casa de 200 anos, com doze aposentos e 4.000 metros de terra, a 40 quilômetros de Barcelona em direção à Costa Brava, e cujo restauro por si só pode me custar facilmente os direitos de meio milhão de exemplares. Eu estou feliz, porque ficarei na ruína por longos anos, mas isso me impedirá de embarcar em loucuras menos estáveis. Portanto, podes vir sem medo: há espaço suficiente na casa e nos campos para cansar até os conquistadores mais ferozes.[503]

Pede o que quiseres para facilitar o teu desembarque em Barcelona. Recebo, com o maior alvoroço, qualquer pretexto para não escrever, e o da tua vinda iminente pode ser o melhor de todos. Acima de tudo, abandona Londres antes da chegada de Fuentes, que pode ser devastadora.

Um grande abraço,

Gabo

---

502 Em abril de 1970, JC participou da organização de uma série de eventos na Cité Universitaire de Paris, intitulada "L'Amérique Latine non officielle", com o intuito de chamar a atenção para os problemas latino-americanos. Um dos eventos foi uma mesa-redonda, "El intelectual y la política" [O intelectual e a política], da qual participaram JC, MVL, Rubén Bareiro, Julio Le Parc e Roberto Schwarz. Segundo JC, a sua participação e a de MVL provocaram vaias e insultos entre as centenas de ouvintes, além de apelos exigindo que eles, os intelectuais, se juntassem à luta armada na América Latina. JC escreveu para Fernández Retamar: "Tivemos alguns embates e brigas consideráveis com todo moleque intransigente que tenha cruzado o nosso caminho para nos explicar que a literatura está morta, que somente as metralhadoras resolvem as coisas, que o livrinho vermelho isso, que aquilo, o que bem entenderes." (4 de maio de 1970).

503 GGM não concretizou a compra dessa propriedade.

## De Julio Cortázar para Mario Vargas Llosa

Saignon, 8 de junho de 1970

Querido Mario,

Tive notícias de vocês por Carlos Fuentes, que vi na véspera da minha viagem a Saignon, e ele me contou que vocês estavam muito bem.

Quero explicar em poucas palavras o motivo do texto em anexo. Depois daquela famosa mesa-redonda, para a qual te arrastei inocentemente, fiquei com um gosto ruim na boca e entendi que, antes de voltar ao terreno exclusivo da literatura, tinha o dever de escrever algumas páginas que servissem de algum modo para tirar proveito de algo que, por si só, não serviu para nada. Primeiramente escrevi uma breve resenha da exposição (história, objetivos, resultados, etc.) e depois trabalhei em algo mais particular, que vais ler nas páginas a seguir.[504] Penso que o que eu disse ali (sobretudo à luz das considerações de Hugo Blanco que menciono na parte final) é imprescindível dizer *mais uma vez*, sob o risco de cair na pior monotonia; mas continuo lembrando daquela frase de André Gide: "*Toutes choses sont dites déjà, mais comme personne n'écoute, il faut toujours recommencer.*"[505] Espero, contudo, que seja a última vez que eu precise falar sobre esse assunto.

Entretanto, verás que, no início, busquei fazer uma síntese da tua exposição daquela noite. Para isso, e a fim de evitar que a memória me traísse, escutei a fita gravada na mesa-redonda e resumi o essencial das tuas palavras. Não obstante, e antes de tornar esse texto público, acho elementar submetê-lo a ti para que decidas se ele pode ficar assim ou se é preciso ampliá-lo ou modificá-lo; se preferires fazer uma síntese inteiramente redigida por ti, nada me pareceria melhor e, nesse caso, eu

504 "Viaje alrededor de una mesa" [Viagem ao redor de uma mesa] seria publicado na *Triunfo*, Barcelona, n.º 426, 1º de agosto de 1970, e em Buenos Aires como livro da coleção Cuadernos de Rayuela (1970).

505 "Todas as coisas já foram ditas, mas como ninguém escuta, é preciso sempre recomeçar."

indicaria que tu mesmo forneceste a síntese em espanhol do que disseste em francês. Seja como for, devolve-me, por favor, estas páginas o quanto antes, com as observações e modificações que julgares necessárias; e, é claro, se quiseres me dizer alguma coisa sobre a minha parte, tu sabes que, como sempre, terei muito interesse em saber a tua opinião.

Por via das dúvidas, caso as tiveres, a carta de Hugo Blanco foi publicada na revista da Casa de las Américas (agora me lembrei que já mencionei isso no texto).[506]

Isso é tudo; fico no aguardo do teu envio e da eventual *descente* a Saignon, onde nada me apeteceria mais do que preparar para vocês umas costelas de cordeiro com tomilho e alecrim, bem regadas com o vinho rosé da região.[507]

Abraço para Patricia e para os meus sobrinhos, e até breve, com todo o afeto do teu

Julio

Perdoa os erros desta máquina elétrica que ainda não domino.

Escreve para

84, Saignon

France

---

506 "Carta a los poetas revolucionarios y a los revolucionarios poetas" [Carta aos poetas revolucionários e aos revolucionários poetas], *Casa de las Américas*, Havana, n.º 59, março-abril de 1970.

507 Em 14 de agosto, os quatro autores deste livro se reuniram pela primeira vez em Avignon, onde assistiram à peça *El tuerto es rey*, de CF. No dia seguinte, foram ao "ranchinho" de Cortázar em Saignon — a cerca de 60 quilômetros de distância. Fizeram uma parada em um restaurante em Bonnieux, onde tiraram a única fotografia em que os quatro aparecem juntos. Na casa de Cortázar, os quatro se reuniram pela última vez, com outros convidados, como Donoso e Goytisolo. JC a descreveu como "uma grande reunião latino-americana que acabou em uma *pachanga* espasmódica na minha casa" (para Eduardo Jonquières, 25 de agosto de 1970). Ali se falou, entre outros assuntos, da situação de Cuba e da futura revista *Libre*, mas há poucas menções a essa reunião em *As cartas do Boom*.

## De Carlos Fuentes para Gabriel García Márquez

México, 24 de novembro de 1970

Gabo querido,

Jorge Lavelli acabou de passar pelo México com uma proposta indecorosa ou plano rancheiro (como preferires).[508] Lars Schmidt, o poderoso produtor europeu e bem-aventurado cônjuge de Ingrid Bergman, ofereceu a ele a produção de uma grande revista musical latino-americana, de conteúdo crítico e político, que Jorge e eu, conversando aqui, discutimos nestes termos mais ou menos simplistas: a história de um punhal, forjado na Espanha e que passa de mão em mão, de uma ponta à outra da geografia e da história da América Latina, servindo para a dominação, a revolta, o crime passional, o trabalho, até encarnar uma possível independência. Pensamos que a revista pode ser feita à base de *sketches* que constituam dramaticamente a música, a história, o passado, o presente e o futuro. E que a melhor forma de fazer isso e lhe conferir toda a ressonância e veracidade possíveis é recorrendo a ti, a Mario, a Julio, a Alejo para a redação dos *sketches* e as sugestões musicais, e depois colocando tudo nas mãos de Lavelli para a *mise en scène* e de Luigi Nono para a música. O que achas dessa ideia? Estarias disposto a participar? Por exemplo, eu me propus a desenvolver as seguintes cenas:

a) *Back-projection* de um mapa do México anterior à guerra com os EUA, enquanto no palco Santa Anna enterra a sua perna sob um dossel, as damas de crinolina dançam polca e, na projeção, metade do México vai desaparecendo do mapa.

---

508 Jorge Lavelli, dramaturgo argentino que residia em Paris, havia dirigido seis meses antes a estreia de *El tuerto es rey* em Viena, com a atuação de María Casares.

b) Um menino indígena morre e o seu pai lhe oferece a visão da vida que ele teria vivido: terra, trabalho, casamentos, festas, morte no mundo indígena mexicano.
c) Os mortos da revolução passam como fantasmas cantando as suas façanhas — Lucio Blanco, Benjamín Argumedo, Valentín de la Sierra —, enquanto os vivos da revolução cantam as suas nas Lomas de Chapultepec.
d) Um crime passional em um cabaré do DF: machismo, misoginia, honra, sentimentalismo, etc.
e) Um trabalhador dos campos petrolíferos crava um punhal em um gerente ianque na única vez que este lhe mostra o rosto: durante vinte anos, só lhe deu as costas.
f) O Carnaval do Panamá. Em uma exuberante dançarina negra, brota uma orquídea na rabadilha. A mulher dança e mostra a sua flor. Dois marines ianques da Zona sequestram a negra e cortam a orquídea. Ela morre. A flor seca.

A coisa gira em torno dessas premissas, mas todas as ideias são boas e a forma é muito ampla. Me diz o que achas, mostra esta carta para Mario, embora eu mesmo vá escrever para ele, e me diz o que vocês acham e se querem participar.[509]

Definitivamente, renunciei a ir aos EUA. Depois do novo ataque contra o Vietnã, seria como visitar a Universidade de Heidelberg enquanto Hitler arrasava Varsóvia. É melhor ficar confinado em Galeana para terminar os meus livros e lutar aqui contra a revolução institucional. E vamos lá, que é preciso lutar. Díaz Ordaz acaba de lançar um ataque pavoroso contra Octavio Paz por meio da televisão em rede nacional, que é um ataque contra todos nós (para aplicar a segurança coletiva à literatura). Ele o chamou de mentiroso e oportunista de gabinete, em uma transmissão que juntou as características do sainete barato e do filme de terror: Munoz Seca e Boris Karloff.

509 O projeto não se concretizou.

Lembramos muito de ti com os amigos. Um grande abraço e escreve sem demora,

Carlos

## DE CARLOS FUENTES PARA MARIO VARGAS LLOSA

México, 24 de novembro de 1970

Queridíssimo Mario,

Escrevi também para Gabriel com uma proposta de Jorge Lavelli que é, a meu ver, apaixonante. Para eu não entrar em repetições, peço que leias a carta para Gabo e me digas o que achas da ideia e da tua possibilidade de participação. Penso que poderias dar uma visão formidável do mundo peru-boliviano. Tomara que fiques entusiasmado, assim como eu.

Escreve e manda o teu endereço, que perdi nas voltas e voltas das viagens. Renunciei a ir às universidades ianques, primeiro porque há muita coisa para fazer no México, e depois, e principalmente, por causa do novo ataque contra o Vietnã. Acredito que devemos decretar o *boycott* acadêmico contra essa nação governada por criminosos e loucos. Para mim não é possível falar tranquilamente sobre literatura em Nova York enquanto Nixon e Agnew assassinam mulheres e crianças impunemente para demonstrar que têm a força que o próprio eleitorado norte-americano lhes nega. Ir para lá, só se for para lutar contra esses bárbaros, e isso é proibido pelos protocolos das universidades.

Novamente, Mario, meus parabéns e minha admiração pelo teu livro *Conversa no Catedral*. Acho que não apenas é o teu melhor livro, mas o único grande romance político que já foi escrito em castelhano. Pretendo fazer uma versão ampliada do meu pequeno ensaio sobre o romance e incluir bastante "papel" sobre o teu livro, sobre *62* e sobre Donoso.[510]

---

510 Embora tenham sido feitas outras edições de *La nueva novela hispanoamericana*, CF não acrescentou em seu estudo as obras mencionadas. CF escreveu para Donoso sobre

Aqui, assim como no continente inteiro, os ataques se intensificam, e a literatura certamente é usada como pretexto para acometer contra os escritores críticos e independentes. O pobre Carballo, na sua imaginária Sierra Maestra nos jornais e revistas mais reacionários do México, chama de conservadores Octavio, Julio, meio mundo, e o imundo Luis Guillermo Piazza (cujas iniciais revelam o seu verdadeiro *métier*: La Gran Puta) faz o mesmo contra ti.[511] Os medíocres se uniram para servir ao poder, mas com a bandeira da revolução. Que continente de pícaros.

Saudações muito carinhosas para Patricia e as crianças, e para ti um grande abraço do teu chapa

Carlos

## De Julio Cortázar para Mario Vargas Llosa

Paris, 26 de novembro de 1970[512]

Querido Mario,

Melhor do que uma carta longa é leres esta, que acabei de receber de Roberto.[513] Ugné e eu planejamos sempre ir a Barcelona em dezembro para ver vocês e o Coronel; nesse ínterim, aconteceram coisas curiosas na América Latina, que poderás deduzir a partir de uma reportagem que aceitei fazer em Buenos Aires e da qual te mandarei uma cópia assim que eu recebê-la; refere-se à *malfadada revista*, espécie de maldição universal

---

*El obsceno pájaro de la noche* em 28 de janeiro de 1971: "SALVE MESTRAÇO!!! *El pájaro* chegou só ontem, mergulhei de cabeça nele e passei a noite em claro." Ele o descreveu também como "baita romance magistral, total, delirante, poético, associativo, onírico, social, bosquiano e dickensiano".

511 Piazza é o autor do livro já mencionado *La máfia* [A máfia]. Criou o Prêmio Novaro de Romance, do qual MVL foi jurado na edição de 1973.

512 Esta carta foi datada, por engano, de 20 de setembro em Julio Cortázar, *Cartas/4 1969-1976* (Buenos Aires, Alfaguara, 2012, p. 168).

513 Fernández Retamar escreveu para JC em 21 de novembro, sobre os preparativos para a visita de JC e MVL a Cuba em janeiro de 1971.

e eczema do subdesenvolvimento; já verás.[514] Mas o mais importante hoje parece ser o assunto de Cuba, e por isso estou te enviando a carta de Roberto.

Abraços para Patricia e para os meus sobrinhos.

Quem te quer bem,

Julio

## De Julio Cortázar para Gabriel García Márquez

Paris, 7 de dezembro de 1970

Meu querido Gabo,

Como tu já sabes, a expedição punitiva está organizada e continua com a intenção de invadir a Generalidad na época do Natal; duas pontas de lança acometerão contra Caponata e Infanta Carlota; o massacre está saborosamente anunciado.[515]

Mas nem tudo é festa nesse mundo de jacarés e helicópteros. A ignominiosa revista nascitura manifesta uma vitalidade intrauterina que dá medo; basta eu te dizer (documentos em anexo) que inclusive a mataram antes do parto, etc. Em Buenos Aires, enfrentei as versões mais inacreditáveis; perdi a paciência ao cabo de dois dias e aproveitei uma entrevista para dizer o que acho que eu tinha que dizer. Só depois fiquei

---

514 "Coronel" era um apelido de GGM; a reportagem é Francisco Urondo, "Julio Cortázar: el escritor y sus armas políticas" [Julio Cortázar: o escritor e as suas armas políticas], *Panorama*, Buenos Aires, n.º 187, 24-30 de novembro de 1970; a "malfadada revista" é *Libre*, na época ainda sem nome definitivo. O chefe de redação foi Plinio Apuleyo Mendoza. O escritório ficava na antiquíssima *rue* de Bièvre, onde viveria o futuro presidente François Mitterrand entre 1971 e 1996, e onde CF escreveria parte de *Terra nostra* em 1973.

515 JC anuncia a sua visita a Barcelona: na rua Caponata, em Sarrià, morava GGM; na Infanta Carlota, estava localizada a editora Edhasa, que publicou na Espanha vários livros de JC e, em 1969, a primeira edição espanhola de *Cem anos de solidão*; ali também havia uma livraria que oferecia publicações latino-americanas.

sabendo do artigo da *Los Libros*, que aqui tu encontrarás junto com a minha entrevista; e se, bem no fundo — maldita a importância que isso tenha —, penso que Mario, tu e eu devemos falar um pouco desse assunto para entender melhor o presente e prever farpas futuras.[516] Por isso penso que eu devo te enviar estes papéis (que tu terás a bondade de passar para Mario depois que deres uma olhada, mesmo que seja só por cima) a fim de falar com alguns elementos já conhecidos e ganhar tempo, posto que há coisa melhor para se fazer em Barcelona, *tu parles mon pote!*[517]

Vou acrescentar uma frase final sobre esse assunto: recebi um contrato estranho e inverossímil de "El Blanco" (que nome infeliz, caramba) que não tenho a menor intenção de assinar; quero que também saibam disso o Condor Andino e o meu Coronel tão querido.[518] Primeiro, faz mais de um ano que eu disse, para Goytisolo, em Paris, que colaborações, sim, mas comitê de redação, não; já bastam os quebra-cabeças dos cubaninhos para eu ainda carregar outra revista nas costas, por maior que eu seja; não tenho certeza, mas lembro vagamente que repeti a mesma coisa em Saignon; em todo caso, não integrarei a revista a não ser como colaborador, e isso sempre que, como eu repeti para Juan na frente de todo mundo, o mecanismo financeiro da revista for explicado para nós com todas as letras desde o "vamos lá".[519] *Bref*: de resto, conversaremos lá. Recebi uma carta de Octavio dizendo que a bronca dele já tinha passado, mas que

516 O artigo é "Mercado, ideología", de Santiago Funes, *Los Libros*, Buenos Aires, ano 2, n.º 12, outubro de 1970. A entrevista é de Francisco Urondo, mencionada para MVL em 26 de novembro. As conversas em torno da "revista nascitura" continuaram durante a festa de Ano-Novo oferecida por Luis Goytisolo em Barcelona, na qual estiveram presentes JC, MVL, GGM, Donoso, entre outros. Segundo Plinio Apuleyo Mendoza, foi ali que a revista assumiu a sua "forma definitiva".

517 "Tu que o digas, companheiro!"

518 "El Blanco" era o nome provisório da *Libre*. Em sua introdução para a edição fac-símile, Plinio Apuleyo Mendoza atribui a "remota paternidade" do projeto e o título a Octavio Paz, que em 1968 tinha publicado um poema homônimo. "Condor Andino" era um apelido de MVL.

519 O financiamento, proveniente de Albina du Boisrouvray, neta (esquerdista) de um magnata do estanho boliviano, foi controverso desde que foi anunciado. A revista não teve um comitê de colaboração, mas apenas uma lista de colaboradores.

talvez, quem sabe, numa dessas não publica a "sua" própria revista no México...[520] Tu podes ver que desse limão se fez uma limonada; e além do mais, Gabo querido, tu achas que isso é tão importante quanto os mais inquietos do grupo fazem parecer, isto é, Goytisolo e provavelmente Sarduy? Confio, como sempre, no teu senso de humor, e em duas horas de conversa barcelonesa, para deixar as coisas bem claras; diz para Mario (ou passa esta carta para ele, que é tão dele quanto tua, porque os três mosqueteiros devem compartilhar as coisas boas e as ruins, penso eu) que estou com muita vontade de falar com ele sobre isso.

Ugné, a Eficaz, fará o que for necessário em matéria de logística. Vamos ir, já estamos indo, chegaremos logo mais. Como dizem os réus portenhos: "Prepará el pomo / que viene Momo."* Não vai ser o Carnaval, mas Santa Claus, que é ainda pior.

Abraços para as duas tribos, que são muito amadas,

Julio[521]

Te contarei o que aconteceu no Chile, que é interessante.[522]

---

520 Paz soube da revista ao ler uma nota no *Le Monde* ("Création à Paris d'une revue de langue espagnole", 12 de setembro de 1970) e escreveu para CF em 19 de novembro para reclamar por ter sido convidado para uma revista que ele havia idealizado: "É como se me convidassem para comer um prato que eu mesmo preparei." CF lhe explicou que se tratava de *outro* projeto: "Outra coisa seria uma revista dirigida por ti, com a colaboração de Segovia e minha, no México. Não acho que os dois projetos sejam excludentes; simplesmente, chegou o momento de fazer uma distinção entre eles" (8 de dezembro de 1970). Paz aceitou colaborar na *Libre*, cuja primeira edição foi publicada em setembro de 1971, e um mês depois fundou no México a mencionada *Plural*, sob os auspícios do jornal *Excélsior*.

* Em português, "prepara o spray, que lá vem o Momo [rei do Carnaval]". [N. da T.]

521 Ao final desta carta, aparece a seguinte coda manuscrita de Ugné Karvelis: "Cher Gabo, embrasse tout le monde. On arrive sans doute le 27 (j'en ai parlé à Mario). Si l'un de tes fils veut faire l'article pour Le Monde il faudrait se dépêcher: il s'agit de faire 1 feuillet-1 feuillet ½ sur son héros de bande dessinée préféré (Lucky Luke et Tarzan sont pris)" ["Querido Gabo, abraços para todos. Chegamos no dia 27 (já avisei o Mario). Se algum dos teus filhos quiser fazer o artigo para o *Le Monde*, é preciso se apressar: trata-se de uma página ou uma página e meia sobre o seu personagem de quadrinhos favorito (Lucky Luke e Tarzan já foram escolhidos)"].

522 Em 4 de setembro de 1970, o socialista Salvador Allende obteve o primeiro lugar nas eleições presidenciais do Chile, mas não alcançou a maioria dos votos. O Congresso o ratificou em 26 de outubro e ele assumiu o cargo em 4 de novembro. Era a primeira vez que um presidente marxista chegava ao poder na América Latina pela via eleitoral. JC viajou ao

## De Carlos Fuentes para Julio Cortázar

México, 12 de dezembro de 1970

Queridíssimo Julio,

Tive boas notícias tuas, tanto pela imprensa, que deu cobertura para as tuas atividades no Chile, quanto por Orfila, que me contou sobre os encontros de vocês e a tua soberba resposta ao cargo de "traidor da pátria". Não digo mais nada sobre a rebelião dos pigmeus na América Latina, porque já deves ter visto em primeira mão e o que eles querem é atenção. Simplesmente estejamos alertas para o fato de que atuam em cadeia: aquilo que Lafourcade arrota Carballo digere e Piazza caga.[523]

Queria tratar dois assuntos contigo. Primeiro, parece que há novos ares no cinema mexicano, estão surgindo novas companhias com produtores jovens e ilustrados e novos diretores egressos das escolas de Roma, Paris, Varsóvia e Moscou. Propus para um deles uma trilogia com contos teus: "As Mênades", "Casa tomada" e "Circe". Me diz se os direitos estão livres e, se for esse o caso, quanto tu cobrarias. Levando em consideração que é país *sous-dev*,[524] não acho que possam ir além de oito mil dólares por tudo.

O outro assunto é uma ideia na qual Jorge Lavelli, que passou por aqui a caminho de Buenos Aires, está envolvido e, para este projeto, contaria com produtores de teatro europeus. A ideia é fazer uma comédia musical latino-americana, de caráter crítico e político, com a colaboração, para

---

Chile para a posse de Allende e assim "mostrar a minha solidariedade diante da primeira tentativa socialista no chamado Cone Sul" (carta para Francisco J. Uriz, 30 de outubro de 1970). No seu retorno, escreveu para Gregory Rabassa: "Acabei de voltar do Chile, aonde fui para me solidarizar com o governo de Allende; foi uma viagem improvisada, que decidi em dois dias ao descobrir que, de qualquer maneira, não era possível se ausentar em momentos em que um país do Cone Sul estava apostando em uma tentativa socialista; fico contente de ter ido, embora quase me mataram à força de amor coletivo" (26 de novembro de 1970).

523 Enrique Lafourcade foi um escritor chileno que residia no México; Emmanuel Carballo e Luis Guillermo Piazza, já mencionados, mexicanos.

524 Subdesenvolvido.

os *sketches* e as ideias musicais, de Julio Cortázar mais Gabo, Mario, Alejo, Donoso e eu. O fio condutor seria muito simples: o destino de um punhal, forjado na Espanha no século XVI, através do tempo e do espaço da América Latina: um punhal que serve para o trabalho, a exploração, o crime, o amor, a festa e a rebelião. Consistiria em que cada um escrevesse uma meia dúzia de cenas (tu da Argentina, eu do México, etc.) integrando música e história. Lavelli daria unidade cênica e Nono daria unidade musical. Diz para mim o que achas disso; eu penso que poderia ser feito algo muito interessante.

A respeito da revista "El Blanco", recebi cartas de Octavio e de Juan, assim como um contrato um tanto leonino de Albina. Em Saignon, a minha impressão foi que não havia um entusiasmo verdadeiro — aquela necessidade quase mística que uma revista requer para viver; em contrapartida, acredito que Juan e Severo estão dispostos a trabalhar e fazer uma excelente revista.[525] Propus para Juan que ele e Severo fossem, aberta e oficialmente, os diretores da revista; nós e os demais podemos aparecer no comitê de colaboração (ou desaparecer dele, quando assim decidirmos) e enviar trabalhos (ou não, mas de forma alguma sujeitos à obrigação de exclusividade pretendida por Albina no seu contrato).[526] Acredito que, dessa maneira, tudo ficaria claro e objetivo, sem confusões e remendos posteriores.

Lembra de ti, te abraça e deseja um ano muito feliz, próspero e cronópio,

Carlos

525 Em uma carta para Goytisolo, CF insistiu na falta de entusiasmo em relação à revista *Libre* e acrescentou: "Acho que Cortázar pensa a mesma coisa, e caso a pergunta fosse feita para Gabo e para Mario, concordariam com essa impressão" (8 de dezembro de 1970).

526 Por fim, optou-se por uma direção rotatória: Goytisolo dirigiu a primeira edição da *Libre*; Semprún, a segunda; os venezuelanos Teodoro Petkoff e Adriano González León, a terceira; e MVL, a quarta. No lugar de um comitê de colaboração, houve uma lista com cerca de sessenta colaboradores. Juan Goytisolo deu a sua versão sobre a história da *Libre* em seu livro de memórias *En los reinos de taifa* (Barcelona, Seix Barral, 1986).

## De Julio Cortázar para Carlos Fuentes

Paris, 19 de dezembro de 1970

Meu querido Carlos,

Fiquei contente de receber notícias tuas, porque fazia tempo que andávamos um pouco distantes. Nos próximos dias, precisamente, Ugné e eu temos a intenção de ir a Barcelona para visitar o Coronel e o Inca, e isso nos levou a nos lembrarmos muito de ti por uma espécie de associação amistosa. Diga-se de passagem, a visita à Espanha está em suspenso, como podes deduzir pelo que lês nos jornais; até quinta-feira, saberemos se é possível ou não cruzar uma fronteira que se tornou particularmente incômoda.[527]

Dos dois assuntos que tu me comentaste, penso que o projeto cinematográfico é viável no que diz respeito a mim. Desde já, agradeço que tenhas despertado o interesse de algum produtor ou diretor mexicano para essa trilogia de contos; os direitos estão livres e, desde já, tu podes dizer para eles me escreverem se a ideia ganhar corpo. Entendo o que tu dizes sobre o preço a cobrar; chegado o momento, eu pediria os dez mil de praxe, e não me oporia se no fim ficassem em oito mil.

A ideia de Lavelli me deixa pouco entusiasmado, realmente não sei por que, talvez porque eu não acredite muito nesse tipo de empreitada coletiva, e também porque esse acúmulo de nomes tão conhecidos tem uma atmosfera que não me apetece. O que, *de fil en aiguille*,[528] leva-me a "El Blanco". Assim como tu, penso que Juan e Severo são os únicos que (Paz é um caso à parte, que te comentarei em seguida) querem verdadeiramente trabalhar na revista. Justamente amanhã e depois de amanhã longas entrevistas com eles, e presumo que, se estão me chamando, é por

527 O Processo de Burgos, que estava julgando dezesseis militantes da ETA, começou e terminou ao longo daquele mês, com a petição fiscal de penas de morte e "sete séculos de prisão", o que gerou protestos internacionais, incluindo mobilizações na França. GGM e MVL assinaram um manifesto de protesto contra a ação judicial. As penas de morte decretadas foram substituídas após intensa pressão internacional.

528 "Consequentemente".

causa da revista; algumas declarações minhas na *Panorama* de Buenos Aires devem tê-los deixado muito inquietos.[529] A verdade é que eu não entendo por que Albina me enviou um desses contratos absurdos, que não pretendo assinar, quando faz mais de um ano que eu disse para Juan que eu nunca faria parte de um comitê de redação, e que eu só aceitaria colaborar caso o financiamento da revista fosse claramente exposto na primeira edição. Em Buenos Aires, deparei-me com a situação de que já estavam atacando a revista antes de ela nascer (assunto global: Um grupo de escritores famosos cria uma revista para dar lições aos pobres aborígenes... *Tu vois le genre!*); é evidente que essa empreitada nasce já um pouco capenga e sem a mística que tu mencionas e que eu também julgo imprescindível. Por sua vez, Octavio me escreveu dizendo que a bronca dele já tinha passado e que em breve conversaríamos em Paris. Te proponho isto: depois que eu conversar com Juan, Severo, os de Barcelona e Octavio, tornarei a te escrever para fazer um balanço da coisa toda. Mas não assinarei nenhum contrato e só colaborarei com essa revista quando eu tiver certeza de que vale a pena para uma América Latina com problemas que vão muito além (ou estão em outro patamar, o que é a mesma coisa) dos textos esperados de uma revista feita em Paris. Olhando bem, acho que entenderás melhor os meus pontos de vista se eu te mandar uma fotocópia da reportagem da *Panorama*, onde se fala longamente sobre a tal revista e por isso te anexei; está de pé a ideia de tornar a te escrever em breve. Fiquei contente com a tua carta, porque

---

529 A citada entrevista com Urondo, na qual JC reiterou a sua negativa quanto a aceitar Cabrera Infante como colaborador. Acrescentou: "Agora vamos ver como eu vejo essa revista: eu a vejo em um nível muito alto de interpretação da realidade latino-americana e, consequentemente, tem que ser uma revista revolucionária [...] O que eu posso ter interesse é em avalizar a revista na medida em que sou um sujeito conhecido, abri-la para um montão de gente que não tem editor, e de cujas análises, no âmbito político, ideológico, revolucionário, a América Latina está precisando. A revista tem que ser uma tribuna para isso, não para que o senhor Goytisolo sobressaia ou o senhor Fuentes sobressaia: eles estão pouco se lixando se vão sobressair nessa revista." A ênfase de JC no caráter "revolucionário" da revista é, provavelmente, o que ele pensou que poderia ser inquietante para Goytisolo e Sarduy.

o que me disseste sobre a revista coincide bastante com a ideia que eu acabei fazendo de uma empreitada na qual não acredito muito.

Quando tu vens? Que o Ano-Novo te encontre bem, meus afetos para Rita, um grande abraço do teu

Julio[530]

---

530 José Donoso, o cronista mais importante do Boom, que estava, como ele mesmo percebia, dentro e fora do grupo nuclear, recordaria em 1972, mais biográfica do que historicamente, as duas *pachangas* significativas da sua vida literária: uma de 1965 na Cidade do México, com CF, e outra daquele ano de 1970 que JC antecipou na sua carta para CF. Donoso narra: "Para mim, o Boom terminou enquanto unidade, se é que alguma vez chegou a ter unidade além da imaginação e se realmente terminou, na noite de Ano-Novo de 1970, em uma festa na casa de Luis Goytisolo em Barcelona, conduzida por María Antonia, que, dançando com bombachas de veludo de várias cores até o joelho, botas pretas e carregada de joias bárbaras e luxuosas, evocava o figurino de León Bakst para *Schehrerezade o Petrushka.* Cortázar, adereçado com sua barba flamejante de tons avermelhados, dançou algo bem agitado com Ugné; os Vargas Llosa, diante dos convidados que fizeram roda em torno deles, dançaram uma valsinha peruana, e em seguida, na mesma roda que os festejou com aplausos, entraram os García Márquez para dançar um merengue tropical. Enquanto isso, nossa agente literária, Carmen Balcells, reclinada sobre o pulposo encosto de um divã, deliciava-se misturando os ingredientes daquele saboroso guisado literário, dando de comer, com a ajuda de Fernando Tola, Jorge Herralde e Sergio Pitol, aos peixes fantásticos e famintos que, nos seus aquários iluminados, decoravam as paredes do aposento: Carmen Balcells parecia ter em suas mãos as cordas que faziam todos dançarem como marionetes, e nos contemplava, talvez com admiração, talvez com fome, talvez com uma mistura de ambas as coisas, como contemplava os peixes dançando em seus aquários. Naquela noite, falou-se sobre tudo o que envolvia a fundação da revista *Libre*" (*Historia personal del «boom»* [História pessoal do "boom"], Barcelona, Anagrama, 1972, p. 114-115).

# 1971

## De Gabriel García Márquez e Mercedes Barcha para Mario Vargas Llosa

Curaçau, 12-14 de janeiro de 1971

[Cartão-postal com fotografia de ondas caribenhas na parte norte da ilha] [Manuscrito de Mercedes Barcha]

Mario Vargas Llosa
Patricia — infantes
Via Augusta 211, ático 2.a
Barcelona 17
ESPANHA

Acabamos de comer o melhor *ceviche* peruano que vocês poderiam imaginar. O mar e o sol estão melhores do que nunca.

[Manuscrito de Gabo:] (Pior para mim! GABO)

Abraços
Gabos

## De Carlos Fuentes para Julio Cortázar e Mario Vargas Llosa

México, janeiro de 1971[531]

Queridos Mario e Julio,

Tomara que vocês decidam nos visitar. Vocês nos ajudariam *muito* a criar um clima melhor. Um grande abraço de

Carlos

## De Julio Cortázar para Mario Vargas Llosa

Paris, 5 de fevereiro de 1971[532]

Meu querido Mario,

Imagino que, quando tu receberes esta carta (o correio francês está de greve), já terá passado o pior momento da operação, e que estarás bem e com a alegria de ter deixado para trás um longo pesadelo.[533] De minha

531 Essa mensagem é o apêndice que acompanhou a carta de Arnaldo Orfila, a qual será referida por JC em sua carta para MVL de 14 de março de 1971. JC e MVL se encontraram em janeiro em Havana para a reunião do comitê de colaboração da *Casa de las Américas*. Estas linhas se assemelham a outras de CF para Ugné Karvelis, de 28 de janeiro de 1971: "Sei que Julio anda por Havana. Será que ele não se anima a nos visitar? Faria um bem enorme a todos nós — a Benítez, a Pacheco, a mim, a todos os nossos escritores — para criar um novo clima neste país, em que há novamente certos sinais positivos, decorrentes, é claro, não de um impulso revolucionário socialista por parte do Estado, mas de uma necessidade inadiável de reformar estruturas, aceitar as exigências por mais liberdade ou enfrentar uma séria crise moral, econômica e política. Sinal dos tempos: os presos políticos saem da prisão e entram no lugar deles os banqueiros corruptos. Já é alguma coisa, e acho que a nossa luta tenaz e difícil *est pour quelque chose.*"

532 JC datou esta carta, por engano, de 1970 e assim foi reproduzida em *Cartas/4 1969-1976*, pp. 108-109.

533 MVL havia se submetido a uma cirurgia em Barcelona que depois viraria um romance sob a forma de pesadelos em *Pantaleão e as visitadoras*. Anos depois, ele contou para Xavi Ayén: "Eu tinha acabado de ser operado de hemorroidas por Javier Lentini, quem García

parte, acabei de me recuperar das várias desditas cubanas para cair nas parisienses, mas estou bem e venho tentando trabalhar o máximo possível. Fiz um bom voo de volta, na Cubana de Aviação, com apenas uma escala nos Açores, o que encurtou consideravelmente a viagem. Tive, como companheira de assento, Laura González, que é uma menina com a qual vale a pena falar de política e de livros, de modo que o tempo passou rápido e cheguei a Madri quase sem perceber.

A propósito, o pessoal da Casa, entusiasmado porque tu aceitaste dar um curso sobre o romance no fim do ano, perguntou se eu também queria fazer alguma coisa nesse sentido, e eu disse a eles que neste caso eu poderia me encarregar do conto, o que acharam ótimo. A ideia é que eu vá depois de ti, posto que necessariamente haverá ouvintes que vão querer acompanhar os dois cursos; lamento, porque, se coincidissem, eu teria sido o mais atento dos teus alunos, mas é claro que eles têm razão por motivos óbvios.[534] Um detalhe político: quando se falou sobre como as turmas de alunos seriam organizadas, o imprescindível Benedetti propôs que os cursos fossem limitados a uns vinte alunos já versados na matéria e que a Casa os selecionasse. Como já viste que virei especialista nisso de causar problemas e confusões, eu disse à queima-roupa que a ideia me parecia absurda. Embora seja mais cansativo para nós, seria preciso fazer um curso duplo (provavelmente repetir o mesmo) em Havana e no Oriente (Santiago, é claro) para romper com a centralização intelectual e levando em consideração que em Santiago há muitíssimos jovens que se puseram a escrever feito endiabrados. Acrescentei que o mais inteligente seria fazer dois tipos de aula, uma aberta com participação livre, digamos conferências, e depois uma oficina com vinte ou mais pessoas "profissionalizadas"; e que os participantes desse curso fechado deveriam ser escolhidos pela totalidade dos jovens,* sem intromissões áulicas e vindas "de cima". Não vejo outra maneira de evitar os ressenti-

---

Márquez dizia ser o homem que havia metido a mão em todos os escritores." *Aquellos años del boom* [Aqueles anos do boom], p. 304.

534 Nenhum dos dois cursos se concretizou.

mentos, as seleções políticas entre "revolucionários" e "marginalizados", etc. Roberto e Fornet tomaram o meu partido imediatamente, e a princípio ficou combinado. Estou te contando isso porque quero que saibas o que se refere ao meu eventual curso e decidas de tua parte as melhores soluções sem que a Casa tente impô-las novamente, de maneira mais ou menos hábil.

Da malfadada revista não sei nada, mas Ugné me disse que Juan tinha falado contigo, de modo que tu deves estar a par das reações cubanas.[535] Continuo desejando ardentemente que a revista não saia (mas que isso não saia da tua memória), porque acho que ela está condenada ao fracasso ou à mediocridade, dadas as circunstâncias; e não te falo de uma perspectiva cubana, e sim porque os sinais foram bem negativos desde o começo, e cada vez acredito mais nos sinais latentes das coisas.

Meus carinhos para os meus sobrinhos e para Patricia. Espero que tu já estejas bem, contente, e com os dez dedos nessa tarefa que sempre me deu tanta felicidade.

Um grande abraço do teu,

Julio

**Grosso modo*, mas a ideia é que selecionem a si mesmos e à sua maneira.

## De Julio Cortázar para Mario Vargas Llosa

Paris, 14 de março de 1971

Meu querido Mario,

Pelas pessoas que foram passando por Paris, sei que tu estás perfeitamente bem de saúde; o último a me dar notícias tuas foi González

---

535 A revista e a figura citadas são *Libre* e Juan Goytisolo. A notícia de que um grupo de intelectuais estava preparando o lançamento da revista causou inquietação e inclusive rejeição em Cuba, pois isso foi interpretado como uma tentativa de tomar o lugar deixado pela *Mundo Nuevo* após a saída de Rodríguez Monegal.

Bermejo, o nosso mais recente torturador jornalístico, por sinal muito inteligente e sensível, como convém para esse ofício.[536]

Benedetti passou por Paris e me trouxe uma carta de Orfila com um apêndice do Águia Asteca; como se trata de algo que diz respeito a ti e a mim (mesmo que a carta tenha chegado tarde a Havana), estou enviando-a para ti; não é preciso me devolveres.[537]

A *Libre* vai sair. Rubén Bareiro e eu mudamos bastante um texto de apresentação destinado para os eventuais colaboradores, que havia sido redigido por Juan. Este concordou e acho que vai te enviar uma cópia. Como todas as coisas feitas por mais de um, ficou cinza e sem sal, mas em todo caso Rubén e eu buscamos tirar a perspectiva excessivamente espanhola que logicamente tinha.

Acho que isso é tudo. Ah, Benedetti me disse que um peruano chamado Pablo Guevara, que insensatamente nomearam na Casa como membro do júri de poesia, demonstrou ser um perfeito *conchetumadre*,* como dizem os teus personagens.[538] Te digo o nome do santo, porque a essa altura é preciso conhecer as pessoas o máximo possível. O sujeito tem um ódio particularmente venenoso por ti e não o disfarçou em Cuba, armando escândalo na Casa.

Quando tu vens a Paris? *Se visses os filmes que estão passando...*

---

536 Ernesto González Bermejo, jornalista uruguaio, publicou uma compilação de entrevistas de JC, GGM e MVL, realizadas entre julho de 1970 e março de 1971: *Cosas de escritores* (Montevidéu, Biblioteca de Marcha, 1971). Também publicou um livro de entrevistas de JC, *Conversaciones con Cortázar* [Conversas com Cortázar] (México, Hermes, 1978), reimpresso como *Revelaciones de un cronopio: conversaciones con Cortázar* [Revelações de um cronópio: conversas com Cortázar] (Montevidéu, Ediciones de la Banda Oriental, 1986).

537 A carta de Arnaldo Orfila, de 30 de janeiro de 1971, continha o convite para JC e MVL para visitar o México, depois de sua passagem por Havana. Orfila diz que isso "teria um grande significado no momento atual do México e seria muito positivo para todos. Acrescento a vocês a micromensagem que [JC] escreveu em disparada".

* Em português, "um perfeito filho da mãe." [N. da T.]

538 Pouco tempo depois, durante a renovada crise do caso Padilla, o poeta Pablo Guevara assinou com outros dez escritores uma "Convocação de intelectuais peruanos" que apresentava a renúncia de MVL ao comitê de colaboração da revista *Casa de las Américas* como parte de uma "campanha que visa ao desprestígio da imagem da Revolução Cubana".

Depois desse veneno florentino final, que espero que não te deixe muito deprimido, abraça muito Patricia e meus sobrinhos, e até sempre, com meu velho afeto,

Julio

## De Gabriel García Márquez para Mario Vargas Llosa

Barranquilla, março de 1971

Mario,

Hoje de manhã, mergulhei no terrível gênero epistolar sem muitas esperanças e não consigo chegar à outra margem. Temos notícias de vocês, não só as diretas e suculentas de Patricia, mas por meio de todos os amigos de lá, que parecem ter conspirado para nos obrigar a retornar antes do tempo.

De certa forma, esse retorno começará no mês que vem. Na primeira semana, Mercedes e eu finalmente vamos fazer a nossa viagem pelas Antilhas, pelo menos por vinte dias; na volta, talvez eu vá ao Brasil por uma semana; talvez, nos primeiros dias de junho, nós vamos a Nova York, e um mês depois vamos ao México, já de volta à Europa. De modo que o trópico abúlico e estupendo está acabando para nós, para minha tristeza e regozijo de Mercedes. É importante, pois, que vocês nos deem uma data exata de vinda para conseguirmos coordená-la com os nossos programas. O mês de maio seria para nós o mais cômodo.

Carmen deve ter dito para ti que me ofereceram o grau de doutor em letras *honoris causa* da Universidade de Columbia, NY. Eles me criaram um problema: não tenho a menor vontade de aceitar, menos ainda com o compromisso ineludível da toga e do capelo, mas fiz um plebiscito entre amigos e ninguém compartilha o meu ponto de vista. Aguardo o teu, e espero que me dês argumentos suficientes para deixar a minha consciência tranquila. O crime seria no dia primeiro de junho em NY, e parece que agora eu não terei nem sequer o álibi da falta de visto.[539]

Não retomei o trabalho. Uma vez aqui, comecei a suspeitar — ou, talvez, a comprovar a suspeita — que estava faltando algo no que eu escrevia de cabeça em Barcelona. Agora não se trata de refazer tudo, e sim de ver muitas coisas de outra maneira. Acho que retornarei à Europa com os papéis intactos e só então tomarei decisões. Por ora, limito-me a fazer a sesta na rede e a respirar o ar das goiabeiras. O que acaba sendo perturbador é que eu não sinto falta de nada da Europa e não dou a mínima para as coisas daqui.

As crianças estão felizes, caçando iguanas para comer os ovos delas, eu não estou fazendo nada e Mercedes está contando, como os detentos, os minutos que faltam para irmos embora.

Um forte abraço,

Gabo

## De Carlos Fuentes para Mario Vargas Llosa

México, 7 de abril de 1971

Querido Mario,

Te apresento Enrique Loubet, um dos melhores jornalistas mexicanos, grande amigo, cronópio total, e repórter estrela do nosso *único* jornal decente e objetivo, *Excélsior.* Enrique deseja te fazer uma entrevista; se

539 GGM disse para Rita Guibert em *Siete voces* [Sete vozes] (México, Novaro, 1974): "O aceite não constituía um compromisso político com os Estados Unidos e não havia nem motivo para discutir sobre isso. Era mais precisamente uma questão moral. Eu sempre reajo contra solenidades — sou do país mais solene do mundo — e perguntava para mim mesmo: O que eu estou fazendo em uma academia de letrados de toga e capelo? Por insistência dos meus amigos, aceitei o título de doutor *honoris causa* e agora fico muito feliz não só por tê-lo aceitado, mas porque é também para o meu país e para a América Latina. Chega um momento em que todo esse patriotismo, com o qual dizemos não nos importar, tem importância sim."

aceitares, podes confiar no profissionalismo dele e na minha gratidão.[540] Não vens ao México para ver a filmagem de *Os filhotes*?[541] A universidade queria te convidar para os cursos de verão.[542] Não deixes de me avisar dos teus planos de viagem.

Octavio Paz, Pacheco, Benítez e todos os teus amigos te saúdam. E eu te envio o meu abraço fraternal,

Carlos

## De Julio Cortázar e Juan Goytisolo para Carlos Fuentes

Paris, primeiros dias de abril de 1971

[Telegrama]

MR CARLOS FUENTES 2A CERRADA DE GALEANA 16 MÉXICO/20

SOLICITAMOS NÃO PUBLICAR CARTA ANTES ABRIL 9 STOP ABRAÇOS CORTÁZAR GOYTISOLO[543]

---

540 Enrique Loubet Jr. fez uma entrevista a MVL que apareceu no *Excélsior* em 24 de abril de 1971.

541 O filme *Os filhotes*, dirigido por Jorge Fons, estreou em 1973.

542 CF se refere à UNAM. Os cursos não foram oferecidos.

543 CF escreveu para Ugné Karvelis em 6 de abril: "PADILLA. Recebi um telegrama misterioso de Julio e Juan pedindo para 'não publicar a carta antes do dia 9'. Como eu não sei de que carta se trata, suponho que é sobre o caso Padilla, mas não recebi, até hoje, tal carta." A suposição de CF estava correta. Em 20 de março de 1971, em Havana, ocorreu o encarceramento de Heberto Padilla e sua esposa Belkis Cuza Malé, acusados de realizar atividades contrarrevolucionárias. Uma carta de intelectuais, escrita por MVL, JC, Juan Goytisolo e Carlos Franqui, expressou a sua "inquietação" pela prisão de Padilla e circulou para recolher assinaturas. Goytisolo enviou um telegrama para CF em 23 de março com esta mensagem: "SOLICITAMOS ASSINATURAS TUA PAZ PROTESTO PRISÃO PADILLA ENVIA TELEGRAMA. GOYTISOLO". A carta foi publicada no *Le Monde* em 9 de abril (por isso o pedido para que CF não a publicasse antes) com as assinaturas dos quatro autores

## De Carlos Fuentes para Mario Vargas Llosa

México, 20 de maio de 1971

Querido Mario,

Estamos todos indignados e quero manifestar o meu apoio (que também é o de José Emilio, Benítez e Octavio) contra os ataques imundos que te fizeram.[544] Dá vontade de sentar e chorar: a Revolução Cubana, com birras e injúrias, sacrificou o apoio dos seus amigos mais antigos e leais para obter o apoio da subliteratura do continente: o dos impostores, dos ressentidos, dos idiotas e dos *yes-men*; o dos crédulos e crentes em busca de igrejas católicas que jamais deveriam ter abandonado.[545] Não há remédio; é preciso manter muito elevada a aspiração ao verdadeiro socialismo e ao direito à crítica, sem o qual jamais poderá existir verdadeiro socialismo. E é preciso fazer uma crítica global desses sistemas falidos, de ambas as partes, de ambos os lados; é preciso fazer a crítica *histórica* que os dois sistemas gostariam de evitar: já existem perspectivas suficientes para ver e aprender por que as coisas não funcionam. E é preciso tirar proveito dessa experiência para impedir que ela se repita no socialismo peruano ou mexicano.

---

de *As cartas do Boom*, embora depois GGM tenha declarado que Plinio Apuleyo Mendoza colocou o seu nome sem consultá-lo. GGM estava de viagem pelas Antilhas e seus colegas em Paris não conseguiam localizá-lo.

544 CF se refere aos ataques contra MVL por causa de sua assinatura da carta de 9 de abril sobre o caso Padilla.

545 Em Cuba, a reação à carta foi imediata: os livros de todos os autores que assinaram foram proibidos, uma entrevista a JC feita por Desiderio Navarro foi retirada de *La Gaceta de Cuba* e a adaptação para televisão de um conto de GGM foi suspensa. Após a libertação de Padilla, as autoridades cubanas organizaram uma "confissão" dele, que provocou uma segunda carta de intelectuais, datada de 20 de maio, sem a assinatura de JC nem a de GGM. O caso Padilla gerou acusações, renúncias, cartas de protesto ou de solidariedade, insultos e rupturas. Os "ataques imundos" aos quais CF se refere fizeram parte dessa conjuntura. Com o tempo, MVL e CF adotaram uma postura claramente crítica em relação à revolução e, embora com diferentes nuances, distanciaram-se dela; GGM e JC, ao contrário, mantiveram-se ao lado do regime. Na sequência, há cartas que mencionam tais acontecimentos.

Estou enviando esta carta para a casa de Carmen, porque desconheço o teu endereço; peço que me informes para futuras comunicações.

Te abraça e te admira

Carlos

## De Julio Cortázar para Carlos Fuentes

Paris (não, Saignon), 23 de maio de 1971

Querido Carlos,

Algumas linhas "al raje", porque os tempos que vivemos, bom, tu deves saber melhor do que eu, posto que me mandaste um recorte com umas linhas à margem, e se vê que não tens tempo para escrever. Obrigado pelo envio; tens razão, as repercussões de cada coisa são imprevisíveis, e sabe-se lá o que ainda teremos que ler, suportar e enfrentar depois da crise em Cuba e da famosa carta; a propósito, vi a tua assinatura na segunda carta, cujo texto me foi mostrado por Juan em Paris, e me neguei a assinar porque achei que era uma perda total do contato com uma realidade muitíssimo mais complexa do que possa parecer aos olhos de europeus e talvez de alguns que aproveitam a ocasião para romper completamente com alguma coisa de que já não gostam como gostavam em outros tempos. Teríamos que conversar, discutir com calma tudo isso, mas todos nós andamos dispersos, Franqui, Mario, tu... Paciência, é o momento de decidir por conta própria, e encontrarás a minha decisão em anexo; te envio esse texto com a liberdade de que o utilizes como bem te aprouver, a lixeira ou a publicação (se for viável no México); verás que optei pela *descarga*, como dizem os próprios cubanos, porque me sinto incapaz de organizar um texto sistemático: teria coisa demais para analisar, para estudar, para definir; só acredito que, apesar dos seus erros evidentes, dos seus tropeços e até das suas grosserias (um dia, te contarei o comportamento do pessoal da embaixada para comigo depois da primeira carta!), o fato de a Revolução Cubana continuar sendo algo que difere *en esencia* do que acontece em nossos vários gorilatos obriga-me a estar com eles, sem calar o meu ponto de vista, negando-me a seguir as ordens de Fidel, *cortándo-me solo*, como dizem os tanguistas.[546] Perdoa o desalinho desta carta, que realmente escrevi voando. Sempre espero notícias tuas, tu já sabes o quanto eu te adoro. Um abraço bem grandão,

Julio Cortázar

## De Mario Vargas Llosa para Carlos Fuentes

Barcelona, 30 de maio de 1971

Querido Carlos,

Não sabes o quanto agradeço a tua carta fraternal e as tuas palavras sobre Cuba, que expressam exatamente o que eu mesmo penso. Ler o teu artigo esplêndido, a nota de Octavio e as declarações de José Emilio realmente me encheu de esperanças.[547] Nesses últimos dias, tive um pouco a sensação de ter ficado louco, porque o que eu achava terrível e trágico era tido por muitos amigos não só como compreensível, mas até justificável. Estou convencido de que não nos equivocamos ao protestar, e abertamente, contra os acontecimentos de Cuba. O que aconteceu, o que

---

546 "Policrítica en la hora de los chacales" [Policrítica na hora dos chacais], texto que seria publicado em numerosas revistas do continente. Embora JC nunca tenha deixado de apoiar a revolução, as suas relações com alguns setores em Cuba atravessaram um período de esfriamento entre 1971 e 1976, questão sobre a qual há evidências suficientes em seu epistolário. Em 14 de janeiro de 1972, ele escreveu para Fernández Retamar: "Não me importo com o silêncio que parece ter se instaurado entre mim e os cubanos (embora não seja recíproco, como podes ver) [...] Eu gostaria simplesmente que soubesses, que a Casa soubesse, da minha presença incondicional no que concerne à revolução." E em uma carta para José Donoso, de 11 de abril de 1972: "Há um interregno cordial, mas duplamente respeitado, entre mim e os cubanos depois do 'caso Padilla' (caso *Pesadilla* [Pesadelo], chamo-o por minha conta)". JC não voltaria a Cuba até abril de 1976.

547 CF, "La verdadera solidaridad con Cuba" [A verdadeira solidariedade com Cuba]; Octavio Paz, "La autohumillación de los incrédulos" [A auto-humilhação dos incrédulos]; José Emilio Pacheco, resposta à enquete "Perplejidades, apoyos y condenas" [Perplexidades, apoios e condenações], *La Cultura en México*, suplemento da *Siempre!*, México, n.º 484, 19 de maio de 1971.

está acontecendo, é simplesmente um escândalo, uma cópia ruim e inútil das piores farsas stalinistas. Não sei se sabes que em janeiro eu estive em Havana por uns oito dias, com Julio. Lá, passamos uma tarde toda com Padilla e Belkis, na casa de Pablo Armando. Jorge Edwards também estava lá e, um pouco depois, chegou Lezama. Se eu não tivesse ouvido Padilla falar, de forma tão clara e contundente, sobre a situação cubana — a crise econômica atroz, o poder crescente dos órgãos de segurança e das forças armadas, os sinais de descontentamento na cidade e no campo, o aumento da repressão —, talvez eu tivesse engolido a encenação das autocríticas, mas eu duvido. Ninguém vai me fazer acreditar agora que aquela piedosa passagem pela polícia de um mês e meio imbecilizou milagrosamente Padilla e também Belkis, Pablo Armando, César López e Díaz Martínez.[548] Não importa se foram torturados ou não. O fato é que nos fizeram dizer mentiras grotescas e vis, que os degradaram moral e politicamente (e até sintaticamente, como bem disseste no teu artigo). Li a versão taquigráfica completa do ato da Uneac e foi surreal: várias páginas entoam uma ode à inteligência, à cultura e à bondade da polícia. Belkis disse: "Os dois dias em que estive na Segurança do Estado foram os dias mais felizes da minha vida."[549] E René Depestre propôs em seguida uma homenagem à Segurança pelo trabalho "tão fino, tão artístico" que fizeram com "esses companheiros contrarrevolucionários". O texto completo poderia ser publicado em uma coleção de teatro dadaísta, e ninguém notaria a diferença.

Enfim, já podes ver o efeito tremendo que tudo isso teve sobre mim. Sei que Julio está muito abalado, mas ele não quis assinar a carta de protesto, imagino que por influência de Ugné, que perdeu as estribeiras

---

548 Pablo Armando Fernández, César López e Manuel Díaz Martínez, escritores cubanos, foram implicados por Padilla na sua "confissão".

549 Isto foi dito por Cuza Malé: "Entendi totalmente, em apenas dois dias naquele lugar [Segurança do Estado], o que a revolução significava para mim e o que tinha deixado de significar durante todos esses anos. Eu, em apenas dois dias ali, pude sentir de verdade o calor de alguns companheiros, e bastava a presença deles por si só, bastava a ternura deles comigo, com o meu estado, com a minha situação, para me fazer chorar de verdade [...] O tratamento que os companheiros da Segurança me deram naqueles dias [...] foi uma das experiências mais impactantes da minha vida."

completamente nesse assunto e começou a chamar de nazis a todos que divergissem do discurso de Fidel e duvidassem das autocríticas. Gabo não abriu a boca, o que é uma pena, porque um posicionamento claro da parte dele teria sido imensamente útil.[550] Não sei o que está acontecendo no México, mas já podes imaginar o que está acontecendo na América do Sul: há uma verdadeira explosão de júbilo de toda a literatura servil, oportunista e dogmática. Diariamente, recebo recortes de camaradas quadrados que me cobrem de merda. É sabido que a direita *faz* as maiores canalhices, mas para *dizer* canalhices a esquerda ganha. Enfim, meu velho, menos mal que o Chile anda bem encaminhado *ainda*. Quanto ao Peru, os militares não voltam atrás e prosseguem as reformas, mas esse processo não é muito promissor. Me dizem que há oficiais por toda parte, não só nos ministérios, mas também nas fazendas cooperativadas e nas minas, etc. Logo te contarei mais detalhadamente. Em 15 de junho, mais ou menos, partiremos para Lima. Estou indo com a intenção de ficar por lá até não aguentar mais, o que pode ser tanto um mês quanto um ano.[551] Aqui vai o endereço, caso precises:

---

550 GGM explicou o seu posicionamento em uma entrevista publicada no n.º 49 da *Cuadernos de Marcha*, Montevidéu, maio de 1971: "Não assinei a carta de protesto porque eu não era partidário de que a mandassem. No entanto, em nenhum momento coloquei em dúvida a integridade intelectual e a vocação revolucionária daqueles que assinaram [...] Não consigo me convencer da espontaneidade e sinceridade da autocrítica de Heberto Padilla. Não entendo como é possível que, depois de tantos anos de contato com a experiência cubana, vivendo o drama cotidiano da revolução, um homem como Padilla não tenha tomado a consciência que tomou na cadeia da noite para o dia [...] Dos escritores que protestaram pelo caso Padilla, nenhum deles rompeu com a Revolução Cubana, até onde eu sei. O próprio Mario Vargas Llosa fez essa advertência em uma declaração posterior à sua famosa carta, que os jornais relegaram ao terreno das notícias invisíveis. Não. A Revolução Cubana é um acontecimento histórico fundamental na América Latina e no mundo inteiro, e a nossa solidariedade para com ela não pode se deixar afetar por um tropeço na política cultural, mesmo que esse tropeço seja tão grande e tão grave quanto a duvidosa autocrítica de Heberto Padilla."

551 Em carta de 5 de junho de 1971, CF se comunicou com Carmen Balcells para expressar a sua preocupação pela viagem de MVL ao Peru: "O que eu acho alarmante é a decisão de Mario de retornar a Lima. A atmosfera nos nossos países, depois do que aconteceu com Padilla, tornou-se irrespirável; toda a subliteratura se dedica a nos dar um banho de excrementos [...] Eu penso seriamente em voltar para a Europa no mês que vem; aqui é muito

Avda. 28 de Julio 974, dept. 501
Miraflores, LIMA

(Antes do dia 15 de junho, podes me escrever ao endereço de Carmen Balcells, pois deixaremos esta casa muito em breve.)[552]

Rita te contaria em detalhes a excelente crítica de *El tuerto es rey*, mas não te diria que estava tão magnífica quanto o menino Prada.[553] Eu gostei muito da montagem de Salvat: muito diferente da de Lavelli, mas acredito ter sido um acerto diferenciar tão nitidamente o primeiro e o segundo ato, dando a este último um caráter ritualístico e esotérico. Estou certo de que em Madri — que é um lugar infinitamente melhor do que Barcelona para o teatro — a peça será um sucesso.

Mais uma vez, obrigado, querido Carlos. Um abraço bem forte,
Mario

## De Julio Cortázar para Carlos Fuentes

Saignon, 7 de junho de 1971

Meu querido Carlos,

Obrigado pelas tuas palavras e pelo suplemento de *Siempre!*.[554] O teu texto (e também o de Pepe Revueltas) coloca o dedo na ferida; infelizmente,

---

difícil trabalhar e nem sequer se pode responder aos ataques, dado o baixíssimo nível da discussão. Acho que Mario deveria continuar em Barcelona. Mas esse é um conselho que não foi solicitado."

552 MVL morava na via Augusta 211, ático 2.a, Barcelona 6. Ao retornar, seria vizinho de GGM na rua Osio (hoje Osi) 50, 3º andar 2.a, Barcelona 17.

553 Estreou em 6 de maio de 1971 no Teatre Poliorama de Barcelona. Rita Macedo e José María Prada atuaram sob a direção de Ricard Salvat. Salvat relatou em 2007: "Recordo muito bem os primeiros ensaios, quando ela e eu trabalhamos sozinhos na casa de GGM. Ela preferiu viver na casa de Gabo em vez de ir a um hotel, e enquanto o nosso amigo escrevia, nós ensaiávamos na sala de jantar de sua casa em Sarrià. Quando ele se cansava, ele vinha e fazíamos uma pausa, e falávamos de tudo um pouco."

554 Essa mensagem de CF não foi encontrada.

temo que o grau de exasperação que se verifica pelo lado de Havana não facilitará a clara compreensão do que vocês estão tentando mostrar, assim como não será compreendido o texto que eu escrevi no ápice da fadiga e da tristeza, e que sem dúvida tu já deves ter lido.[555] Fiquei um pouco vazio, muito mais velho e cansado, depois daquele episódio; isso não significa que a luta acabou, mas sinto a cada momento uma espécie de desejo de entrar no mar, de me lavar de tantas palavras miseráveis, mentiras e trapaças que vi acontecer em tão poucas semanas. E há algo pior, e é o sentimento de que coisas que eu amo muito podem se esfacelar, amizades de muitos anos e afetos muito profundos; tomara que não, mas quando se trata de política, há bruscas encruzilhadas nas vidas e nos destinos. No terreno puramente pragmático, a segunda carta coletiva para Fidel foi um equívoco grave; desde o início, eu me recusei a assiná-la, e fico cada vez mais satisfeito por não ter assinado. Mas também era de se esperar, por parte dos cubanos, uma reação mais positiva do que a que tiveram até agora; a carta de Padilla em resposta à segunda carta não faz senão bater na mesma tecla, com uma insolência cada vez maior; e por aí vamos...

Fico feliz de saber por ti que estás trabalhando tão intensamente em "Tántalo"; eu queria mergulhar fundo em um romance que eu comecei no ano passado aqui, mas agora eu o encaro de longe e desconfio; tomara que o calor e o sol, que são os meus melhores hormônios literários, me joguem na arena de uma vez, porque eu gostaria de terminar esse livro antes do fim do ano. Não vens por aqui? Imagino que não, pois terias dito; em todo caso, avisa com antecedência, para não haver desencontros.

Um abraço para Octavio, quando o vires, e até sempre, com todo o afeto de

Julio

555 O texto de CF é o já mencionado sobre o caso Padilla; o de José Revueltas, escrito na prisão em 3 de maio de 1971, "La carta de Padilla y las palabras de Fidel" [A carta de Padilla e as palavras de Fidel]; ambos foram publicados em *La Cultura en México*, suplemento de *Siempre!*, México, n.º 484, 19 de maio de 1971.

## De Carlos Fuentes para Julio Cortázar

México, 14 de junho de 1971

Meu grande e querido Julio,

Respondo às tuas duas últimas cartas. Os teus escritos me comoveram muito; me deixei levar, quiçá como tu tenhas te deixado levar ao escrever; em todo caso, ao terminar, tu dizes a ti mesmo: isto foi escrito por um escritor, e também por um homem, e também por um revolucionário.[556] Mas, como podes ver, a história sempre cruza o nosso caminho. E cruza o nosso caminho, no México, com sangue, com morte, com acontecimentos terríveis que nos apagam as palavras possíveis, tamanha é a dor, o espanto e a raiva diante dos terríveis cadáveres, não inúteis, porém evitáveis. Então a boca é uma ferida fresca, o sangue te afoga e as palavras usuais deixam de ser escutadas: gritamos, como animais. Novamente, no dia 10 de junho, uma manifestação pacífica de estudantes foi repreendida com sangue.[557] Dez... Vinte... Quarenta... Cem mortes? Mais de duzentas pessoas feridas. Estes são os fatos: quando Echeverría sucedeu o criminoso Díaz Ordaz, enfrentou um dilema: democratizar ou oprimir. A "revolução institucional" mexicana vivia, desde 1940, data em que Ávila Camacho sucedeu Lázaro Cárdenas, um processo de ilusão interna mantido por uma fórmula: poder presidencial mais aparato político-burocrático do PRI igual a estabilidade, unidade nacional e desenvolvimento econômico. Essa ilusão entrou em crise em 1968, quando os jovens, natural, impulsiva, confusa e necessariamente, exaltaram-se exigindo tudo o que essa fórmula não garantia: meios democráticos de expressão, revisão profunda de um processo de desenvolvimento que dá para 2% da população 50% da renda nacional, justiça social acima do desenvolvimento econômico, independência para os grupos sindicais e

---

556 CF se refere à mencionada "Policrítica".

557 Os acontecimentos descritos a seguir por CF são conhecidos como o Massacre de Corpus Christi ou o *Halconazo*, e se deram durante o governo de Luis Echeverría. CF apoiou esse governo e mais tarde foi nomeado embaixador em Paris, cargo que ele exerceu entre abril de 1975 e junho de 1977.

rurais. O governo, que havia perdido o costume de ouvir essas demandas políticas, careceu de respostas políticas: assassinou os jovens em Tlatelolco. Mas o sacrifício não foi inútil: deflagrou a crise e trouxe o dilema. Pois a fórmula presidente-PRI só funciona quando, efetivamente, garante estabilidade. Uma vez que esta é quebrada e que o governo escolhe o caminho da repressão, a burguesia mexicana cai na tentação de recorrer ao exército para restabelecer a paz e, com ela, uma ditadura que em nada se diferenciaria da dos argentinos ou dos brasileiros. Echeverría, nos primeiros seis meses de governo, optou pelo caminho da democratização: libertação dos presos políticos, confronto com setores vorazes da burguesia, viagens constantes às zonas mais miseráveis e necessitadas do México, ao estilo Cárdenas, e por fim, há apenas duas semanas, uma verdadeira vitória democrática. O governador de Nuevo León, Elizondo, fantoche dos financistas de Monterrey, impôs à universidade uma lei fascista, corporativa, que anulava a autonomia da instituição. Professores e estudantes se rebelaram contra o governador. O presidente lhes deu apoio; a dócil legislatura, que tinha acabado de aprovar a lei fascista, revogou-a e restituiu a autonomia. E aqui aparecem os erros, os encobrimentos, a política turva. Os estudantes da Universidade Nacional, em vez de consolidar essa vitória, organizar-se, esclarecer a sua ideologia e depois buscar novas conquistas, resolveram, motivados por pessoas que estavam a soldo de políticos velhos e ressentidos, sair às ruas para se manifestar em apoio ao que já estava ganho (a nova lei da U. de Nuevo León) e para pedir reformas vagas e imprecisas da lei orgânica da Universidade Nacional. A manifestação era inoportuna, porém legal, uma vez que o direito de se manifestar é estabelecido constitucionalmente. E era pacífica. Eles foram atacados no meio da rua, com metralhadoras e pistolas 38 e 45 por uma gangue fascista, um grupo de choque chamado Los Halcones, enquanto a polícia assistia a tudo. Los Halcones chegaram em caminhões de limpeza da prefeitura; os radioamadores captaram as instruções que eram passadas a eles por rádio pela polícia. Dezenas de mortos, centenas de feridos e claramente um responsável: o prefeito Martínez Domínguez, chefe do PRI durante o reinado de Díaz Ordaz e representante direto do ex-presidente no governo atual. Todos nós esperamos uma resposta do presidente, se é mesmo verdade a sua política de diálogo, conciliação e democratização; toda a cidade sabia quem eram Los Halcones e por quem eram pagos, armados e transportados. Mas Echeverría, sempre tão loquaz, permanece em silêncio. A imprensa, que durante dois dias pôde se expressar livremente, subitamente se vê obrigada a repetir como uma caturrita a versão oficial dos fatos: confronto entre grupos opostos de estudantes extremistas, ambos armados. O presidente cala e os provocadores — a iniciativa privada, a direita, Díaz Ordaz — consolidam as suas posições. A famosa democratização é jogada no lixo e, a menos que, nos próximos dias, o presidente faça o que Cárdenas fez contra Calles em 1935 — expulsar o "chefe máximo" do México, demonstrar quem era o verdadeiro presidente do México —, todos saberemos que a direita ganhou a batalha, e que o caminho da opressão será o dos próximos seis anos. Desta vez, a escalada não vai nos poupar. Disso já sabemos. E, no entanto, lutamos diariamente, escrevendo, falando, manifestando-nos pela liberdade e pela justiça. Não sabemos ao certo o que nos espera.

Nessas condições, querido Julio, insistir na questão de Cuba e de Padilla teria sido extremamente inoportuno. O nosso problema é o México, os mortos, aqui e agora. O *affaire* Padilla serviu, simplesmente, para que toda a subliteratura mexicana nos insultasse em nome de uma suposta solidariedade acrítica a Cuba, que na verdade se reduz a duas posturas: evitar, sob esse pretexto, qualquer tomada de posição nacional, e posar de fiéis acólitos à ortodoxia que tem sede em Moscou com a Sua Santidade Breznev. Não podíamos entrar no jogo desses mentecaptos, gente ressentida na literatura e na política. Devemos concentrar todas as energias na luta pela liberdade e pela democracia em nosso país. Por isso, José Emilio Pacheco, Benítez, Paz e eu sentimos que não deveríamos publicar os teus escritos na *Siempre!*. Tenho certeza de que tudo o que foi dito irá te convencer de que temos razão.

Te escreverei e manterei a par dos acontecimentos nos próximos dias em nosso desaventurado país. Sinto que o nosso destino como mexicanos está em jogo. Até muito em breve, então, com um abraço enorme de

Carlos

## De Carlos Fuentes para Mario Vargas Llosa

México, 4 de setembro de 1971

Querido Mario,

Vou ser um pouco inoportuno. Em primeiro lugar, Octavio me pediu para reforçar contigo o pedido, feito um tanto formalmente pelo secretário de redação Tomás Segovia, de um artigo político sobre o caso boliviano para o primeiro número da nova revista *Plural*. Se puderes, a propósito, entrevistar Torres, melhor ainda.[558]

Por outro lado, Pacheco, Benítez, eu e outros amigos estamos nos revezando na direção do suplemento da *Siempre!*, para reanimar as coisas e impedir que ele caia nas mãos, igualmente temerosas, dos stalinistas ou dos reacionários. Para o suplemento, eu queria te pedir, em primeiro lugar, a versão em castelhano do teu ensaio brilhante sobre o *Don Julián* de Goytisolo.[559] E, em segundo lugar, duas páginas para uma enquete sobre o escritor e a política do seu país, a sua função *sur place*, as suas possibilidades de ação, a sua influência real ou relativa, etc. Convidei escritores do mundo inteiro que estejam, neste momento, vivendo e atuando nos seus respectivos países. Embora eu não diminua a importância do que pode ser feito sob a perspectiva do exílio, voluntário ou não, agora tenho interesse em investigar sobre aquilo que é feito concretamente ou que pode ser feito com base nos fatos.

Posto que desconheço o endereço dele, e em contrapartida tu estás bem perto, poderias pedir uma colaboração nesse sentido para Enrique Lihn? Ou consegue pensar em alguém melhor no Chile?

---

558 O general esquerdista boliviano Juan José Torres tinha acabado de ser deposto por um golpe de Estado em 21 de agosto e se exilou no Peru.

559 "Reivindicación del conde don Julián o el crimen passional" [Reivindicação do conde dom Julián ou o crime passional]. Foi publicado simultaneamente em francês (*Le Monde*) e espanhol (*Marcha*) em 23 de julho de 1971. Foi reproduzido em *La Cultura en México*, suplemento da *Siempre!*, México, n.º 506, 20 de outubro de 1971, sob o título "Patriotismo vs. novela" [Patriotismo vs. romance].

Muitíssimo obrigado. Desculpa o incômodo; há muitas revistas e um só Vargas Llosa.

Com Gabo, lembramos de ti constantemente e emborcamos umas tequilas. Meu carinho para Patricia e para as crianças. Para ti, um forte abraço de

Carlos

2.a Cerrada de Galeana 16
México 20 DF

## De Carlos Fuentes para Julio Cortázar

México, 5 de setembro de 1971

Querido Julio,

Faz tempo que não tenho notícias tuas; todos os teus amigos mexicanos me perguntam sobre ti; e as tuas últimas cartas me deixaram preocupado pelo teu estado de espírito. O mar te lavou? Os bosques da Provença te deram refúgio? Nós, aqui, fomos resgatados de muitas tristezas e sustos pelas novas possibilidades que existem no nosso país para conciliar concretamente ação e palavra; para escrever as nossas coisas e, ao mesmo tempo, lutar junto com os estudantes, os ex-prisioneiros políticos, os obreiros e os camponeses que querem mudança no México. Estamos buscando formar um grande movimento, partido ou organização de toda a esquerda mexicana, e o trabalho com política, pelo menos para mim, acende a minha imaginação literária. Bom saber que há tempo para tudo e para todos.[560]

Preciso da tua colaboração. Fernando Benítez esteve muito doente e passou a dirigir o suplemento *La Cultura en México* da revista *Siempre!* por alguns meses. A direita está nos pressionando muito. Não temos

560 "Desde setembro do ano anterior [1971], e junto com Heberto Castillo, Demetrio Vallejo, Luis Villoro e Carlos Fuentes, Paz havia participado das reuniões para formar uma organização que agrupasse as forças progressistas do México." Malva Flores, *Estrella de dos puntas* [Estrela de duas pontas], p. 412.

outra resposta senão a lucidez, a qualidade literária e o apoio dos nossos amigos do mundo. Podes me enviar alguma coisa? O que tu quiseres, o que tiveres pronto, conto, ensaio, sonho, memória de cronópio... *MAIS J'AI BESOIN D'UN CORTÁZAR!*[561]

Para Ugné, já vou pedir, separadamente, outras colaborações. Já farei com que chegue até ambos, dentro de poucas semanas, o meu livrinho sobre política mexicana, *Tiempo mexicano*.[562]

Obrigado desde já, querido Julio, e um grande abraço de quem te quer bem e deseja te ver em breve,

o teu amigo

Carlos

## De Julio Cortázar para Carlos Fuentes

Viena, 20 de setembro de 1971

Meu querido Carlos,

Recebi as tuas duas cartas, e também uma de Octavio, de modo que recebi notícias mexicanas das melhores fontes possíveis. Sei o que andas fazendo, e fico contente, mas é claro que a situação do teu país, vista daqui e com evidentes lacunas de informação, soa confusa e por vezes ambígua para mim (assim como, *mutatis mutandis*, a situação da Argentina, onde o caos parece total). Pode ser que tudo isso seja preferível sob as lentes secas e negativas da imobilidade, mas é preciso reconhecer que apenas aqueles que estão totalmente imersos na luta, assim como tu, podem se dar conta do que está acontecendo. O resumo que me fizeste em uma das tuas cartas me ajudou a entender muitas coisas; tomara que chegue o momento em que eu consiga dar uma passada no México e buscar vi-

561 "Mas preciso de um Cortázar."

562 México, Joaquín Mortiz, 1971. O exemplar que CF lhes enviou tem esta dedicatória: "Julio querido, sonhos e pesadelos que quiçá compartilhamos. Um grande abraço do teu amigo, Carlos."

ver de perto esse momento que parece ser particularmente importante. Claro, nesse meio-tempo, aconteceu a questão da Bolívia, no Chile as ameaças estão cada vez mais escancaradas, sem falar da aparição de *The Unquiet Grave* em Madri, *of all places!*[563] Estamos acordados deveras, oh Segismundo?

Tomo boa nota do teu pedido para a *Siempre!*, que te agradeço. Um acidente feio de carro me afastou do livro que eu estava escrevendo, e só agora, em outubro, vou retomá-lo para ver se consigo terminá-lo.[564] Quiçá eu possa separar umas páginas para te mandar, embora eu não goste de publicar fragmentos. Talvez me saia um conto num dia desses, e então será teu; mas não posso te prometer nada com firmeza.

Tomara que nos encontremos em breve. Um grande abraço,

Julio

Notícias contraditórias sobre Manizales. Em todo caso, receio que Gabo e Mario possam ter tido problemas. Buscarei conhecer as suas impressões sobre esse assunto, que também me parece ambíguo (assim como a mesa-redonda de Paris no ano passado...).[565]

---

563 "De todos os lugares possíveis!" *The Unquiet Grave* (A tumba sem sossego) é o título de um livro de Cyril Connolly que JC utiliza ironicamente para se referir ao cadáver de Eva Perón, localizado em Madri em 3 de setembro, após muitos anos sem que se soubesse o seu paradeiro.

564 Em julho de 1971, JC acabou ferido depois que o veículo que ele estava dirigindo saiu da estrada por causa de uma manobra malfeita. "Por sorte, tudo se reduziu a uma omoplata um pouco ressentida e a uma boa quantidade de machucados bem à vista, que vão do azul ao amarelo, passando pelo verde" (carta para a sua irmã Ofelia, 27 de julho de 1971).

565 Durante o IV Festival de Teatro de Manizales, Colômbia, de 11 a 19 de setembro de 1971, havia sido programada uma adaptação de *Os funerais da Mamãe Grande* pelo grupo de teatro da Universidade Nacional da Colômbia. O grupo decidiu oferecer uma paródia crítica do festival, considerado por ele um evento burguês, intitulada *Cuarto aniversario de la Mamá Grande* [Quarto aniversário da Mamãe Grande]. Foi realizada também a leitura de um manifesto contra o festival e a presença de MVL devido ao seu posicionamento em relação a Cuba e ao caso Padilla.

## De Mario Vargas Llosa para Carlos Fuentes

Lima, 10 de novembro de 1971

Querido Carlos,

Fiquei várias semanas fora de Lima, a Horrível, em Iquitos, uma cidade perdida no meio da selva, repleta de aventureiros, de caçadores de jiboias e de belezas rústicas que, sem dúvida, tu apreciarias como bom conhecedor, e ao voltar para esta cidade sinistra, eu me deparo com a tua carta e o teu telegrama.[566] Acredito que Octavio já tenha recebido a carta em que me desculpei por não conseguir lhe enviar aquele texto sobre a Bolívia: não entendo nada do que está acontecendo lá e a única coisa que eu vejo claramente é aquilo que todo mundo já sabe — que tudo vai de mal a pior. Quanto a Torres, ele já foi para o Chile e acho que agora anda pela Espanha.[567] Quanto ao meu artigo sobre *Don Julián*, eu o enviei há bastante tempo para José Emilio. Finalmente, a tua enquete sobre o escritor e a política do seu país. Eu me eximo de responder, meu velho querido, porque neste momento não estou em condições de falar com um mínimo de lucidez sobre o que está acontecendo no Peru. A minha cabeça está uma verdadeira panela de pressão. Por um lado, parece-me evidente que esse regime de generais "progressistas" é o melhor que poderia ter acontecido para nós. Algumas reformas, como a agrária e a industrial, a política internacional e a nova política de educação, são realmente profundas e constituem uma verdadeira mudança de estruturas. A velha oligarquia de grandes latifundiários e banqueiros foi partida ao meio e nunca mais conseguirá se reerguer. Mas, por outro lado, eu te confesso que fico muito pouco entusiasmado ao ver o país literalmente ocupado por coronéis, majores, capitães e tenentes que se instalaram em toda a administração pública, que tudo dirigem e tudo sabem e não pensam em sair tão cedo de onde estão. O elemento civil está relegado

566 O telegrama não foi recuperado.

567 Depois do Peru e do Chile, J. J. Torres terminaria na Argentina, onde foi assassinado em junho de 1976 por um comando da ultradireita vinculado à Operação Condor.

ao segundo e terceiro planos e, como é natural, só o oportunismo está ganhando terreno. A imprensa cooperativada, por exemplo, caiu em mãos da ralé intelectual mais asquerosa, e algum dia eu te mostrarei alguns recortes absurdos onde o stalinismo provinciano e o militarismo mais tacanho dançam calorosamente a sua contradança. Os partidos políticos estão em decadência, com exceção do Partido Comunista, que serve incondicionalmente ao regime e cresceu de maneira assombrosa. Infelizmente, é o partido latino-americano mais sectário, incompetente e servil, de maneira que as coisas estão bastante lúgubres. Penso que, a longo prazo, e sob a perspectiva das maiorias, o saldo será positivo: aos tropeços, *isso* está modernizando o Peru e fazendo deste lodaçal uma sociedade um pouco mais justa. Mas, sob uma perspectiva cultural e imediata, a situação está irrespirável e será ainda pior: o nacionalismo, o indigenismo, o criollismo e todo tipo de taras semelhantes contam com o apoio oficial, e a demagogia mais frenética consegue tudo o que quer. É um milagre que José Miguel Oviedo tenha se mantido na direção da Casa da Cultura. Diariamente, surgem manifestos contra ele, de poetas e artistas "revolucionários" pedindo a saída desse diretor "elitista". Para mim, o mais terrível disso é que a situação é tão primitiva e tão brutal que não há espaço para nuances: não apoiar o regime é apoiar a oligarquia que dá coices, e apoiá-lo é apoiar *também* uma imprensa que provoca náusea e uma política cultural monstruosa. Por ora, não consigo fazer outra coisa senão ficar confinado em casa escrevendo. Para piorar, estou escrevendo um romance em que *todos* os personagens são militares.[568]

Os meus planos são continuar em Lima até metade de janeiro e em seguida retornar a Barcelona. Eu tinha muita vontade de ir ao México, mas já deves saber que a filmagem fracassou.[569] O pessoal que está filmando *Os filhotes* — parece que o novo roteiro é muito ruim — me convidou tempos atrás, mas não voltei a saber dele.[570]

---

568 *Pantaleão e as visitadoras.*

569 MVL se refere a outro projeto frustrado de filmar *A cidade e os cachorros*, desta vez do cineasta mexicano Alberto Isaac.

570 O roteiro original, escrito por José Emilio Pacheco, foi trocado por outro roteiro, escrito por Jorge Fons e Eduardo Luján.

Quais são os teus projetos? Em qualquer momento, receberás um livrinho meu, publicado pela Tusquets Editor, que dediquei a ti para demonstrar de algum modo a minha admiração e minha afeição, que não tens ideia do quanto aumentaram por causa da tua postura em relação ao caso Padilla, naqueles dias cinzentos em que tantos amigos tiraram a máscara.[571]

Um abraço bem forte para Rita, meu e de Patricia, e outro, mais forte, para ti,

Mario

## De Julio Cortázar para Carlos Fuentes

Paris, 17 de novembro de 1971

Meu querido Carlos,

Este realmente terá sido para mim o ano do cão. Estou te devendo uma carta há muito tempo, mas talvez já saibas que eu mal havia me recuperado do acidente de carro e caiu uma chaminé em cima de mim, em plena rua des Grands-Augustins, e só não me matou porque nós, os cronópios, somos gatos e levamos nove vidas em cada bolso; consegui dar um pulo, e a maldita (de ferro, vinte quilos, caindo do sexto andar) bateu nas minhas costas e me quebrou duas costelas. O perfeito pesadelo recorrente: mais uma vez a polícia, a maca, a ambulância, o hospital... Mas, desta vez, a coisa foi leve e eu já estou praticamente curado, mas certamente o golpe duplo da Morte, em tão pouco tempo, basta para eu desaparecer em reflexões nem sempre alegres.

Te mando duas linhas para dizer, primeiro, que acabei de ler a mesa-redonda publicada no suplemento do *Excélsior* e que encontrei nela muitas ideias (tuas, de Octavio, de García Ponce, talvez de todos vocês) que me estimularam e me deram coragem para continuar olhando para frente.[572] Publicar esses textos foi uma excelente ideia; estou repassando-os

571 *Historia secreta de una novela* [História secreta de um romance].

572 "Mesa redonda. ¿Es moderna la literatura latinoamericana?" [Mesa-redonda. É moderna a literatura latino-americana?], com a participação de CF, Octavio Paz, Juan García Ponce, Marco Antonio Montes de Oca e Gustavo Sainz, *Plural*, México, n.º 1, outubro de 1971.

para vários amigos, porque acho que devem ser conhecidos o máximo possível.

A segunda questão é a seguinte: minha tradutora, a gentil Flaviarosa Nicoletti Rossini, tem a incumbência de cuidar do teatro latino-americano em alguns espaços teatrais e televisivos (!) na Itália. Ela me escreveu, mostrando interesse pelas tuas peças, pois eu tinha falado para ela, em Veneza, sobre *El tuerto es rey*, e ela tinha ficado impressionada. Ela gostaria que lhe mandasses o teu material de teatro, se tu concordares, e depois ela te escreveria para discutir a possibilidade de tradução, etc. Não sei nada sobre as modalidades práticas, mas a primeira etapa seria que ela recebesse as tuas peças. Ficas avisado, e aqui vai o endereço: Corte Grimani, San Marco 4402, Veneza.

Estou te passando também o meu novo endereço, pois deixei o apartamento do Général Beuret para Aurora e aluguei um apartamento no 9, rue de L'Éperon, Paris VI. Sempre acreditei em superstição, em toda forma de magia verbal, e os meus domicílios fornecem a prova de sua veracidade: um argentino começa vivendo junto com um general e, em seguida, acaba na rua da Espora, o que é ao mesmo tempo muito gaúcho e muito militar; acrescenta-se a isso que, se tirares o E de Éperon, fica Perón. Caramba, meu chapa.

Ugné está muito bem, vimos Gabo de passagem por Paris e falamos longamente sobre esse místico ser ausente que chamamos carinhosamente de Águia Asteca. Não te sintas esquecido, pois.

Manda um abraço para Octavio e para Marie José quando os encontrares. Até sempre, com um abraço cauteloso (as minhas costelas ainda estão doendo) do teu amigo

Julio

# 1972

## De Julio Cortázar para Mario Vargas Llosa

Paris, 29 de abril de 1972

Meu querido Mario,

Como irei a Barcelona no começo de junho, por causa do Prêmio Barral, sei que te verei pessoalmente; mas também sei que os rumores costumam se antecipar aos fatos e distorcê-los, por isso, na expectativa de uma longa conversa que acredito ser muito necessária entre nós dois, e que espero que me concedas, envio estas poucas linhas para prevenir qualquer má interpretação.[573]

Eu fiquei sabendo ontem, por Plinio Mendoza, que tu vais dirigir a quarta edição da *Libre*, o que acho ótimo e fico contente pelo que a tua presença nessa edição pode proporcionar aos leitores da revista.[574] Mas, ao mesmo tempo, vi que o meu nome na lista de colaboradores (lista

---

573 "Embora eu deteste ser jurado, precisei dar uma mão para Barral, que está passando por todo tipo de dificuldade desde que se separou do grupo de Seix." Carta para Isel Rivero, 20 de junho de 1972, em Pepa Roma, "Cortázar íntimo", *El País*, Madri, 24 de janeiro de 2004. CF, JC, MVL e GGM foram membros do júri do Prêmio Barral de Romance 1972, mas no fim CF não conseguiu participar das deliberações. O prêmio foi anulado.

574 A quarta edição, como já foi dito anteriormente, foi a última. Em 17 de fevereiro de 1973, MVL escreveu para Octavio Paz: "Como já deves saber, a revista *Libre* morreu. A mecenas se cansou de perder dinheiro e cortou a ajuda. Nunca chegou a ser grande coisa como revista, mas pelo menos tentava ser uma publicação que conciliasse a imaginação e a revolução, o socialismo e a liberdade crítica, coisa que, se olharmos ao redor, parece cada vez mais quimérica."

absurda, que não é nem um comitê de colaboração, nem uma prova de que se está colaborando deveras) me coloca numa situação crítica em relação a Cuba, motivo pelo qual pedi para Plinio me eliminar da lista.

A questão é lamentavelmente simples depois do episódio de Padilla e da segunda carta para Fidel. O teu posicionamento e o meu tomaram seus próprios rumos e, embora exista entre mim e os cubanos um rompimento e um grande silêncio, tenho provas que contam muito para mim sobre a reação dos melhores de lá em relação à minha decisão de não assinar a segunda carta e dar uma explicação em um texto que hás de conhecer.[575] Uma carta de Haydée e a publicação desse mesmo texto na revista da Casa me são suficientes para entender tudo aquilo que podem e principalmente aquilo que não podem me dizer claramente; e a minha decisão de continuar com eles não só não mudou como também está mais forte do que nunca.

Nessas circunstâncias, continuar associado à *Libre* nesse clima de maniqueísmo, mal-entendidos e outros infortúnios do subdesenvolvimento, seria politicamente um erro, e isso é sobretudo o que eu te peço que compreendas. De modo algum me desvinculo de ti como escritor e como amigo nessa conjuntura; mas acho que perceberás com clareza que eu não posso te acompanhar quando os nossos entendimentos em relação ao episódio de Padilla provocaram as consequências que já conhecemos de sobra.

Tudo isso é difícil de escrever, e por isso espero conversar contigo muito em breve; gostaria somente que recebesses essa decisão *from the horse's mouth*, e não desfigurada, como inevitavelmente vai acontecer.

Até logo, velho, com abraços para Patricia e para os meus sobrinhos, e para ti, como sempre,

Julio

Não sei se mudaste de endereço e prefiro te escrever c/o Carmen.

575 "Policrítica."

## De Mario Vargas Llosa para Julio Cortázar

Barcelona, 5 de maio de 1972[576]

Meu querido Julio,

Agradeço que tenhas tido a delicadeza de me comunicar pessoalmente os motivos pelos quais te retiraste da *Libre*, e principalmente que o tenhas feito em uma carta tão franca e afetuosa. Com a mesma sinceridade e idêntico carinho, permita-me dizer que a tua decisão me entristece, porque os leitores da revista estão perdendo um colaborador da mais alta categoria, e também porque receio que a tua saída não contribua para combater esse maniqueísmo e esses mal-entendidos que, como disseste de forma tão precisa na tua carta, caracterizam o nosso subdesenvolvimento, mas para fomentá-los ainda mais. Acredito que a equivocação dos cubanos em relação à *Libre*, que tu e eu tentamos resolver em Havana em janeiro do ano passado e para a qual a revista, pelo seu tempo de vida, nunca deu motivo para existir, terá com a tua saída um respaldo tão importante quanto, perdoa-me, injusto. Mas, enfim, acredito que tenhas tomado essa decisão pensando com toda a calma sobre o que deverias fazer e, como tudo o que vem de ti, ainda que me deixe abalado, eu a respeito. Claro que quero conversar a fundo contigo sobre isso e outras coisas, com clareza e amizade, quando vieres a Barcelona.

Um abraço de

Mario[577]

---

576 Essa é a única carta de MVL para JC que foi encontrada. A original está com os papéis de MVL em Princeton. Trata-se de uma folha datilografada original, não de uma cópia carbono, e possui correções à mão. Esses elementos colocam em dúvida se a carta foi, de fato, enviada.

577 Em carta para Jorge Edwards de 28 de maio de 1972, MVL adota uma postura mais severa em relação ao posicionamento de JC: "Cortázar renunciou à *Libre*. Enviou-me uma carta deplorável dizendo que a sua permanência na revista constituía um obstáculo para a sua reconciliação com Cuba, que, apesar do seu poema autocrítico (meu *caimancito*, meu *buchecito*), não lhe perdoou. Pobre Julio, acabará fazendo coisas infelizes, ladeira abaixo."

## De Carlos Fuentes para Julio Cortázar

México, 17 de maio de 1972

Queridíssimo Julio,

Pela carta em anexo para Ugné, terás notícias minhas bem fresquinhas.[578] Tenho que te pedir um grande favor: a Aguilar está começando a publicar todas as minhas obras; como se trata daquilo que os saxões chamam de *definitive edition*, quero que conte com os melhores elementos críticos, e para isso eu te peço permissão para incluir a maravilhosa carta que escreveste para mim em 58 (já faz quatorze anos!) sobre *La región más transparente*.[579] Lembrarás que é uma carta crítica e, para mim, um exemplo supremo daquilo que deve ser o exercício crítico nos nossos países. Tomara que concordes. Eu te agradecerei muito. Caso tenhas perdido a tua cópia entre os papéis, posso te enviar a minha.

Outro favor é que pastoreies o nosso amigo José Luis Cuevas. Tu conheces de sobra a esplêndida obra dele. Ele é um homem muito angustiado, muito desvalido, não fala uma palavra em francês e vai passar um mês trabalhando em uma oficina de litografia em Paris. Eu o confio a ti como um irmão. A obra gráfica dele é o reflexo fiel dos demônios que o assaltam diariamente, e se ele não sentir um pouco de amizade e apoio, poderá terminar em um hospital.

Lutamos e trabalhamos com muita intensidade aqui. Não é fácil.

Te abraça fortemente o teu

Carlos

---

578 CF para Ugné Karvelis, México, 17 de maio de 1972: "Eu tinha planejado ir à Europa no fim de maio e me confinar na entediante e tórrida Roma para terminar o meu romance, mas aconteceram muitas coisas": a eleição dele como membro do Colégio Nacional do México, com "mil dólares mensais vitalícios e a obrigação de dar oito conferências por ano", e a situação política no México, "uma etapa de mudanças críticas" que ele desejava testemunhar.

579 A carta de 7 de setembro de 1958, reproduzida neste livro, foi incluída no volume I das *Obras completas* de CF (México, Aguilar, 1974).

## De Julio Cortázar para Carlos Fuentes

Saignon, 30 de maio de 1972

Meu querido Carlos,

Não consigo esconder o quanto lamento por não vires a Barcelona; entendo de sobra as tuas razões e acho que fazes muito bem em ficar no México, mas igualmente me dói, porque um dos maiores motivos da minha viagem era me encontrar contigo depois de tanto tempo e falar sobre milhares de assuntos, *faire le point* sobre tanta coisa que ignoro e que tu poderias me explicar.

Mas é assim e tudo bem. Nesta mesma linha de raciocínio, quero que saibas que, no fim do ano, ficarei por um tempo na Argentina; gostaria de estar lá quando sair um romance que acabei de revisar e que nos próximos dias enviarei ao pessoal da Sudamericana para que o publiquem por volta de outubro ou novembro.[580] O livro aborda assuntos que não serão bem do agrado dos nossos gorilas, e por isso mesmo penso que é preciso estar lá para o que for que seja; maldição se tenho vocação para a política e a ação, mas já não se trata disso; é outra coisa, o valor de uma presença, quiçá, uma demonstração de integridade, estar presente na hora em que se acusa e se condena.

Fico muito emocionado, Carlos, que tenhas lembrado daquela carta antiga que te escrevi sobre *La región más transparente*. Não acho que eu tenha guardado cópia e, além do sentimento que me levou a enviá-la para ti, e que continua sendo o mesmo toda vez que recordo o teu belíssimo livro, não tenho a menor ideia do conteúdo da carta. Tu a qualificas de crítica e quero acreditar nisso; em todo caso, não somente aceito que a incluas na edição da Aguilar, mas também te agradeço, porque é como pegar um barco contigo, sair de viagem com um amigo querido. Se tu achas que devo revê-la por conta de alguns detalhes (jamais faço rascu-

580 *O livro de Manuel* foi impresso em 15 de março de 1973 (Buenos Aires, Sudamericana). Os lucros foram doados para os familiares dos presos políticos na Argentina.

nhos das minhas cartas, então ela deve estar cheia de tropeços verbais), não tenho inconveniente em revê-la e ajustá-la. Mas, se tu a julgares viável na forma atual, não te preocupes.

Que pena que não vou estar em Paris quando José Luis Cuevas chegar; é claro que eu o teria "pastoreado" com muito prazer, pois admiro a obra dele e me lembro de uma breve visita que ele fez à minha casa — acho que com Octavio. Se ele continuar lá até setembro, podes dar o meu endereço e terei um grande prazer em vê-lo e acompanhá-lo.

Bom trabalho no México, e espero que venhas em setembro, como disseste para Ugné. Um grande abraço do teu velho amigo

Julio

84, Saignon

## De Gabriel García Márquez para Carlos Fuentes

Paris, julho de 1972

SOFITEL BOURBON PARIS ****

32, rue Saint Dominique PARIS VII Tél 555-21-11 Télex 25-019 Paris

Mestre, Manolo Echeverría me disse, por telefone, que tu tinhas vindo a Paris, e ficamos animados para te ver. No entanto, Jacobo Zabludovsky nos disse em Barcelona que tu não tinhas vindo. O fato é que te procuramos e não te encontramos. Onde raios tu estás?

Estamos aqui há uma semana, despedindo-nos de Pablo, que vai voltar para o Chile.[581] Como comemos!

---

581 Pablo Neruda, na época embaixador do Chile na França, comemorou o seu aniversário em 12 de julho de 1972 em La Manquel, casa que ele tinha na Normandia. Era também uma despedida, não só porque em breve ele partiria para o Chile, mas porque estava com câncer em estágio avançado. No convite para MVL, Neruda escreveu: "Peço, pedimos que, por favor, não deixem de vir, porque nos próximos anos estaremos mais dispersos e mais

Theodorakis nos disse que o México negou o visto dele para que não apresentasse lá o seu espetáculo. O que aconteceu?

Um grande abraço,

Gabo

## De Carlos Fuentes para Julio Cortázar

México, 11 de setembro de 1972

Querido Julio,

Remeteram-me a tua última carta para Nova York; mil agradecimentos pela tua autorização para reproduzir os teus excelentes comentários sobre o meu primeiro romance. De qualquer maneira, estou incluindo uma cópia, caso julgares, agora com distanciamento, que alguma mudança seria conveniente.

Passei dois meses no *long hot summer of our discontent aux* EUA, onde tantas coisas fervilham; estive na campanha de McGovern para conseguir a candidatura em Miami; juntei-me a uma procissão de mocinhas do Women's Lib que andaram de moto de Miami a Los Angeles, bem agarrado à cintura de uma delas e coroado com um capacete wagneriano; fui deixado às margens do Mississippi com as costas quebradas, urinando sangue, um cálculo renal deslocado e o comentário cruelmente triste das meninas: "Never ride on a motorcycle with anybody over 40!".[582] Convencido da minha irremediável decadência, retornei ao México para curar o cálculo e embarcar em várias discussões políticas. Não quero que me

distantes." MVL não conseguiu ir, mas GGM e JC foram. Este deixou um breve relato do encontro: "Nós, os amigos, chegamos de toda parte para que Pablo sentisse um pouco menos a geométrica solidão do famoso diplomata, e com chapéus de papel, muita bebida e música nos despedimos dele (ele sabia, e nós sabíamos que ele sabia)" ("Neruda entre nosotros" [Neruda entre nós]).

582 "Nunca viaje de moto com alguém que tenha mais de 40 anos!"

aconteça o que, com os olhos lacrimejados, Mailer me disse no Poodle Room de Miami: "Carlos, I'm no longer a writer; I'm a public figure."[583] Chegou a hora de terminar um longo romance e pretendo fazer isso, a partir de novembro, com vocês, em Paris.[584] Nos vemos lá.

Querido Julio, fui eleito membro do nosso Colégio Nacional, onde também está Octavio, e no dia 15 de outubro devo ler o meu discurso de posse.[585] A minha temática é Épica, Figura e Romance: Épica como norma, Figura como ruptura da norma e ponte para a Ficção antiépica tanto pela releitura quanto pela reescrita. Recordo agora uma excelente reflexão tua, acho que em uma entrevista de Hubert Juin, sobre o teu conceito de Figura.[586] Eu gostaria de relê-la e citá-la na minha conferência. Poderias me enviar uma cópia? Eu ficaria muito agradecido.

Tive tempo de escrever, em Nova York, um entusiasta *blurb* de *Modelo para armar* que o pessoal da Pantheon Books me pediu. "Heavy, heavy" foi seu o comentário, o qual, como tu já sabes, é um neologismo neoelogioso por lá.[587]

Aguardo notícias tuas; um beijo para Ugné e para ti toda a velha admiração e amizade do teu chapa totonaca.

Carlos

---

583 "Carlos, eu não sou mais um escritor; eu sou uma figura pública."

584 *Terra nostra*.

585 A cerimônia se deu em 17 de outubro. Octavio Paz foi o encarregado de apresentar CF. O discurso deste foi publicado como "Palabras iniciales" [Palavras iniciais], *Plural*, México, n.º 14, novembro de 1972.

586 "Étrangement pop", *Les Lettres Françaises*, Paris, 23 de junho de 1971.

587 A tradução do *blurb*: "Certa vez, Harold Lloyd pulou de uma ponte para se suicidar e caiu na água que ia até os joelhos. Na mesma ponte, Arletty derramou uma lágrima pelo seu cafetão parisiense em um melodrama agridoce de Marcel Carné. Combina estas imagens, acrescenta uma pitada de vampirismo e estarás cruzando a ponte levadiça de Cortázar em direção ao castelo sangrento das nossas recorrentes fantasias, solidões, frustrações, zombarias estridentes. Este é um livro que Sterne teria assinado. É uma viagem irônica e sentimental seguindo um mapa da cidade elaborado pelos irmãos Marx com a ajuda de Béla Lugosi."

## De Julio Cortázar para Carlos Fuentes

Paris, 7 de novembro de 1972

Querido Carlos,

Que sorte que tu estás vindo em breve. Se não acontecer nada imprevisto (e já sabemos como isso tudo se tornou imprevisto), estarei em Paris naquelas datas e poderemos nos ver e conversar longamente.

Reli a minha antiga carta sobre *La región más transparente*. Como foi escrita de um golpe só, acho que não é preciso mexer nela, para que fique com aquela espontaneidade que eu acho que ela tem. Só encontrei um pequeno erro ao final (p. 5, linha 10). Teria que ler:

*O medo que alguns contos de Octavio Paz,*
*que algumas lembranças*[588]

Suponho que tu não precises que eu te devolva a cópia, mas se não tiveres outra, avisa-me que eu a envio de volta pelo correio.

Ugné me disse que uma amiga tua, mexicana, andou nos procurando a pedido teu; infelizmente, eu com a conferência geral da Unesco, e Ugné com o seu hipertrabalho habitual (e a tua amiga, que parecia ainda mais atarefada do que nós), não conseguimos montar o *puzzle* em torno de algumas taças. Mas espero que ela volte e que possamos nos conhecer.

Até logo, então, com um grande abraço do teu amigo

Julio

---

588 A errata ("o medo *de* alguns contos de Octavio Paz") foi corrigida neste livro, mas permaneceu imutável nas *Obras completas* de CF publicadas pela Aguilar.

# 1973

## De Julio Cortázar para Mario Vargas Llosa

Brasília, fevereiro de 1973[589]

Querido Mario,

Eu me encontrei com Arequipa e pensei muito em ti caminhando por aquela cidade tão linda. Te imaginei menino naquelas ruas, naquele velho Colégio Nacional.[590] E lembrei, vendo as mulheres incrivelmente belas de Arequipa, que certa vez tu as havias elogiado. Tu até ficaste aquém...

Por isso, parece-me imprescindível que cheguem até ti estes votos de Feliz Páscoa, um pouco fora de época, mas mesmo assim uma obra primorosa do Comitê de Damas Rotárias (uma dama rotando... soa um pouco *fishy*, não?).[591]

Em Quito, em Lima, em Cusco, os inevitáveis jornalistas e jovens nos "imaginam" brigados até a morte, e efetivamente fazem referência a sérias "polêmicas" entre tu e eu. Não é difícil rastrear a mecânica disso. Busquei deixar bem clara a situação, apontando convergências e diver-

589 Entre janeiro e abril de 1973, JC viajou ao Equador, Peru, Brasil, Chile e Argentina. Depois de visitar Brasília, seguiu para Bahia e São Paulo, e em 4 de março estava em Santiago do Chile para acompanhar as eleições parlamentares.

590 MVL nasceu em Arequipa e morou na cidade por menos de um ano. Recebeu sua educação em Cochabamba, Piura e Lima.

591 Esta mensagem foi escrita em um cartão timbrado "Colaboração Obras Sociales. Comitê Damas Rotárias. Arequipa — Peru" e leva impressa a saudação de Páscoa em torno da qual JC escreveu a sua carta.

gências, mas é óbvio que a tensão política conduz cada vez mais a uma manipulação dos escritores conhecidos. No Peru, os jovens (não todos, é claro) te criticam duramente por motivos idênticos ou parecidos com aqueles pelos quais se irritam comigo na Argentina. Bom, o teu país me caiu muito bem, estive em Cusco, em Puno, vi as ruínas que podes imaginar e me apaixonei para sempre pelo ceviche e pelo *pisco sour*. José Miguel foi o nosso anjo da guarda barbudo, e até aguentou um *match* de box para me deixar satisfeito.[592] Estamos bem, estou te escrevendo em Brasília. Seguimos para o Chile e para a Argentina.

Abraços de Ugné e meus para Patricia e meus sobrinhos. Te quero bem,

Julio

## De Julio Cortázar para Gabriel García Márquez

Saignon, 5 de junho de 1973[593]

Meu querido Gabo,

Envio em anexo uma carta de Ariel Dorfman, que pelo visto não tinha o teu endereço.

Já verás, por meio dela, que eu também busquei colaborar no formidável trabalho que Dorfman e os seus companheiros estão fazendo no âmbito cultural no Chile.[594] Quando eu estive lá, em março, antes das eleições, fiquei impressionado de ver os kioscos em Santiago e as cidades do interior; graças a edições baratíssimas, que são concorrentes diretas das revistas e de Corín Tellado (*inter alia*), as pessoas passam a ter verdadeiro acesso aos escritores que valem a pena ser lidos. Entendo de sobra, portanto, que Ariel te peça o que te pediu em sua carta; tomara

592 José Miguel Oviedo.

593 Esta carta foi transcrita de *Cartas/4 1969-1976*, p. 363-364.

594 Ariel Dorfman, escritor argentino-chileno, trabalhava na editora estatal Quimantú, criada durante o governo de Allende.

que concordes, pois na verdade a batalha é extraordinária e merece ser conquistada de ponta a ponta.[595]

Não sei se esta te encontrará em teus feudos barceloneses, pois o Águia Asteca, que jantou conosco e está prestes a ser pai (sobre o assunto, ostenta um sorriso quase angelical que me deixou absolutamente estupefato), disse-me que tu ias para não sei onde, mas, em todo caso, será do outro lado do tempestuoso Atlântico.[596] De todos os modos, imagino que te reexpedirão o correio (em aviões especiais, *of course*, dada a sua provável tonelagem) e que estas linhas chegarão às tuas mãos.[597]

Estamos bem, eu muito cansado das minhas andanças latino-americanas, estimulantes e úteis, mas ao mesmo tempo muito parecidas com quinze rounds contra Kid Pambelé. A propósito, este maldito, que acho que é teu compatriota, embora ele more na Venezuela, derrotou o meu grande campeão Nicolino Locche, coisa que me provocou uma depressão duradoura.

Impossível resumir para ti a minha experiência na Argentina; disso teríamos que conversar longamente, e tomara que seja em breve, se tu te dignares a me manter a par dos teus movimentos e possibilidades.

Um beijo para Mercedes e abraços para os meninos. Até sempre, com o meu carinho incondicional,

Julio

84, Saignon

---

595 Pouco tempo depois de escrita esta carta, em julho, a Quimantú publicou *Reunión* [Reunião], de JC, que compilou nove de seus contos mais conhecidos em uma edição de 50 mil exemplares na série Minilibros; em setembro, na mesma série e com a mesma tiragem, *Espuma y nada más. Cuentos de Colombia* [Espuma e mais nada. Contos da Colômbia], que incluiu "La siesta del martes" [A sesta da terça-feira], de GGM. Este seria um dos últimos títulos da Quimantú: em 11 de setembro, ocorreu o golpe de Pinochet e a editora foi desmantelada.

596 Carlos Rafael Fuentes Lemus nasceu em 22 de agosto de 1973.

597 Naquele mês de junho, GGM viajou a Oklahoma para receber o Prêmio Neustadt e em seguida realizou uma viagem para Los Angeles, San Francisco, México e Bogotá, onde recebeu a notícia do golpe de Estado no Chile que derrocou Salvador Allende. A Junta Militar presidida por Augusto Pinochet e a opressão em massa que ele empreendeu (desaparecimentos, assassinatos, prisão, tortura, exílio) representaram um grave retrocesso para a democracia, a esquerda e os intelectuais chilenos e latino-americanos. A situação no país, como se pode ver nas próximas cartas, foi motivo de preocupação para os escritores do Boom. "O golpe no Chile foi uma catástrofe pessoal para mim", declararia GGM, e JC diria que "os retrocessos no Chile me tiram a possibilidade de pensar em qualquer outra coisa" (carta para Ida Vitale, 20 de setembro de 1973).

## De Carlos Fuentes para Mario Vargas Llosa

Zurique, 4 de outubro de 1973
HOTEL EDEN AU LAC
CH — 8023 ZURICH

Querido Mario,

Conforme prometido, te envio a página do *Le Monde* com o artigo — estupendo — de Jorge.[598] E as minhas páginas sobre Pablo.[599] Tomara que encontrem espaço na *Triunfo*.

Diz para Jorge, por favor, que assim que eu soube da morte de Pablo, comuniquei-me com o governo do México para protegerem Matilde.[600] Isso foi feito e ela está a salvo, e receberá asilo no México.

Lembramos muito de ti ontem à noite no jantar de despedida com o Cronópio.

Recebam tu, Patricia e os dois incas um grande abraço de seu camarada
Carlos

## De Julio Cortázar a Carlos Fuentes

Paris, 9 de outubro de 1973
Meu querido Carlos:

Não sei se nos veremos antes de tua partida e por isso estas linhas pragmáticas.

O pessoal daqui, com quem estou tratando de fazer coisas úteis, decidiu enviar uma jurista brasileira (ao que parece, muito conhecida, pois se ocupou dos problemas da tortura no Brasil) ao Panamá

---

598 Jorge Edwards, "L'ordre des supermarchés américains", *Le Monde*, Paris, 4 de outubro de 1973.

599 Pablo Neruda havia falecido dias antes, em 23 de setembro. O texto de CF, "Recordando a Pablo Neruda", foi publicado na *Tláloc*, Nova York, n.º 6, primavera de 1974.

600 Matilde Urrutia, esposa de Pablo Neruda.

e ao México para coordenar as tarefas de estabelecer na Europa os exilados do Chile.

Essa pessoa é a senhora ALCÁNTARA DE CARVALHO e chegará ao México quase ao mesmo tempo que tu. Ela deverá estabelecer contato com pessoas-chave dentro daquele contexto, e acreditamos que um vínculo imediato contigo, lá, servirá para que ela possa entrar em contato com gente muito eficaz, sem perder tempo com sondagens inúteis. Pelo visto, ela não conhece o México, ou conhece pouco, e por isso a necessidade de alguém de inteira confiança que lhe dê uma mão nesse sentido: situá-la no terreno mais favorável, para que ela possa entrevistar os exilados, organizar a sua saída do México, etc.

O que eu te peço é simplesmente um telefone ou um endereço (ou ambos) para que a advogada fale contigo assim que chegar ao México, e que tu possas lhe dar essa orientação. A coisa se resume a isso, mas perceberás que é muito importante.

Caso tu aceitares, peço que me informes esses dados antes da tua partida, para que eu os comunique imediatamente à advogada. Espero que seja amanhã mesmo, pois a viagem dela é tão iminente quanto a tua.

Ao mesmo tempo, eu te confio umas linhas para a Tencha, que tu saberás como fazer chegar até ela.[601]

E obrigado por tudo, e tomara que venham tempos em que, como disse Shelley em uma ocasião memorável, "possamos falar sobre a morte dos reis", frase que pelo visto semeou o medo em uma diligência que ia de Birmingham para Bath.

Perdoa-me por este rascunho infame. E pensar que eu era um escritor!

Te abraço muito, irmão,

Julio

601 Hortensia Bussi, viúva de Salvador Allende. Após o golpe militar e a morte de Allende, exilou-se no México.

## De Julio Cortázar para Mario Vargas Llosa

Paris, 25 de outubro de 1973

DU 13 AU 17 NOVEMBRE '973 DANS LA SALLE C-44 RUE DE RENNES — 75006 PARIS

VIVA CHILE

EXPOSITION — VENTE

SOUTIEN À LA RÉSISTANCE — AIDE AUX VICTIMES DE LA RÉPRESSION

Querido Mario,

Pantaleão ainda não bateu à minha porta, o desgraçado (as meninas devem estar mantendo-o ocupado), mas em compensação acredito que Manuel já tenha soltado uns berros sobre o teu capacho; deixa-o entrar, é um bom garoto; eu continuarei esperando Pantaleão, sei que no fim ele chegará.[602]

Certa vez, eu te convenci de Londres para ir a uma mesa-redonda que acabou sendo uma furada, como deves lembrar; não era a minha intenção, mas entenderei se esse novo convite te deixar de cabelo em pé. De todos os modos, eu tenho o dever de te fazer esse pedido. Pelo papel timbrado, vais ver do que se trata, mas a ideia é conseguir que escritores latino-americanos (Edwards, Donoso, Gabo, etc.) se façam presentes em qualquer um dos dias da exposição com o objetivo de autografar livros que serão vendidos em prol da causa chilena. Me é impossível escrever para todo mundo, e por isso peço que te dês o trabalho de passar essa informação a pessoas que poderiam vir e colaborar nesse sentido, e que tu tenhas a um telefonema de distância.

Eu vou trabalhar em Genebra por oito semanas, mas virei a Paris para estar no dia 17, último dia da exposição, e autografar livros. Se nos encontrarmos, seria formidável, *because* conversa boa bem regada em bistrô simpático; mas é claro que seria pedir demais e me limito a te dizer isso como um grande desejo.

---

602 *Pantaleão e as visitadoras* foi impresso em maio de 1973 (Barcelona, Seix Barral).

Seja qual for a tua decisão, peço encarecidamente que a informes para:

~~Mario Muchnik~~
~~5, rue Biscornet, 4ème (Paris XII). Telefone: 307-2397~~

Saúl Yurkievich
48, rue Pernety, Apto. B, $2^{\text{ème}}$ étage
Paris XIV — Telefone 567-5595

Se vieres, traz uma mala com exemplares em espanhol e avisa ao teu editor de Paris que alguém vai comprar as versões em francês com o desconto máximo.

Sei que falaste sobre o Chile na TV espanhola. Quase ao mesmo tempo, eu o fiz na TV mexicana. Se tudo isso servisse para alguma coisa... Mas, sim, deve servir; não o fazer seria infame, e há tanta gente que não está fazendo nada.

Meus afetos para Patricia e meus sobrinhos, e para ti o forte abraço de sempre do teu

Julio[603]

603 Na época, Patricia e MVL estavam esperando a sua filha Morgana, que nasceria em 16 de janeiro de 1974.

# 1974[604]

## De Carlos Fuentes para Julio Cortázar

México, 17 de janeiro de 1974

Meu querido Julio,

O Fundo de Cultura Econômica me pediu que te escrevesse para perguntar se tu terias interesse em fazer parte do júri do concurso de primeiro romance em língua castelhana que essa editora mexicana vai celebrar todo ano a partir do final de 1974.

O Fundo te ofereceria passagens de ida e volta, uma dieta *per diem*, férias no México pelo tempo que quiseres, vantagens para viajar pelo país e muito pouco trabalho: os leitores do Fundo, entre eles pessoas como Rulfo e os poetas García Terrés e Chumacero, fariam o trabalho de seleção, a fim de que os jurados apenas julguem o que realmente vale a pena.

Os nomes que foram levantados para integrar o júri são Onetti, Goytisolo, Donoso, tu e eu.[605]

Gostaria de saber a tua opinião. Dou-me — nos damos — conta de que o Fundo, conhecedor da nossa amizade, quer aproveitá-la para que eu sirva de embaixador diante do Rex Cronopium. *You just inspire too*

---

604 A partir daqui, a maioria das cartas serão trocadas entre CF e JC. Por um lado, GGM privilegiou o telefone como meio de comunicação; por outro, além das diferenças ideológicas, MVL aprofundou aquilo que sempre chamou de "fobia epistolar".

605 Por fim, foram membros do júri CF, Goytisolo, Rulfo, Xirau e Oviedo. O romance premiado foi *El infierno de todos tan temido* [O inferno de todos tão temido], de Luis Carrión Beltrán (México, Fundo de Cultura Econômica, 1975).

*much awe, old boy.*[606] (Entre parênteses: Sylvia e eu descobrimos ontem uma loja de *blue jeans*, em frente à Plaza Uruguay, chamada LOS CRONOPIOS. Tiraremos uma foto diante dela.)[607]

A homenagem para Pablo no Poetry Center de Nova York foi um sucesso estrondoso, e o artigo de Octavio sobre o Chile no *The New York Times* teve um grande impacto.[608] Como vês, esse é o *modus operandi* do poeta e precisa ser respeitado. Estive com ele e com Marie Jo em Harvard, e nos lembramos muito de vocês. Deves ter visto os comentários que ele dedica a ti em *Solo a dos voces* [Apenas a duas vozes].[609] Eu compartilho deles e assino embaixo: tu és o *nosso* prosador. Octavio diz que é o da geração dele. Eu digo que o da minha também. *O livro de Manuel* recebeu no México todas as honras nas pesquisas recentes do *Excélsior* sobre o melhor romance do ano passado.[610]

Diz para Ugné que ela está em dívida comigo. Eu a imagino, *as usual*, muito atarefada, e logo enviarei para ela um pequeno memorando.

---

606 "Tu inspiras admiração demais, velho."

607 Silvia Lemus foi esposa de CF a partir de 1973. CF sempre escrevia "Sylvia" e, como se verá, JC usava as duas formas.

608 A homenagem para Neruda teve lugar em 24 de outubro de 1973, no Kaufmann Concert Hall de Nova York. O texto lido por CF, "Remembering Pablo Neruda", tradução do já mencionado texto em espanhol, foi publicado no *The New York Times* em 11 de novembro. O artigo de Paz é "Latin America in Search of a System", *The New York Times*, 21 de outubro de 1973. Uma versão mais extensa desse texto foi reproduzida em "Los centuriones de Santiago" [Os centuriões de Santiago], *Plural*, México, n.º 25, outubro de 1973, e incluída em *El ogro filantrópico* [O ogro filantrópico] (México, Joaquín Mortiz, 1979).

609 Octavio Paz e Julián Ríos, *Solo a dos voces* [Apenas a duas vozes] (Barcelona, Lumen, 1973): "Cortázar é o escritor da minha língua de quem eu me sinto mais próximo." Paz acrescenta que a obra de Cortázar "é uma obra de poeta/romancista" e discorre sobre *62/Modelo para armar*, "que eu chamo de 'Modelo para amar' porque em *62* a temática do amor aparece de um modo mais concreto do que em *O jogo da amarelinha*. Em *Rayuela*, a ideia de amor está ligada a outras preocupações de natureza metafísica (a realidade *outra*), enquanto em *62* existe a busca do encontro que sempre é um desencontro. E cada encontro-desencontro é regido por uma espécie de mecânica de um relógio cósmico. Um girar contínuo que é algo como a ordem erótica universal. E isso é o que há de mais comovente em *62*".

610 Além disso, em novembro de 1974, *O livro de Manuel* recebeu na França o Prêmio Médicis Étranger, cujo montante foi doado por JC para a Frente Unificada da Resistência Chilena.

Sylvia, o robusto bebê e eu mandamos para ti, para Ugné e para o não menos poderoso Cristóforo todo o nosso carinho para 1974,

Carlos

## De Julio Cortázar para Carlos Fuentes

Paris, 7 de fevereiro de 1974

Meu querido Carlos,

Teria sido um prazer, pelo México e pela amizade, aceitar o generoso convite do Fundo. Mas não estou com ânimo para fazer isso. As minhas duas últimas experiências em matéria de prêmios literários — Barral e Sudamericana — me deixaram com um gosto ruim na boca; me sinto inútil nesses torneios em que poucas vezes se faz justiça de verdade, e não quero aproveitar somente de todo o resto, a viagem, o carinho, as festas.[611] Irei ao México em algum momento, prometi isso para mim mesmo, mas irei sem obrigações ou com obrigações que me pareçam inevitáveis.

Como deves ter percebido, o que eu estou dizendo não emite nenhum juízo prévio sobre o concurso do Fundo, do qual não tenho, é claro, a menor ideia; é a lógica dos prêmios, em si, que me parece alheia à minha natureza. Aqui eu tive que aceitar uma espécie de assessoria para o chamado Prix Séguier, orquestrado por Françoise Wegener, Ugné e outras musas, mas não tenho relação com o júri propriamente dito; servirá simplesmente para eu dar uma mão a qualquer escritor que eu considere bom e que certamente não será premiado.[612] Confesso que a

611 Como foi dito anteriormente, JC foi jurado do Prêmio Barral de Romance em 1972; em 1973, viajou a Buenos Aires como jurado do Prêmio de Romance A Opinião Sul-americana, junto de Juan Carlos Onetti, Rodolfo Walsh e Augusto Roa Bastos. O romance vencedor foi *Los tigres de la memoria*, de Juan Carlos Martelli (Buenos Aires, Sudamericana, 1973).

612 O vencedor do prêmio, em maio, foi o escritor austríaco Thomas Bernhard, pelo livro *La calera* [A cal].

minha única recompensa será rever Susan Sontag, que continua parecendo uma mulher excepcional em muitos âmbitos. Se estou falando sobre isso é porque, quando souberes dessa notícia, poderias imaginar o meu parágrafo anterior desmoronando; mas não é assim, já que o meu papel é meramente decorativo, como ser gentil com a mãe de um amigo e acompanhá-la até sua casa para que ela não se perca.

Aguardo ansioso a foto de Sylvia e de ti na frente da loja Los Cronopios. O filho de Pellicer me enviou uma em que aparece um cartaz de propaganda política, com um senhor sumamente parecido com Nixon e dizeres garrafais: VOTE NO DOUTOR JULIO CORTÁZAR. Eu mandei ampliá-la e ela é incrivelmente surrealista. A culpa é minha por essa mania dos doppelgänger...

Ainda não li *Solo a dos voces* [Apenas a duas vozes], mas fico contente pelo que tu me disseste e espero encontrar o livro em breve. Se encontrares Octavio, manda um forte abraço. Aqui estamos trabalhando firme em um "livro ácido" contra a Junta chilena, de modo que entrei em recesso literário total; claro que, antes de entrar, eu terminei um livro de contos que vai se chamar *Octaedro* e que será publicado pela Alianza; acho que tu vais gostar de alguns desses contos.[613]

O que aconteceu com o programa da TV?[614] A pérfida Sylvia (pérfida como uma onda, o que é um tropo para elogiar, de passagem, a sua beleza e o seu encanto) nunca me disse nada, apesar das suas promessas veementes. Eu deveria ter confiado sobretudo em Carlitos, mas por esses dias ele se dedicava sobretudo a chupar o dedo.

Até sempre, Carlos, com um grande abraço do teu amigo

Julio

---

613 Sun Axelsson e outros, *Chili, le dossier noir* (Paris, Gallimard, 1974). *Octaedro* foi publicado em 1974 pela Sudamericana na Argentina e pela Alianza Editorial na Espanha.

614 A entrevista de Silvia Lemus, a primeira que CF concedeu para televisão, foi gravada para a Televisa e está acessível hoje *online*.

## De Julio Cortázar para Carlos Fuentes

Paris, 10 de março de 1974

Querido Carlos,

Te escrevi há algumas semanas em resposta à tua carta sobre o concurso do Fundo, e se te digo isso é porque me informaram que o correio para o México anda muito mal e prefiro confirmar contigo essa resposta. Agora acrescentarei umas linhas sobre outro assunto, concernente a um amigo meu, Jean Louis Erick Pessiot.

Esse rapaz tem uma série de projetos cinematográficos interessantes para a TV e que concernem ao México. Para começar, três filmes em 16 mm e cores sobre escritores latino-americanos, que naturalmente te incluiria junto com Mario, Gabo e eu mesmo. Ugné colaboraria nessa série junto com Erick Pessiot, posto que ele nos conhece bem.

A segunda ideia é um filme sobre uma aldeia, Jesús María, ou mais precisamente sobre a Semana Santa nessa aldeia; não sei de onde Erick tirou a temática e os motivos para filmar isso, mas sem dúvida se trata de algo interessante. O filme teria que ser financiado pela TV holandesa e a francesa, mas parece que as restrições orçamentárias recentes estão prestes a arruinar os planos.

Pessiot e o seu amigo realizador Frenkel pensam que talvez, a partir de uma certa soma de dinheiro (pouca) dada pela TV holandesa, um apoio da TV mexicana poderia ser obtido. Segundo Erick, os trâmites burocráticos são tão longos nesses casos que ele me pediu para te escrever diretamente, para que lhe digas por intermédio de mim se encontras uma oportunidade de intervir rapidamente diante do secretário de Estado, Miguel Álvarez Acosta, e o diretor do Banco Cinematográfico, Rodolfo Echeverría.

Concretamente, o seu pedido é o seguinte: se a TV mexicana deseja entrar em uma coprodução com a TV holandesa, com base em uma contribuição em materiais e pessoal, a saber: 12.000 (8.000 + 4.000) metros de filme colorido revelado; empréstimo, por dois meses, de duas câmeras Eclair; um assistente e um *régisseur* designados pela TV mexicana; transporte para cinco pessoas, ida e volta. Como contrapartida, a TV mexicana receberia, com liberdade total de transmissão, a cópia dos filmes realizados (dos quais o referente à aldeia já foi incluído na programação do canal 2 da TV francesa).

Outra fórmula possível: sermos convidados pela TV mexicana para realizar os filmes por conta desta (viagem + salário + gastos); neste caso, a TV seria proprietária exclusiva de todos os filmes e poderia vendê-los para as TVs europeia, norte-americana e sul-americana.

Escrevo tudo isso baseado em um *aide-memoire* que Erick me passou, e ele reforçou que tudo isso é muito urgente na medida em que seria preciso estar *sur place*, no mais tardar em 1º de abril, para filmar a Semana Santa na aldeia.

Bom, aí está. Se Silvia ou tu puderem fazer alguma coisa por este amigo ou sugerir outras possibilidades, eu agradeço a ti e a ela de antemão. *By the way*, eu nunca soube o que aconteceu com a minha reportagem. Aconteceu, não aconteceu, teve política no meio, não despertou interesse? Sempre esperei umas linhas de Silvia, como ela tinha me prometido, mas nunca tive o menor indício de que esse programa tenha ido ao ar. A propósito, em relação a ele, aconteceu algo muito estranho comigo, que não vou te contar nesta carta, mas que vais ler na *Crisis*, de Buenos Aires (se realmente for publicado, pois do jeito que as coisas estão no meu pobre país...); se chegares a ler essa reportagem, verás que estranho "conto fantástico" nasceu daquela entrevista que Silvia me fez.[615]

---

615 "Estamos como queremos o los monstruos en acción (autorreportaje)" [Estamos como queremos estar ou os monstros em ação — autorreportagem], *Crisis*, Buenos Aires, n.º 11, março de 1974, incluída em *Papeles inesperados* [Papéis inesperados]: "Deixa-me contar essa história fantástica. Começou na casa de Salvador Allende, em uma noite de fevereiro do ano passado. Éramos poucos, entre nós um velhinho mexicano cujo nome não retive e que, assim que terminaram as apresentações, me disse que, embora não fosse versado em letras, tinha acompanhado com muito interesse uma entrevista que eu teria dado na TV do seu país. Dei a entender que ele estava me confundindo, pois eu jamais havia aparecido nessas telinhas domésticas que, como velho e *démodé* que eu sou, me assustam. Ele insistiu, sustentando que tinha visto uma longa entrevista feita por uma moça de cabelos loiros e que

Carlos, peço que me mandes logo duas linhas para avisar Erick. Ugné ficará em Cuba até o dia 18 e aqui nós terminamos um "livro ácido" sobre o Chile. Em abril, vou a Roma por causa do Tribunal Russell e com certeza verei o grande Coronel de Macondo em toda a sua (nada santa) glória.[616]

Meus afetos para Silvia e Carlos Jr., e um grande abraço agradecido de

Julio

## De Gabriel García Márquez para Carlos Fuentes

Barcelona, março de 1974

Mestre fugitivo,

Consegui enfim um endereço teu neste mundo imenso, justo quando estou indo a Roma para o Tribunal Russell. No retorno, daqui a uma

---

ele tinha gostado da minha maneira de responder às perguntas, além da minha maneira de pronunciar os erres *et cétera* [...] Há apenas dois meses, em Paris, a mulher de Carlos Fuentes me pediu uma entrevista para a televisão do seu país. Já que eu acredito que uma das minhas obrigações é fazer tudo o que for possível para ajudar a desmascarar a Junta, que tem muito mais apoiadores do que vocês imaginam, aceitei com a condição de falar sobre o Chile e assim o fiz [...], e só muito mais tarde, enquanto estava voltando para casa, eu percebi conscientemente que a entrevista tinha sido feita por uma moça de cabelos loiros."

616 O Tribunal Russell foi convocado em 1966 por Bertrand Russell para investigar e avaliar a atuação dos Estados Unidos no Vietnã. JC e GGM participaram do chamado Tribunal Russell II, uma iniciativa do senador italiano Lelio Basso, que denunciou as violações dos direitos humanos pelas ditaduras militares do Chile, Brasil, Uruguai e outros países latino-americanos. Houve três sessões: Roma (1974), Bruxelas (1975) e Roma (1976). Sobre a sua participação nesse tribunal, GGM diria para a revista *Seuil* em 1975: "Provavelmente tenha uma importância histórica ou terá a longo prazo como documentação, mas eu participei, principalmente, para contribuir para a divulgação da situação da América Latina, posto que a sua utilidade não vai muito além disso. Estou sendo totalmente sincero quanto a isso. Digamos de uma forma mais crua: é uma grande peça de teatro que montamos para que circulem notícias sobre a situação da América Latina." Alfonso Rentería Mantilla, organizador, *García Márquez habla de García Márquez en 33 grandes reportajes* [García Márquez fala sobre García Márquez em 33 grandes reportagens] (Bogotá, Rentería Ediciones, 1979, p. 100).

semana, espero encontrar um papel teu no qual me contes o que raios andas fazendo desde que não nos vimos mais. Eu te escreverei depois.

Planejávamos ir ao México em junho para passar todo o verão, não será possível. Tenho uma casa em Cuernavaca que devo terminar para viver lá para sempre e nunca mais.

Abraços,

Gabriel

## De Carlos Fuentes para Gabriel García Márquez

Washington DC, 29 de março de 1974

Meu endereço particular: 1600, Maddux Lane, McLean, VA 22101. E telefone: (703) 8934248.

Magisteraço,

Me deu uma alegrada receber a tua carta: desde aquele maio veneziano, não tive notícias tuas diretamente, e aconteceram tantas coisas.[617] A principal: o nascimento do meu filho, Carlos Rafael, em agosto em Paris e no sagrado recinto da *clinique* da rue Blomet, administrado por freiras — mas que, segundo o *pottinista* de Reichenbach, foi casa *non sancta* durante a Segunda Guerra. Bela mistura batismal. Sylvia sofreu muito, dadas as técnicas pré-molièrianas dos parteiros francesinhos. Em Paris vós comeis, mas não paris. Deixamos a nossa linda rue de Bièvre em outubro, eu peguei o famoso France em uma de suas últimas viagens: tu sabes que os árabes o alugam para levar peregrinos a Meca — como é que eu vou viajar?

617 CF, GGM, Álvaro Mutis e as suas famílias haviam passeado juntos por Veneza em 1973.

A região mais transparente me deu uma paulada e me deixou de cama com a pressão em 220. Cuidados maternais de Teodoro Césarman, praia em Acapulco e fiquei renovado, mas não posso mais abandonar os diuréticos.[618] *The old gray mare she ain't what she used to be*[619] e recordo com nostalgia e cabelos brancos as nossas *parrandas* de dez anos atrás. A quarentena é do caramba. Aguardo ansioso a chegada dos cinquenta para me conformar. Agora, as tristezas do que foi e a aceitação do que virá ainda travam muitas batalhas no corpo.

Em fevereiro, viemos para Washington com um *fellowship* da Smithsonian e da Biblioteca do Congresso, para utilizar o grande fundo hispânico desta — o melhor do mundo. O romance, polvo e medusa, transbordou das 700 páginas e ainda faltam umas 300.[620] O voo imaginativo precisava de um pouco de lastro realista para não soar gratuito, de maneira que tenho lido muito sobre caça, criação de açores, Fueros de Aragão, *comuneros* de Castela, luvas, anéis, calças medievais, *table manners* e construção de monumentos dignos de um Escorial. Cortázar me repreenderá por fazer museografia à la Carpentier, mas eu sigo os preceitos do mestre Buñuel: não há imaginação sem história.

Convidei Tencha Allende para jantar, no México, e falamos sobre muitas coisas a fazer. Entre elas, salvar Vuskovic.[621] Flores Olea o convidou para a faculdade de ciências políticas como professor de tempo integral. Seria importante, em um momento oportuno, recolher assinaturas

---

618 Césarman foi um cardiologista mexicano, licenciado em letras, poeta e editor.

619 "A velha égua cinza não é o que costumava ser." Canção do folclore estadunidense.

620 Em 11 de novembro de 1974, CF escreveu para Carmen Balcells: "Na sexta-feira, terminei o romance. Só falta o título. Gostas mais de qual: 'O retorno das caravelas' ou 'A terra prometida'? O monstro saiu com 1.200 páginas, mas são quase tão divertidas quanto o romance em potencial que Mario imaginou um dia: a mistura de *Os três mosqueteiros* e *Ulisses*." Quando foi publicado, o editor, Joaquín Díez-Canedo, disse que "Carlos buscou demonstrar que podia fazer um romance muito longo. Além disso, entrou um pouco em competição com os seus amigos, com García Márquez e com Vargas Llosa. Agora ele se gaba para os outros de ter escrito um romance mais longo" ("Puros superlativos para *Terra nostra*", *La Onda*, suplemento do jornal *Novedades*, México, 30 de novembro de 1975).

621 Pedro Vuskovic, economista, foi ministro durante o governo de Allende. Terminou exilado no México.

de economistas europeus para apoiar essa gestão. Eu farei isso aqui com gente como Galbraith e Samuelson. A Junta deu xeque-mate em Kafka: pedir a extradição de um homem asilado em uma embaixada e acusado de roubar uma máquina de escrever!

Espero que possas me enviar o *Libro negro* [Livro sombrio] de Uribe.[622] Será muito útil para mim aqui. O teu magnífico trabalho na *Harper's* tem sido muito lido e comentado nos EUA.[623] *Congratulations.*

Conseguimos indiretamente, graças a Tricky Dicky, uma casa de campo maravilhosa em McLean, Virginia: Archibald Cox, o procurador de Watergate, teve que abandoná-la às pressas.[624] Encontrei muitas gravatas-borboleta, mas nenhuma fita gravada. Vivemos rodeados de prados, bétulas, lagoas de Walden, galinhas, esquilos e raposas que vêm pedir comida à porta. E damos.

Espero as linhas que prometeste e notícias do clã. A monstróloga Cecilia anda agora pelos Alpes aprendendo a esquiar, e espero tê-la aqui no verão. Ela ama muito o seu irmãozinho bochechudo. E outro está a caminho. Esperamos para agosto.[625]

Eu só faço leoninos, e os engendro sob o signo de Escorpião, em um dia preciso: 24 de novembro. Te abraça e te adora teu

Carlos

---

622 Armando Uribe, *El libro negro de la intervención norteamericana en Chile* [O livro sombrio da intervenção norte-americana no Chile] (México, Siglo XXI, 1974).

623 "The Death of Salvador Allende", *Harper's Magazine*, Nova York, n.º 248, março de 1974.

624 Tricky Dicky era o apelido pejorativo de Richard Nixon. Watergate foi o famoso caso de espionagem contra o Partido Democrata, que custou a presidência de Nixon.

625 Natasha Fuentes Lemus nasceu em 31 de agosto de 1974.

## De Carlos Fuentes para Julio Cortázar

Washington DC, 9 de abril de 1974

Meu querido Julio,

As tuas duas cartas chegaram sumamente atrasadas. Eu saí do México no início de fevereiro e as cartas foram remetidas para mim com muita demora. Além disso, o correio entre México e Washington é péssimo. Não há voo direto e tenho receio (naturalmente) de que as coisas sejam obstruídas na altura de Dallas.

Vou direto ao assunto mais urgente, ainda que infelizmente tenha passado: os problemas do teu amigo Pessiot. Sim, a Semana Santa na aldeia Cora de Jesús María é mais do que um *happening*: é Genet puro e Artaud sonhado. Tomara que tenham conseguido fazer alguma coisa. Fernando Benítez é o grande amigo dos índios dessa aldeia e poderia ajudar Pessiot imensamente.

No que diz respeito à programação e à forma de colaboração na TV mexicana: acabou de ser nomeado diretor-geral do Canal 13 (o canal do Estado) o nosso amigo Enrique González Pedrero, com quem fizemos a revista *El Espectador*, de que talvez tu te lembres, já faz quinze anos. González Pedrero deu uma guinada cultural extraordinária no canal, e é o homem com o qual Pessiot deve conversar. Podes mencioná-lo assim para o teu amigo, e eu me encarregarei de avisar Enrique. Os dados:

LIC. ENRIQUE GONZÁLEZ PEDRERO
DIRETOR-GERAL DO CANAL 13
TORRE LATINOAMERICANA
ANDAR 26
MÉXICO 1, DF
Telefone: 5102910

Diz para Pessiot evitar o estúpido do Álvarez Acosta, um homem que é selecionado por ordem alfabética para os cargos que idiotamente ocupa. Quanto a Rodolfo Echeverría, o campo dele é cinema, não TV, mas com ele vale a pena se relacionar, e pode ajudar Pessiot; é um homem de mente aberta e criativa.

Deves saber por Ugné que todos os problemas de Debray foram resolvidos de forma favorável e rápida. Ontem mesmo, Régis me ligou do México para agradecer os meus esforços.

Aqui me tens, às margens do turbulento Potomac e seus turvos Watergates, observando de perto o espetáculo duplamente fascinante da queda de um presidente imprestável e sua camarilha, e da força da sociedade e algumas de suas instituições: imprensa, poder judiciário. Por sinal, estou morando na casa que foi do procurador Archibald Cox antes de ser corrido por Nixon. Deixou muitas gravatas-borboleta, mas nenhum *tape*. *Alas*. Meu amigo, o grande Jerzy Kosinski (tu o conheces? Fariam uma bela amizade) conseguiu para mim uma bolsa de seis meses para que eu leia a meu bel-prazer algumas coisas do fundo hispânico da Biblioteca do Congresso e termine o meu enorme romance. Retornarei ao México em setembro para ministrar os meus cursos no Colégio Nacional, e em janeiro voltarei a Wesleyan para participar de um seminário de seis meses, de maneira que estarei sempre em movimento, e te manterei a par dos meus *whereabouts*.[626]

Aguardo ansioso o *Octaedro*. Talvez tu consigas fazer chegar até mim, também, o *Libro negro* [O livro sombrio] de Armando Uribe. Como podes imaginar, há discussões mortais por estes lados, e esse livro é um grande instrumento para rebater argumentos em mesas-redondas, etc.

É claro que eu entreguei a tua carta para Tencha, bem como a de Pepe Echeverría. Ela já deve ter te escrito. Ela jantou na minha casa, no México, com amigos do governo e da universidade capazes de continuar ajudando os amigos chilenos. A propósito, Víctor Flores Olea convidou

626 CF foi nomeado embaixador do México na França em 31 de janeiro de 1975, motivo pelo qual não realizou a visita que tinha planejado a Wesleyan.

Vuskovic para dar aulas no México, e Princeton convidou Almeyda.[627] Acredito que, no momento oportuno, devemos buscar o apoio de universitários norte-americanos e europeus para pressionar a Junta e salvar Pedro e Clodomiro. Já estou me dirigindo a Galbraith, Samuelson e outros economistas norte-americanos para que apoiem Vuskovic, o qual está sendo acusado kafkianamente de roubar uma máquina de escrever e julgado para extradição, mesmo estando asilado na nossa embaixada em Santiago!

A própria Sylvia te escreverá em detalhes a respeito do programa de TV. Pelo que entendi, a entrevista foi feita quando o programa longo dos sábados estava terminando, era extensa demais para os programas noturnos diários, não quiseram cortá-la e a deixaram reservada para a grande inauguração de um novo programa longo aos domingos. Acho que a questão é essa, pois me é difícil acompanhar os meandros da burocracia televisiva. Menos mal, tchê, que tu és *TIMELESS!*

Aqui lhes deixo as minhas informações pessoais: Carlos Fuentes, Chesterbrook Farm, 1600, Maddux Lane, McLean, VA 22101. Telefone: (703) 8934248.

Sylvia manda um beijo para ti e para Ugné; eu me limito a Ugné; mas Carlos Rafael te beija em meu lugar, e *tutti contenti.*

Um grande abraço do teu chapa

Carlos

## De Julio Cortázar para Carlos Fuentes

Paris, 21 de abril de 1974

Meu querido Carlos,

A tua carta me deu uma grande alegria, primeiro por saber que estás trabalhando a fundo no teu romance, e depois pelas outras informações

627 Clodomiro Almeyda, socialista chileno, foi ministro de Assuntos Exteriores de Allende. Após o golpe de Pinochet, ele foi preso e torturado antes de se exilar.

que contém. Não recebi as notícias diretas de Sylvia que me anunciaste, mas como a imagino ocupada e, por tabela, péssima correspondente, eu a perdoo de todo o coração; no mais, tu mesmo me informaste sobre o ocorrido com a TV e para mim é suficiente (o que não exclui o prazer que me daria uma carta da minha gentil torturadora em tecnicolor e *spots* ofuscantes...).

Ugné passou todas as tuas informações para Erick Pessiot, e o homem se derrete de agradecimento por dados que sem dúvida serão úteis oportunamente. Régis acabou de me dizer que falou contigo por telefone, de modo que todas essas questões estão tratadas e resolvidas.

Estou te escrevendo por outra coisa. Talvez tu já saibas que uma espécie de "Congresso Cultural de Santiago" (título oficial ainda não definido) está sendo planejado aqui, para setembro. A ideia é formar uma espécie de núcleo, de tribuna que depois poderia ser repetida ou levada a outros países, para continuar informando e irritando a opinião pública sobre o caso chileno. Eu acabei de voltar do Tribunal Russell, realizado em Roma, e entendo que todas essas atividades, embora vão acabando rapidamente comigo, são necessárias e úteis. Por isso vou colaborar com o tal congresso e, depois de consultar Gabo em Roma e outros amigos em Paris (Matta entre eles), optou-se *grosso modo* pela seguinte fórmula: 1) Um grupo de latino-americanos muito conhecidos convidaria outros intelectuais, artistas e cientistas do mundo inteiro para vir ao congresso; 2) Os grupos franceses de esquerda (unidos para a ocasião) providenciariam a infraestrutura, verba, secretaria, etc. Os cubanos concordam plenamente, sem contar os chilenos (falei com Altamirano *inter alia*).[628]

Essa fórmula é boa no sentido de que nós, o grupo que convida, limitamo-nos a dar a ideia, e os franceses fazem a parte prática. Dados os problemas ocasionados aqui pelo regime, não podemos nem devemos nos meter na organização doméstica, pois então falariam de "interferência em assuntos internos", e eu já tenho suficiente e amarga experiência nessa matéria.

---

628 Carlos Altamirano, dirigente socialista chileno e senador da república, partiu para o exílio após o golpe de Estado de 1973.

O grupo que convida estaria formado por pouquíssimas pessoas, que aliás respondem muito bem à distribuição geográfica. A lista seria:

Matta
Gabriel García Márquez
Carlos Fuentes
Jorge Amado
Miguel Otero Silva
Miguel Ángel Asturias
Alejo Carpentier (ou Nicolás Guillén, isso será decidido pelos cubanos, o que eu acho ótimo)
Julio Cortázar

Com muita lástima, tivemos que eliminar Mario, porque a sua presença significaria uma negativa imediata dos cubanos e é impossível que estejam ausentes em um "evento" desse tipo. Pensou-se em Glauber Rocha como brasileiro, mas parece que esse cronópio fez umas declarações perturbadoras sobre o novo paraíso no Brasil, de modo que Amado parece um monstro mais sólido para os fins pragmáticos de tal convite.

Bom, com isso tens uma ideia geral. Se não tiveres inconveniente, te incluímos entre os oito contra Tebas; simplesmente me manda duas linhas ou um telegrama, porque precisamos preparar rápido os convites. (Em relação aos convidados, envia, por favor, também as tuas sugestões; seria lamentável esquecer alguém que possa contribuir de alguma forma para o congresso de setembro.)[629] E hoje paro por aqui, com meus carinhos para Silvia e Carlos Rafael, e um grande abraço para ti de

Julio

Ugné os abraça muito.

---

629 A ideia de um congresso cultural sobre o processo político chileno remonta, pelo menos, a dezembro de 1973 e, por volta de março de 1975, ainda não tinha sido realizado, segundo JC, por atritos entre os diferentes grupos chilenos e franceses de esquerda, motivo pelo qual ele preferiu se retirar da organização do evento.

# 1975

## De Julio Cortázar para Carlos Fuentes

Paris, 2 de junho de 1975

Meu querido Carlos,

Obrigado pelo envio das provas.[630] Se não tiveres inconveniente, eu as devolvo para que sigam pela mala.

Nós nos veremos na quinta-feira na exposição de Gironella?[631] Espero que sim, e desde já um grande abraço para Silvia e para ti de

Julio

---

630 As provas de *Fantomas contra los vampiros multinacionales. Una utopia realizable narrada por Julio Cortázar* [Fantomas contra os vampiros multinacionais. Uma utopia realizável narrada por Julio Cortázar], que seria publicada pelo *Excélsior* no México, em junho de 1975. GGM e CF aparecem com nome próprio no conto. Desde que CF passou a exercer oficialmente o cargo de embaixador do México em Paris, em abril, os seus amigos passaram a aproveitar a mala diplomática para transportar materiais literários.

631 Alberto Gironella, pintor mexicano. Ilustrou a edição de Joaquín Mortiz de *Terra nostra* de CF, impressa em 11 de novembro de 1975 (onomástico do autor). Meses antes, no México, Gironella havia organizado uma celebração para Buñuel pelos seus setenta e cinco anos, feitos em 22 de fevereiro, na qual compareceram CF, GGM e JC. Durante essa primeira visita de JC ao México, ele participou, junto de GGM, de uma reunião da comissão internacional que investigava as violações dos direitos humanos no Chile.

## De Julio Cortázar para Carlos Fuentes

Saignon, 1º de setembro de 1975

Meu querido Carlos,

Obrigado pelo "aipo verde *to you*", pelo recorte do *Sol*, pela tua carta e principalmente pelo teu afeto.[632] De minha parte, quero te dar um abraço pela tua réplica excelente no *Figaro*, que chegou para mim ao mesmo tempo que as tuas mensagens. Acho que cravaste o punhal de um jeito que não permite réplica.

Voltaremos a Paris no final do mês e espero conseguir te ver em breve. Quanto ao teu romance, espero lê-lo o quanto antes, tomara que eu encontre exemplares no meu retorno.

Ugné me disse que está *muito* chateada contigo, porque parece que foi ela quem te deu as informações de Saignon, e não Julio Silva. Ela atribui o teu erro a puro machismo (para mim, atribui qualquer coisa sob o mesmo rótulo, já estou acostumado) e diz que tu és antipático e não sei mais o quê. Eu comunico.

Carlos, um abraço para Silvia e até logo, com toda a minha amizade,

Julio

Estou te mandando uma coisa que talvez tu possas utilizar para convites oficiais.[633]

---

632 Não se tem conhecimento dessa carta de CF. JC havia feito 71 anos em 26 de agosto.

633 JC anexou uma imagem do Frankenstein de Boris Karloff com esta mensagem impressa: "*Having some interesting people over.*" [Recebendo algumas pessoas interessantes na minha casa.]

## De Carlos Fuentes para Julio Cortázar

Paris, 30 de setembro de 1975

Sr. Julio Cortázar
19, rue de Savoie
75006 Paris

Meu querido Julio,

Espero que já estejas de volta em Paris e totalmente curado dos *bugs* otomanos.[634]

Javier Wimer, diretor da revista *Nueva Política*, pediu-me para te enviar o cheque em anexo, como remuneração pelo teu artigo para a primeira edição dessa publicação, o que faço com muito prazer.[635]

Espero que nos reunamos em breve para falar sobre os *hospital blues* e outras cores do arco-íris.

Recebe um grande abraço do teu amigo
Carlos

## De Julio Cortázar para Carlos Fuentes

Paris, 3 de outubro de 1975

Meu querido Carlos,

Com o meu famoso horror a telefone, ontem esqueci de te dizer o que te resumo nestas linhas.

---

634 Em junho de 1975, na Turquia, JC contraiu uma doença (provavelmente febre de Malta) que o levou ao hospital por oito dias, fazendo-o perder vários quilos e ficar doente por muitos meses.

635 O primeiro número da referida revista (México, janeiro-março de 1976) incluiu o dossiê "El fascismo en América. Perspectivas" [O fascismo na América. Perspectivas], com textos de JC, Eduardo Galeano, Arthur Miller, entre outros. O de JC se intitulou "Los lobos de los hombres" [Os lobos dos homens].

Ugné me informou que, nos próximos dias, verás Javier Alejo. No entanto, pelo que eu tenho notícia, o Fundo já conta com todo o material para o "Livro ácido" sobre o Chile — mas o tempo está passando e as coisas parecem não avançar.

Se tiveres oportunidade, poderias dizer a Alejo para dar o empurrãozinho que falta? Eu penso que a burocracia editorial tem muito a ver com essa demora — e é uma pena, porque um livro assim envelhece rápido. Penso que Alejo pode resolver o problema em um minuto.

Obrigado desde já, e até o nosso encontro em Paris, que já me deixa contente agora.

Um grande abraço,

Julio

## De Julio Cortázar para Carlos Fuentes

Paris, 7 de novembro de 1975

Meu querido Carlos,

Fiquei sabendo por Ugné que os meus compatriotas não te trataram como mereces. Fico revoltado de ver gente grande sendo capaz de uma *gaffe* tão enorme, e mais uma vez isso explica por que os Pinochet e outros duram tanto tempo. É o caso de colocar cinzas na cabeça, se já não estivéssemos tão habituados ao shampoo.

Me sinto responsável e abalado pelo que aconteceu, e te peço pessoalmente desculpas. Nem preciso acrescentar que, no futuro, ninguém irá te incomodar de minha parte... Para demonstrar...

Volto perto do Natal. Até sempre, e um grande abraço do teu

Julio

# Fim de festa (1976-2012)

Quando o Boom acabou? Conforme é consenso na história literária, a publicação de *Terra nostra*, de Carlos Fuentes — o mais "totalizador" dos romances da época —, em novembro de 1975, nos daria o evento e a data mais adequados para indicar o seu final literário, meses depois da publicação de *O outono do patriarca*, de García Márquez. Os dois romances passaram por um inferno de reescritas que durou de 1967 a 1975. *Terra nostra* foi uma reconciliação, de certo modo, entre as histórias e literaturas da América Latina e da Espanha. É uma ironia histórica conveniente que tenha sido publicado no mês da morte de Franco. Quanto ao final "humano" do Boom, a bofetada que Vargas Llosa desferiu contra García Márquez semanas depois, no saguão de um cinema mexicano, em 12 de fevereiro de 1976, passou a representar a data definitiva. O drama desse momento vinha de antes (pelo menos, desde o caso Padilla de 1971), e explicar a sua origem em duas ou vinte palavras, ou mesmo em um livro, seria difícil e, no fim das contas, especulativo. ("Os biógrafos terão que resolver", disse Vargas Llosa, sabendo muito bem que é uma tarefa impossível.) Só temos duas cartas em 1976, ambas posteriores a esse final "humano". Não sabemos se existiram ou existem outras cartas perdidas, arquivadas ou desaparecidas, restando-nos apenas um silêncio pessoal vertiginoso, cujo contexto político foi um panorama sombrio inédito em toda a América Latina. A sua manifestação mais notável, no Chile, Argentina e Uruguai, seria lembrada da seguinte maneira por Carlos Fuentes: "A circulação de livros, que foi o sustento do chamado Boom dos sessenta [...] foi interrompida brutalmente pela violência generalizada dos *gorilatos* do Cone Sul contra tudo o que cheirasse a livro, imaginação, ideias" (*Personas* [Pessoas], México, Alfaguara, 2012, p. 122). Em uma coincidência repleta de simbolismo, foi durante a Argentina da Junta Militar que foi publicado, sem obstáculos, *El final del «boom» literario y otros temas* [O final do "boom" literário e outros assuntos] (Buenos Aires, Cervantes, 1976), do jornalista José Blanco Amor. Outra coincidência é que as duas cartas de 1976 são em defesa dos direitos humanos, escritas por Julio Cortázar ao embaixador do México em Paris, que era Carlos Fuentes, e ao presidente do PEN Club, que viria a ser Mario Vargas Llosa. Em mais uma ironia da história, tudo isso se passava em um momento em que a Espanha, após a morte de Franco, tomava definitivamente a direção contrária.

# 1976

## De Julio Cortázar para Carlos Fuentes

Saignon, 25 de agosto de 1976

Meu querido Carlos,

Espero que tenhas chegado muito bem ao México e que a viagem de barco (pois presumo que usaste esses nobres veículos para voltar ao seu país) tenha servido de descanso.

É quase irônico te falar de descanso e na mesma linha te dar trabalho. Mas acredito que não seja muita coisa, e sei que, se estiver dentro do possível, tu o farás por mim. Eu, de minha parte, estou fazendo isso por outra pessoa, e é a minha única desculpa para te delegar.

O meu amigo Torres Agüero, o pintor (ou melhor, a sua mulher Odile), escreveu-me para ver se eu poderia ajudá-los a resolver o problema do marido da irmã de Odile. O casal em questão, argentino, conseguiu sair da Argentina e está agora no Brasil; a sua partida foi absolutamente necessária, dados os problemas do momento e os vínculos políticos de ambos.[636]

A irmã de Odile não teve problemas, pois ela possui a dupla cidadania franco-argentina; o seu marido, no entanto, ficou sem passaporte e saiu de Buenos Aires graças a um amigo que resolveu o problema sabe-se lá como.

636 Em 24 de março de 1976, um golpe de Estado havia derrocado María Estela Martínez de Perón. A Junta Militar, presidida pelos oficiais Rafael Videla, Emilio Massera e Orlando Agosti, deflagrou uma onda de repressões que ficou conhecida como "guerra suja".

Os dois têm trabalho garantido no México e querem chegar lá o quanto antes, pois só podem ficar três meses no Brasil. Parece que a tia de Odile (que também se chama Odile, mas o seu sobrenome é Baron Supervielle, menciono isso em caso de dúvidas) falou com o Alto Comissariado das Nações Unidas para os refugiados políticos da América Latina, um senhor Müller que mora na Argentina. (Estou te repetindo as informações, mas não deve ser o Alto Comissariado, e sim algum representante deste.) Müller disse que, se o México der um visto para o amigo em questão, ele então pode lhe outorgar um documento internacional das Nações Unidas que lhe permitiria sair do Brasil rumo ao México. A esposa, como eu já disse, não teve problema nesse âmbito.

E agora vem o pedido: seria possível que o embaixador do México no Brasil desse um visto para esse homem? O fato é que, se ele não o obtiver, terá que voltar para Buenos Aires; apenas isso já justifica a minha carta, como vais entender.

Os dados são:

Norberto Liffschitz, casado com Delia Begué.
Endereço:
Encaminhar para c/o: Suzanne B. S. de Tresca (para Delia)
C. P. 13053 TUCURUVI
SÃO PAULO 01000
BRASIL

Isso é tudo o que eu sei. Da parte dos Torres Agüero, e de mim mesmo, obrigado desde já pelo que puderes fazer. Sei que Ugné te verá em breve no México e invejo desde já as conversas que ela terá contigo. Minhas férias em Saignon estão terminando, sempre mais curtas do que gostaria, e eu estou tentando trabalhar nas minhas coisas, com todo tipo de interferência e dificuldade; tu sabes de sobra o que está acontecendo na Argentina e no Cone Sul em geral…

Obrigado mais uma vez, Carlos, meus melhores carinhos para Silvia e os pequenos, e um grande abraço de quem te quer muito bem,

Julio

## De Julio Cortázar para o Presidente do Pen Club

(Mario Vargas Llosa)[637]

Saignon, 27 de agosto de 1976
Monsieur le président du
PEN CLUB
Réunion de Londres

Monsieur:[638]

Je viens d'apprendre que les fils et la belle-fille de l'écrivain argentin Juan Gelman ont été kidnappés à Buenos Aires par des bandes non identifiées.

Juan Gelman, qui se se trouve en exil à Rome, se voit ainsi directement menacé, et peut-être fatalement frappé, par les groupes d'extrême droite qui agissent en Argentine avec la plus grande liberté d'action.

Les victimes sont: Marcelo Gelman, 20 ans, sa femme Claudia, 19 ans, qui se trouve enceinte, et Nora Eva Gelman, 19 ans.

---

637 MVL foi eleito presidente do PEN em 22 de agosto de 1976. É possível que JC não tivesse certeza de quem era o presidente em exercício quando enviou esta carta, recebida em 13 de setembro de 1976.

638 Senhor,
Acabo de saber que os filhos e a nora do escritor argentino Juan Gelman foram sequestrados em Buenos Aires por grupos não identificados.
Juan Gelman, que se encontra exilado em Roma, se vê assim ameaçado diretamente e talvez atacado de forma fatal por grupos de extrema direita que atuam na Argentina, com a maior liberdade de ação.
As vítimas são: Marcelo Gelman, de 20 anos; sua esposa Claudia, de 19 anos, que está grávida; e Nora Eva Gelman, de 19 anos.
Visto que o PEN Club está realizando uma reunião em Londres, gostaria de pedir que envie, com caráter de urgência, um telegrama ao presidente da República Argentina, general Videla, expressando a indignação dos membros do PEN Club em relação a esse atentado contra as liberdades individuais e os direitos humanos.
Agradecendo-lhe de antemão, peço encarecidamente que aceite o testemunho de minha mais alta consideração.
Julio Cortázar

Sachant que le PEN Club célèbre une réunion à Londres, je me permets de vous demander d'adresser, de toute urgence, un câble au président de la République Argentine, général Videla, en lui exprimant l'indignation des membres du PEN Club face à cet attentat aux libertés individuelles et aux droits humains.

En vous remerciant à l'avance, veuillez agréer, monsieur, l'assurance de ma considération la plus distinguée.

Julio Cortázar

B. P. 33
75022 PARIS CEDEX 01
FRANCE[639]

639 Nora Gelman foi liberada dias depois do seu sequestro. Quanto aos outros parentes, MVL escreveu anos depois: "Quando eu fui presidente do PEN Internacional, essa organização de escritores fez infrutíferas tentativas perante as autoridades da Argentina para descobrir seu paradeiro. Nunca obtivemos sequer um aviso de recebimento para as nossas cartas e telegramas. Por testemunho daqueles que foram seus companheiros em diferentes lugares de detenção, teve-se conhecimento de que foram duramente maltratados antes de ser assassinados. Seus restos nunca foram encontrados: eles são apenas mais dois nomes naquele censo dantesco de desaparecidos que a comissão presidida por Ernesto Sabato elaborou" ("Kafka en Buenos Aires", *El País*, Madri, 11 de abril de 1987). Macarena, filha de Marcelo e Claudia, sobreviveu e foi identificada e reunida com o seu avô em 2000.

# 1977

## De Julio Cortázar para Carlos Fuentes

Paris, 21 de janeiro de 1977

Meu querido Carlos,

Ugné me disse que tu gostarias que eu participasse de um diálogo no pavilhão mexicano da Cité. Agradeço muito que penses em mim, e desde já não descarto essa possibilidade, que sempre pode ser útil para aqueles que escutam e principalmente para aquele que fala ou responde. No entanto, vamos deixar para mais adiante, se não achares muito inconveniente, porque eu estou cansado, realmente cansado de mesas-redondas e diálogos, que nos últimos quatro anos me deixaram exausto. No mês passado, tive a última reunião desse tipo em Bruxelas e me cansou mais do que de costume; eu queria escrever, estou fazendo isso com uma continuidade surpreendente nos últimos quinze dias, e com o necessário egoísmo que nos é próprio e que tu hás de conhecer como eu, prefiro adiar por ora essa possibilidade.

Quando falarmos de novo sobre o assunto mais adiante, eu gostaria de me encontrar contigo em alguma noite em que possamos estar bem em *petit comité*, para trocar ideias sobre literatura e o que for que seja, mas principalmente sobre literatura. Já percebeste que esse tema tende a não estar muito presente nas reuniões de intelectuais? Eu gostaria muito de falar contigo sobre livros latino-americanos e fazê-lo em condições em que a minha timidez, que também é a tua, não tome conta de tudo. De modo que, se um dia quiseres vir tomar umas taças na minha humilde residência, avisa, ou eu vou à tua, onde o sorriso de Silvia sempre me faz muito feliz.

Até sempre, com um grande abraço,

Julio

## De Julio Cortázar para Carlos Fuentes

Paris, 7 de maio de 1977

Querido Carlos,

Não tive oportunidade de te dizer o quanto a tua renúncia à Embaixada do México me deu alegria, mas sei de sobra que nesse terreno não precisamos de muitas palavras para nos entendermos. Estás saindo disso mais inteiro do que nunca, e eu me sinto ainda mais próximo de ti.[640]

A sugestão que vou te fazer pode talvez não coincidir com o teu tempo livre (que imagino que seja escasso), mas te direi mesmo assim, porque penso que poderia ser algo muito útil. Seria escrever, agora que estás em condições pessoais de fazê-lo, uma coluna para a seção "Libre opinion" do *Le Monde* sobre a situação atual no Chile. Recebi esse pedido de muitos amigos chilenos com os quais colaboro aqui em tarefas antipinochescas, em relação ao decreto da Junta, proibindo a entrada dos livros de Gabo, de Mario e meus no Chile. Essa proibição é tão absurda que a própria Junta, diante do escândalo que se armou no país (e ao qual os seus próprios apoiadores menos analfabetos não eram alheios), buscou amenizar a situação, mas sem grandes resultados até agora.[641] É claro que essa medida é pouco perto de tantas coisas que estão acontecendo lá, mas, como diz respeito ao âmbito cultural, um artigo que a denunciasse

---

640 CF renunciou à Embaixada do México na França em 6 de abril de 1977, em protesto à nomeação de Gustavo Díaz Ordaz como embaixador do México na Espanha.

641 O decreto foi publicado em 4 de abril. Diante da reação local e internacional, o regime militar chileno voltou atrás.

seria muito útil em momentos em que o conselho executivo da Unesco, por exemplo, se reúne para discutir problemas relacionados à liberdade de expressão cultural.

Pessoalmente, para mim é difícil escrever um texto sobre isso, posto que sou um dos "castigados" pela Junta, e por isso pensei em ti. Pelo memorando em anexo (e a deliciosa página da *Ercilla*, que eu te peço para não perderes, porque não tem reposição), verás que há muitos temas atuais aos quais se poderia fazer menção em algumas páginas destinadas ao *Le Monde*. Escrevê-las te "provoca"? Os companheiros chilenos considerariam isso como um gesto caloroso de solidariedade, e pessoalmente tenho certeza de que o teu texto teria um efeito considerável sobre a opinião francesa, sobre o fígado do embaixador do Chile e sobre o nosso regozijo geral de cronópios.

O memorando foi preparado para mim por Guastavino, um ex-deputado da UP que merece toda a minha confiança.[642] Trabalhei com ele em Nairóbi (sempre vinculado com a Unesco) e sei o seu valor. Quero dizer que as informações são de primeira mão e fidedignas, e que se decidires escrever uma "livre opinião", não acho que precisarás de mais material, visto que se trata de um texto que não deve ir além de uma coluna de jornal.

Caso aceitares (e nem preciso acrescentar, ah, que é urgente, como sempre nesses casos), o melhor seria enviares direto para Jean-Pierre Clerc, do *Monde*. Sei que Niedergang está na Espanha "cobrindo" a campanha eleitoral, de modo que Clerc, que é um amigo de toda a confiança, se encarregaria da publicação imediata.

Se a tua saúde, o sol de Cannes ou, o que seria igualmente importante, o teu trabalho pessoal impedirem que tu te dediques a isso, entenderei de sobra, pois sei o trabalho que tiveste em Paris e o quanto te fará falta descansar um pouco. De todos os modos, te peço por muitas questões, que sabes melhor do que eu, e te agradeço deveras.

---

642 UP (Unidade Popular) foi a coalizão de esquerda que levou Salvador Allende à presidência do Chile. Luis Guastavino trabalhou, após o golpe militar de 1973, na Comissão de Direitos Humanos da ONU.

Meus carinhos para Silvia, espero que nos encontremos em breve e que vocês estejam bem em terras do sul.

Um grande abraço de

Julio

## De Julio Cortázar para Carlos Fuentes

Saignon, 15 de agosto de 1977

Meu querido Carlos,

Presumo que tu já estás de volta na França, mas como não sei quando poderemos nos ver para colocar em dia um diálogo que eu queria que fosse mais frequente, envio estas linhas como um prenúncio. Nem preciso dizer o quanto fiquei satisfeito pelo júri de Caracas empregar tão acertadamente a inteligência que nem sempre abunda nesses corpos mais ou menos colegiados.[643] Eu não soube em detalhes como foi a tua viagem nem como vocês cumpriram os rituais do Gallegos, mas logo tu vais me contar. O que eu posso te dizer é que naquela semana houve uma conjunção astral que a transformou na semana dos Carlos, pois enquanto tu ganhavas o prêmio, Carlos Monzón fazia o mesmo com Rodrigo Valdez para a minha dupla e duradoura alegria. Certamente me diverti muito pensando que Gabo, naqueles momentos, deveria estar enfrentando um verdadeiro dilema corneliano, pois enquanto ele ficava tão feliz pelo primeiro dos Carlos, o segundo deve ter atravessado o seu patriotismo colombiano. Mas fazer o quê, não se pode ter tudo.

Aqui em Saignon, faço o possível para tirar o longo atraso em matéria de leituras; como sempre, eu trouxe um baú cheio de livros e

643 CF ganhou o Prêmio Rómulo Gallegos em 1977 por *Terra nostra*. Como GGM venceu previamente, em 1972, por *Cem anos de solidão*, ele foi membro do júri.

revistas dos quais não consigo consumir mais do que a metade; também estou escrevendo alguns textos que me pesam no limbo da consciência, e principalmente me queimando ao sol e fazendo assadinhos crioulos no jardim. Ignorei olimpicamente o festival de Avignon, já que não vou ao ato inaugural do Museo Salvador Allende, e quando decido viajar um pouco de Fafner, o dragão vermelho termina sempre ao lado do mar ou no alto das colinas, lugares propícios para a leitura e a sesta.[644] Ugné foi passar duas semanas na Turquia, e presumo que ela anda pela Capadócia ou algum outro lugar igualmente insensato, à caça de imagens para um filme franco-turco.

Faz um favor para mim: coloca em um cartão-postal ou qualquer papelzinho o nome completo de Moya Palencia, pois tenho que escrever para ele e não conheço o seu primeiro nome. O pessoal do *El Sol* me deve dinheiro, e agora que Wong voltou para casa, tenho receio de que me aconteça a mesma coisa que no caso de *Fantomas*, ou seja, que me apliquem o provérbio "se eu já te vi, não me lembro". É claro que, seguindo os conselhos de Sara Moirón, mandei todos os antecedentes de *Fantomas* para um advogado mexicano amigo dela, que espero que seja mais eficaz do que os meus protestos anteriores...[645]

Até logo, Carlos, com todo o meu carinho para Silvia e para aqueles que eu gosto de imaginar como os meus sobrinhos. Para ti, a imensa alegria e o grande abraço de

Julio

Saignon
84400 APT

---

644 Fafner era o nome com o qual JC se referia ao seu Volkswagen Kombi de cor vermelha.
645 JC havia decidido que os lucros pelas vendas de *Fantomas* seriam doados para o Tribunal Russell.

## De Carlos Fuentes para Julio Cortázar

Margency, 20 de agosto (?) de 1977[646]

Meu querido Julio,

Que estranho estar aqui, no meio deste bosque outonal em Margency, com chuva intensa desde o amanhecer e tempestades à tarde e o *sweater* e as botas tomando chá Lapsang Souchong com a chaminé acesa e lendo, ou melhor, ouvindo que alguém está andando por aí.[647] Há uma semana, estávamos com Sylvia e Cecilia no trópico saboroso, olhando o Caribe a partir da Fortaleza de San Carlos (Monzón) acima de La Guaira, que é tão parecida com Cádiz, como se, por força da imaginação, as duas cidades acabassem sendo a mesma, sem fronteiras, como em *62*. Bom, verás quanto estou imerso em ti, na tua obra, assim como Cádiz em La Guaira, porque o teu livro esplêndido nos acompanhou por toda parte, mais seguro do que um colete salva-vidas no meio do Atlântico ou os litros de Dom Pérignon que eu consumi no Concorde, depois que aceitei a recomendação de Luis Buñuel no dia anterior, jantando mariscos, próximo do *boulevard* Raspail:

Buñuel (mão na orelha): veja só, Carlos, esta receita infalível na revista técnica e científica chamada *Marie Claire*, que leio religiosamente. Dois martínis antes da decolagem do avião, dois durante o voo e dois ao aterrissar. Você se sentirá em casa.

É assim mesmo. Troca martíni por *champagne* e pronto. Mas, uma vez curado da aerofobia, diz para mim, querido Julio, onde vou depositar agora todos os meus medos legítimos? Eu não tinha medo de nada (segura essa, Jorge Negrete) porque eu colocava em um mítico Ícaro que voava incessantemente ao redor da minha cabeça todas as catástrofes imagináveis. O que farei agora, que subo aos Concordes como se fosse

646 O sinal de interrogação está no original.

647 Esta carta imita, como uma homenagem, o estilo de JC em *Alguém que anda por aí* (Madri, Alfaguara, 1977) e cita vários de seus contos.

ao segundo andar da minha casa e ali me sinto como se estivesse em uma banheira dócil com a minha taça de *champagne* na mão? Eu disse: vou ler Cortázar durante o voo, mas Silvia não me deixa te ler primeiro. É um privilégio que ela fez por merecer: eu primeiro e olha só que coisa extraordinária, Julio dedica um conto para Borges.[648] É uma brincadeira, eu digo e continuo me embebedando. Mas chego a Caracas e tudo é como uma fotografia em movimento, borrada, quente até que certa noite tudo se acalma, as luzes deixam de correr enlouquecidas, estou em uma vasta sala onde não consigo fazer distinção entre as manchas de luz e a escuridão nem entre os quadros pendurados na parede e os rostos fantasmagóricos que param ao lado de cadeiras sinistras. Cria-se um espaço, um círculo vermelho. Avanço, entro no círculo e me reúno enfim com Borges, o verdadeiro, Jacobo, o da escada e do sonho, o duendezinho moreno, sorridente, detentor de toda a inteligência nervosa do mundo por trás do seu sorriso quieto. O outro é de mentira, o cego que não enxerga as medalhas colocadas em Santiago Mártir nem quem as coloca.[649] O Borges que não vê e o Borges que vê: Jacobo. Falamos tanto de ti, tão longamente, e como é deveras inteligente esse baixinho contido e vibrante como um cabo elétrico. Quantas coisas inteligentes ele diz sobre a arte, a literatura, a América Latina, a Venezuela, o MAS.[650] A viagem valeu a pena para conhecê-lo, mas conhecê-lo foi como conhecer melhor a ti (tu entendes essas coisas) e em seguida arrebatar o livro de Sylvia quando retornamos à França (meia hora depois de sair dos Açores, o piloto insiste para olharmos a costa de Cornwall à esquerda e a da Bretanha à direita) e me afundar nas tuas páginas como se nada

648 "Reunião com um círculo vermelho." A dedicatória do conto diz "Para Borges", com uma nota que especifica: "Este conto foi incluído no catálogo de uma exposição do pintor venezuelano Jacobo Borges."

649 O outro Borges, Jorge Luis, recebeu em julho de 1976, na Embaixada do Chile em Buenos Aires, a Gran Cruz da Orden al Mérito Bernardo O'Higgins, outorgada pelo governo de Pinochet. Em setembro daquele mesmo ano, ele viajou a Santiago para receber o doutorado *honoris causa* da Universidade do Chile e aceitou o convite para um jantar privado com Pinochet.

650 Movimento ao Socialismo, partido político venezuelano fundado em 1971. Defendeu uma opção socialista crítica do marxismo e da luta armada. Em 1972, GGM doou o montante do Prêmio Rómulo Gallegos para o MAS.

tivesse acontecido, porque tudo aconteceu: Concorde, Caracas, prêmios dados nem Deus pode tirar, Matilde Neruda que sorri porque já viveu a sua vida e viveu bem e que chora porque o mundo não sabe o que está acontecendo no Chile, já não há DINA,[651] já não há presos políticos, há algo pior, um poder invisível que transforma as pessoas em fumaça, um país de desaparecidos, não está na cadeia não está morto não está vivo ninguém sabe onde está e eu te leio com espanto e admiração crescentes, talvez existam obras mais perfeitas, não sei, certamente *Pedro Páramo* ou *Cem anos* ou *El siglo de las luces* são mais perfeitas do que qualquer coisa escrita por JC (e que iniciais escolheste, hein? Do Calvário à Casa Branca, mano),[652] mas não há nada mais importante na nossa língua moderna do que Cortázar, porque a perfeição pressupõe um modelo contra o qual ela se mede, e aqui está sendo inventado um modelo para armar e desarmar, porque a perfeição pressupõe que certos riscos são evitados para alcançá-la, e aqui tudo é risco e graças a esse risco ganhamos outra coisa, nova, ainda imprecisa, uma praia da consciência, um território inexplorado, perigoso, como o próprio Novo Mundo: Bolívar, estou te chamando porque tu nos tornas um pouquinho mais livres, mas antes és Vasco, Cristóvão, Magallanes, Cabeza de Vaca: o nadador em direção às praias desconhecidas onde são tecidos os mantos maravilhosos da nossa segunda pele, nossa segunda consciência, a do mistério que é assimilado na esperança: a mudança de luzes que nos permite ver a dor de Solentiname, os ventos alísios que nos empurram pela lagoa de Veneza reescrita para ser escrita pela primeira vez, o você que acaba de se recostar ao teu lado para se recostar ao nosso lado: as duas caras da medalha são uma e se reúnem com e em um círculo vermelho. Bom, não me saiu tão bem o que eu queria dizer sobre ti em Caracas, mas de todos os modos estou te

---

651 Agência secreta de polícia criada pela ditadura de Pinochet em novembro de 1973. Foi um dos instrumentos mais importantes na política de repressão e responsável por assassinatos, torturas e desaparecimentos. Em 13 de agosto de 1977, uma semana antes desta carta, foi oficialmente desativada e substituída pela Central Nacional de Informações (CNI).

652 Referência às iniciais de Jesus Cristo e de Jimmy Carter, que assumiu a presidência dos Estados Unidos em janeiro de 1977.

mandando na versão, *of all things*, do *El Sol de México* (ilumina? Cega? Mata? O autor das noites boca acima sabe melhor do que eu), com as famosas correções por — involuntárias? — omissões do tipógrafo asteca e os sinais de Mario Moya Palencia, Diretor-Geral, Organização Editorial Mexicana, Guillermo Prieto 7, México 4 DF, e o apelo de que rias um pouco com as críticas cinematográficas de dom Rafael Alcérreca e troques o F de Fuentes pelo F de Faulkner e te lembres de Scott Fitzgerald e principalmente de Woody Allen, *take the money and run*, e por hoje eu o troco por diversão escrevendo um *thriller* de duzentas paginazinhas, muito contente com os meus modelinhos para desarmar Agatha Graham Hammett Ambler quando alguém estiver andando por aí em "La nuit de Beurre" e me propuser outro modelo que sabe-se lá.[653] Sylvia e os sobrinhozinhos te mandam um grande beijo, e eu quase quase.

Carlos

653 CF leu o seu discurso de recebimento do Prêmio Rómulo Gallegos, "Darle vida al pasado para que tengan vida el presente y el futuro" [Dar vida ao passado para que o presente e o futuro tenham vida], em 2 de agosto. Fez menções a GGM e MVL, e esta a JC: "Obra libertadora, a de Cortázar é a do Bolívar do nosso romance; os seus livros eliminam a passividade do leitor e lhe colocam o peso da liberdade, uma liberdade que o leitor deve conquistar para si mesmo e para o autor. A obra aberta de Cortázar é incompreensível sem a cocriação de leitores livres, livres para completar, reformular, negar ou afirmar, armar ou desarmar a obra. O que nunca poderá ser feito, nem por Cortázar nem pelos seus leitores, nem por vocês nem por mim, é concluir a obra. Como a liberdade." O *thriller* anunciado é *La cabeza de la hidra* [A cabeça da hidra] (México, Joaquín Mortiz, 1978).

# 1979

## De Julio Cortázar para Gabriel García Márquez

Paris, 28 de abril de 1979

Meu querido Gabo,

Faz tempo que te devo uma carta e pouco me serve de consolo pensar nas tantas que tu estarás devendo. A verdade é que, com a vida que nós dois levamos, o correio acaba virando uma espécie de dinossauro atrasado, mas às vezes é preciso lhe dar um empurrão e obrigá-lo a chegar ao destino. Tomara que esta não demore muitos milênios até cair nas tuas mãos, porque os motivos que me levaram a escrevê-la são um tanto urgentes.

Antes de falar sobre eles, gostaria de deixar bem claro que me deste uma grande alegria com as linhas que me escreveste (estavas em Madri, creio eu) esclarecendo a questão da minha assinatura. Se ainda ficaste com algum ressaibo, pois não fique, tenha a certeza de que tudo foi feito como se deve fazer entre amigos; a coisa era urgente e tanto tu quanto Ugné procederam do modo como foi necessário proceder.[654]

---

654 Deveria se tratar de algum documento relacionado à Fundação Habeas, fundada por GGM em dezembro de 1978, com sede no México para projetar com mais eficácia a solidariedade mundial para com os presos políticos, desaparecidos e exilados da América Latina e no Caribe. Na época, GGM confessava que, de tarde, dedicava-se exclusivamente para o que denominava "questões de solidariedade. É o que eu faço, acho que até mais do que escrever"

A propósito de Habeas: talvez tenha caído em tuas mãos um texto meu, que escrevi logo que me mandaste a declaração de intenções, e que foi divulgado pela EFE nos nossos países e na Espanha. Pareceu-me útil fazê-lo, e aproveitei que lhes dou um texto a cada mês, o que me permitiu intercalar um especialmente dedicado a Habeas.[655] Mas, desde então, alguns problemas surgiram; gente de diversos países me escreveu como membro de Habeas para me contar sobre problemas familiares que conhecemos tão bem. E eu descobri que Habeas não havia disponibilizado nenhum endereço postal ou secretaria para a qual se dirigir; se o fez, esqueceu-se de me comunicar, e já passou muito tempo, sendo necessário colocar as coisas em ordem. Não sei em que pé as coisas andam, mas te peço encarecidamente para dar instruções, a fim de que me informem, de maneira que eu possa encaminhar a correspondência que chegar até mim diretamente e que se refira à atuação de Habeas. Por ora, acho que isso é tudo.[656]

Passo ao segundo ponto. Dá uma olhada por cima nos papéis em anexo, e verás que, em síntese, queremos fazer uma publicação mensal em Paris e difundida a partir de Washington (onde há melhores condições econômicas e de difusão), que entrará por meios já estudados na Argentina (esperamos lançar 2.000 exemplares destinados aos *cadres*, dirigentes sindicais, até mesmo militares) e será vendida nos demais países em que isso seja possível. Nós demos o nome de *Sin Censura* e acredito que possa ser muito útil na atualidade. Não é uma folhinha "subversiva", mas um *tabloid* de análise e reflexão crítica sob um ponto de vista democrático. Eu aceitei colaborar porque acredito que tenha uma razão de ser neste momento.[657]

---

655 "Alguien llama a la puerta" [Alguém chama à porta], recuperado em *Papeles inesperados* [Papéis inesperados].

656 Ernesto Sabato recebeu uma carta de GGM convidando-o a fazer parte do projeto, e pediu a opinião de MVL. Este a expressou por carta e Sabato lhe respondeu em 30 de abril de 1979: "A sua opinião sobre Habeas confirma o que a priori eu supunha, já que os assinantes jamais abriram a boca para protestar contra as violações dos direitos humanos cometidas pela outra parte; uma das mais graves e escandalosas traições da inteligência desses tempos do desprezo que estamos vivendo."

657 A primeira edição de *Sin Censura* foi publicada em novembro de 1979 com JC como membro do comitê de direção. Entre fevereiro e julho de 1980, foram feitas quatro edições. Depois, deixou de ser publicada por falta de financiamento. No número 3, JC publicou

Como podes imaginar, precisamos de um comitê de patrocínio formado por poucas pessoas, mas cada uma equivalente a uma bofetada no meio da cara de Videla, Pinochet e os demais. Eu me encarregarei de pedir o apoio de pessoas como Régis Debray, Juan Bosch, Ernesto Cardenal, Günter Grass, Joan Miró, Laurent Schwartz, a Tencha, Alfred Kastler, e os outros membros da direção baterão em outras portas. Digamos que uma dezena de nomes que, por si próprios, aniquilam moralmente qualquer ditadura. Tu me darias o teu nome, Gabo? Por ora é só isso; mais adiante, quando sairmos às ruas, eu te "surrupiarei" um texto curto, mas bastarão uma ou duas páginas para encher o jornal com uma imensa força moral e estética. Que fique claro que não estou te pedindo nenhum outro tipo de trabalho, porque sei de sobra o tanto que tens feito e o quanto o teu tempo está devorado por mil coisas. Mas, se aceitares fazer as duas coisas que eu te peço (gradualmente ou como quiseres), nos darás um apoio que não tem preço.[658]

Além disso, caramba, espero ver Mercedes e a ti o quanto antes. Vou à Polônia para um "fórum" sobre o Chile e voltarei a Paris. Por favor, manda-me um telegrama ou duas linhas que eu possa encontrar no meu retorno.

Um grande abraço para Mercedes e todo o meu afeto de sempre,

Julio

Já deves saber que Ugné e eu nos separamos. Foi difícil e ainda é, mas espero salvar a amizade e o afeto. Um dia, ficarei feliz de te apresentar Carol, que me dá uma imensa alegria e vontade de viver, que eu tinha perdido nos últimos tempos.[659]

Escreve para: BP 33

75022 PARIS CEDEX 01

---

"La batalla de los lápices" [A batalha dos lápis], uma nota sobre a alfabetização na Nicarágua.

658 GGM fez parte do comitê internacional de patrocínio da revista.

659 Carol Dunlop, escritora e fotógrafa estadunidense. Foi par romântico de JC desde 1979 até a morte dela em 1982.

Viste o texto de Águia Asteca sobre a nossa viagem a Praga? Ele fala com muita graça de tudo isso (é o prefácio de um livro de Kundera, mas eu acabei de lê-lo na *Vuelta*).[660]

## De Carlos Fuentes para Gabriel García Márquez

Princeton, 11 de outubro de 1979

Carlos Fuentes
42 Cleveland Lane
Princeton
New Jersey 08540

Gabriel García Márquez
Carmen Balcells
Agência Literária
Diagonal 580
Barcelona 21
Spain

Querido mestre,

Me parece uma excelente ideia a que deixaste em aberto com Sylvia de prepararmos uma carta a três com Cortázar para abordar publicamente

660 "El otro K" [O outro K] foi publicado como prefácio de *La vida está en otra parte* [A vida está em outro lugar] (Barcelona, Seix Barral, 1979) e na *Vuelta*, México, n.º 28, março de 1979. CF escreveu: "Em dezembro de 1968, três latino-americanos friorentos desceram de um trem na estação terminal de Praga. Entre Paris e Munique, Cortázar, García Márquez e eu tínhamos falado muito sobre literatura policial e consumido quantidades heroicas de cerveja e salsicha. Ao nos aproximarmos de Praga, um silêncio sepulcral nos convidou a compartilhar [...] Kundera marcou um encontro conosco em uma sauna às margens do rio, para nos contar o que tinha acontecido em Praga. Parece que era um dos poucos lugares sem orelhas pelas paredes."

a questão das listas negras norte-americanas. Te espero em Nova York para conversarmos longa e detidamente sobre o assunto, mas eu gostaria que começasses a pensar nos seguintes pontos:

1) Não se trata de solicitar nossa exclusão da lista negra, e sim a revogação, o que os americanos chamam de *repeal*, do McCarran-Walter Act, que é uma simples lei do Congresso e que, portanto, pode ser revogada por esse mesmo corpo legislativo.[661]
2) Meu amigo Bill Rogers me disse que temos a possibilidade de levar todo o assunto ao comitê judiciário do Senado dos EUA, presidido pelo senador Edward M. Kennedy, e, dessa forma, conscientizar a opinião pública dos Estados Unidos sobre a existência de uma lei que invalida os compromissos assumidos pelos Estados Unidos em Helsinque no que concerne à livre circulação de pessoas e ideias.[662]

Peço encarecidamente que comuniques essas ideias para Julio Cortázar, que conversem sobre tudo, e depois nos veremos em Nova York para decidir os próximos passos.

Te mando um grande abraço com toda a minha velha amizade.

Carlos

661 Esta lei de 1952 impôs restrições à imigração de cidadãos estrangeiros aos Estados Unidos e bloqueou o outorgamento de vistos em razão de ideias ou filiações políticas. Permaneceu vigente até 1990.

662 William D. Rogers, membro do Partido Democrata, foi funcionário da Aliança para o Progresso e o primeiro presidente do Centro de Relações Interamericanas. Em 1969, protestou contra a proibição de que CF desembarcasse em San Juan.

# De Carlos Fuentes para Julio Cortázar

Princeton, 11 de outubro de 1979

Carlos Fuentes
42 Cleveland Lane
Princeton
New Jersey 08540

Julio Cortázar
68, rue Saint-Honoré
Paris
France

Queridíssimo Julio,

Nos deu uma enorme alegria estar contigo, mesmo que tenha sido por aquelas breves horas em Paris, conhecer a tua mulher e ver que ambos estão tão felizes e unidos.

Gabriel já deve ter te falado sobre a ideia de apresentar entre os três uma frente comum, a fim de tornar pública a nossa crítica contra a permanência das listas negras norte-americanas, baseadas na infame lei McCarran-Walter de, se eu não me engano, 1948. Esse anacronismo, verdadeiro dinossauro sobrevivente da época da Guerra Fria, continua sendo aplicado, como bem sabes, a torto e a direito, e acho que não é o caso de nos contentarmos com a concessão feita para conseguirmos permissão de entrada nos Estados Unidos, e sim de combater a própria existência dessa lei em evidente contradição com os acordos de Helsinque e as suas disposições acerca da livre circulação de pessoas e ideias.

Tomara que possamos fazer algo a respeito, pois vejo nos Estados Unidos uma enorme disposição, por parte das editoras, universidades e indivíduos, de nos ajudar em um esforço voltado à revogação ou *repeal*, pelo Congresso dos EUA, dessa lei fascista que tanto tem nos prejudicado em nosso movimento espontâneo de comunicação cultural e que não faz parte da consciência da opinião pública dos Estados Unidos, a qual acredita que só os soviéticos agem dessa maneira.[663]

## De Julio Cortázar para Carlos Fuentes

Paris, 25 de novembro de 1979

Querido Carlos,

A tua carta chegou para mim com muito atraso; somando-se a isso, eu andava pela Nicarágua, tentando dar uma mão para aquelas pessoas estupendas.[664]

Daqui a dois dias, vou jantar com Gabo, e naturalmente falarei com ele sobre a tua mensagem, para unir forças contigo e com ele contra o maldito *black-book*. Concordo contigo que é preciso nos posicionarmos abertamente contra essas discriminações e, desde já, podes contar comigo para qualquer ação conjunta.

Um dia espero te contar as aventuras que Carol e eu tivemos na América Central. Incluem um assalto bem no centro do Panamá, com perda dos passaportes, intervenção cordialíssima de Omar Torrijos e nossa ida a Manágua como ocupantes do *jet* que já foi de Somoza...[665] Já deves notar que foi uma viagem agitada, que repetiremos em fe-

663 Aqui termina a cópia desta carta para JC, guardada por CF.

664 A Revolução Sandinista havia derrubado a ditadura de Somoza em julho. JC escreveu, após a sua visita em outubro, "Nicarágua, a nova", texto compilado em *Nicarágua, tão violentamente doce* (Manágua, Nueva Nicaragua, 1983). GGM e CF também apoiaram os sandinistas de diferentes formas, e MVL visitou a Nicarágua em 1985 e escreveu uma longa reportagem sobre a situação do país.

665 Omar Torrijos era, na época, chefe de Estado do Panamá. Morreu em um acidente aéreo em 31 de julho de 1981. GGM, em 20 de julho de 1981, e MVL, em 25 de julho, foram os últimos a conversar com Torrijos. GGM teve, por sinal, amizade com ele e dedicou-lhe vários textos. MVL rememorou o seu encontro em "Omar Torrijos. La última entrevista", *El País* Semanal, Madri, n.º 231, 13 de setembro de 1981.

vereiro porque eu quero estar o mais próximo possível da Nicarágua nesses momentos.

Com carinhos de Carol para Silvia e para ti,

um grande abraço de

Julio

# 1980

## De Carlos Fuentes para Mario Vargas Llosa

Princeton, 19 de julho de 1980

Queridíssimo Mario,

Nosso amigo em comum Ricardo Munoz Suay me pediu para te comunicar que ele se encontra na frente do Departamento de Relações Públicas e Promoção da Bruguera, rua Camps i Fabré 5, Barcelona 6 — o que faço com prazer.

Foi uma grande alegria vê-los em abril. As fotos que o Wilson Center nos mandou fazem jus à realidade.[666] Espero te ver sob os auspícios do grande Oviedo em setembro.[667] Mas, se vocês passarem antes por Princeton, não deixem de nos avisar.[668]

Um grande abraço do teu amigo

Carlos

---

666 MVL esteve como *fellow* do Wilson Center em Washington DC, em 1980, onde finalizou a escrita de *A guerra do fim do mundo* (Barcelona, Seix Barral, 1981).

667 O simpósio internacional La Novela en Español, Hoy [O romance em espanhol, hoje] foi realizado na Indiana University, em Bloomington, de 18 a 20 de setembro de 1980. A maioria dos trabalhos, incluindo os de CF e MVL, foram publicados na Revista Iberoamericana, Pittsburgh, vol. XLVII, n.os 116-117, julho-dezembro de 1981. MVL escreveu um relato sobre o simpósio: "Crónica indiana" [Crônica indiana], *Caretas*, Lima, n.º 618, 6 de outubro de 1980.

668 CF era, na época, *fellow in the humanities* na Universidade de Princeton.

# 1981

## De Julio Cortázar para Carlos Fuentes

Paris, 11 de outubro de 1981

[Cartão-postal com reprodução
de pintura de Christopher McDevitt]

Querido Carlos,

O teu cartão-postal de Mitla nos emocionou muito, pois estivemos lá um ano atrás e sentimos, assim como tu, toda a força metafísica que nasce daqueles ritmos e daquelas pedras onde o tempo se desfaz.

Talvez já saibas que eu estive *muito* doente em Aix (um mês de hospital devido a uma hemorragia gástrica), mas já estou quase bem, embora o que me espera seja a hepatite que sucede as transfusões "massivas" de sangue (30 litros, nada mal para um vampirólogo como eu!). Carol os abraça muito, e eu amo vocês,

Julio

# 1982

## De Julio Cortázar para Carlos Fuentes

Em algum ponto da estrada do sul, entre Valence e Montélimar, 15 de junho de 1982

Meu querido Carlos,

Não te assustes com o cabeçalho. É verdade que um *parking* não é um lugar habitual para escrever cartas, mas é o único que eu tenho no momento: Carol e eu já estamos há vinte dias sem sair da estrada, e avançando de Paris a Marselha no ritmo de duas paradas por dia, o que dará no total 33 dias de viagem. (Esfrega bem os olhos e depois continua lendo.)

Sim, é verdade: há quatro anos, abraçamos a ideia de empreender uma expedição baseada em uma regra do jogo rigorosa e destinada ao estudo dos costumes, modalidades, flora e fauna de uma grande estrada. A ideia é aproveitar esta oportunidade incrível de não fazer nada durante mais de um mês para escrevermos juntos um livro que será, se sair como queremos, uma crônica da expedição em si mesma (informações sobre cada *parking*, estilos de vida e costumes dos turistas, caminhoneiros, etc.) e, ao mesmo tempo, um almanaque onde iremos colocando tudo o que vier à cabeça sob a forma de contos, poemas, anedotas e fotografias — pois a parte iconográfica será ampla.

A regra do jogo é severa: jamais devemos sair da estrada, sob pretexto algum (a não ser o de renúncia por motivos de força maior), e não devemos nunca exceder dois *parkings* por dia, dividindo o tempo entre os dois como acharmos melhor, detalhe engenhoso, pois alguns são perfeitamente horríveis, enquanto outros têm bosques, tranquilidade e se dorme muito bem neles. Viajamos de Fafner, o dragão vermelho Volkswagen que me acompanha há 10 anos e que tem tudo o que é necessário para cozinhar e dormir. É claro que temos duas máquinas de escrever e um rádio com todas as frequências para acompanhar as notícias, além de uma seleção de cassetes (onde não figura a querida Ella Fitzgerald, sobre a qual me falaste na tua carta, mas em compensação está Billie Holiday, além de Duke, Satchmo, Fats, sem falar de Schubert e Lutoslawski...).[669]

O maior risco é escorbuto, como tu sabes; por isso, tivemos o apoio logístico de dois casais de amigos, um dos quais nos alcançou no décimo dia e nos trouxe legumes e alimentos frescos; há dois dias, chegaram os outros dois amigos, com provisões semelhantes. Nas paradas com lojas, encontramos latas, bebidas, etc., de modo que estamos bem alimentados e a saúde está perfeita até o momento. Temos mais de cem páginas de rascunhos para o livro, que nos diverte muito, e lemos uma barbaridade de coisas, pois eu estou aproveitando pela primeira vez em muitos anos para "baixar" uma pilha de livros atrasados. E assim, creio eu, Silvia e tu terão uma ideia geral desta arriscada expedição científica, após a qual voltaremos a Paris em dois dias depois de ter posto 33 na viagem de ida, e na semana seguinte partiremos para a Nicarágua, onde passaremos julho e agosto antes de ir ao México em setembro, para aquele diálogo entre intelectuais norte e latino-americanos do qual, sem dúvida, tens conhecimento e que caberá a mim inaugurar. (Que bom seria te encontrar por lá, entre 8 e 14 de setembro!)[670]

---

669 A carta não foi recuperada.

670 O Diálogo das Américas, organizado pelo Tribunal Anti-imperialista Latino-americano, foi realizado de 9 a 14 de setembro. JC cancelou a sua participação devido a problemas de saúde de Carol Dunlop. O texto preparado por ele, "Para empezar a dialogar" [Para começar a dialogar], foi lido em sua ausência. CF e GGM foram convidados, mas não participaram, conforme o que foi informado pelo *El País* de Madri em 9 de setembro.

Ontem Port Stanley caiu e aquela guerra absurda e idiota acabou, mas — pensando sobre isso com toda a imaginação possível — agora pode ter consequências que Galtieri e o restante da máfia não poderiam prever, dado o seu QI e outros motivos.[671] Simbolicamente, a Argentina perdeu, um dia antes, o seu primeiro jogo na Copa do Mundo, coisa que também deve ser colocada na balança, embora pareça brincadeira.[672] Como tu tens razão quando falas sobre toda essa patriotada, todo esse nacionalismo para boi dormir, cujos frutos continuam sendo vistos nos nossos pobres países. Em Paris, eu tive que apelar a toda a minha serenidade para permanecer fora do fogo patriótico que se apoderou, inclusive, de muitos exilados que tiveram seus filhos ou irmãos mortos e torturados. Com uma equipe sensata, fizemos as declarações necessárias (porque os franceses não entendiam nada, como sempre), deixando bem claro que a ocupação militar batizada como reconquista nada mais era do que o último suspiro do exército diante do caos. É claro que recebemos ameaças telefônicas, mas não passaram disso; em relação ao caos, consigo imaginá-lo no momento em que parte da população vai exigir que a Junta preste contas (embora eu não coloque expectativas nisso, pelo menos não em excesso).

Fico muito contente que estejas trabalhando tanto; não que isso seja algo novo em ti, mas todos nós passamos por períodos de seca, e é bom que, apesar de ter muito trabalho em outras áreas, tu encontres tempo para escrever. Fiquei interessado no que me disseste sobre a peça de teatro, porque recordarás que eu gostei muito de *El tuerto es rey*, e vou adorar ler ou assistir a esta peça que terminaste.[673] Eu nunca fui capaz de escrever teatro, tenho uma inibição prévia a qualquer enfoque teatral,

---

671 A queda de Port Stanley para as tropas inglesas, em 14 de junho de 1982, marcou o final da Guerra das Malvinas. A derrota da Argentina, por sua vez, conforme previu JC, antecipou o fim do regime militar liderado pelo general Leopoldo Galtieri.

672 Em 13 de junho, na Copa do Mundo na Espanha, a seleção belga derrotou a Argentina por 1 x 0.

673 *Orquídeas a la luz de la luna* [Orquídeas à luz da lua] (Barcelona, Seix Barral, 1982). Naquele mesmo ano, a peça estreou na Universidade de Harvard, com tradução ao inglês do próprio CF.

mas certa vez, a bordo de um barco horroroso, refugiei-me em uma espécie de improviso dialogado que naturalmente ficou inédito.[674] Sei que me diverti muito escrevendo-o e, no entanto, nunca consegui continuar; a forma do conto (ou do romance) se impõe sobre mim logo de início e não consigo escapar. Escrevi alguns contos nesta temporada, e talvez rendam um livro no ano que vem. Quanto a um romance, a cada dia sinto mais vontade de mergulhar nele, mas para isso seria necessária uma espécie de *sabbatical* no terreno das minhas atividades não literárias.[675] Carol jura que isso vai passar até o ano que vem, e que ela fará os sortilégios e encantamentos necessários para que possamos viver um ano sem congressos, polêmicas, artigos políticos, campanhas de solidariedade, etc. Eu a apoio de todo o coração... mas não acredito em metade, ai.

Bom, querido Carlos, queremos dizer para Silvia e para ti que é uma pena que não venham à França tão em breve quanto esperavam, mas suponho que poderão fazer isso mais adiante. Queria te dizer também que o acaso nos colocou em contato com um médico que é o maior especialista em hematologia daqui; nossos respectivos médicos nos confirmaram a sua admiração e respeito pelo professor Vairel, que está no comando de tudo o que se refere a problemas de coagulação e afins. Pensamos que seria bom que vocês soubessem disso para uma possível estadia na França, de modo que aqui estamos caso seja necessário ou útil entrar em contato com ele.[676]

Carol os abraça muito e fica contente por Silvia receber as suas linhas. Nossos beijos para as crianças e, para vocês dois, todo o afeto e um grande abraço de

Julio

---

674 Sob o nome genérico de "peças breves" ou "teatro", foram reunidos postumamente vários textos dialogados de JC.

675 O livro de contos mencionado é *Fora de hora* (México, Nueva Imagen, 1983).

676 Carlos Rafael, o filho de CF, padecia de hemofilia.

## De Carlos Fuentes para Gabriel García Márquez

Princeton, 21 de outubro de 1982

[Telegrama]

CARLOS FUENTES
35 EDGEHILL ST
PRINCETON NJ 08540

GABRIEL GARCÍA MÁRQUEZ
FUEGO 144 PEDREGAL
MEXICO CITY DF MEX

CHEIO DE ALEGRIA TE ENVIO ABRAÇO FRATERNAL[677]
CARLOS FUENTES

## De Julio Cortázar para Gabriel García Márquez

Paris, outubro de 1982

677 CF parabenizou GGM pela obtenção do Prêmio Nobel de Literatura 1982, em 20 de outubro. JC declarou à imprensa: "Este prêmio servirá para colocar em dia os muitos problemas que temos na América Latina, além de colocar em relevo a genialidade de GGM. Ele é um filho da nossa América, e essa distinção significa muito para nós, que amamos o continente, e para Gabo, como escritor e como pessoa." Acrescentou que recebeu a notícia do prêmio "com alegria, pela América Latina e por Gabo, meu amigo pessoal e companheiro em tarefas conjuntas de defesa dos direitos humanos" (*El País*, Madri, 21 de outubro de 1982). Em março de 1983, em entrevista para o *Expreso*, Lima, MVL se expressou nestes termos sobre a concessão do prêmio: "Todos os latino-americanos deveriam sentir satisfação, porque de certa forma constitui um reconhecimento à nossa obra, à nossa cultura."

[Telegrama]

GABRIEL GARCÍA MÁRQUEZ
FUEGO 144 PEDREGAL DE SAN ÁNGEL
MÉXICO DF

TODO O MEU AFETO E MINHA ALEGRIA
JULIO CORTÁZAR

## De Carlos Fuentes e Silvia Lemus para Julio Cortázar

Princeton, 17 de novembro de 1982

[Telegrama]

CARLOS FUENTES
35 EDGEHILL STREET
PRINCETON N. J.

JULIO CORTÁZAR
4 RUE MARTEL PARIS 10
FRANCE

UNIDOS À TUA IMENSA DOR E MEMÓRIA BELA E LUMINOSA CAROL[678]

SYLVIA CARLOS FUENTES

678 Carol Dunlop morreu em 2 de novembro de 1982.

## De Julio Cortázar para Carlos Fuentes e Silvia Lemus

Paris, 29 de novembro de 1982

Obrigado, Carlos e Sylvia, pela mensagem que me trouxe carinho neste poço de onde tento sair aferrando-me às mãos dos amigos. Não consigo escrever mais, só quero que saibam que, de alguma maneira, Carol também lhes escreve isto, também os ama tanto,

Julio

## De Julio Cortázar para Carlos Fuentes

Paris, 6 de dezembro de 1982

Obrigado pela tua carta, Carlos, por estar tão próximo de Carol e de mim.[679] Aquela tarde em que nós três passamos juntos, e da qual te lembraste agora, foi para nós um momento muito lindo e tu não sabes quantas vezes ressurgiu nos nossos diálogos. Nós três nos sentimos tão bem, e Carol, que se retraía e se distanciava nas reuniões em que todos falam ao mesmo tempo, sentiu-se naquele dia como apenas se sentia a sós comigo, ficou contente de te ver contente e de poder te escutar, e de que tu nos escutasses. Naquele dia, tu te juntaste à nossa felicidade com um afeto e uma graça que nunca mais nos abandonaram.[680]

Não consigo escrever muito, Carlos, mas queria te dizer isso, e que Sylvia e tu saibam quanto os amo. Tomara que nos encontremos em breve.

Abraça-os muito

Julio

---

679 Não foi recuperada.

680 CF também evocaria esse encontro em uma carta para a sua tradutora Céline Zins de 20 de novembro de 1982: "Jamais vi Julio tão feliz como quando almocei com eles em janeiro, no seu lindo apartamento feito para os dois: riram, contaram coisas extraordinárias, mostraram-me fotos, deixaram-se entrar em um lugar que era para os dois. Agora imagino aquele lugar tão solitário que eu gostaria de chorar."

# 1983

## De Julio Cortázar para Gabriel García Márquez

Paris, 11 de outubro de 1983

Querido Gabo,

Um preso argentino me fez chegar uma carta que contém outra para ti. Aí está.

Faz tempo que não sei nada sobre ti, a não ser que provavelmente estás no México. De minha parte, ando bem doente de alguma coisa gástrica que os médicos não conseguem localizar. Em dezembro, espero estar bem para ir a Cuba, Porto Rico e Guatemala. Sem dúvida, farei escalas no México e buscarei entrar em contato contigo.

Um abraço para Mercedes e para ti todo o afeto de

Julio[681]

4, rue Martel
75010 Paris

681 Esta é a última carta de JC neste epistolário. Ele morreu em Paris em 12 de fevereiro de 1984.

# 1984

## De Carlos Fuentes para Gabriel García Márquez

Cambridge (Massachusetts), 25 de dezembro de 1984

HARVARD UNIVERSITY • CAMBRIDGE, MASSACHUSETTS 02138
DEPARTMENT OF COMPARATIVE LITERATURE • 401 BOYLSTON HALL

Queridíssimo Gabriel,

O meu verdadeiro prêmio foi a tua lembrança nas páginas de *sábado*: por que não fazer umas memórias *embaralháveis*, homenagem para Julio?[682]

O fato de teres tido tempo para escrever sobre as nossas vidas em meio à dor e à outra lembrança, a lembrança do esquecimento que se faz presente na morte dos seres essenciais, enche-me de gratidão e fortalece mais ainda, se possível fosse, o meu afeto e amizade por ti.

Sylvia e eu nos lembramos muito de vocês nestes momentos.

Obrigado, irmão!

Te vejo em fevereiro,

Carlos

---

682 Em 1984, CF obteve o Prêmio Nacional de Ciências e Artes do México na categoria linguística e literatura. GGM publicou "Carlos Fuentes bom em dose dupla" em *sábado*, suplemento da *unomásuno*, México, n.º 375, 22 de dezembro de 1984, reproduzido no apêndice deste livro.

# 1987

## De Mario Vargas Llosa e Patricia Llosa para Carlos Fuentes

Barcelona, 27 de novembro de 1987

[Telegrama]

CARLOS FUENTES
CLAIS
1737 CAMBRIDGE ST ROOM 602
CAMBRIDGE MA 02138

UM ABRAÇO MUITO FORTE PELO MERECIDÍSSIMO PRÊMIO CERVANTES.[683]

PATRICIA E MARIO

683 CF obteve o Prêmio Cervantes em 24 de novembro de 1987. MVL obteria o mesmo prêmio em 1994. GGM recusaria a sua indicação ao prêmio em 1997, em conformidade com a sua decisão de não aceitar nenhum outro prêmio após o Nobel.

# 1992

## De Carlos Fuentes e Silvia Lemus para Gabriel García Márquez e Mercedes Barcha

México, 14 de maio de 1992

[Fax]

PARA GABRIEL E MERCEDES GARCÍA MÁRQUEZ
BOGOTÁ

PREOCUPADOS ESPERANÇOSOS ESTAMOS AO LADO DE VOCÊS A CADA MINUTO.
MUITO AMOR DE
SYLVIA E CARLOS[684]

684 GGM foi operado com êxito de um tumor maligno no pulmão.

# 2001

## De Carlos Fuentes para Gabriel García Márquez

México, 26 de agosto de 2001

[Fax]

Queridíssimo Gabo,

Mil agradecimentos pelo jantar tão íntimo, sincero e fraternal, como sempre, e obrigado também por fazer a ponte entre Cecilia e Rodrigo — reunião de monstrólogos!

Boa sorte na tua viagem a Los Angeles. Tu sabes que os teus amigos, e muito especialmente eu, te vemos e percebemos e desejamos cada dia mais forte e lúcido.[685]

Um abração de

Carlos

---

685 A partir do final da década de 1990, GGM foi tratado em Los Angeles de um linfoma, do qual se recuperou.

# 2012

## De Carlos Fuentes para Gabriel García Márquez

México, 14 de março de 2012

Queridíssimo Gabriel,
Felicidades pelos teus 85!
E pensar que nos conhecemos há meio século!
As nossas vidas são inseparáveis.
Agradeço os teus livros grandiosos.
Teu amigo,
Carlos Fuentes

# Apêndices

# Ensaios e entrevistas

# *O jogo da amarelinha*, de Julio Cortázar. Um livro grandioso[1]

Mario Vargas Llosa

Argentino, nascido em 1914, exilado voluntariamente na Europa há doze anos, Julio Cortázar é um dos autores mais originais e coerentes da literatura latino-americana. Até a publicação de *O jogo da amarelinha*, em 1963, a sua obra, alternadamente realista e fantástica, cresceu dando um passo na realidade externa e outro na interna, um passo na vida objetiva e o seguinte na vida subjetiva.

Mas essas duas direções não cindiram a obra em duas escritas e duas técnicas narrativas opostas, nem sequer diferentes. A voz autobiográfica do boxeador doente, miserável, de "Torito", a voz intelectual que evoca a fascinante história do *jazzman* em "O perseguidor" (duas belíssimas narrações realistas) é a mesma voz limpa, transparente, sem cerimônias que conta como um homem se transforma em uma bestinha aquática de olhos imóveis em "Axolote", e descreve um concerto em "As Mênades" que, de forma imprevisível, misteriosa, degrada-se e se transforma em holocausto.

---

1 *Expreso*, Lima, 13 de julho de 1964. Em carta de 25 de novembro de 1968 para José Donoso, MVL descreveria textos de ocasião como este como "frívolas lambanças jornalísticas", que ele enviava para o *Expreso* e depois para a *Caretas* em troca de uma passagem Paris-Lima por ano. Embora o senso crítico do autor seja elogiável, nossa equipe de editores acredita que o leitor considerará este e outros textos de MVL incluídos no apêndice úteis e relevantes.

Realistas, fantásticos, os textos de Julio Cortázar formam um conjunto homogêneo, sem censura, graças a um estilo que vem diretamente da língua oral e, no entanto, que a transcende pela poesia e pelo humor. Um estilo rigoroso, além do mais, sóbrio, estendido como uma ponte sobre o abismo que ainda existe, em espanhol, entre a língua falada e a escrita.

## Os dois mundos

Essas duas direções, a realista e a fantástica, reúnem-se pela primeira vez na obra de Cortázar dentro de uma totalidade narrativa em *O jogo da amarelinha*, e essa é uma das muitas surpresas que o livro contém. As fronteiras do real e do irreal são derrubadas nesse romance, desaparecem, mas (eis aqui o que é surpreendente) esses dois mundos não se misturam nem se fundem em uma nova realidade. Apenas se tocam, e há entre eles uma coexistência pacífica tão perfeita que ninguém conseguiria apontar onde está situada a linha invisível de demarcação.

O leitor de *O jogo da amarelinha*, ora inserido em um mundo onde reconhece as misérias e as alegrias da vida cotidiana, ora imerso na neblina imprecisa do maravilhoso, nunca sabe em qual momento ele atravessa a fronteira dessas duas ordens, quando se desprende da realidade concreta, quando aterrissa na realidade abstrata que chamamos de fantástica. Graças a uma maestria técnica excepcional, Julio Cortázar desloca o leitor de um lado para outro dessas duas dimensões da vida, sem que ele jamais tenha a sensação de estar em trânsito. Tudo consiste em mudanças sutis diabolicamente graduadas no movimento respiratório da narrativa, em alterações imperceptíveis nos ritmos e leis subterrâneos que regem o mundo em que os personagens evoluem.

O dualismo realidade-irrealidade origina dois tipos de personagens, que parecem representar cada uma das ordens, mas na maioria dos casos não é nada fácil reconhecer a filiação, que somente em duas mulheres é evidente: a Maga, incrivelmente leve, terna e aérea, e a sua antípoda, Talita, encarnação do espírito prático e do senso comum.

## Em duas cidades

O argumento de *O jogo da amarelinha*, labiríntico demais para ser resumido com justiça, situa-se em duas cidades, Paris e Buenos Aires, e os episódios que nelas ocorrem não são consecutivos nem subordinados entre si. São episódios dotados de soberania, entrelaçados por um personagem: Oliveira. Lúcido, também sonhador, Oliveira parece hipnotizado pela falta de autenticidade da vida moderna, pelas frustrações e derrotas que ele encontra a cada passo, em todos os âmbitos. Esse fascínio condiciona os seus atos e sonhos, que são uma busca ininterrupta e maníaca pelas razões dessa falta de autenticidade. Em Paris, com párias como ele, reunidos no Clube da Serpente, Oliveira realiza a sua exploração em um nível mais intelectual, em discussões, diálogos e jogos que são sondagens nos campos da arte, da ciência e da literatura. Em Buenos Aires, Oliveira continua a sua experiência com seres heterogêneos, mas menos à margem da sociedade do que aqueles párias, mais integrados ao sistema social. A vida de Oliveira é uma ilustração dos problemas que, dia e noite, aparecem: uma sucessão de fracassos. Todas as suas tentativas de romper o isolamento que vive são frustradas, e por isso Oliveira está no coração de uma espécie de caos febril. Esse caos está dentro ou fora de Oliveira, ele o carrega consigo ou o encontra por onde vai? Em todo caso — e esta é outra surpresa do livro —, em *O jogo da amarelinha*, nada é excludente e talvez ambas as coisas sejam verdadeiras.

## Duas maneiras de ler

Na verdade, o argumento é secundário nesse romance que nos subjuga, acima de tudo, pela originalidade da sua estrutura, pela insolência da sua construção. Diferentemente do que acontece nos romances em geral, a matéria narrativa não aparece aqui como uma sequência fechada, com um começo e um final, mas como uma sequência aberta, com dezenas de portas que podem ser de entrada ou de saída, conforme a decisão do leitor. A história não está fixada de antemão quando os olhos do leitor recaem sobre ela: é algo que se move, um ser mutante e ambíguo, e o leitor possui a árdua tarefa de capturá-lo, dando-lhe forma e sentido e estabelecendo a sua significação. Há duas maneiras de ler o livro. Uma tradicional, que começa pelo primeiro capítulo e termina no 56, e neste caso o romance compreende somente a metade das suas páginas. E outra, que inicia no capítulo 73 e avança em zigue-zague, com idas e voltas, conforme instruções que constam ao final de cada capítulo. Essas duas leituras possíveis (mas não únicas) originam livros substancialmente diferentes. *O jogo da amarelinha* não exige de seus leitores qualquer submissão, pelo contrário, obriga-os a todo instante a exercer a sua liberdade, a se rebelar e assumir responsabilidades.

## Os três homens

Além do autor e do leitor, existe em *O jogo da amarelinha* um terceiro homem, cuja contribuição é tão decisiva quanto inesperada para a plena realização do romance: ele ocupa toda a terceira parte do livro e se chama cultura. Cortázar reuniu ali uma série de textos de outros autores — poesia, prosa, artigos, anúncios publicitários, até mesmo o projeto de um louco para reorganizar a sociedade universal — que figuram em *O jogo da amarelinha* como capítulos de pleno direito, com voz e voto. Não se trata de um aparato crítico de valor referencial, equivalente às notas e bibliografias dos trabalhos de pesquisa, mas de textos totalmente incorporados ao assunto do livro. E a sua importância é capital, já que cada episódio e cada situação mudam de perspectiva e até de conteúdo quando confrontados com esses textos. Há casos em que se transformam em seu oposto. Assim, um poema de Octavio Paz ou um comentário musical de Alban Berg esclarece, de golpe, o significado de um capítulo que parecia hermético, e um excerto do *Observer* perturba uma certeza alcançada a duras penas pelos membros do Clube da Serpente. Desse modo, a cultura (em sua acepção mais ampla) aparece assimilada à criação como um elemento dinâmico, agindo a partir do coração da narrativa.

A publicação de *O jogo da amarelinha* é um acontecimento grandioso. Pela riqueza do seu conteúdo, que representa amplos setores da vida, e pela originalidade da sua forma, que abre novos horizontes para um gênero, penso que esse livro de Cortázar se aproxima, mais do que qualquer outro dos nossos tempos, daquilo que deveria ser a ambição profunda, permanente, de todo narrador: escrever o romance total, impossível, meramente utópico, que expressaria a realidade total.

*Paris, junho de 1964*

# Perguntas para Julio Cortázar[2]

## Mario Vargas Llosa

Cortázar mora no bairro XV de Paris, em uma casinha estreita e alta como ele, repleta de livros, quadros e objetos curiosos que ele mesmo fabricou ou recolheu pelo mundo. Diante de sua mesa, em uma espécie de lousa, presa com alfinetes como borboletas, há uma espécie de antologia do insólito cotidiano (recortes de jornais, cartões-postais, anúncios publicitários inverossímeis etc.) que sempre se renova e está "em dia". Espírito extraordinariamente alerta para tudo o que revela no homem uma dimensão maravilhosa, Cortázar é também observador muito certeiro da realidade imediata composta por gestos e palavras banais, por ações triviais sem mistério. Nos seus livros, essas duas faces da vida se fundem como em uma moeda. Porém ele não acredita que a vida seja "divisível".

### O UNICÓRNIO E O CAVALO

— Uma das coisas que mais me surpreende na sua obra é a aliança perfeita entre dois gêneros: o realista e o fantástico. Mas eu li, em algum lugar, que você se considerava, acima de tudo, um autor do gênero fantástico. Isso significa que esse traço da sua obra é mais importante do que o realista?

2 *Expreso*, Lima, 7 de fevereiro de 1965.

— Qualquer pessoa que tenha uma concepção surrealista do mundo sabe que essa "aliança entre dois gêneros" é um falso problema. Entendamos primeiro a própria noção de surrealismo: para mim é simplesmente uma vivência o mais aberta possível do mundo, e o resultado dessa abertura, dessa porosidade diante das circunstâncias, traduz-se na anulação da barreira mais ou menos convencional que a razão raciocinante busca estabelecer entre aquilo que se considera real (ou natural) e aquilo que se qualifica como fantástico (ou sobrenatural), incluindo no primeiro tudo o que tende à repetição, aceita a causalidade e se submete às categorias do entendimento, e considerando como fantástico ou sobrenatural tudo o que se manifesta com caráter de exceção, à margem, insolitamente. Certamente, sempre foi mais fácil e frequente encontrar um cavalo do que um unicórnio, embora ninguém possa negar que o unicórnio projeta na vida significativa do homem uma imagem pelo menos tão intensa quanto a do cavalo. Para uma visão surrealista, a determinação do grau de realidade do cavalo e do unicórnio é uma questão supérflua, que no máximo tem importância pragmática, sem contar que em certas circunstâncias um cavalo pode ser muito mais fantástico do que um unicórnio; assim, nessa alternância em que uma ou outra modalidade do ser se impõe sobre nós com uma evidência total e indeclinável, os termos escolásticos de realidade e fantasia, de natural e sobrenatural, acabam perdendo todo o valor de classificação. Eu não sei — referindo-me agora efetivamente à sua pergunta — onde o real e o fantástico começam e terminam; nos meus primeiros livros, eu optei por inserir o fantástico em um contexto minuciosamente realista (os contos de *Bestiário*, por exemplo), ao passo que agora costumo manifestar uma realidade ordinária dentro de circunstâncias frequentemente fantásticas. É evidente que me afastei do unicórnio para travar uma amizade mais estreita com o cavalo; mas essa mudança de foco não pressupõe uma renúncia nem uma escolha unilateral. Existe o yin e existe o yang: isso é o tao.

## Um escritor vivo

Julio Cortázar já completou cinquenta anos, mas ninguém diria isso. Não me refiro apenas à sua fisionomia (embora seja verdade que ele aparenta fisicamente muito menos), mas principalmente à sua postura. Depois de uma certa idade, tendo alcançado certo prestígio, o escritor latino-americano passa a impressão de se precipitar sobre o panteão dos próceres da literatura. Acomoda-se no assento confortável do que já escreveu e leu, e não escreve mais ou se torna repetitivo, perde a curiosidade, a paixão pela leitura, e a literatura já não é outra coisa para ele senão a um cartão de visitas que lhe permite viajar, ser convidado para congressos e colóquios, ou atuar como ministro ou embaixador. Sempre senti um estranho mal-estar ao conhecer pessoalmente os escritores "consagrados" da América Latina com mais de cinquenta anos, comprovando a terrível deterioração da sua vocação, o seu anacronismo. Acredito que, nesse sentido, Cortázar é a única exceção. A sua cultura não só é imensa como também atual, algo vivo, que diariamente se corrige e se enriquece e expande as suas fronteiras. A sua capacidade de se entusiasmar e o seu apetite por achados literários são próprios de um adolescente. E é admirável que, entre nós, um escritor deseje ser apenas um escritor, e nunca tenha cedido diante das múltiplas tentações que secam e extinguem prematuramente os escritores latino-americanos: as honrarias, a preguiça, os cultos.

## Da nossa terra a Paris

— Há quem pense que o "romance da terra" é o mais autenticamente latino-americano. O que você acha disso?

— Acredito que aqui eu possa empregar os mesmos termos com os quais respondi a uma pergunta parecida de Rubén Bareiro Saguier. Se por terra se entende o drama do homem americano em seu cenário desmesurado (cenário cotidiano, social, ideológico, histórico), não é de se surpreender que, dessa situação profundamente trágica, tenha surgido um repertório romanesco sobressalente. Assim, dadas as planícies venezuelanas e as suas condições de vida e de morte, *Doña Bárbara* [Dona Bárbara] é quase uma fatalidade. Mas a minha desconfiança começa quando releio em sua pergunta o advérbio "autenticamente"; nela, existe uma espécie de armadilha sutil, uma tentativa de forçar a mão da realidade. Eu diria que o romance da terra é o mais estatisticamente latino-americano, e isso pelos avassaladores motivos telúricos apontados. Observe que, se aceitarmos a noção de "autenticidade", daremos margem para que o primeiro desaforado estabeleça que o romance da terra é uma obrigação. E, neste caso, eu lhe digo como Hamlet: "Existem mais coisas na terra, Horácio, do que sonha a tua filosofia..."

— Você vive há vários anos em Paris, e eu acredito que essa cidade sempre exerceu uma grande atração sobre os escritores latino-americanos, por diferentes razões. O que Paris significa para você?

— Durante muitos anos, Paris me garantiu a liberdade que só pode ser dada pelo anonimato que tanto causa desespero naqueles que acreditam ser importantes em seu país. Continuo acreditando que ser ninguém em uma cidade que é tudo vale muito mais do que a fórmula contrária.

Cabe explicar que Cortázar respondeu a essa pergunta no passado, há certa confissão nostálgica nisso. Ele já não consegue viver anonimamente em Paris. Sei que não há jovem poeta, romancista ou crítico sul-americano que, ao passar pela cidade, não tente ver Cortázar. E ele é sempre cordial e hospitaleiro com todo mundo, desde que o visitante não lhe peça uma entrevista ou o convide para um congresso. Neste caso, é sempre cordial, mas raramente responde a um questionário e ninguém nunca conseguiu arrastá-lo para um congresso.

## Uma cadeirada na cabeça

— Se um jovem de quinze anos viesse até você e lhe dissesse "Quero ser escritor, aconselhe-me sobre o que devo fazer", o que você diria para ele? (Estou pensando em um jovem sul-americano.)

— Assim como os professores zen, eu tentaria quebrar uma cadeira na cabeça dele. É possível que o jovem sul-americano compreendesse o que há por trás da cadeirada; se, apesar de tudo, a minha resposta não ficasse clara o bastante para ele, eu lhe diria que o simples fato de buscar os conselhos dos outros em matéria de literatura comprova a sua falta de vocação verdadeira. Mas talvez a cadeirada acabasse sendo fatal, e teríamos um epígono a menos, o que sempre é uma vantagem em nossos países.

Tenho certeza, no entanto, de que seria diferente se o jovem sul-americano levasse um manuscrito para Cortázar e pedisse uma opinião. Então ele leria esse texto com a mesma atenção rigorosa com que leria um inédito de Shakespeare, e em seguida chamaria o jovem e lhe diria, conforme fosse o caso, para se dedicar a "alguma coisa mais útil" (o embaixador do Peru, Héctor Boza, disse para Espinoza Dueñas quando descobriu que este era pintor: "Não seria melhor ter se tornado engenheiro, homem, que tem mais futuro?"), ou para corrigir de forma parcial ou total o seu manuscrito, ou para deixá-lo tal qual. E, neste último caso, Cortázar faria o impossível para que o jovem sul-americano encontrasse um editor. Não tem nada de estranho, pois, que tantos jovens o procurem quando querem um parecer absolutamente honesto sobre o que escrevem.

## Preferências

— Quais autores, quais livros estão mais presentes para você atualmente? Ou qual poeta, qual contista, qual romancista você releu mais vezes?

— As suas perguntas não são intercambiáveis, embora pareçam, e por isso eu responderei separadamente. À primeira: os autores mais presentes para mim são sempre os franco-atiradores, os marginais, os alienados da literatura; todos os terríveis *travailleurs*, para usar a expressão de Rimbaud. Impossível fazer uma lista; cito aleatoriamente Jarry, José Lezama Lima, Roussel. Em contrapartida, quando você me pergunta pelo poeta, o contista e o romancista que eu reli mais vezes, está se referindo, no meu caso, àqueles cuja releitura signifique um prazer mais do que um risco, uma conciliação mais do que uma aventura. Sem hesitar, dou três nomes: o poeta Keats, o contista Borges, o romancista Dickens.

# Macondo, sede do tempo[3]

Carlos Fuentes

## I

Eu acabei de ler oitenta páginas magistrais: as primeiras de *Cem anos de solidão*, o romance em andamento de Gabriel García Márquez. Já em *Ninguém escreve ao coronel*, García Márquez, debruçado sobre os velhos reinos vegetais de Rómulo Gallegos e José Eustasio Rivera, tinha conseguido transformar a geografia em história e o anonimato em personalização. O desenlace era inevitável, previsível, e a alegria do leitor não vinha dissociada de um certo *além disso*: não bastava seguir a história; era preciso fazê-lo com o humor e a beleza alcançados por García Márquez ao escrever a história do coronel Aureliano Buendía, o homem que espera — a vítima da esperança.

Digo humor: García Márquez consegue ver a si mesmo e nos ver do lado de fora, às claras. O humor é sempre igual à compaixão: ambos superam a opressão fechada, paradoxalmente in-visível daqueles protagonistas exaustos, a selva e o rio.

Digo beleza: só quero dizer, como Roland Barthes, que hoje a noção de beleza deve ser substituída pela de desejo (*decir*: *désire*). Uma obra é

3 Publicado originalmente com o título *Cem anos de solidão* em *La Cultura em México*, suplemento da *Siempre!*, n.º 679, 29 de junho de 1966, p. vii. Apareceu com o título aqui selecionado em *Recopilación de textos sobre Gabriel García Márquez* [Recompilação de textos sobre Gabriel García Márquez] (Havana, Casa de las Américas, 1969).

bela se é desejável, se a sua forma não petrifica o desejo. Se hoje essa ideia é tida como algo evidente, se hoje todas as infâmias são desejáveis por serem prazerosas — oh, delícias do crime de Billy the Kid e Kotsuké no Suké —, indo desde uma luminária Tiffany a uma fachada em Polanco e passando pela alegre crueldade de Marlene em *The Scarlet Empress*, é porque houve uma mudança cultural básica: a morte do maniqueísmo, do bem e do mal com iniciais minúsculas, como diz Piazza — o Bem e o Mal, que hoje ressuscitam nos Charentons gêmeos de José Luis Cuevas e Peter Weiss, representam o triunfo do desejo. E a tentação da liberdade: todo livre-arbítrio autêntico está exposto à sedução e à integração do Mal, conforme foi demonstrado por Dionys Mascolo. (Essa é uma resposta recente para um leitor indignado do *Nouvel Observateur* que queria ver em Sade o pai de Himmler).

Os romancistas tradicionais da América Latina não tinham por que compreender: o maniqueísmo rasteiro condenava a metade de uma história classificada, ideologicamente, nos arquivos da barbárie. E, no entanto, essa história negada se vingava do escritor, impunha-se a ele como um íncubo: obrigando-o a descrevê-la por mero apego às normas éticas e naturalistas em voga, ela emergia dos seus livros como uma encarnação daquele mal isolado, impenetrável, exagerado e, no fim das contas, risível por ser estranho e nitidamente delimitado. (Outro marco ignorado do *camp* latino-americano: o Sute Cúpira, com ou sem a interpretação memorável de Gilberto González.) García Márquez transforma o mal em beleza porque percebe que a nossa história não é apenas fatal: de modo obscuro, nós também a desejamos. E ele transforma o mal em humor porque, uma vez desejado, não é uma abstração alheia às nossas vidas: é o outro, aquilo que podemos ver fora de nós, mas como parte de nós, reduzido ao seu encontro irônico, proporcional, infeliz com as nossas habilidades cotidianas e nossas representações imaginárias.

*Cem anos de solidão* é a crônica daquela Macondo que começa a proliferar, inclusivo, partenogenético, com a riqueza de um Yoknapatawpha colombiano. Autogênese: toda criação é um feitiço, uma fecundação andrógina do criador. Mito: todo ato fundamental é uma representação do ato da fundação. O que Macondo sabe sobre si mesmo? Toda história "real" e toda história "fictícia", todas as provas do cartório e todos os rumores, lendas, exageros, fábulas que ninguém escreveu, que os mais velhos contaram para as crianças, que as comadres sussurraram para o padre, que as bruxas e os curandeiros re-encenaram em marquises e praças. A saga de Macondo e dos Buendía, assim como a de Comala e dos Páramo, inclui a totalidade do passado oral, lendário, para nos dizer que não podemos nos contentar com a história oficial documentada; que a história é também todo o Bem e todo o Mal que os homens sonharam, imaginaram e desejaram para se preservar e se destruir.

Como qualquer memória ab-original, a de Macondo é criação e re-criação em um só instante. A lembrança repete os modelos, as matrizes da origem, para re-nascer continuamente, para garantir a permanência do cosmos: os homens se defendem com a imaginação do caos circundante, das selvas e dos rios latentes, sempre prestes a recuperar os seus domínios. A Natureza tem domínios; os homens, demônios. Endiabrados, como a raça dos Buendía, fundadores e usurpadores, Sartoris e Snopes em uma só encarnação.

## II

Utopia, epopeia, mito: são esses os cabos de tensão da nossa história e da nossa cultura? Fomos concebidos como a Utopia: Edmundo O'Gorman e Giuseppe Cocchiara propuseram que a América e os aborígenes americanos, antes de ser descobertos, foram inventados: foram desejados. A *Utopia* de Thomas More é encarnada nas fundações de Vasco de Quiroga, para ser imediatamente negada pela Epopeia, que representa a necessidade histórica: Cortés e Pizarro corrompem o sonho submetendo-o às exigências épicas de um mandato abstrato, *Plus Ultra* e de encarnação individual: a do *homo faber* renascentista.

A partir de então, a América Latina é a ação paradigmática e a historiografia das lamúrias e das celebrações: história de heróis e de carrascos — *good guys and bad guys*. Não fazemos a história, escrita para sempre na epopeia. Nós a revisamos, interpretamos, comentamos. Ficamos sem presente: tudo é elaboração do passado épico, nostalgia da promessa utópica.

A verdadeira re-visão da épica e da utopia é a literatura e a arte dos dias de hoje: o domínio, demonizado, do tempo morto da historiografia para conseguir entrar, sem fardos indesejáveis, no tempo total do presente. Borges e Paz, Carpentier e Cortázar, Cuevas e Botero, Lam e Gironella, Matta e Rojo estabelecem, em oposição ao tempo positivista da epopeia (isso realmente aconteceu) e ao tempo nostálgico da utopia (isso poderia ter acontecido), o tempo presente absoluto do mito: isso está acontecendo, isso poderia acontecer. O mito nega a história, como afirma Philip Rahv? Sim, a história morta, opressora, fatídica que a nova arte e a nova literatura latino-americanas deixam para trás para situar o encontro triplo do tempo. Encontro do passado vivo, matriz, criador. Encontro do futuro desejado. Encontro do presente absoluto, no qual recordamos e desejamos. A Utopia era mera projeção. A Epopeia, mera rememoração. O Mito reúne a nostalgia e o desejo no presente permanente: dá à luz a eles, situando-os no mundo, exteriorizando-os — todo mito é externo, é comunicável, é a tangibilidade do sonho privado. E requer um lugar.

Lugar do mito, Macondo. García Márquez, fabulista, sabe que a presença se dissolve sem um lugar (espaço de resistências) que seja todos os lugares: um lugar que contenha todos — sede do tempo, consagração do tempo, lugar de encontro da memória e do desejo, presente onde tudo pode re-começar: um livro, um templo. *Cem anos de solidão* re-inicia, re-atualiza, re-organiza — torna contemporâneos — todos os presentes de uma zona da imaginação que parecia perdida para as letras, sujeitadas para sempre à pesada tirania de *Doña Bárbara*. Nova dissolução das falsas disjuntivas e polêmicas. Não há temas ou religiões, em si, locais ou universais. Não existem a prioris literários. Só há imaginação literária. Só há *mistificações* nas quais um passado morto quer passar por presente vivo e *mitificações* nas quais um presente vivo recupera também a vida do passado.

# Um conto de Cortázar filmado por Antonioni[4]

Mario Vargas Llosa

Certa vez, ouvi falar que Antonioni "adaptou" um conto de Italo Calvino para o cinema e, quando este assistiu ao filme, só reconheceu um papagaio que aparecia furtivamente no seu texto; todo o restante havia sido suprimido ou transformado de maneira radical no seu filme. Lembrei-me dessa história (sem dúvida, falsa) ontem à noite, antes de entrar para ver *Blow-Up* no London Pavilion, o último filme de Antonioni, baseado em um conto de Julio Cortázar, "As babas do diabo", e filmado aqui, em Londres. E, além disso, estava pensando em quão decepcionantes costumam ser as adaptações cinematográficas de obras literárias de qualidade, principalmente quando buscam ser muito fiéis, servindo humildemente ao original sem se dar liberdades. E estava pensando por último, com certa nostalgia, no meu deslumbramento pelo Antonioni dos primeiros filmes, naquele clímax de entusiasmo que *La aventura* [A aventura] me provocou, e na desilusão e na tristeza que tive em seguida com *La noche* [A noite], *El eclipse* [O eclipse] e *El desierto rojo* [O deserto vermelho], aqueles filmes belos, sofisticados e glaciais que, como alguém escreveu perversamente, pareciam feitos para os críticos do *Cahiers du Cinéma* e da *L'Express*. Eu estava duplamente advertido sobre *Blow-Up*:

4 *Caretas*, Lima, n.º 352, 12-25 de maio de 1967.

tinha acabado de reler "As babas do diabo" e achava impossível adaptá-lo para o cinema (porque o que torna a história inquietante e fascinante se encontra tanto no enredo quanto na maneira como é contado), e a crítica inglesa havia sido quase unanimemente severa contra o filme.

No entanto, poucos minutos depois que as luzes se apagaram, naqueles primeiros instantes decisivos nos quais, na aprazível intimidade escura da sala, a tela opera ou não o milagre da sucção mental do espectador, a abolição da sua consciência, os meus preconceitos se dissolveram e eu fui invadido, irresistivelmente absorvido pelas imagens do filme, devorado pela fantasmagoria alucinante daquela sequência inicial em que o fotógrafo "pop" e a modelo de beleza filiforme executam, diante da câmera, uma espécie de dança que se acelera até ficar paroxística e transformar o estúdio em que se encontram em cenário de um ritual misterioso. Ao longo de todo o filme, sem sair completamente daquele estado de hipnose em que um bom filme mantém o espectador, eu tinha uma vaga consciência de que esse gênero de mudanças, de transmutações insensíveis, de saltos "qualitativos" como diria um dialético, de idas e vindas de um nível a outro da realidade, aconteciam sem que fosse possível determinar com precisão o instante de ruptura, devido à sutileza com que a câmera ia graduando os seus efeitos, deslocando a história do fotógrafo "pop" de um plano de realidade cotidiano, objetivo, quase verídico, a outro essencialmente subjetivo e onírico, e voltando depois ao primeiro. Essas viagens, tão rápidas e enganosas que são quase imperceptíveis no transcorrer do filme, culminam ao final em uma sequência que não deixa margem a dúvidas; nas últimas imagens, o espectador sabe que abandonou o mundo real, que está imerso em um domínio essencialmente fantástico. É a primeira vez que Antonioni aborda esse terreno e não restam dúvidas de que a sua tentativa foi totalmente bem-sucedida, que a leitura de Cortázar o afetou de maneira muito profunda e enriqueceu a sua obra expandindo os seus limites para zonas inéditas.

Sem deixar de ser uma obra muito pessoal, na qual são reconhecidos os temas que obcecam Antonioni e aparecem em todos os seus filmes — a incomunicação, a alienação, o vazio da vida moderna, seus mitos e ídolos estereotipados —, *Blow-Up* é, ao mesmo tempo, um filme profundamente "cortazariano" pela sua atmosfera, pelo realismo mágico que permeia as cenas, ambientadas em um mundo, à primeira vista, transparente, conhecido, que de repente, sem aviso, transforma-se em inferno, delírio, pesadelo, realidade misteriosa, inquietante e absurda.[5] Trata-se do feliz encontro de duas sensibilidades em uma obra que as expressa igualmente, como no caso de *Las amigas* [As amigas], o filme de Antonioni baseado em um romance de Pavese. Já que, naquela ocasião, tristeza, o pessimismo, a frustração do mundo de Pavese foram lucidamente assimilados ao mundo frio, intelectual e urbano de Antonioni, em *Blow-Up* a fusão de dois temperamentos artísticos excepcionais também é perfeita e proveitosa.

É claro que o filme não segue rigidamente o enredo do conto de Cortázar (este identificará, no entanto, mais elementos do que o papagaio de Calvino). Roberto Michel, o tradutor franco-chileno (e fotógrafo amador) de "As babas do diabo", transformou-se em um fotógrafo de moda londrino, adepto da indumentária e da filosofia "beat" ou "pop": cabeleira espetada, drogas, trajes mais ou menos estapafúrdios, música "folk", fetichismo do objeto insólito, amor pelo nada; a ação foi transferida de Paris para Londres; o episódio terrível que a câmera do fotógrafo registra (ou quase registra) no conto de Cortázar era a tentativa de corrupção de um garoto por um casal supostamente depravado; no filme, é um crime. Em ambos os casos, no entanto, a ideia central do argumento se repete: mais penetrante e rápida do que o olho humano, a lente da câmera captura um instante terrível de realidade, sem que o homem que a manuseia tivesse

5 É, casualmente, a primeira vez que se menciona o "realismo mágico" em relação a um narrador do Boom. MVL, eterno realista sem adjetivos, evitaria utilizar esse conceito quando se popularizou, associado a autores como Asturias ou GGM; nesta leitura da obra de JC, MVL sugere implicitamente a possibilidade de uma literatura mágico-realista urbana na América Latina. Hoje, JC costuma ser considerado simplesmente um autor de literatura fantástica.

intenção de fazê-lo, e desse modo provoca uma crise, introduzindo um novo elemento na realidade que revelou. Em ambos os casos, o fato terrível (a corrupção, o crime) também é enigmático e permanece sem ser racionalmente decifrado pelo fotógrafo testemunha, que acaba sendo arrancado de seu mundo e mergulhado na loucura, na morte ou no mistério. "As babas do diabo" é um conto extremamente ambíguo pelo seu clima escorregadio, em alguns momentos objetivo, às vezes subjetivo, e muito centrado ao seu tema. O filme também mantém uma certa ambiguidade, embora de maneira muito mais esporádica, mas além de ser uma narrativa, é também uma espécie de documentário sobre a Londres dos jovens "pops" que fumam maconha, renegam o passado e não acreditam no futuro, inventaram a minissaia e entronizaram como beleza ideal a moça de silhueta quase esquálida, seios pequenos e cintura alongada, que agora a moda difundiu por toda a Europa. Antonioni talvez tenha exagerado ao retratar essa fauna que certamente não representa toda a Londres (e, no filme, ficou parecendo que sim), e esse ponto foi reprovado pela crítica inglesa. Mas essas críticas são bastante injustas, porque muito visivelmente o objetivo de Antonioni, ao se deter na descrição desse meio, não foi (ou apenas foi muito secundariamente) sociológico, mas estético e emocional. Aquele mundo um tanto excessivo, sufocante, de cores e costumes um tanto grotescos, no qual o amor desapareceu e o sexo foi empobrecendo até se transformar em um jogo nada excitante (a sequência de sedução do fotógrafo com duas meninas aspirantes a modelo parece inspirada em um capítulo de *Lolita*, embora não tenha o humor de Nabokov), cria um clima irreal que era perfeitamente conveniente para a história semifantástica do filme. Por outro lado, é verdade que esse mundo da "revolução pop" parece ter impressionado Antonioni, parece tê-lo contaminado de certa forma, assim como em *El eclipse* o mundo da *dolce vita* italiana, que o autor claramente pretendia "desmitificar" e denunciar, infectava, apesar disso, todo o filme com uma subterrânea frivolidade, e em *El desierto rojo*, a desumanidade da grande indústria, da realidade técnica, projetava-se de modo tão potente sobre os personagens que acabava por despojá-los de toda vida e interesse. A grande diferença de *Blow-Up* reside no fato de que a complacência que se percebe em alguns momentos na descrição do ambiente não enfraquece a história, não a apaga; pelo contrário, realça-a, criando para ela uma decoração brilhante e, de algum modo, perturbadora, alarmante como a própria história.

# *Cem anos de solidão*: o Amadis na América[6]

Mario Vargas Llosa

A publicação de *Cem anos de solidão*, de Gabriel García Márquez, constitui um acontecimento literário excepcional: com a sua presença luciferina, esse romance, que tem o mérito incomum de ser simultaneamente tradicional e moderno, americano e universal, dissipou as afirmações lúgubres de que o romance é um gênero saturado e em extinção. Além de escrever um livro admirável, García Márquez — sem ter essa intenção, talvez sem perceber — conseguiu restaurar uma filiação narrativa interrompida há séculos, ressuscitar a noção ampla, generosa e magnífica do realismo literário que os fundadores do gênero romanesco tiveram na Idade Média.[7] Graças a *Cem anos de solidão*, consolida-se mais firmemente o prestígio que o romance americano alcançou nos últimos anos, e ele atinge um patamar ainda mais elevado.

---

6 *Amaru*, Lima, n.º 3, julho-setembro de 1967. O texto original contém alguns erros na biografia de GGM, os quais corrigimos, exceto aqueles derivados da conhecida versão difundida pelo próprio GGM de que ele havia nascido em 1928, e não em 1927.

7 Os primeiros exemplos do gênero de que se tem conhecimento remontam à Antiguidade greco-latina: romances como *Quéreas e Calírroe*, de Cáriton de Afrodísias; *Satíricon*, de Petrônio; *O burro de ouro*, de Apuleio; e *Teágenes e Caricleia*, de Heliodoro. Ver *Los orígenes de la novela* [As origens do romance] (Madri, Istmo, 1972), de Carlos García Gual.

## Um colombiano andarilho

Quem é o autor dessa façanha? Um colombiano de 39 anos, nascido em Aracataca, um povoadinho costeiro que conheceu, no começo do século, a febre, o auge da banana, e depois o declínio econômico, o êxodo dos seus habitantes, a morte lenta e sufocante das aldeias do trópico. Quando criança, García Márquez escutou, da boca de sua avó, as lendas, as fábulas, as célebres mentiras com que a imaginação popular evocava o antigo esplendor da região, e reviveu, junto de seu avô, um veterano das guerras civis, os episódios mais explosivos e sangrentos de violência na Colômbia. O avô morreu quando ele tinha oito anos. "Desde então, nada de interessante me aconteceu", declarou recentemente para um jornalista. Aconteceram muitas coisas, no entanto: ele foi jornalista em Bogotá; em 1955, *El Espectador* o enviou à Itália para fazer a cobertura da morte de Pio XII e, posto que o falecimento demorou vários anos, ele aproveitou, nesse meio-tempo, para estudar cinema em Roma e viajar por toda a Europa. Um dia, ficou preso em Paris, sem trabalho e sem dinheiro; lá, num pequeno hotel do Bairro Latino, onde morava de fiado, reescreveu onze vezes uma obra breve e magistral: *Ninguém escreve ao coronel*. Antes, havia terminado um romance que ficou esquecido no fundo de uma mala, amarrado com uma gravata colorida, relegado às traças, até que alguns amigos o descobriram e o levaram à imprensa. Em 1956, retornou à Colômbia rapidamente para se casar com uma bela moça de traços egípcios chamada Mercedes e, em seguida, foi para a Venezuela, onde trabalhou por dois anos em revistas e jornais. Em 1959, abriu o escritório da Prensa Latina em Bogotá e, no ano seguinte, foi correspondente dessa agência cubana em Nova York. Em 1961, fez uma viagem homérica pela estrada do Deep South, com os livros de Faulkner debaixo do braço. "Voltar a escutar falarem castelhano e a comida quentinha nos fizeram ficar no México." Desde então, até o presente ano, ele viveu na capital mexicana, escrevendo roteiros de cinema. O seu terceiro e quarto livros, *Os funerais da Mamãe Grande* e *O veneno da madrugada*

*(A má hora)*, foram publicados em 1962, ao mesmo tempo que a editora Julliard estava lançando em Paris a versão francesa de *Ninguém escreve ao coronel*.[8] Certa vez, em 1965, enquanto estava viajando da Cidade do México para Acapulco, García Márquez "viu", de repente, o romance que vinha trabalhando mentalmente desde a adolescência. "Eu o tinha tão maduro que poderia ditar ali mesmo o primeiro capítulo, palavra por palavra, para uma datilógrafa", confessou para Ernesto Schoo, da *Primera Plana*. Fechou-se, então, no seu escritório, munido de grandes reservas de papel e cigarros, e deu a ordem de que não o incomodassem por motivo algum durante seis meses. Na verdade, ele ficou dezoito meses amuralhado naquele cômodo de sua casa. Quando saiu de lá, eufórico, intoxicado de nicotina, à beira de um colapso físico, trazia consigo um manuscrito de mil e trezentas páginas (e uma dívida doméstica de dez mil dólares). No cesto de lixo, havia umas cinco mil páginas descartadas. Ele tinha trabalhado durante um ano e meio, com um ritmo de oito a dez horas por dia. Quando *Cem anos de solidão* apareceu editado, alguns meses depois, um público voraz que esgotou vinte mil exemplares em poucas semanas e uma crítica unanimemente entusiasta confirmaram o que tinha sido anunciado pelos primeiros leitores do manuscrito: que acabava de nascer a mais alta criação literária americana dos últimos anos.

## A emancipação dos demônios

*Cem anos de solidão* amplia e engrandece o mundo imaginário erigido pelos quatro primeiros livros de García Márquez, mas também significa uma ruptura, uma mudança qualitativa da realidade seca e áspera, sufocante, onde transcorrem as histórias de *A revoada*, *Ninguém escreve ao coronel*, *O veneno da madrugada (A má hora)* e *Os funerais da Mamãe Grande*. No primeiro romance, esse mundo aparecia descrito como

8 A tradução francesa foi publicada em 1963.

subjetividade pura, por meio de monólogos fustigantes e fúnebres de alguns personagens sonâmbulos perseguidos por um destino nebuloso, que os isola e os arrasta para a tragédia. Macondo era ainda, assim como o condado de Yoknapatawpha de Faulkner, como o porto de Santa Maria de Onetti, um território mental, uma projeção da consciência culpada do homem, uma pátria metafísica. Nos livros seguintes, esse mundo desce das nebulosas alturas abstratas do espírito para a geografia e para a história: *O coronel...* o provê de sangue, músculos e ossos, isto é, de uma paisagem, de uma população, de usos e costumes, de uma tradição, nos quais, inesperadamente, são reconhecidos os motivos mais recorrentes do *costumbrismo* e do *criollismo* americanos, só que desta vez utilizados com um sentido radicalmente novo: não como valores, mas como desvalores; não como pretexto para exaltar a "cor local", mas como símbolos de frustração, de ruindade, de miséria. O famoso galo de briga, que atravessa, pomposo e ouriçado, a pior literatura latino-americana como apoteose folclórica, cruza metaforicamente as páginas que descrevem a agonia moral do coronel que aguarda a impossível aposentadoria, encarnando a sordidez provinciana e o horror cotidiano sutil da América. Em *Os funerais da Mamãe Grande* e em *O veneno da madrugada (A má hora)*, Macondo (ou o seu *alter ego* "o povoado") adquire uma nova dimensão: a mágica.[9] Além de ser um recinto dominado pelo mal, pelos mosquitos, pelo calor, pela violência, pela preguiça vegetal, esse mundo é cenário de acontecimentos inexplicáveis e estranhos: chovem pássaros do céu; cerimônias misteriosas de feitiçaria se consumam no interior das casas de cânhamo; a morte de uma idosa centenária provoca em Macondo a aglomeração de personagens procedentes dos quatro pontos cardeais do planeta; um padre reconhece o Judeu Errante perambulando pelas ruas de Macondo e conversa com ele.

Esse mundo, apesar da sua coerência, da sua vitalidade, da sua significação simbólica, padecia de uma limitação que hoje descobrimos,

---

9 MVL corrigiria essa ideia em *García Márquez: história de um deicídio*, em que diferencia "o povoado" de Macondo.

retrospectivamente, graças a *Cem anos de solidão*: a sua modéstia, a sua brevidade. Tudo nele pugnava por se desenvolver e crescer; homens, coisas, sentimentos e sonhos sugeriam mais do que mostravam, porque uma camisa de força verbal restringia os seus movimentos, media suas aparições, limitando-os e apagando-os bem no momento em que pareciam prestes a sair de si mesmos e explodir em uma fantasmagoria incontrolável e alucinante. Os críticos (com razão) elogiavam a precisão, a economia, a perfeita eficácia da prosa de García Márquez, na qual nenhuma palavra sobrava, na qual tudo estava dito com uma compacta e terrível simplicidade; aplaudiam a construção limpa e precisa das suas histórias, o seu surpreendente poder de síntese, a moderação tranquila dos seus diálogos, a facilidade diabólica que lhe permitia armar uma tragédia com uma exclamação, despedir-se de um personagem com uma frase, resolver uma situação com um simples adjetivo. Tudo isso era verdade, e era admirável, e apontava para um escritor original, perfeitamente consciente dos seus recursos expressivos, que havia domesticado os seus demônios e os governava a seu bel-prazer. O que levou García Márquez, naquela tarde já distante entre Acapulco e a Cidade do México, a abrir as jaulas desses demônios, e se entregar a eles para que o arrastassem para uma das mais loucas e temerárias aventuras dos nossos tempos? A criação é sempre enigmática, e as suas raízes se perdem em uma zona obscura do homem, à qual não temos acesso estritamente pela razão. Nunca saberemos qual o misterioso impulso, qual a ambição oculta que precipitou García Márquez nessa empreitada gigantesca e arriscada que planejava converter um muro de adobe em uma muralha da China, transformar a apertada e concreta aldeia de Macondo em um universo, em uma Brocéliande de maravilhas inesgotáveis. Mas sabemos, contudo, do triunfo da sua incrível pretensão, e isso nos basta.

## Uma imaginação temerária e verdadeira

Em *Cem anos de solidão*, acompanhamos, acima de tudo, um prodigioso enriquecimento. A prosa matemática, contida e funcional se transformou em um estilo de respiração vulcânica, em um rio poderoso e cintilante capaz de comunicar o movimento, a graça, a vida para as criaturas mais audaciosas da imaginação. Macondo, desse modo, expande os seus limites físicos, históricos e oníricos até um extremo que era difícil de prever somente com a leitura dos livros anteriores de García Márquez, posto que, de forma espiritual e simbólica, ele alcança uma profundidade, uma complexidade, uma variedade de nuances e significados que o elevam a um dos mais vastos e duradouros mundos literários forjados por um criador dos nossos tempos. A imaginação, aqui, rompeu todas as suas amarras e galopa, desenfreada, febril, vertiginosa, permitindo-se todos os excessos, colidindo com todas as convenções do realismo naturalista, do romance psicológico ou romântico, até delimitar no espaço e no tempo, com o fogo da palavra, a vida de Macondo, desde o seu nascimento até a sua morte, sem omitir nenhuma das ordens ou níveis de realidade em que se inscreve: o individual e o coletivo, o lendário e o histórico, o social e o psicológico, o cotidiano e o mítico. Desde que Cervantes — como os professores de literatura ensinam — apunhalou os romances de cavalaria e os matou de ridículo, os romancistas aprenderam a sujeitar a sua fantasia, a escolher uma zona da realidade para situar as suas fábulas excluindo as demais, a ser modestos e comedidos nas suas empreitadas. E eis que um colombiano andarilho, agressivamente simpático, com um rosto sorridente de turco, ergue as suas costas com desdém, manda pastarem quatro séculos de pudor narrativo e assume para si o ambicioso desígnio dos bruxos medievais anônimos que fundaram o gênero: competir com a realidade de igual para igual, incorporar ao romance tudo o que existe no comportamento, na memória, na fantasia ou nos pesadelos dos homens, fazer da narrativa um objeto verbal que seja reflexo do mundo tal como é: múltiplo e oceânico.

## A sucessão de maravilhas

Assim como nos territórios encantados, onde Amadis, o Tirante, o cavaleiro Zifar, o Espliandán e Florisel de Niquea cavalgaram e romperam lanças, em Macondo voaram em pedaços as fronteiras mesquinhas que separam a realidade e a irrealidade, o possível e o impossível. Tudo pode acontecer ali: a desmesura e o excesso constituem a norma cotidiana, o maravilhamento e o milagre alimentam a vida humana e são tão verdadeiros e carnais quanto as guerras e a fome. Há tapetes voadores que carregam as crianças sobre os telhados da cidade; ímãs gigantes que, ao passarem pela rua, puxam as frigideiras, os talheres, as panelas e os pregos da casa; galeões encalhados na areia, a doze quilômetros do mar; uma peste que causa insônia e esquecimento, e obriga os habitantes a etiquetar cada objeto com o seu respectivo nome (na rua central, um cartaz relembra: "Deus existe"); ciganos que conhecem a morte, mas voltam à vida, pois "não conseguem suportar a solidão"; mulheres que levitam e sobem aos céus de corpo e alma; casais cujas fornicações formidáveis propagam ao seu redor a fecundidade animal e a abundância vegetal; e um herói inspirado diretamente nos cruzados dos livros de cavalaria, que promove trinta e duas guerras, tem dezessete filhos homens em dezessete mulheres diferentes, os quais são exterminados em uma única noite, escapa de catorze atentados, de setenta e três emboscadas e de um pelotão de fuzilamento, sobrevive a uma dose de estricnina que seria suficiente para matar um cavalo, jamais permite que o fotografem e termina os seus dias, pacato e nonagenário, produzindo peixinhos de ouro em um canto da casa. Assim como García Márquez rende homenagem pública no seu livro para três grandes criadores americanos, convidando discretamente para Macondo alguns dos personagens deles (Víctor Hughes de Alejo Carpentier na página 84, Lorenzo Gavilán de Carlos Fuentes na página 254 e Rocamadour de Julio Cortázar na página 342), em um dos episódios mais fascinantes de *Cem anos de solidão* — a sucessão de revoltas armadas do coronel Aureliano Buendía —, lampeja uma palavra luminosa, que é ao mesmo tempo uma chave e um desagravo para o caluniado Amadis: Neerlândia.

Mas, atenção, é preciso que ninguém se engane: Macondo é Brocelândia e *não é*, o coronel Aureliano Buendía é parecido com Amadis, mas é memorável porque *não é ele*. A imaginação desenfreada de García Márquez, a sua cavalgada pelos reinos do delírio, da alucinação e do insólito não o fazem construir castelos no ar, miragens sem raízes em uma zona específica, temporal e concreta da realidade. A maior grandeza do seu livro reside, justamente, no fato de que tudo nele — as ações e os cenários, bem como os símbolos, as visões, os feitiços, os presságios e os mitos — está profundamente ancorado na realidade da América Latina, nutre-se dela e, transfigurando-a, reflete-a de modo certeiro e implacável. Nada foi omitido nem dissimulado. Nas paisagens de Macondo, aquela aldeia localizada entre serras íngremes e pântanos esfumaçados, exibe-se toda a natureza americana, com a sua neve eterna, as suas cordilheiras, os seus desertos amarelados, as suas chuvas e os seus sismos. Um cheiro de plantações de banana infesta o ar do lugar e atrai, primeiramente, aventureiros e comerciantes sem escrúpulos, depois os emissários gananciosos do Império. Algumas poucas páginas e um personagem secundário, Mister Brown, que viaja em um luxuoso trenzinho de vidro, são suficientes para García Márquez descrever a exploração comercial da América, e as injustiças e a imundície que ela engendra. Nem tudo é magia, sonho, fantasia e festa erótica em Macondo: um rumor de hostilidades surdas entre poderosos e miseráveis ecoa constantemente por trás dessas labaredas, uma pugna que às vezes (como em um episódio atroz, baseado em fatos reais, a matança de obreiros em greve na estação de trem) culmina em orgia de sangue. E há, também, nos desfiladeiros e desertos da serra, os exércitos que vão de encontro e se destroem interminavelmente, a guerra atroz que dizima os homens do país e arruína o seu destino, como ocorreu (ocorre ainda) na história da Colômbia. Na crônica de Macondo aparece, refratada como um raio de luz no espectro, a cruel mistificação do heroísmo, a sabotagem das vitórias liberais, alcançadas por guerreiros como Aureliano Buendía e Gerineldo Márquez, pelas mãos de políticos corruptos que, na longínqua capital, negociam esses triunfos e os transformam em derrotas. Uns homenzinhos engomados chegam de quando em quando a Macondo, resplandecentes de ridículo, para inaugurar estátuas e distribuir medalhas: são os representantes do poder, as pequenas simulações articuladas por uma grande simulação institucional. García Márquez os descreve com um humor caricatural e sarcástico que inclusive beira a crueldade. Mas, em *Cem anos de solidão*, existe não só uma transposição comovente do rosto físico, da condição social e da mitologia da América; existe também, e isso era muito mais difícil de transpor para a ficção, uma representação modelarmente lúcida e feliz do desconsolo moral do homem americano, um retrato cabal da alienação que corrói a vida individual, familiar e coletiva nas nossas terras. A tribo bíblica dos Buendía, estirpe obsessiva em que os Aurelianos sucedem aos Aurelianos e os Arcadios sucedem aos Arcadios, em um jogo de espelhos inquietante e perturbador — tão semelhante, por outro lado, àqueles labirintos genealógicos que povoam as histórias dos Amadis e dos Palmerins —, reproduz-se e se estende em um espaço e um tempo condenados. O seu escudo de armas e os seus brasões ostentam uma mancha fatídica: a solidão. Todos eles lutam, amam, lançam-se inteiramente a empreitadas estapafúrdias ou admiráveis. O resultado é sempre o mesmo: a frustração, a infelicidade. Todos eles são, cedo ou tarde, ridicularizados, humilhados e derrotados nas ações que executam. Desde o fundador da dinastia, que nunca encontra o caminho do mar, até o último Buendía, que vai aos ares com Macondo, carregado pelo vento, no mesmo instante em que descobre a fórmula da sabedoria, todos nascem e morrem sem alcançar, apesar dos seus esforços colossais e das suas proezas desmesuradas, a mais simples e elementar das ambições humanas: a alegria. Em Macondo, terra onde tudo é possível, não existem, no entanto, solidariedade nem comunicação entre os homens. Uma tristeza persistente mancha as ações e os sonhos, um sentimento contínuo de fracasso e catástrofe: O que está acontecendo? Na terra das maravilhas, tudo está regido por leis secretas, invisíveis, fatídicas, que fogem do controle dos homens de Macondo, que os movimentam e tomam decisões por eles: ninguém é livre. Até nas suas bacanais, quando comem e bebem pantagruelicamente ou estupram como coelhos insaciáveis, não encontram a si mesmos nem gozam deveras: seguem um rito cerimonial cujo significado profundo acaba sendo hermético para eles. Não é esse o destino trágico em que se traduz, em escala individual, o drama da América Latina? As grandes sequelas que assolam as nossas terras — a sujeição a uma metrópole estrangeira, a prepotência das castas locais, a ignorância, o atraso — não significam essa mutilação da pessoa moral, essa falta de identidade, esse sonambulismo hipnótico que corrompe todas as manifestações da vida americana? Assim como qualquer um dos Buendía, os homens que nascem na América nos dias de hoje estão condenados a viver a solidão e a engendrar filhos com rabos de porco, isto é, monstros de vida desumana e irrisória, que morrerão sem se realizar plenamente, seguindo um destino que não foi escolhido por eles.

Nos últimos anos surgiu, em diferentes lugares da América, uma série de livros que conferem à ficção uma dignidade, um patamar, uma originalidade, colocando a nossa literatura em posição de igualdade com as melhores do mundo. *Cem anos de solidão* é, entre esses livros, um dos mais lindos e deslumbrantes.

# Carlos Fuentes em Londres[10]

## Mario Vargas Llosa

Apareceu de surpresa na minha casa, em um domingo às dez da manhã, sem que eu o reconhecesse à primeira vista: tinha barba e um guarda-chuva, botas, um grande paletó de veludo verde com quatro pares de botões e uma gravata flamejante. Eu não o via fazia seis meses e achava que ele estava em Veneza, tinham-me dito que ele morava no primeiro andar de um velho palácio, que estava trancado a sete chaves, terminando um romance. Era verdade, ele diz, mas já havia se despedido da Itália, acabava de chegar a Londres e vinha para ficar. Quanto tempo? Deu de ombros e riu: seis meses, um ano, dois anos, vá saber. Mas ele pensava que Londres era uma cidade ideal para trabalhar e montaria aqui seu cantinho e seu escritório. Deixou o México há mais de dois anos, e desde então vive assim, brincando de um lado para outro: Paris, Espanha, Itália, Estados Unidos, agora Londres. Enquanto eu faço a barba, ele folheia umas revistas e conversamos sem nos ver, aos berros: não pensava em voltar para o México? Não, de maneira nenhuma. Voltaria mais adiante, quando lhe fosse indispensável verificar certas coisas nas serras de Veracruz: ali estavam ambientados os episódios finais do romance sobre Zapata.[11] Eu peço para ele me contar alguma coisa sobre esse livro, e ele se retrai: não era muito fácil, ainda era um simples projeto

10 *Caretas*, Lima, n.º 363, 8-17 de novembro de 1967.

11 Esse romance, que teve o título provisório "Emiliano en Chinameca" [Emiliano em Chinameca], nunca foi publicado.

cheio de coisas obscuras. Ele me fala, então, sobre outro romance, que já estava muito avançado e o fazia se exaltar: um romance muito longo e, de certo modo, com antecipação histórica. O capítulo final é um apocalipse bélico, o confronto final entre o imperialismo e a revolução em terras mexicanas. Um incêndio atroz de napalm e fósforo, uma orgia de barulho e de sangue. Tem, ele diz, uma enorme documentação sobre as novas armas antiguerrilheiras utilizadas pelas tropas norte-americanas no Vietnã: artigos, livros, reportagens, fotos. Ele me fala sobre aquelas bombas de fragmentação chamadas de "cachorros cansados", bombas que, ao explodirem, provocam ao redor uma chuva de pequenas bombas que, ao explodirem, provocam outras chuvas de bombas menores, e assim sucessivamente. Ele quer dar o seu testemunho sobre esses horrores no seu livro, mostrar que as visões mais sádicas da ficção científica são, na verdade, em certas partes do mundo, a realidade cotidiana.[12]

Saímos para a rua, procuramos um café, e ele continua falando. Ele está de muito bom humor, parece feliz e cheio de projetos. Trabalhou muito naqueles últimos seis meses em Veneza, ele me diz. Em várias coisas ao mesmo tempo: fazendo ajustes em um livro de ensaios sobre literatura latino-americana que Mortiz publicará no fim do ano, nos primeiros capítulos desse novo romance e em duas peças de teatro. Aqui — aponta para a rua abarrotada de hippies que se aquecem ao sol fraco do outono londrino — trabalhará bem: está convicto de que essa cidade é tranquila e estimulante. Por isso, ele precisa encontrar um apartamento de uma vez. No hotel, não consegue escrever e, quando não faz isso — tecla com os dez dedos sobre a mesa do café, mas a mim ele não engana, eu sei que ele é um péssimo datilógrafo, que escreve só com um dedo —, ele se sente mal.

Eu peço para ele falar um pouco sobre Veneza, aquela cidade de comerciantes inescrupulosos e águas fétidas, e ele acha que eu estou brincando: uma das mais belas do mundo, ele diz. Trabalhou muito

12 O "apocalíptico" romance *Terra nostra* passaria por várias mudanças até a sua publicação em 1975.

até que o Festival de Cinema começou (ele foi jurado, junto de outros escritores: Moravia, Goytisolo, Susan Sontag), porque, é claro, então a vida se transformou em uma vertigem desenfreada. Ele foi um dos que defenderam com mais fervor o filme de Buñuel, que levou o Grande Prêmio. E a propósito: outro de seus projetos na gaveta é um livro sobre Buñuel.[13] Quando o Festival terminou, teve uma festa. Ele solta uma gargalhada: uma festa incrível, à fantasia. Marquesas, cortesãs, estrelas de cinema apareciam com trajes inspirados em Lévi-Strauss, em Roland Barthes, em Lacan e em Althusser. O estruturalismo, a antropologia, o marxismo transformados em gorros, túnicas, broches, sapatos e gravatas: um caso de canibalismo extraordinário, ele diz. A moda se apodera de tudo para os seus fins, e agora a literatura, a arte e a ciência também servem de passarela para essas feras vorazes, fornecendo-lhes materiais explosivos que elas adulteram e assimilam e transformam em cerimônia, em meros adornos, em jogo.

Conversemos um pouco mais sobre a moda, eu digo, justamente sobre a moda. Ela não provê para ele, também, nos últimos tempos, materiais para os seus livros? Não o digo como censura, não estou sugerindo que neles a moda seja um fim, mas um meio. Mas eu gostaria de saber se ele está ciente disso. Já em *Zona sagrada*, mas, principalmente, no seu último romance, *Cambio de piel* (que acabou de receber edição na Itália com muito êxito), a moda é uma presença invasiva e constante, na ambientação dos episódios, na definição dos personagens, o ponto de referência mais usado pelo autor. Digo para ele que, nesse quesito, considero *Cambio de piel* um testemunho impressionante, quase absoluto, daquilo que constitui a moda presente na literatura, na pintura, no cinema, no teatro, na crítica. Falo para ele sobre os capítulos que transpõem, mediante proezas verbais, filmes, quadros, dramas ou teorias de grande relevância contemporânea. Eu acredito que ele se dedicou a transformar em ficção

13 O filme que ganhou o prêmio foi *Belle de jour*. O livro de CF foi publicado recentemente, em 2017, postumamente, como *Luis Buñuel o la mirada de la Medusa (um ensayo inconcluso)* (Madri, Fundação Banco Santander).

tudo aquilo que, de certo modo, ocupa a primeira página das notícias de atualidades em diversos âmbitos culturais e sociais: construir um romance que seja, ao mesmo tempo, um manual de mitologia moderna. Ele me olha incrédulo. Ele me fala sobre o México, sobre aquela sociedade dual em que existe, de um lado, uma burguesia industrial próspera, cujos costumes e modelos culturais correspondem aos das grandes sociedades de consumo, e de outro, um setor rural anacrônico, ainda atrelado a uma economia de mera subsistência. *Cambio de piel*, ele me diz, parte dessa cisão, tendo como pressuposto essa áspera dualidade mexicana. As citações ou "pastiches" que vão aparecendo no decorrer do livro são imagens que expressam o mundo de trambicagens, disfarces e tabus, dentro do qual se movimenta o setor desenvolvido, que imita a Europa ou os Estados Unidos. Mas o seu romance quer ser, acima de tudo, literatura, realidade verbal, criação de linguagem. E é, também, uma reação contra o psicologismo que, a seu ver, distorce e congela a captura da realidade pela palavra. Em *Cambio de piel*, com efeito, tudo se mostra através do gesto e da máscara, a narrativa se recusa sistematicamente a penetrar a consciência dos personagens e se concentra nos seus movimentos, gestos, diálogos e sonhos. Ele demorou quatro anos para escrever esse livro ambicioso e extenso, cosmopolita, e os órgãos da censura chegaram a vetá-lo por ser supostamente "imoral e anticristão". Mas, assim como na Itália, já está sendo traduzido em uma dúzia de países.

Saímos para caminhar, damos voltas nas imediações do Earl's Court, e eu lhe pergunto sobre as suas peças de teatro. Vão estrear em breve? Ele pretende corrigi-las, não estão totalmente finalizadas. Mas ele já tem em mente outro drama, muito complexo e difícil, de índole histórica: as relações entre Moctezuma e Cortés. A ideia surgiu no dia em que viu a peça de Peter Shaffer *The Royal Hunt of the Sun*, situada na época da conquista do Peru, e cujos personagens centrais são Atahualpa e Pizarro (entre eles, há uma interminável discussão teológica). O drama de Shaffer lhe pareceu malfadado: mas, em compensação, pareceu-lhe muito válida a tentativa de descrever o choque entre duas culturas, em território americano, por meio de dois personagens históricos — um indígena, outro espanhol. Trabalhará nesse projeto, ele me diz, assim que se acomodar em Londres.

Existe em Fuentes, sempre, uma espécie de otimismo irremediável que acaba sendo contagioso. Quando ele fala sobre o que está escrevendo, ou sobre o que acabou de ler, ou do que vai fazer amanhã, parece estar dizendo que ganhou na loteria. Perversamente, eu lhe conto que ouvi alguém dizer, há pouco tempo, que atacar Carlos Fuentes tinha se transformado no esporte nacional mexicano. Ele sorri, feliz: como piada, é excelente, ele diz. Em todo caso, ele não tem tempo para atacar ninguém: já tem de sobra escrevendo, lendo e viajando. Mas a verdade é que ele tira um tempo para falar sobre as pessoas que estima ou admira: Cortázar, por exemplo. Fuentes o considera talvez o maior criador da nossa língua nos dias de hoje, e igualmente um exemplo a ser seguido como homem comprometido com a sua vocação, entregue a ela de corpo e alma. Ele me fala também com fervor de Octavio Paz, do seu pensamento penetrante, desmitificador e universal, e da sua poesia, cada vez mais despojada e essencial. Em seguida, ele fala sobre os últimos filmes e peças de teatro aos quais assistiu. Não passou 48 horas em Londres e já sabe quais são os melhores filmes em cartaz e as peças de teatro que são indispensáveis. Como ele faz para estar por dentro de tudo ao mesmo tempo, para não ser engolido pelo turbilhão da atualidade? Ele dá um jeito de ler tudo o que for importante — livros, revistas e artigos de jornais —, de assistir a todos os espetáculos relevantes, viaja constantemente e mantém uma correspondência amazônica, e nada disso o distancia do seu trabalho como escritor, ao qual dedica quatro ou cinco horas diariamente. Como ele faz isso? Ele, é claro, sorri: é um segredo profissional, ele diz.

# Literatura na América Latina[14]

## Julio Cortázar, Carlos Fuentes e Gabriel García Márquez, entrevistados por Petr Pujman

Recentemente, três autores renomados da narrativa latino-americana foram os convidados da União de Escritores: o argentino Julio Cortázar, o mexicano Carlos Fuentes e o colombiano Gabriel García Márquez. A equipe editorial da *Listy* lhes pediu uma entrevista.[15]

Julio Cortázar, nascido em 1914, publicou em tcheco uma antologia de contos *Pronásledovatel* [El perseguidor e outros contos], e alguns deles foram publicados na revista literária *Světova Literatura*. Outros livros dele estão prontos para publicação: *Nebe, peklo, raj* [O

---

14 Entrevista realizada em 1968 e publicada na revista *Listy*, vol. 2, n.º 6, 13 de fevereiro de 1969. Agradecemos a revisão fundamental desta tradução a Anežka Charvátová, que levou para o tcheco *Conversa no Catedral* e outros romances de MVL, Roberto Bolaño, Juan Gabriel Vásquez e Fernanda Melchor, entre outros. Foram corrigidos os erros nas datas de nascimento dos três entrevistados que aparecem no original.

15 CF recordou a sua visita à Tchecoslováquia e esta entrevista entre os três assim: "Nós, latino-americanos, tínhamos propriedade para falar de imperialismos, de invasões, de Golias e Davis; poderíamos defender, com a lei em uma mão e a história na outra, o princípio de não intervenção. Demos uma entrevista coletiva sobre esse assunto para a revista *Listy*, na época dirigida pelo nosso amigo Antonin Liehm. Foi a última entrevista que apareceu na última edição da revista. Não falamos sobre Breznev na Tchecoslováquia, mas de Johnson na República Dominicana" (*Geografia de la novela* [Geografia do romance], 1993). Na verdade, a revista continuou por mais três meses.

jogo da amarelinha] e *Příběhy zvěstů a kronopiů* [Histórias de cronópios e de famas].

Carlos Fuentes, nascido em 1928, está na vanguarda da literatura mexicana. Até o momento, foram publicados no nosso país dois dos seus romances, *Nejprůzračnější kraj* [A região mais transparente] e *Smrt Artemia Cruze* [A morte de Artemio Cruz].

Gabriel García Márquez, nascido em 1927, é até agora desconhecido para o leitor tcheco. Em breve será publicado na Odeon o romance que o tornou famoso: *Sto roků samoty* [Cem anos de solidão].

*L.*: Vocês acreditam que a literatura latino-americana é uma entidade em particular ou tem vínculo com a literatura europeia?

Cortázar: A pergunta se multiplica tão logo ela é feita. Eu me assumo como argentino. Tu já sabes, Argentina, Chile e Uruguai sempre foram considerados os países "mais europeus" da América Latina. O impacto da imigração europeia é mais visível neles. Por exemplo, na Colômbia e no México, mais do que em outros lugares, as pessoas percebem de um modo muito mais evidente a sua identidade latino-americana, mas a literatura argentina sempre teve forte inclinação europeia. Hoje existe uma espécie de síntese. Só hoje podemos falar de um caminho particularmente argentino. Respondo, portanto: na minha opinião, não podemos falar de uma literatura latino-americana. Talvez algum dia seja levada a cabo a síntese latino-americana. Pessoalmente, eu não quero muito isso. O ideal da unidade latino-americana é mais político e econômico.

Fuentes: Existe uma piada antiga. Dizem que nós, mexicanos, viemos dos astecas, enquanto os argentinos vieram dos barcos. É verdade que a literatura argentina sempre teve inclinação europeia, mas a consideramos tipicamente latino-americana, ou americana, por assim dizer. Por exemplo, dizem que Borges é um escritor europeu, mas isso não é verdade. É verdade e não é verdade. Em cada declaração que é feita aqui, é possível negar de uma maneira e ser convincente da mesma maneira.

Borges é um escritor tão consciente da sua conexão com a Europa que nenhum escritor europeu pode ter consciência da sua europeidade com a mesma intensidade. É que os europeus não podem sentir aquela nostalgia da Europa. Borges, às vezes, é mais europeu do que um europeu, o que o torna um escritor muito argentino. Existe uma zona ampla de similaridades, assim como de diferenças. Temos uma língua em comum, o espanhol, e o fato de sermos herdeiros da mesma língua e da mesma cultura nos coloca diante de problemas em comum. García Márquez na Colômbia, Cortázar na Argentina e eu no México sentimos a necessidade de romper com o legado pesado do espanhol acadêmico. Queremos criar uma língua nova, comum para todos nós, mas ao mesmo tempo própria dos nossos países em particular.

*L.*: Você acredita que na literatura mexicana se percebe mais claramente a influência do vizinho, dos Estados Unidos?

Fuentes: O México é um país que tem dois tipos de tempo. Tem um tempo linear, que se estende desde a conquista europeia e desde os povos originários; aqui poderíamos citar o Renascimento, a Reforma, a Contrarreforma, a Revolução Francesa, e fazemos parte de todos esses movimentos culturais. E os ideais da Revolução Francesa, da Guerra da Independência dos Estados Unidos, do positivismo de Comte — é incrível a enorme influência que o positivismo de Augusto Comte teve no nosso país! Tudo isso é uma história linear, e aqui certamente posso falar da grande influência dos Estados Unidos. Mas, por trás dessa história linear, existe uma história circular. E esse é o conceito de tempo dos povos originários. Os dois tempos nunca se encontram, e são poucos os escritores e artistas que percebem a necessidade de conectá-los se queremos ter uma verdadeira cultura mexicana.

*L.*: No que consiste a particularidade da literatura colombiana? E mais: ela tem afinidade com a nação e a cultura espanholas?

García Márquez: A Colômbia, diferentemente de outros países latino-americanos, esteve e está exposta a uma maior influência da literatura e da cultura espanholas. Na Colômbia, tentou-se dar continuidade à literatura espanhola, sem levar em conta os traços particulares nacionais.

Só agora isso está mudando. Não estamos dizendo adeus para a literatura espanhola, mas o nosso país nos inspira muito mais. É claro que também existem as influências europeias que Cortázar mencionou. Mas a literatura espanhola foi a primeira. Então eu não me sinto espanhol, mas não posso esquecer que os nossos avós eram espanhóis. A Colômbia é um país completamente colonizado pelos espanhóis. Antes não havia outra cultura originária.

*L.*: Então é o mais espanhol dos três países de que estamos falando. Senhor Cortázar, existe uma divergência linguística na América Latina ou estamos acompanhando um processo convergente? Há muitos Estados independentes no seu continente. Disso surgem as peculiaridades linguísticas?

Cortázar: No léxico, certamente houve diferenças desde o começo, porque as pessoas de cada país viviam separadas. No México, por exemplo, o espanhol se misturou com uma quantidade considerável de palavras de origem indígena. Há muitos termos na fala mexicana coloquial e cotidiana que um argentino não entende. São palavras astecas e toltecas. Esse não é o caso da Colômbia, e a Argentina é um caso ainda mais complicado. No nosso país, uma grande onda de imigração italiana veio depois dos espanhóis, e daí surgiu um novo idioma que também criou raízes na linguagem literária. Percebemos isso inclusive na nossa maneira de pensar. E depois foram os franceses, os ingleses, os alemães que influenciaram o idioma. Aconteceu algo parecido no Uruguai. E o esforço para criar a sua própria história — por exemplo, no México, na Colômbia, na Argentina — também produz diferenças na compreensão do mundo. Os argentinos se descobriram a si mesmos como argentinos. Por exemplo, eu venho, de um lado, dos bascos espanhóis e, de outro, tenho descendência francesa e alemã. Mas o resultado desse coquetel é exatamente o que eu chamo de argentino. A nossa questão foi mais complexa culturalmente do que a questão colombiana.

*L.*: A América Latina costuma se considerar como parte do mal chamado de Terceiro Mundo. Não tenho certeza se esse é o termo correto ou o mais preciso. Quando falamos de Terceiro Mundo, estamos nos referindo não só a categorias econômicas, mas também culturais.

García Márquez: Quando falamos de Terceiro Mundo, referimo-nos à situação econômica.

Cortázar: Não te iludas. Eu me considero um escritor do Terceiro Mundo. Temos que ser muito cuidadosos. Frequentemente, digo isso principalmente em Cuba. O fato de que existem vários excelentes escritores entre nós às vezes faz com que surjam ondas nacionalistas e a crença de que já não pertencemos ao Terceiro Mundo. Mas somos o Terceiro Mundo também na literatura. Nos últimos dez ou quinze anos, houve vinte ou trinta escritores, principalmente prosadores, dos quais as obras foram tão boas que enganaram o resto do mundo. E em seguida surgem ilusões exageradas, como agora na França. Lá, os autores latino-americanos tiveram muito sucesso. Certamente, a qualidade dessas obras supera com folga o que se tem escrito hoje na Espanha. Se, como consequência, digamos, de um desastre aéreo, falecessem cinco ou seis escritores latino-americanos, descobriríamos imediatamente até que ponto ainda nos encontramos no Terceiro Mundo.[16] Por exemplo, aqui na Tchecoslováquia, já existe uma cultura bem estabelecida. É claro que tem diferença de qualidade, mas a cultura em si já está constituída. Não é o caso da América Latina, mas ali está começando a acontecer um milagre cultural que eu espero que continue. Os grandes escritores já criaram um mundo de leitores. Ninguém os havia lido antes. Antes eram lidos escritores europeus traduzidos. Os primeiros livros de Borges

---

16 Na entrevista por escrito que JC concedeu para a *Life en Español*, ele rememorou esta frase: "Há alguns dias, conversando em Praga com os redatores da revista *Listy*, eu disse que se caísse qualquer um dos aviões que costumam levar alguns dos nossos melhores romancistas para congressos e reuniões internacionais, subitamente se descobriria que a literatura latino-americana era muito mais precária e mais pobre do que se supunha. É claro que a piada estava direcionada para García Márquez e Carlos Fuentes, que me acompanharam naquela visita aos escritores tchecos e que, dado o seu famoso horror de perder o contato dos sapatos com o chão, ficaram com uma cor consideravelmente verde." "Julio Cortázar: Un gran escritor en su soledad" [Julio Cortázar: um grande escritor em sua solidão], *Life en Español*, Nova York, vol. XXXIII, n.º 7, 7 de abril de 1969.

tiveram uma tiragem em torno de trezentos exemplares e nem sequer esgotaram. Hoje temos um público já formado que se traduzirá em novos escritores, jovens. Está se formando uma espécie de mecanismo que está em movimento e que vai nos tirar do Terceiro Mundo.

Fuentes: Ainda estamos no Terceiro Mundo. Não se esqueça que aqui se fala de literatura, isto é, de elite. A América Latina é principalmente milhões e milhões de analfabetos, aqueles que passam fome, maltrapilhos, sem higiene etc. Noventa por cento da população da América Latina têm mais ou menos a mesma qualidade de vida que a da população da Ásia e da África.

*L.*: Eu gostaria de lhe perguntar sobre a natureza da literatura mexicana e latino-americana. Como distinguir, proporcionalmente, a literatura que busca cumprir funções não literárias, digamos, a literatura engajada, e a literatura que possui objetivos estritamente literários? Essa relação costuma revelar muito sobre a conjuntura do país.

Fuentes: Passamos por várias etapas. A nossa história contemporânea ficou marcada pela Revolução Mexicana de 1910. Para nós, significou o autodescobrimento. Os mexicanos se deram conta de que tinham vivido em uma cultura de imitação, disfarçada. A revolução descobriu os sons, os cheiros, as cores do seu próprio povo. Esse fenômeno positivo se degenerou em uma espécie de caricatura nacionalista. A isso seguiu-se uma etapa demagógica na literatura e na pintura. Problemas sociais eram apontados, mas de uma maneira muito demagógica, e se escrevia uma péssima literatura. Depois veio a reação, que foi na direção da arte pela arte. Também não saiu nada de bom. A boa literatura começou a surgir da tensão que eu já tinha mencionado e de uma inteligência literária superior. Compreendemos que a imaginação não se justifica em si mesma. Além disso, uma vez que a literatura é realmente literatura, diz muito mais sobre os problemas sociais do que quando o autor tem como programa escrever literatura social. Nos nossos países, escrever bem já é um ato revolucionário por si só. Durante quatrocentos anos, vivemos em um ambiente de retórica repugnante, declarações falsas, sob o comando de vários senhores e ditadores, e escrever bem significa derrubar um muro de mentiras terríveis. Borges não é um escritor revolucionário nem engajado, mas, como a sua literatura é excelente, ele rompe com quatro séculos de uma língua falsa. Faz chegar a luz onde reinava a escuridão. Quando escrevemos sobre realidades imaginárias, também estamos escrevendo sobre a realidade e negamos a realidade veiculada pelos jornais e pelos *mass media* — que, na sua maioria, estão nas mãos dos Estados Unidos ou de uma pequena oligarquia local. Eles não têm imaginação: nós temos.

Você sabe que, durante séculos, a América Latina lutou por dois princípios: pela independência e pela não intervenção. Portanto, é completamente natural e compreensível que nos solidarizemos com vocês.[17]

---

17 CF se refere à invasão da Tchecoslováquia por parte das tropas do Pacto de Varsóvia, o que havia acontecido em agosto daquele ano.

# Sim: a nostalgia continua sendo igual ao que era antes[18]

Gabriel García Márquez

Foi uma vitória mundial da poesia. Em um século em que os vencedores são sempre aqueles que causam mais impacto, aqueles que recebem mais votos, aqueles que marcam mais gols, os homens mais ricos e as mulheres mais bonitas, é reconfortante a comoção causada no mundo inteiro pela morte de um homem que não fez outra coisa senão cantar o amor.[19] É a apoteose dos que não vencem nunca. Durante 48 horas, não se falou de outra coisa. Três gerações — a nossa, a dos nossos filhos e a dos nossos netos mais velhos — tinham a impressão de estar vivendo uma catástrofe em comum, e pelos mesmos motivos. Os repórteres da televisão perguntaram na rua a uma senhora de oitenta anos qual era a música de John Lennon de que ela mais gostava, e ela respondeu, como se tivesse quinze: "A felicidade é uma arma quente." Um garoto que estava vendo o programa disse: "Eu gosto de todas." O meu filho mais novo perguntou a uma menina da sua idade por que mataram John Lennon, e ela respondeu, como se tivesse oitenta anos: "Porque o mundo está acabando."

É assim mesmo: a única nostalgia em comum que temos com os nossos filhos são as músicas dos Beatles. Cada qual por diferentes motivos,

---

18 *El País*, Madri, 15 de dezembro de 1980.

19 John Lennon havia sido assassinado dias antes, em 8 de dezembro de 1980.

é claro, e com uma dor diferente, como sempre acontece com a poesia. Eu nunca esquecerei aquele dia memorável de 1963, no México, quando eu ouvi pela primeira vez de uma maneira consciente uma música dos Beatles. A partir de então, eu descobri que o universo estava contaminado por eles. Na nossa casa em San Ángel, em que mal tínhamos onde nos sentar, havia apenas dois discos: uma seleção de prelúdios de Debussy e o primeiro disco dos Beatles. Por toda a cidade, a todo momento, escutava-se um grito de multidões: "*Help, I need somebody.*" Alguém voltou a defender naquela época a velha história de que os melhores músicos são os da segunda letra do catálogo: Bach, Beethoven, Brahms e Bartók. Alguém voltou a dizer a mesma bobagem de sempre: incluir Bozart. Álvaro Mutis, que como todo grande erudito em música tem uma fraqueza irremediável pelos tijolos sinfônicos, insistia para incluir Bruckner. Outro tentava reprisar a batalha a favor de Berlioz, que eu lutava contra porque não conseguia superar a superstição de que se trata de um *oiseau de malheur*, isto é, um pássaro de mau agouro. Em compensação, eu me obstinei, desde então, para incluir os Beatles. Emilio García Riera, que concordava comigo e que é um crítico e historiador de cinema de uma lucidez um pouco sobrenatural, principalmente depois do segundo gole, disse para mim num dia desses: "Ouço os Beatles com um certo temor, porque sinto que vou me lembrar deles por todo o resto da minha vida." É o único caso que eu conheço de alguém com clarividência o bastante para perceber que estava vivendo o nascimento das suas nostalgias. Na época, entrávamos no escritório de Carlos Fuentes e o encontrávamos escrevendo à máquina com um só dedo de uma só mão, como ele sempre fez, em meio a uma densa nuvem de fumaça e isolado dos horrores do universo com as músicas dos Beatles a todo volume.

Como sempre acontece, pensávamos estar muito longe de ser felizes, e agora pensamos o contrário. É a armadilha da nostalgia, que troca os momentos amargos de lugar e os pinta de outra cor, e os coloca de novo onde já não doem. Assim como nos retratos antigos, que parecem iluminados pelo esplendor ilusório da felicidade, e nos quais só vemos com espanto o quanto éramos jovens quando jovens, e não só nós que estávamos ali, mas também a casa e as árvores do fundo, e até as cadeiras em que estávamos sentados. Certa vez, o Che Guevara, conversando com os seus homens ao redor do fogo nas noites vazias da guerra, disse que a nostalgia começa pela comida. É verdade, mas só quando se tem fome. Em vez disso, ela sempre começa pela música. Na verdade, o nosso passado pessoal se distancia de nós desde o momento em que nascemos, mas só o sentimos passar quando um disco acaba.

Hoje à tarde, pensando em tudo isso diante de uma janela lúgubre de onde se vê cair a neve, com mais de cinquenta anos nas costas e ainda sem saber muito bem quem sou eu, nem que raios estou fazendo aqui, tenho a impressão de que o mundo foi o mesmo desde o meu nascimento até os Beatles começarem a cantar. Então tudo mudou. Os homens deixaram crescer o cabelo e a barba, as mulheres aprenderam a se despir com naturalidade, mudou o modo de se vestir e de amar, e teve início a liberação do sexo e de outras drogas para sonhar. Foram os anos tumultuados da Guerra do Vietnã e da rebelião universitária. Mas, acima de tudo, foi o duro aprendizado de uma relação diferente entre os pais e os filhos, o começo de um novo diálogo entre eles que parecera impossível durante séculos.

O símbolo de tudo isso — à frente dos Beatles — era John Lennon. A sua morte absurda nos deixa um mundo diferente, povoado por imagens bonitas. Em "Lucy in the Sky", uma de suas músicas mais belas, fica um cavalo de papel de jornal com uma gravata de espelhos. Em "Eleanor Rigby" — com um baixo obstinado de cellos barrocos —, fica uma moça devastada que recolhe o arroz no átrio de uma igreja onde um casamento acabou de ser celebrado. "De onde vêm os solitários?", pergunta para si sem obter resposta. Fica também o padre McKenzie escrevendo um sermão que ninguém há de ouvir, lavando as mãos sobre as tumbas, e uma moça que tira o rosto antes de entrar em casa e o deixa em um frasco perto da porta para colocá-lo de novo quando voltar a sair. Essas criaturas fizeram com que se dissesse que John Lennon era um surrealista, que é algo que se diz com muita facilidade sobre tudo o que parece estranho, como afirmam sobre Kafka aqueles que não souberam lê-lo.[20] Para outros, ele é o visionário de um mundo melhor. Alguém que nos fez entender que os velhos não somos nós, que temos muitos anos, mas aqueles que não subiram a tempo no trem dos seus filhos.

20 Como no caso de "Yesterday", "Eleanor Rigby" dos Beatles foi escrita por Paul McCartney e gravada por ele com a produção de George Martin. GGM se dá uma licença incompreensível para atribuir a composição também a Lennon, o líder dos Beatles.

# O argentino que se fez querido por todos[21]

## Gabriel García Márquez

Fui a Praga pela última vez há uns quinze anos, com Carlos Fuentes e Julio Cortázar. Viajávamos de trem saindo de Paris, porque nós três éramos solidários em nosso medo de avião, e tínhamos falado sobre tudo enquanto atravessávamos a noite dividida das Alemanhas, os seus oceanos de beterraba, as suas imensas fábricas de tudo, os seus estragos pelas guerras atrozes e amores desmedidos.

Na hora de dormir, Carlos Fuentes teve a ideia de perguntar a Cortázar como, e em qual momento, e por iniciativa de quem, o piano foi introduzido na orquestra de jazz. A pergunta era casual e não pretendia obter nada além de uma data e um nome, mas a resposta foi uma cátedra deslumbrante que se prolongou até o amanhecer, com enormes canecos de cerveja e salsichas com batatas fritas. Cortázar, que sabia medir muito bem as suas palavras, fez para nós uma reconstituição histórica e estética com uma propriedade e uma simplicidade que mal davam para acreditar, o que culminou nas primeiras luzes, em uma apologia homérica de Thelonious Monk. Não só falava com uma profunda voz de órgão de erres arrastados, mas também com as suas mãos de ossos grandes, como

21 Este artigo, escrito em ocasião da morte de JC, foi publicado no *El País*, Madri, 22 de fevereiro de 1984. Em 12 de fevereiro de 1994, em homenagem ao décimo aniversário do falecimento de JC, GGM leu uma versão ligeiramente corrigida, que levamos em consideração para esta.

não me lembro de outras mais expressivas. Nem Carlos Fuentes, nem eu esqueceríamos jamais o espanto daquela noite irrepetível.

Doze anos depois, vi Julio Cortázar enfrentar uma multidão em um parque em Manágua, sem outras armas a não ser a sua voz linda e um conto seu dos mais difíceis: a de um boxeador cuja desgraça é contada por ele mesmo em lunfardo, o dialeto dos becos de Buenos Aires, cuja compreensão estaria completamente vetada para nós, reles mortais, se não a tivéssemos vislumbrado em uns quantos tangos malevos; no entanto, foi aquele o conto que o próprio Cortázar escolheu para ler em um palco diante da multidão de um vasto jardim iluminado, no qual havia gente de todo tipo, desde poetas consagrados e pedreiros desempregados até comandantes da revolução e opositores. Foi outra experiência deslumbrante. Embora, a rigor, não fosse fácil acompanhar o sentido do conto, mesmo para os mais treinados na gíria lunfarda, a gente sentia e chegavam a doer os golpes que o pobre boxeador recebia na solidão do quadrilátero, e dava vontade de chorar pelas suas ilusões e pela sua miséria, pois Cortázar tinha conseguido uma comunicação tão íntima com o seu público que ninguém se importava com o que as palavras queriam dizer ou não, e a multidão sentada na grama parecia levitar em estado de graça pelo feitiço de uma voz que não parecia desse mundo.[22]

Essas duas lembranças de Cortázar, que tanto me impactaram, parecem ser também as que melhor o definiam. Eram os dois extremos da sua personalidade. Em particular, como no trem de Praga, ele conseguia

---

22 O conto é "Torito". A admiração por esse conto é compartilhada por MVL. Uma das fichas de leitura que ele preparou para o curso sobre JC que ministrou na Universidade de Georgetown, em 1994, é dedicada a esse conto: "É simplesmente uma maravilha, graças à esplêndida linguagem que simula a realidade de uma maneira absolutamente convincente. O boxeador destruído, grandalhão, ignorante, gente boa, relembra as suas vitórias, os seus momentos de glória, a sua desgraça, de uma maneira comovente. Mas o mais importante é o modo de falar que é mostrado, uma verdadeira festa de graça, musicalidade, metáfora, humor, sabor popular intenso, que ilustra maravilhosamente a sua classe social, a sua idiossincrasia, os seus valores humildes, os seus costumes, ritos, a sua mentalidade, também a vulnerabilidade e fragilidade que os seus músculos fortes sempre esconderam, o seu golpe mortal. Um exemplo de realismo sobressalente em um escritor que se considerava 'fantástico'."

seduzir pela sua eloquência, pela sua erudição viva, pela sua memória milimétrica, pelo seu humor perigoso, por tudo o que fez dele um intelectual dos grandes no bom sentido de outros tempos. Em público, apesar da sua resistência em se transformar em um espetáculo, ele fascinava a audiência com uma presença ineludível que tinha algo de sobrenatural, ao mesmo tempo terna e estranha. Em ambos os casos, ele foi o ser humano mais impressionante que tive a sorte de conhecer.

Desde o primeiro momento, no final do triste outono de 1956, em um café de Paris com nome inglês, aonde ele ia de vez em quando para escrever em uma mesa de canto, assim como Jean-Paul Sartre fazia a trezentos metros dali, com um caderno escolar e uma caneta-tinteiro de tinta legítima que manchava os dedos. Eu havia lido *Bestiário*, o seu primeiro livro de contos, em um hotel decadente de Barranquilla, onde eu dormia por um peso e cinquenta centavos, entre jogadores mal pagos e putas felizes, e desde a primeira página percebi que aquele escritor era como eu queria ter sido quando crescesse. Alguém me disse em Paris que ele escrevia no café Old Navy, do boulevard Saint Germain, e ali esperei por ele por várias semanas, até que o vi entrar como uma aparição. Era o homem mais alto que se poderia imaginar, com uma cara de menino perverso dentro de um interminável sobretudo preto que mais parecia a batina de um viúvo, e tinha os olhos muito separados, como os de um novilho, e tão oblíquos e diáfanos que poderiam ter sido os do diabo se não estivessem submetidos ao domínio do coração.

Anos depois, quando já éramos amigos, acreditei voltar a vê-lo como naquele dia, pois parece ter recriado a si mesmo em um dos seus contos mais bem-acabados — "O outro céu" —, no personagem latino-americano em Paris que assistia por pura curiosidade às execuções na guilhotina. Como se o fizesse diante de um espelho, Cortázar o descreveu assim: "Tinha uma expressão distante e, ao mesmo tempo, curiosamente fixa, a cara de alguém que ficou imobilizado em algum momento do seu sonho e se recusa a dar o passo que o devolveria à vigília." O seu personagem andava envolto em uma hopalanda preta e comprida, como o sobretudo do próprio Cortázar quando o vi pela primeira vez, mas o narrador não se atrevia a se aproximar para lhe perguntar sua origem por temor à fria cólera com que ele mesmo teria recebido uma interpelação semelhante. O estranho é que também não tinha me atrevido a me aproximar de Cortázar naquela tarde no Old Navy, e pelo mesmo temor. Eu o vi escrever por mais de uma hora, sem uma pausa para pensar, sem tomar nada além de meio copo de água mineral, até que começou a escurecer na rua, e guardou a caneta no bolso, e saiu com o caderno debaixo do braço como o estudante mais alto e mais magro do mundo. Nas muitas vezes que nos vimos anos depois, a única coisa que havia mudado nele era a barba densa e escura, pois até duas semanas atrás parecia verdadeira a lenda de que era imortal, porque nunca deixou de crescer e se manteve sempre com a mesma idade com que havia nascido. Nunca me atrevi a perguntar a ele se era verdade, assim como também não lhe contei que, no triste outono de 1956, eu o tinha visto, sem me atrever a lhe dizer nada, no seu cantinho do Old Navy, e sei que onde quer que ele esteja agora estará praguejando a minha mãe pela minha timidez.

Os ídolos suscitam respeito, admiração, carinho e, é claro, muita inveja. Cortázar inspirava todos esses sentimentos como pouquíssimos escritores, mas inspirava também outro menos frequente: a devoção. Foi, talvez sem a menor intenção, o argentino que se fez querido por todo mundo. No entanto, eu me atrevo a pensar que, se os mortos morrem, Cortázar deve estar morrendo mais uma vez de vergonha pela comoção mundial provocada pela sua morte. Ninguém temia mais do que ele, nem na vida real nem nos livros, as homenagens póstumas e os fastos funerários. E mais: sempre pensei que a morte em si lhe parecia indecente. Em alguma passagem de *A volta ao dia em oitenta mundos*, um grupo de amigos não conseguiu conter o riso diante da evidência de que um amigo em comum incorrera no ridículo de morrer. Por isso, por tê-lo conhecido e amado tanto, recuso-me a participar das lamentações e elegias para Julio Cortázar. Prefiro continuar pensando nele como, sem dúvida, ele gostaria, com o júbilo imenso por ele ter existido, com a alegria íntima por tê-lo conhecido, e a gratidão por ele ter deixado para o mundo uma obra talvez inconclusa, mas tão bela e indestrutível quanto a sua lembrança.[23]

23 MVL rememorou o momento em que soube do falecimento de JC: "Naquele domingo de 1984, eu tinha acabado de me acomodar no escritório para escrever um artigo, quando o telefone tocou. Fiz algo que, na época, já não fazia nunca: atendi. 'Julio Cortázar morreu — disse a voz do jornalista. — Dite para mim o seu comentário'.
Pensei em um verso de Vallejo — 'Español de puro bestia' [Espanhol forte e bravio como um touro] — e, balbuciando, obedeci. Mas, naquele domingo, em vez de escrever o artigo, fiquei folheando e relendo alguns dos seus contos e páginas dos seus romances que a minha memória conservava muito vivos" ("La trompeta de Deyá", *Vuelta*, México, n.º 195, fevereiro de 1993).

# Meu amigo Cortázar[24]

Carlos Fuentes

Como acontece, eu o conheci antes de conhecê-lo. Em 1955, eu estava editando um número da *Revista Mexicana de Literatura*, feito com a colaboração amistosa de escritores como Octavio Paz e Cintio Vitier, José Lezama Lima e Américo Castro, Luis Cernuda e Jorge Gaitán Durán. Graças a Emma Susana Speratti e Ana María Barrenechea, consegui obter a colaboração de Julio Cortázar. "Os bons serviços", "O perseguidor" e outros grandes contos foram publicados pela primeira vez na nossa revista inovadora, alerta, insistente e até um pouco insolente.

Depois, quase como parte de uma conspiração, Emma Speratti me deixou ler o manuscrito de um romance de Cortázar cujo eixo era a decomposição do cadáver de uma célebre mulher enterrada com honras sob o Obelisco da avenida 9 de Julio, em Buenos Aires. Em ondas concêntricas, a peste, a loucura, a apatia se estendiam a partir dessa zona sagrada. Eu quis publicar o texto, dedicando a ele um número inteiro da revista, mas Julio recusou e o retirou. Nunca permitiu que fosse publicado.[25] Ele temia que a obra fosse julgada como um lugar-comum se a protagonista fosse identificada como Eva Perón.

A sua decisão me pareceu própria de um homem que eu só conhecia, vagamente, por meio de uma fotografia publicada em uma edição de aniversário da revista *Sur*, dirigida por Victoria Ocampo. Julio Cortázar

---

24 *Cambio 16*, Madri, n.º 641, 12-19 de março de 1984.

25 *O exame* foi publicado postumamente em 1986 (Buenos Aires, Sudamericana).

era ali um senhor maduro, com lentes grossas, rosto fino, vestido de preto e com o cabelo muito liso por causa da brilhantina.

Por fim, em 1961, acompanhado de Fernando Benítez, cheguei a uma pracinha sombreada, cheia de artesãos e cafés, não distante do metrô aéreo, em Paris. Entramos por uma porta de garagem que dava para um pátio antigo. O rapaz que veio nos receber era certamente filho daquele colaborador da *Sur*: um jovem descabelado, sem barba, desengonçado, de calças de brim e camisa de manga curta, aberta no peito. Um rosto, então, de não mais do que vinte anos, animado por uma gargalhada profunda, um olhar verde, inocente, de olhos infinitamente longos e separados, e duas sobrancelhas sagazes, entrelaçadas, dispostas a chamar qualquer um que violasse a pureza do seu olhar de "filho da puta".

Com ele estava uma mulher brilhante, pequenina, atenta a tudo o que se passava na garagem transformada em ateliê alto, comprido e estreito: um cômodo no qual, segundo uma das fórmulas cortazarianas para se deslocar em um mundo perigoso e cômico, só se podia descer as escadas subindo por elas.

Aqueles eram então Aurora Bernárdez e Julio Cortázar, tal como Antonio Gálvez os fotografou nos anos sessenta: um "Gaucho Gothic", para parafrasear o célebre quadro americano de Grant Wood. Mas, depois daquela primeira excursão à Praça do Général Beuret, Benítez acrescentou que aquele rosto de menino, quando ria, quando se ensimesmava, quando se aproximava ou se distanciava demais (pois Julio Cortázar era uma maré, insensível como os movimentos de plenitude e ressaca dos mares que tanto perseguiu), começava a se encher de pequenas rugas, redes dos tempos, sinais de uma existência anterior, paralela ou, simplesmente, uma continuação da sua. Assim nasceu a lenda de Julio Cortázar/Dorian Gray.

A verdade é que eu nunca conheci um homem tão sensível àquilo que Henry James chamava de "o sentido da visitação". Para Cortázar, a realidade era mítica neste sentido: estava também no outro rosto das coisas, o mínimo além dos sentidos, o paradeiro invisível só porque não estiramos os dedos para tocar a presença que ele contém. Basta comprar um ingresso de teatro, sentar-se na poltrona quando a cortina subir e não resistir à tentação de entrar em cena, unir-se à representação e escutar o murmúrio suplicante de uma mulher, a atriz: "Salve-me. Querem me matar."[26]

A realidade paralela, o vasto universo latente, a contiguidade dos seres, a iminência de formas que esperam para ser convocadas por uma palavra, um traço no papel, uma nota musical, um sonho: toda essa realidade na véspera de se manifestar era a realidade de Cortázar. Lembro-me dele nas nossas caminhadas pelo Bairro Latino, à caça do filme que já tínhamos visto dez vezes, mas que ele era capaz de ver pela vez primeira toda vez. Cortázar era um homem desesperado para ver, porque o seu olhar era muito grande. Precisava de Antonioni ou Buñuel, Alechinsky ou Matta, Julio Silva ou Alberto Gironella quando se sentia cego e se apoiava nos amigos videntes: o olhar inocente à espera do presente incomparável.

Os seus posicionamentos políticos e sua arte poética estão pautados nesta convicção: a imaginação, a arte, a forma são revolucionárias, destroem as convenções mortas, ensinam-nos a olhar, pensar e sentir de novo. Cortázar havia crescido próximo das lições do surrealismo e o seu objetivo era manter o que ele chamava de "revolução de fora e revolução de dentro" unidas. Ele apoiou os movimentos revolucionários em Cuba e Nicarágua, e também os criticou em particular e diante dos responsáveis. Recusava-se a oferecer o mínimo consolo público aos governos norte-americanos, nos quais via os inimigos, não tanto do marxismo, mas da independência latino-americana.

Sabia tudo: era o latino-americano na Europa que demonstrava aos europeus que sabia alguma coisa a mais que eles, e essa coisa era o Novo Mundo, que o Velho Mundo descobriu, mas não soube imaginar. Isso dava um caráter eloquente e urgente aos escritos de Cortázar. Ele sempre dizia que a literatura na América Latina era apenas um montinho de fichas no tapete da literatura universal. Em contrapartida, as literaturas da

26 Referência ao conto "Instruções para John Howell".

França, Espanha ou Inglaterra acumulam milhares delas. Nós tínhamos que saber mais e imaginar mais.

Apesar dos seus longos anos em Paris, era um argentino em essência. Era preciso vê-lo escrever, refletir ou andar pelo apartamento bebendo erva-mate na bomba. E certa noite, em Paris, Gabriel García Márquez e eu gravamos meia hora de corridos mexicanos em uma fita, e Cortázar gravou na outra meia hora alguns tangos cantados com uma concentração quase religiosa. A partir da linguagem de Buenos Aires, era capaz de originar um lunfardo próprio, erótico, onomatopeico, fantasticamente cômico e compreensível para uma multidão de nicaraguenses que, certa noite, encheram um estádio de Manágua para ouvi-lo ler. Nas universidades norte-americanas de Berkeley e Barnard, o cálido, barbudo, altíssimo Cortázar, o argentino que se fez querido por todo o continente conheceu triunfos semelhantes até o final da sua vida.

Aquele homem era uma alegria porque a sua cultura era alegre. Às vezes, as suas piadas eram cultas e preparadas: as entrevistadoras que chegavam para entrevistá-lo no seu ranchinho em Saignon, no sul da França, tinham que posar enforcadas por Cortázar em frente ao castelo vizinho do Marquês de Sade. E só com um argentino poderia acontecer de a comicidade do mundo cair por cima dele, derrubando uma chaminé sobre as suas costas enquanto caminhava em Paris pela rua de l'Éperon.

Homem de espaços e tempos simultâneos, Cortázar demorou para ir ao México. Ele me disse, depois da sua viagem a Oaxaca, Monte Albán e Palenque, que eram lugares metafísicos onde convinha passar horas em silêncio, assumindo a declaração sobre a coexistência permanente entre a natureza e a arte que é própria do México.

É claro que ele esteve no México antes de estar no México. Esteve no rosto do axolote, o peixe que olha o seu espectador do fundo do aquário, com um rosto idêntico ao rosto que olha para ele. Esteve no sonho sonhado por um homem europeu sobre uma mesa de operações em um hospital, que no sonho se vê sacrificado na pirâmide no instante em que a navalha de obsidiana lhe abre o peito, e o sacrificado se vê no sonho em um mundo branco e desconhecido, sobre uma mesa branca, prestes a ser aberto por um bisturi...

Os últimos anos da vida de Julio, marcados pelos acontecimentos na Argentina, foram, no entanto, os mais felizes. Nunca vi Cortázar tão contente quanto da última vez em que o vi, em janeiro de 1982, casado com Carol Dunlop, com quem morava em um apartamento altíssimo na rue Martel, em meio ao alvoroço comercial e mecânico do 10º Arrondissement. No quadro de avisos da entrada do imóvel mencionava alfaiates, depósitos de materiais e aluguel de máquinas de costura. Acima, um local claro e simétrico, com escritórios para cada um, e o restante em comum: livros, discos, espaços de convivência; mas, acima de tudo, uma alegria, um humor partilhado, às vezes misterioso e imaginativo, beirando um clima gótico burlesco, como se Edgar Allan Poe (cujas obras completas foram traduzidas por Cortázar para o espanhol) tivesse aparecido no Folies Bergère disfarçado de Baudelaire. Mas, no mais das vezes, a alegria de Carol e Julio era a do perfeito encontro entre duas imaginações amorosas.

Recebi a última carta dela no verão de 1982. Ela contava sobre o projeto de uma viagem pela estrada do sul, onde ela e Cortázar percorriam a rota mais movimentada da França, como se fossem Colombo descobrindo o Caribe. Cortázar tinha uma companheira para essa viagem sua, que ele recomendava sem parar. Ele a perdeu pouco tempo depois, no outono, quando Carol tinha apenas trinta e sete anos de idade. Julio esperava morrer antes dela? Quem iria reconhecer a proximidade da morte e encarná-la, então? Assim sobreviveu um pouco, para morrer logo depois.

Um dia, eu o chamei de Bolívar do romance latino-americano: libertou-nos com uma linguagem nova, airosa, de infinita inventividade verbal e estrutural. *O jogo da amarelinha* é um dos grandes manifestos da modernidade latino-americana: nele vemos, melhor do que nunca, as nossas dúvidas, as nossas dívidas, as nossas possibilidades. Vistos de fora por nós e outros, Julio Cortázar e Octavio Paz são a cabeça de uma geração, a que conferiu sentido à nossa modernidade e nos permitiu continuar um pouco mais a aventura do novo quando tudo parecia nos indicar que já não havia novidade possível porque o progresso havia terminado.

Cortázar e Paz são os dois espíritos esteticamente mais alertas desta geração latino-americana, e eles nos falaram sobre a nossa "alguma coisa a mais": a novidade que eles nos deram foi a do caráter insubstituível do instante, do corpo, da memória e da imaginação. A partir desses termos, foi possível para a minha geração — a qual, em períodos orteguianos de quinze anos, nasceu em 1914 com Cortázar e Paz e terminou com os escritores nascidos por volta de 1929 — construir algumas casas verbais nas quais a tradição andou de mãos dadas com a criação. Agora uma parte do nosso espelho se quebrou e todos nós vemos a noite boca acima.

# Carlos Fuentes bom em dose dupla[27]

## Gabriel García Márquez

A minha amizade com Carlos Fuentes — que é antiga, cordial e também divertida — começou no instante em que nos conhecemos, por volta do calor de agosto de 1961.[28] Álvaro Mutis nos apresentou naquele Castelo do Drácula das ruas de Córdoba, onde toda uma geração de escritores, buscando fazer um cinema novo, empurrava Manuel Barbachano Ponce para a primeira e mais gloriosa de tantas ruínas. Eu tinha chegado ao México dois meses antes, com a cabeça repleta de romances e filmes que não encontramos por onde sair, e havia lido *La región más transparente* pouco tempo depois de sua publicação. Isso era simplesmente natural, porque esse romance tivera uma divulgação muito ampla na América Latina, e se falava sobre ele em toda parte — com a devida justiça — como um acontecimento literário. O que me surpreendeu foi que Carlos Fuentes não precisou cavoucar a memória para saber quem eu era, e me disse logo de cara que ele tinha lido os dois únicos romances que eu havia escrito até então. Pensei, é claro, que se tratava da fórmula de cortesia que nos

27 *Sábado*, suplemento de *unomásuno*, México, n.º 375, 22 de dezembro de 1984.

28 Os relatos variam a respeito do ano em que GGM e CF se conheceram. Aqui GGM indica 1961, mas segundo CF foi em 1964 (*Retrato de Carlos Fuentes*, Barcelona, Galaxia Gutenberg e Círculo de Lectores, 1995). O próprio CF mudou o ano para 1963 em *Retratos en el tiempo* [Retratos no tempo] (México, Alfaguara, 1998) e para 1962 em "Para darle nombre a América" [Para dar nome à América], em *"Cien años de soledad" y un homenaje* ["Cem anos de solidão" e uma homenagem] (México, Fundo de Cultura Econômica, 2007). Graças a Álvaro Mutis, CF lia a ficção de GGM desde a década de 1950.

salva de tantos naufrágios sociais, principalmente entre escritores, pois o meu primeiro romance tinha sido publicado seis anos antes em Bogotá em uma edição perdida que não conseguiu chegar até a esquina, e o texto integral do segundo romance, ainda sem correção, tinha sido publicado no ano anterior na revista *Mito*, que era tão excelente quanto escassa. O fato de que Carlos Fuentes os tivesse lido deveras, como pude constatar de imediato, me deixou exaltado de vaidade; no entanto, não passou muito tempo para que eu baixasse a bola, pois muito rapidamente eu percebi que a curiosidade literária de Carlos Fuentes não conhece tempo nem fronteiras, e que desde aquela época era impossível surpreendê-lo com uma novidade das letras. Essa curiosidade focava, de modo especial, nas obras primeiras dos escritores primíparos, como ele e eu éramos naqueles tempos de glória.

Passados vinte e cinco anos, aconteceram tantas coisas estranhas para nós, estando juntos em tantos lugares diferentes que, se decidíssemos escrever as nossas respectivas memórias, os leitores iriam encontrar páginas intercambiáveis. Em ambos os livros, estaria sem dúvida o capítulo mais deprimente das nossas carreiras, há muitos anos, quando tivemos que sofrer noites e noites de horror durante meses intermináveis, porque um diretor de cinema nos fazia desfazer todos os dias o trabalho do dia anterior para refazê-lo mais uma vez no dia seguinte, apenas porque ele precisava atrasar o início do filme para atender outro compromisso prévio. Esse pesadelo de Penélopes literárias não só consolidou para sempre a minha admiração e o meu afeto por Carlos Fuentes, mas haveria de me inspirar mais tarde o vício solitário do coronel Aureliano Buendía, que fazia e desfazia os seus peixinhos de ouro.

Outra lembrança, pragmática na época, mas muito divertida na memória, é a de uma tarde em Praga no ano funesto de 1968, quando Milan Kundera decidiu que o único lugar sem microfones escondidos em toda a cidade seria um estabelecimento público de sauna. Sentados em um banco de pinho perfumado, a cento e vinte graus centígrados, nós dois pelados e sem o menor senso de ridículo, escutamos de Milan Kundera um relato estarrecedor da situação trágica do seu país. Não obstante, o mais trágico para Fuentes e para mim aconteceu no final, quando nos demos conta de que não havia duchas de água fria, mas que deveríamos quebrar a crosta de gelo do rio Moldava em pleno mês de dezembro e mergulharmos nas suas águas glaciais. Fizemos, sem refletir sobre o que estávamos fazendo, e no instante da tremenda imersão, tive a certeza lúcida e atroz de que Carlos Fuentes e eu tínhamos morrido juntos naquele instante, tão longe das ruas de Córdoba, e de um jeito tão absurdo que ninguém iria entender nunca, nem sequer porque tinha acontecido na pátria de Kafka.

No entanto, não são esses relâmpagos de vida que tenho interesse em rememorar agora, e sim celebrar a virtude que mais admiro em Carlos Fuentes e que talvez seja a menos conhecida: o seu espírito de corpo. Não acho que exista um escritor mais atento àqueles que vêm depois dele, nem que seja tão generoso com eles.[29] Já o vi travar batalhas de guerra com os editores para que publicassem o livro de um jovem que havia passado anos com o seu manuscrito inédito debaixo do braço. Julio Cortázar, angustiado com a quantidade de originais inéditos que os jovens lhe mandavam, disse um pouco antes de morrer: "É uma pena que aqueles que me mandam manuscritos para ler não possam me mandar também o tempo para lê-los." Pois bem, apesar dos seus numerosos trabalhos e da sua intensa vida pública, Carlos Fuentes lê os manuscritos que mandam para ele, e além disso tem tempo para incentivar e ajudar os seus autores desamparados. O que acontece, na verdade, é que ele parece entender muito bem a noção católica da comunhão dos santos: em cada um dos nossos atos — mesmo que sejam triviais e insignificantes —, cada um de nós é responsável por toda a humanidade. Essa é a metafísica da infinita curiosidade literária de Carlos Fuentes. Ao contrário de tantos escritores que desejariam ser os únicos no mundo, ele quer celebrar todos os

29 MVL disse o mesmo: "Inclusive os homens generosos deixam de sê-lo, às vezes, quando se trata de pessoas do mesmo ofício. Não é o caso de Carlos. Desde que o conheci, sempre buscou ajudar e promover os seus amigos escritores. Por isso, embora algumas vezes eu discorde dele nos seus textos políticos, sempre tive admiração e afeto por ele" (*Cambio 16*, Madri, n.º 840, 4 de janeiro de 1988).

dias a festa de que os escritores sejam, a cada dia, mais e mais decisivos no mundo. Tenho a impressão de que ele sonha com um planeta ideal habitado na sua totalidade por escritores, e só por eles. Algumas vezes, tentei estragar o seu entusiasmo dizendo que esse lugar já existe: é o inferno. Mas ele não acredita, nem sequer como piada (como, desde já, digo que é o meu caso), porque a sua fé no destino messiânico das letras não reconhece limites. Nem admite piadas, é claro. Um escritor assim, sendo tão bom escritor, é bom em dose dupla.

# Documentos

Esta seção inclui um conjunto de documentos de caráter político que os autores de *As cartas do Boom* assinaram e, em alguns casos, ajudaram a redigir. A maioria deles foi assinada pelos quatro, exceto os dois últimos, de 1971, que incluímos devido à importância dos acontecimentos aos quais se referem, e aos seus efeitos sobre as posturas políticas dos protagonistas.

# Um protesto de intelectuais espanhóis e latino-americanos em Paris[30]

Na noite de 20 a 21 de agosto de 1968, tropas do Pacto de Varsóvia lideradas pela União Soviética invadiram a Tchecoslováquia para pôr um fim ao processo de reformas no interior do regime comunista, que haviam começado alguns meses antes sob a liderança de Alexander Dubček.

Intelectuais espanhóis e latino-americanos residentes em Paris enviaram uma mensagem para a União de Escritores da URSS, da qual extraímos a seguinte passagem:

"Os signatários deste documento, escritores e intelectuais espanhóis e latino-americanos cujo posicionamento democrático e anti-imperialista é bem conhecido, condenam energicamente o ataque militar do governo soviético e dos seus aliados do Pacto de Varsóvia contra o povo e o governo socialista da Tchecoslováquia.

Consideramos essa intervenção contrária aos princípios da moral internacional e ao direito dos povos de autodeterminação, na medida em que fortalece a posição estadunidense no Vietnã, acaba com as esperanças de um socialismo genuinamente democrático e semeia a divisão no campo das forças progressistas".

O texto foi assinado por Carlos Barral, José María Castellet, Alfonso Carlos Comín, Julio Cortázar, Francisco Fernández Santos, Carlos

30 *Le Monde*, Paris, 26 de agosto de 1968.

Fuentes, Juan García Hortelano, Gabriel García Márquez, Jaime Gil de Biedma, Ángel González, Juan Goytisolo, Luis Goytisolo, Jesús López Pacheco, Ana María Matute, Jorge Semprún, José Ángel Valente e Mario Vargas Llosa.

# Telegrama para Fidel Castro e Haydée Santamaría[31]

*Em 22 de outubro de 1968, um jurado internacional outorgou o Prêmio de Poesia Julián del Casal de la Unión de Escritores y Artistas de Cuba (Uneac) para o livro* Fuera del juego, *de Heberto Padilla. Antes e depois do veredito, estabeleceu-se um clima hostil contra Padilla. Este telegrama, mencionado na carta de CF para MVL de 13 de novembro de 1968, expressa a preocupação dos signatários pela situação de Padilla. O mesmo grupo de escritores enviou uma carta privada para Fidel Castro, de cujo texto não se tem conhecimento.*

NOV. 9, 1968
FIDEL CASTRO RUA 11 1009 (?) VEDADO
HAYDÉE SANTAMARÍA CASA AMÉRICA HAVANA/CUBA

INDIGNADOS ACUSAÇÕES CALUNIOSAS CONTRA POETA HEBERTO PADILLA CONTRÁRIAS POLÍTICA CULTURAL REVOLUÇÃO CUBANA REITERAMOS SOLIDARIEDADE APOIO TODA AÇÃO REALIZADA CASA AMÉRICAS DEFESA LIBERDADE INTELECTUAL

JULIO CORTÁZAR CARLOS FUENTES JUAN GOYTISOLO MARIO VARGAS LLOSA JORGE SEMPRÚN GABRIEL GARCÍA MÁRQUEZ

31 Arquivo *Casa de las Américas.*

# Em defesa de José Revueltas[32]

*José Revueltas foi acusado pelo governo mexicano de ser um dos autores intelectuais das mobilizações de estudantes que culminaram no Massacre de Tlatelolco de 2 de outubro de 1968. Foi preso na penitenciária do México, conhecida como Palácio de Lecumberri, onde permaneceu por dois anos e meio.*

Os signatários, escritores espanhóis e latino-americanos de conhecido posicionamento democrático e anti-imperialista, protestam energeticamente contra a prisão do romancista José Revueltas pelas forças opressoras do governo mexicano. Revueltas é um dos mais proeminentes escritores da língua espanhola e, de fato, um dos fundadores do romance moderno na América Hispânica. O seu único crime consistiu em exercer direitos democráticos assegurados pela Constituição Mexicana. Sua detenção comprova que esses direitos — de crítica, de palavra, de reunião e de integridade pessoal — são hoje letra morta no México. E que, uma vez desligados os refletores olímpicos, o México dá prosseguimento à sua política opressora contra os estudantes e os intelectuais. Ao exigirmos a liberdade de José Revueltas, evocamos esta data, 20 de novembro, aniversário da Revolução Mexicana de 1910, cujas promessas de liberdade e democracia são violadas atualmente por um sistema que se diz herdeiro das façanhas de Madero, Zapata e Villa.

Julio Cortázar, Carlos Fuentes, Gabriel García Márquez, Adriano González León, Juan Goytisolo, Jorge Semprún, Mario Vargas Llosa

Paris, 20 de novembro de 1968

---

32 *La Cultura en México*, suplemento da *Siempre!*, n.º 357, 18 de dezembro de 1968.

# Grupo de intelectuais que se solidarizam com os presos políticos[33]

*Mais de um ano depois do Massacre de Tlatelolco, dezenas de intelectuais e estudantes, vítimas da repressão do governo mexicano, ainda permaneciam na prisão.*

Nós, signatários, sem outros títulos senão o de intelectuais fiéis aos princípios civilizatórios de justiça, democracia e respeito aos direitos humanos, desejamos declarar a nossa solidariedade para com os presos políticos mexicanos, entre os quais se encontra o eminente romancista José Revueltas, e conclamar as autoridades competentes do México para que, em nome das tradições libertárias e revolucionárias de um país que protagonizou o primeiro movimento de emancipação popular do Terceiro Mundo no nosso século, corrijam as notórias violações do procedimento legal vigente no caso desses homens — na sua maioria, jovens entre 18 e 23 anos — encarcerados pela sua fidelidade ao espírito da liberdade revolucionária que evocamos, e lhes outorguem a liberdade imediata e incondicional.

25 de dezembro de 1969
Julio Cortázar
Carlos Fuentes
Gabriel García Márquez
Juan Goytisolo

---

33 Extraído de Ángel Gilberto Adame, *Octavio Paz. El misterio de la vocación* [Octavio Paz. O mistério da vocação] (México, Aguilar, 2015, p. 200).

Norman Mailer
Arthur Miller
Alberto Moravia
Octavio Paz
William Styron
Mario Vargas Llosa

# Declaração de solidariedade para com Nilita Vientós Gastón[34]

*A escritora portorriquenha Nilita Vientós Gastón dirigiu a revista* Asomante *desde a sua fundação em 1945. Em maio de 1970, setores hostis à revista apresentaram um processo judicial para remover Vientós Gastón do seu cargo de diretora, o que gerou o protesto dos escritores. A Justiça decidiu contra Vientós Gastón, que em setembro daquele ano passou a dirigir a revista* Sin Nombre.

Os signatários deste documento, cientes da tentativa da Associação de Graduadas da Universidade de Porto Rico para afastar Nilita Vientós Gastón da revista *Asomante*, que ela fundou há quinze anos e que dirigiu até o momento com uma independência e uma responsabilidade exemplares, expressam o seu enérgico repúdio a essa manobra que busca silenciar uma tribuna literária não conformista e destruir a obra de uma intelectual que é motivo de orgulho para o seu país e para a América Latina, e declaram a sua total solidariedade para com Nilita Vientós Gastón. Ao mesmo tempo, convocam os intelectuais e escritores latino-americanos para recusarem colaborações na *Asomante*, no caso de que essa revista caia sob o domínio dos inimigos da cultura e da independência de Porto Rico.

Mario Vargas Llosa, Gabriel García Márquez, José Donoso, Carlos Fuentes e Julio Cortázar

---

34 O. P., "El affaire *Asomante* y la revista *Sin Nombre*" [O affaire Asomante e a revista Sin Nombre], *Imagen*, Caracas, setembro de 1970.

# Carta de intelectuais latino-americanos e europeus para Fidel Castro[35]

*Em 20 de março de 1971, o poeta Heberto Padilla e a escritora Belkis Cuza Malé foram detidos em Havana, sob acusação de realizar atividades contrarrevolucionárias.*

Comandante Fidel Castro
Primeiro-Ministro do Governo Revolucionário

Nós, signatários deste documento, solidários com os princípios e objetivos da Revolução Cubana, viemos por meio deste expressar a nossa preocupação devido ao encarceramento do poeta e escritor Heberto Padilla e lhe pedir que examine de novo a situação gerada por essa prisão.

Como o governo cubano, até o momento, não forneceu informação alguma em relação a essa prisão, tememos o ressurgimento de uma tendência sectária muito mais violenta e perigosa do que aquela que foi denunciada por Vossa Senhoria em março de 1962, e à qual o comandante Che Guevara fez alusão em diversas oportunidades ao denunciar a supressão do direito de crítica no seio da revolução.

Neste momento — quando se instaura no Chile um governo socialista e quando a nova conjuntura no Peru e na Bolívia facilita a ruptura do bloqueio criminoso que foi imposto a Cuba pelo imperialismo norte-americano —, o uso de medidas opressoras contra intelectuais e escritores, os quais exerceram o direito de crítica dentro da revolução, traz somente repercussões extremamente negativas entre as forças anti-imperialistas

35 *Le Monde*, Paris, 9 de abril de 1971.

do mundo inteiro, e muito particularmente na América Latina, para as quais a Revolução Cubana representa um símbolo e estandarte.

Ao agradecer a atenção que Vossa Senhoria se digne a conceder à nossa solicitação, reiteramos a nossa solidariedade para com os princípios que inspiraram a luta na Sierra Maestra e que o governo revolucionário de Cuba manifestou tantas vezes por meio das palavras e ações do seu primeiro-ministro, do comandante Che Guevara e de tantos outros dirigentes revolucionários.

Assinada por

Carlos Barral, Simone de Beauvoir, Italo Calvino, José María Castellet, Fernando Claudín, Julio Cortázar, Jean Daniel, Marguerite Duras, Hans Magnus Enzensberger, Jean-Pierre Faye, Carlos Franqui, Carlos Fuentes, Gabriel García Márquez, Juan Goytisolo, Luis Goytisolo, Alain Jouffroy, André Pieyre de Mandiargues, Joyce Mansour, Dionys Mascolo, Alberto Moravia, Maurice Nadeau, Hélene Parmelin, Octavio Paz, Anne Philipe, [Édouard] Pignon, Jean Pronteau, [Paul] Rebeyrolle, Rossana Rossanda, Francisco Rossi, Claude Roy, Jean-Paul Sartre, Jorge Semprún, Mario Vargas Llosa.[36]

36 Embora o nome de García Márquez conste na lista de signatários, em seguida ele esclareceu que nunca assinou a carta e que foi seu amigo Plinio Apuleyo Mendoza quem, sem consultá-lo, decidiu colocar o seu nome.

# Segunda carta de intelectuais latino-americanos e europeus para Fidel Castro[37]

*Heberto Padilla saiu da prisão em 27 de abril de 1971. Naquela mesma noite, no local da Uneac, realizou-se um ato em que ele se declarou culpado das acusações que haviam sido feitas contra ele.*

Paris, 20 de maio, 1971

Comandante Fidel Castro
Primeiro-Ministro do Governo Cubano

Acreditamos que seja um dever comunicar-lhe a nossa vergonha e nossa cólera. O lastimável texto de confissão assinado por Heberto Padilla só pode ter sido obtido por meio de métodos que são a negação da legalidade e da justiça revolucionárias. O conteúdo e a forma de tal confissão, com as suas acusações absurdas e afirmações delirantes, bem como o ato celebrado na Uneac, no qual o próprio Padilla e os companheiros Belkis Cuza, Díaz Martínez, César López e Pablo Armando Fernández se submeteram a uma penosa encenação de autocrítica,

37 O texto reproduzido aqui foi publicado em inúmeras revistas e jornais. Esta versão foi extraída de Mario Vargas Llosa, *Contra viento y marea* [Contra vento e maré] *(1962-1982)* (Barcelona, Seix Barral, 1983). Foram corrigidas as erratas em alguns nomes de signatários.

lembram os momentos mais sórdidos do período stalinista, com os seus julgamentos forjados e sua caça às bruxas.

Com a mesma veemência com que defendemos desde o primeiro dia a Revolução Cubana, que considerávamos exemplar no que concerne ao respeito ao ser humano e à luta pela liberdade, conclamamos Vossa Senhoria para poupar Cuba do obscurantismo dogmático, da xenofobia cultural e do sistema opressor que foram impostos pelo stalinismo nos países socialistas e de cujas flagrantes manifestações os acontecimentos atuais em Cuba se assemelham.

O desprezo à dignidade humana que se pressupõe ao forçar um homem a se acusar ridiculamente das piores traições e vilezas não nos deixa alarmados por se tratar de um escritor, mas porque qualquer companheiro cubano — camponês, obreiro, técnico ou intelectual — pode ser também vítima de uma violência e uma humilhação parecidas. Queríamos que a Revolução Cubana voltasse a ser aquilo que, por um momento, levou-nos a considerá-la um modelo dentro do socialismo.

Assinada por

Claribel Alegría, Simone de Beauvoir, Fernando Benítez, Jacques-Laurent Bost, Italo Calvino, José María Castellet, Fernando Claudín, Tamara Deutscher, Roger Dosse, Marguerite Duras, Giulio Einaudi, Hans Magnus Enzensberger, Francisco Fernández Santos, Darwin Flakoll, Jean-Michel Fossey, Carlos Franqui, Carlos Fuentes, Jaime Gil de Biedma, Ángel González, Adriano González León, André Gorz, José Agustín Goytisolo, Juan Goytisolo, Luis Goytisolo, Rodolfo Hinostroza, Mervyn Jones, Monty Johnstone, Monique Lange, Michel Leiris, Lucio Magri, Joyce Mansour, Dacia Maraini, Juan Marsé, Dionys Mascolo, Plinio Mendoza, István Mészáros, Ralph Miliband, Carlos Monsiváis, Marco Antonio Montes de Oca, Alberto Moravia, Maurice Nadeau, José Emilio Pacheco, Pier Paolo Pasolini, Ricardo Porro, Jean Pronteau, Paul Rebeyrolle, Alain Resnais, José Revueltas, Rossana Rossanda, Vicente Rojo, Claude Roy, Juan Rulfo, Nathalie Sarraute, Jean-Paul Sartre, Jorge Semprún, Jean Shuster, Susan Sontag, Lorenzo Tornabuoni, José Miguel Ullán, José Ángel Valente e Mario Vargas Llosa.

# Cronologia

## 1951

MARÇO: JC, *Bestiário*. Contos.
NOVEMBRO: JC se muda para Paris, onde permanece até o fim dos seus dias.

## 1954

11 DE NOVEMBRO: CF, *Los días enmascarados* [Os dias mascarados]. Contos.

## 1955

MAIO: GGM, *A revoada*. Romance.
JULHO: GGM é enviado como repórter para a Europa, onde reside até 1957.
NOVEMBRO-DEZEMBRO: no número 4 da revista colombiana *Mito*, são publicados contos de GGM ("Monólogo de Isabel viendo llover en Macondo" [Monólogo de Isabel vendo chover em Macondo]) e CF ("Por boca de los dioses" [Pela boca dos deuses]).

## 1956

MARÇO-ABRIL: JC, "Os bons serviços", na *Revista Mexicana de Literatura*, n.º 4, dirigida por CF e Emmanuel Carballo.

JC diz para Damián Bayón (18 de março) que CF é "um grande admirador meu".
31 DE JULHO: JC, *Final do jogo*. Contos.

## 1957

JANEIRO-ABRIL: JC, "O perseguidor", na *Revista Mexicana de Literatura*, n.º 9-10.
DEZEMBRO: GGM deixa a Europa e até 1961 trabalha como jornalista em Caracas, Bogotá, Havana e Nova York.

## 1958

29 DE MARÇO: CF, *La región más transparente*. Romance.
MAIO-JUNHO: GGM, *Ninguém escreve ao coronel*. Romance. *Mito*, n.º 19.
SETEMBRO: MVL se instala em Madri para realizar estudos de pós-graduação.
DEZEMBRO: MVL e JC se conhecem em Paris.

## 1959

1º DE JANEIRO: derrocada de Batista e triunfo da Revolução Cubana.
28 DE ABRIL: fundação da Casa de las Américas, a principal instituição cultural da Revolução Cubana; em 1960, lançaria a revista de mesmo nome e os prêmios anuais em várias categorias.
JULHO: MVL, *Os chefes*. Contos.
AGOSTO: JC, *As armas secretas*. Contos. MVL se muda para Paris.

## 1961

17 DE ABRIL: A invasão de Cuba, promovida pela CIA, fracassa na Baía dos Porcos (Playa Girón).
1º DE MAIO: Fidel Castro declara o caráter socialista da Revolução Cubana.

MAIO: Jorge Luis Borges obtém o Prix International des Éditeurs (também conhecido como Prêmio Formentor), compartilhado com Samuel Beckett.

26 DE JUNHO: GGM se muda para o México.

30 DE JUNHO: "Palavras aos intelectuais", discurso de Fidel Castro no qual ele profere a conhecida e influente frase "dentro da revolução, tudo; contra a revolução, nada".

AGOSTO: GGM e CF se conhecem na Cidade do México (o primeiro indica a data). São apresentados por Álvaro Mutis no "Castelo do Drácula" (Córdoba 48).

1º DE SETEMBRO: é criado o Movimento dos Países Não Alinhados; Cuba é o único país latino-americano a participar na sua fundação.

17 DE SETEMBRO: GGM, *Ninguém escreve ao coronel*. Romance. Primeira edição sob o formato de livro.

OUTUBRO: JC e CF se conhecem em Paris.

## 1962

ABRIL: GGM, *Los funerales de la Mamá Grande* [Os funerais da Mamãe Grande]. Contos.

MAIO: JC, *Histórias de cronópios e de famas*. Prosas breves.

10 DE MAIO: CF, *A morte de Artemio Cruz*. Romance.

30 DE MAIO: CF, *Aura*. Romance.

OUTUBRO: MVL e CF se conhecem na Cidade do México.

16-28 DE OUTUBRO: crise dos mísseis em Cuba.

1º DE DEZEMBRO: MVL obtém o Prêmio Biblioteca Breve por *A cidade e os cachorros*.

24 DE DEZEMBRO: GGM, *O veneno da madrugada (A má hora)*. Romance. Edição desaprovada pelo autor. A primeira edição autorizada é publicada em 1966.

## 1963

JUNHO: JC, *O jogo da amarelinha*. Romance.

OUTUBRO: MVL, *A cidade e os cachorros*. Romance.

## 1964

MAIO: MVL é jurado do Prix International de Littérature. Defende as indicações de *O jogo da amarelinha* e *A morte de Artemio Cruz*.

29 DE JULHO: CF, "La nueva novela latinoamericana" [O novo romance latino-americano], em *La Cultura en México*, suplemento da *Siempre!*, n.º 128. Ensaio sobre *O jogo da amarelinha*, *A cidade e os cachorros* e *El siglo de las luces*, com uma menção importante à obra de GGM.

OUTUBRO-NOVEMBRO: *Casa de las Américas* publica o número especial "Nueva novela latinoamericana" [Novo romance latino-americano]. Inclui textos de JC, CF e MVL.

7 DE DEZEMBRO: CF, *Cantar de ciegos*. Contos. "Fortuna lo que ha querido" [Fortuna o que quis], dedicado para GGM, e "A la víbora del mar" [À víbora do mar], para JC.

DEZEMBRO: estreia de *El gallo de oro* [O galo de ouro], com roteiro de GGM, CF e Roberto Gavaldón.

## 1965

JANEIRO: MVL e JC participam como jurados do Prêmio Casa de las Américas, em Havana.

15 DE JUNHO: Circula uma declaração condenando a invasão da República Dominicana pelos Estados Unidos, promovida pela Casa de las Américas e apoiada por dezenas de escritores e intelectuais, entre eles, os quatro autores de *As cartas do Boom*.

OUTUBRO: CF reside em diferentes cidades da Europa; não retornará ao México até 1969.

## 1966

MARÇO: MVL, *A casa verde*. Romance; JC, *Todos os fogos o fogo*. Contos. MVL e CF participam em Paris de um debate de escritores latino-americanos convocado por Albert Cervoni, do semanário comunista *France Nouvelle*. Foi traduzido como "América Latina: un mundo que se descompone y transforma"

[América Latina: um mundo que se desfaz e se transforma] e publicado em *La Cultura en México*, suplemento da *Siempre!*, n.º 219, 27 de abril de 1966.

15 DE ABRIL: GGM, *O veneno da madrugada (A má hora)*. Romance. Primeira edição autorizada.

JUNHO: CF e MVL participam do XXXIV Congresso Internacional do PEN Club em Nova York.

29 DE JULHO: CF e MVL são jurados do Premio Primera Plana-Sudamericana de Romance em Buenos Aires. CF envia o seu voto de Paris.

9 DE AGOSTO: Luis Harss utiliza, pela primeira vez, o termo "Boom" para se referir ao auge do romance latino-americano em "Literatura: Latinoamérica despierta" [Literatura: o despertar da América Latina], *Primera Plana*, n.º 189.

11 DE AGOSTO: estreia do filme *Tiempo de morir*, com roteiro de CF e GGM.

SETEMBRO: MVL se muda de Paris para Londres.

15 DE NOVEMBRO: Luis Harss, *Los nuestros*. Inclui ensaios-entrevistas sobre os quatro e outros seis escritores latino-americanos.

## 1967

5-8 DE JANEIRO: JC e MVL participam da primeira reunião do comitê de colaboração da Casa de las Américas. Defendem CF dos ataques que alguns intelectuais lançam contra ele.

8 DE JANEIRO: JC e MVL participam de uma reunião de intelectuais com Fidel Castro no Museo de Artes Decorativas de Havana.

MARÇO: MVL, *Os filhotes*. Narrativa breve.

1º DE MARÇO: CF obtém o Prêmio Biblioteca Breve por *Cambio de piel*. MVL faz parte do júri.

9 DE MARÇO: CF, *Zona sagrada*. Romance.

20 DE MARÇO: GGM propõe para MVL a escrita de um livro a quatro mãos sobre o conflito peruano-colombiano. Apesar de ambos terem começado a trabalhar nisso, o projeto não se concretizou.

11 DE MAIO: CF propõe para MVL um livro grupal sobre ditadores latino-americanos, com o título provisório "Os Pais das Pátrias". GGM, JC e outros autores também fariam parte desse projeto, que não se concretizou.

30 DE MAIO: GGM, *Cem anos de solidão*. Romance.

JULHO-AGOSTO: CF deixa registradas as suas impressões nas cartas para JC e GGM de 21 e 22 de julho. JC deixa as suas impressões em carta para Francisco Porrúa de 4 de agosto.

23 DE JULHO: MVL recebe o Prêmio Rómulo Gallegos por *A casa verde*.

1-15 DE AGOSTO: MVL e GGM se conhecem em Caracas. Participam do XIII Congresso Internacional de Literatura Ibero-americana em Caracas e Mérida (Venezuela). Em 10 de agosto, MVL recebe o Rómulo Gallegos. Em seguida, viaja com GGM para Bogotá.

25 DE AGOSTO: CF, *Cambio de piel*. Romance. Dedicado a JC e Aurora Bernárdez.

AGOSTO: o número 14 da *Mundo Nuevo* promove *Cem anos de solidão* com *blurbs* de JC, CF e MVL.

1-11 DE SETEMBRO: GGM se encontra com MVL em Lima. Em 5 e 7 de setembro, eles têm uma conversa pública na Universidade Nacional de Engenharia, que é publicada como livro no ano seguinte.

9 DE OUTUBRO: morte de Che Guevara.

19 DE OUTUBRO: Miguel Ángel Asturias recebe o Prêmio Nobel de Literatura.

30 DE OUTUBRO: JC, *A volta ao dia em oitenta mundos*. Livro-almanaque.

NOVEMBRO: GGM se muda para Barcelona.

## 1968

MAIO: JC e CF testemunham os acontecimentos em Paris, que se estendem até a metade de junho. Em 28 de maio, eles assinam, com outros, um documento de solidariedade com os estudantes argentinos que ocuparam a Casa Argentina da Cité Universitaire.

JUNHO: JC e MVL trabalham em Atenas como tradutores para a Unesco.

JULHO: CF, *Paris: La revolución de mayo* [A revolução de maio]. Ensaio.

AGOSTO: junto de outros intelectuais, os quatro assinam uma declaração de protesto contra a invasão da Tchecoslováquia pelas tropas do Pacto de Varsóvia.

SETEMBRO: JC e GGM se conhecem em Paris.

2 DE OUTUBRO: Massacre de Tlatelolco no México.

3 DE OUTUBRO: golpe de Estado no Peru.

15 DE OUTUBRO: JC, *62/Modelo para armar*. Romance.

NOVEMBRO: carta privada para Fidel Castro sobre a situação de Heberto Padilla, assinada pelos quatro, Juan Goytisolo e Jorge Semprún.

9 DE NOVEMBRO: telegramas para Fidel Castro e para Haydée Santamaría, assinados pelos quatro, Juan Goytisolo e Jorge Semprún.

20 DE NOVEMBRO: manifesto em defesa de José Revueltas, assinado pelos quatro, entre outros.

DEZEMBRO: JC, CF e GGM viajam juntos para a Tchecoslováquia.

S.D.: GGM e MVL, *La novela en América Latina: diálogo* [O romance na América Latina: diálogo].

## 1969

JANEIRO: segunda reunião do comitê de colaboração da Casa de las Américas em Havana, com a presença de JC e a ausência de MVL. JC tenta mitigar questionamentos contra MVL.

JANEIRO-MAIO: MVL realiza um seminário sobre GGM na Universidade de Porto Rico.

1º DE JULHO: CF, *La nueva novela hispanoamericana*. Ensaio. Inclui "El afán totalizante de Vargas Llosa" [O afã totalizante de Vargas Llosa], "García Márquez: la segunda lectura" [García Márquez: a segunda leitura], "Cortázar: la caja de Pandora" [Cortázar: a caixa de Pandora] e outros textos.

SETEMBRO: MVL realiza palestras sobre GGM nas sedes da Casa da Cultura em Lima e Tacna.

30 DE OUTUBRO: JC, *Último round*. Livro-almanaque.

NOVEMBRO: MVL, *Conversa no Catedral*. Romance.

28 DE NOVEMBRO: CF, *Cumpleaños* [Aniversário]. Romance.

25 DE DEZEMBRO: carta assinada pelos quatro, entre outros, a favor dos presos políticos mexicanos, incluindo José Revueltas.

## 1970

3 DE MARÇO: GGM e MVL fazem parte do júri do Prêmio Biblioteca Breve, que se abstém de conceder o prêmio, em solidariedade com Carlos Barral diante dos seus problemas com Seix Barral.

MARÇO: GGM, *Relato de um náufrago*. Reportagem. Foi publicada primeiramente em fascículos no jornal colombiano *El Espectador*, em 1955.

ABRIL: MVL e JC participam de um evento sobre a situação da América Latina na Cité Universitaire, Paris. JC escreve sobre o evento e publica o seu texto primeiramente em *Triunfo*, n.º 426 (1º de agosto), e depois como livro: *Viaje alrededor de una mesa* [Viagem ao redor de uma mesa] (outubro). A fala de MVL é publicada em *Triunfo*, n.º 421, 27 de junho.

JULHO: MVL se muda para Barcelona. Os quatro e José Donoso assinam uma declaração de apoio à escritora portorriquenha Nilita Vientós Gastón e à revista *Asomante*, que Vientós dirigia e cuja continuidade estava ameaçada.

3 DE JULHO: JC, MVL e Óscar Collazos, *Literatura en la revolución y revolución en la literatura* [Literatura na revolução e revolução na literatura]. Artigos. Reúne textos publicados entre 1969 e 1970.

14 DE AGOSTO: *El tuerto es rey*, de CF, é apresentado no Festival de Teatro de Avignon. Os quatro comparecem. É a primeira vez que todos se encontram.

15 DE AGOSTO: o grupo visita a casa de JC, em Saignon. É o último encontro dos quatro, "uma grande reunião latino-americana que acabou em uma *pachanga* espasmódica" (JC para Eduardo Jonquières, 25 de agosto de 1970).

4 DE SETEMBRO: Salvador Allende obtém o primeiro lugar nas eleições presidenciais no Chile. Em 24 de outubro, ele é proclamado presidente pelo Congresso.

28 DE SETEMBRO: textos dos quatro ("O perseguidor", *Ninguém escreve ao coronel*, *Aura* e *Os filhotes*) são incluídos por Mario Benedetti e Antonio Benítez Rojo em *Quince relatos de la América Latina* [Quinze contos da América Latina], publicado em Havana pela Casa de las Américas.

26 DE SETEMBRO — 10 DE OUTUBRO: MVL e GGM viajam à Alemanha. Entre outras atividades, foram à Feira do Livro de Frankfurt e ao Simpósio Germano-Latino-Americano de Escritores em Darmstadt.

16 DE OUTUBRO: o primeiro Prêmio Barral de Romance é realizado. GGM e MVL fazem parte do júri.

DEZEMBRO: GGM e MVL assinam um telegrama de apoio aos intelectuais que se trancaram em um monastério de Montserrat em protesto contra o chamado Processo de Burgos.

## 1971

JANEIRO: JC e MVL participam da terceira e última reunião do comitê de colaboração da Casa de las Américas.

20 DE MARÇO: Heberto Padilla e Belkis Cuza Malé são detidos em Havana. Dias depois, circula a primeira carta de intelectuais sobre o chamado "Caso Padilla", na qual consta a assinatura dos quatro. Em seguida, GGM esclarece que Plinio Apuleyo Mendoza incluiu o seu nome sem consultá-lo.

MAIO: MVL redige a segunda carta sobre o Caso Padilla, assinada por ele e por CF, mas não por JC nem GGM. MVL envia a sua carta de renúncia ao comitê de colaboração da *Casa de las Américas*.

15 DE OUTUBRO: MVL realiza uma conferência sobre GGM na Universidade San Agustín de Arequipa.

SETEMBRO-NOVEMBRO: é publicada a primeira edição da revista *Libre* (setembro-outubro-novembro de 1971), com colaborações de MVL e CF. Os dois fazem parte da lista de colaboradores até o terceiro número (março-abril-maio de 1972). JC renuncia e já não participa do quarto número (1972, sem mês), coordenado por MVL.

NOVEMBRO: MVL, *García Márquez: história de um deicídio*. Ensaio.

DEZEMBRO: MVL, *Historia secreta de una novela* [História secreta de um romance]. Conferência sobre a escrita de *A casa verde*. Dedicada a CF.

## 1972

FEVEREIRO: GGM, *Olhos de cão azul*. Contos. Edição pirata publicada pela Rosario, que reúne alguns dos primeiros contos de GGM. Em 1974, a Sudamericana (março) e Plaza & Janés (maio) publicam as primeiras edições autorizadas.

ABRIL: GGM, *A incrível e triste história da Cândida Erêndira e sua avó desalmada*. Contos.

JUNHO: segunda edição do Prêmio Barral de Romance. JC, GGM e MVL são membros do júri. CF é anunciado, mas não participa. O prêmio é declarado deserto.

25 DE JULHO: GGM recebe o Prêmio Rómulo Gallegos por *Cem anos de solidão*. MVL é membro do júri. GGM chega a Caracas em 26 de julho.

2 DE AGOSTO: GGM lê o seu discurso de recebimento do Rómulo Gallegos no Teatro Paris, com a presença de MVL.

FINAL DE 1972: José Donoso, *Historia personal del «boom»* [História pessoal do "boom"]. Memórias-ensaio.

## 1973

15 DE MARÇO: JC, *O livro de Manuel*. Romance.

MAIO: MVL, *Pantaleão e as visitadoras*. Romance.

11 DE SETEMBRO: Salvador Allende é destituído por um golpe militar.

20 DE DEZEMBRO: MVL e Ángel Rama, *García Márquez y la problemática de la novela* [García Márquez e a problemática do romance]. O livro reúne artigos publicados entre maio e setembro de 1972, em ocasião de *García Márquez: história de um deicídio.*

## 1974

30 DE MARÇO-6 DE ABRIL: JC e GGM participam do Tribunal Russell II em Roma.

12 DE JUNHO: festa de despedida, na casa de Carmen Balcells, de MVL, que volta a morar no Peru. GGM comparece.

26 DE JULHO: JC, *Octaedro.* Contos.

## 1975

11-18 DE JANEIRO: JC e GGM participam como membros do Tribunal Russell II em Bruxelas.

1º DE FEVEREIRO: CF é nomeado embaixador do México em Paris, cargo assumido em abril de 1975 e exercido até 17 de junho de 1977.

18 DE FEVEREIRO: GGM funda, com o jornalista Enrique Santos Calderón, a revista *Alternativa.* Eles publicam 257 números até 27 de março de 1980.

18-21 DE FEVEREIRO: JC e GGM participam do Tribunal de Helsinki, no México, para discutir a situação do Chile.

FEVEREIRO: JC, CF e GGM participam da celebração dos 75 anos de Luis Buñuel na Galeria GDA, de Alicia Gironella e seu marido Giorgio de Angeli (Cidade de México).

MARÇO: GGM, *O outono do patriarca.* Romance.

3 DE JULHO: GGM volta a morar no México, onde permanece até a sua morte.

NOVEMBRO: CF, *Terra nostra.* Romance. Nos "Reconhecimentos", são mencionados "María del Pilar e José Donoso, Mercedes e Gabriel García Márquez, Patricia e Mario Vargas Llosa, por muitas horas de extraordinária hospitalidade em Barcelona". O último capítulo reúne personagens de JC, GGM, MVL e outros autores.

20 DE NOVEMBRO: falecimento de Francisco Franco.

## 1976

10-17 DE JANEIRO: JC e GGM participam do Tribunal Russell II em Roma.
12 DE FEVEREIRO: em uma sala de cinema da Cidade de México, MVL surpreende GGM com um soco de direita que põe fim à amizade.
24 DE MARÇO: golpe de Estado na Argentina.
22 DE AGOSTO: MVL é eleito presidente do PEN Club.
SETEMBRO: JC e MVL participam de um evento da Feira do Livro de Frankfurt.

## 1977

5 DE MAIO: JC, *Alguém que anda por aí*. Contos.
25 DE JULHO: CF recebe o Prêmio Rómulo Gallegos por *Terra nostra*. GGM é membro do júri e emite o seu voto a partir de Angola.
SETEMBRO: MVL, *Tia Julia e o escrevinhador*. Romance.

## 1978

ABRIL: CF, *La cabeza de la hidra*. [A cabeça da hidra]. Romance.
DEZEMBRO: GGM anuncia a fundação da Habeas, uma organização em defesa dos direitos humanos na América Latina. JC adere à iniciativa.

## 1979

19 DE JULHO: queda de Somoza e vitória da Revolução Sandinista.

## 1980

29 DE MARÇO: CF e MVL participam do evento The Cultural Dimensions of Inter-American Relations in Creative Fiction, organizado pelo Wilson Center de Washington DC.

AGOSTO: JC, *Queremos tanto a Glenda* [Gostamos tanto da Glenda]. Contos.

FINAL DE AGOSTO: JC e GGM são jurados do Prêmio de Ensaio *El Militarismo en América Latina* [O militarismo na América Latina], organizado no México pelo semanário *Proceso* e pela editora Nueva Imagen.

18-20 DE SETEMBRO: CF e MVL participam do simpósio internacional La Novela en Español, Hoy, [O romance em espanhol, hoje] na Universidade de Indiana, Bloomington.

## 1981

ABRIL: GGM, *Crônica de uma morte anunciada*. Romance.

OUTUBRO: MVL, *A guerra do fim do mundo*. Romance.

## 1982

MARÇO: JC e GGM participam, em Nicarágua, da primeira reunião do Comitê Permanente de Intelectuais pela Soberania dos Povos da Nossa América, criado no ano anterior em Havana.

7 DE MARÇO: JC e GGM enviam de Manágua uma carta/telegrama para o presidente François Mitterrand, na véspera de sua viagem a Washington, para expressar preocupação em relação à América Central.

21 DE OUTUBRO: GGM recebe o Prêmio Nobel de Literatura. Recebe telegramas de felicitação de JC e CF.

## 1983

FEVEREIRO: JC, *Fora de hora*. Contos.

15 DE ABRIL: GGM, JC e CF assinam uma carta aberta que denuncia a guerra contra a Nicarágua iniciada pelo Governo Reagan.

JULHO: JC, *Nicaragua tan violentamente dulce* [Nicarágua tão violentamente doce]. Artigos.

OUTUBRO: JC e Carol Dunlop, *Os autonautas da cosmopista ou Uma viagem atemporal Paris-Marselha*.

## 1984

12 DE FEVEREIRO: falecimento de JC. São publicados necrológios de GGM ("O argentino que se fez querido por todos") e CF ("Meu amigo Cortázar"), e declarações de MVL ("Estou abalado [...] As nossas diferenças políticas [...] nunca expropriaram a amizade").

19 DE DEZEMBRO: CF recebe o Prêmio Nacional de Ciências e Artes do México na categoria linguística e literatura. Como felicitação, GGM publica "Carlos Fuentes bom em dose dupla" no suplemento *sábado* da *unomásuno*.

## 1985

DEZEMBRO: GGM, *O amor nos tempos do cólera*. Romance.

## 1987

JULHO: MVL se manifesta contra medidas estatizantes do presidente do Peru, Alan García, e inicia uma etapa de ativa participação política que o levará à candidatura presidencial nas eleições de 1990.

24 DE NOVEMBRO: CF ganha o Prêmio Cervantes. Recebe um telegrama de felicitação de MVL.

## 1988

S.D.: CF, *Myself with Others*. Ensaios. Inclui "Gabriel García Márquez and the Invention of America".

## 1989

MARÇO: GGM, *O general em seu labirinto*. Romance.

## 1990

OUTUBRO: CF, *Valiente mundo nuevo* [Valente mundo novo]. Ensaio. Baseado nos cursos ministrados por CF nas universidades de Cambridge e Harvard, o livro inclui textos sobre GGM ("García Márquez: la figura del poder" [García Márquez: a figura do poder]) e JC ("Julio Cortázar y la sonrisa de Erasmo" [Julio Cortázar e o sorriso de Erasmo]).

NOVEMBRO: CF, *La campaña* [A campanha]. Romance. Referência a GGM e a *O general em seu labirinto*: "uma vida do libertador Simón Bolívar, cujo manuscrito, manchado pela chuva e amarrado com fitas tricolores, foi-me enviado do jeito que deu, de Barranquilla, por um autor que assinava como Aureliano García."

## 1992

10-21 DE FEVEREIRO: GGM e CF participam do Colóquio de Inverno, organizado pela Universidade Nacional Autônoma do México, pelo Conselho Nacional para a Cultura e as Artes e pela revista *Nexos*.

## 1993

MARÇO: MVL, *Peixe na água*. Memórias.

DEZEMBRO: GGM e CF são selecionados como criadores eméritos do Fundo Nacional para a Cultura e as Artes do México. Decidem doar o valor recebido à Universidade de Guadalajara para a criação da Cátedra Latino-Americana Julio Cortázar.

## 1994

JANEIRO-MAIO: MVL ministra um curso sobre JC na Universidade de Georgetown.

12 DE FEVEREIRO: CF e GGM participam da homenagem a JC pelo décimo aniversário do seu falecimento no Palácio de Belas Artes da Cidade do México.

MARÇO: MVL, "La trompeta de Deyá". Prefácio de *Cuentos completos* [Contos completos] de JC, publicado em novembro de 1992.

12 DE OUTUBRO: CF, GGM e Aurora Bernárdez comparecem à cerimônia de fundação da Cátedra Julio Cortázar no Paraninfo Enrique Díaz de León da Universidade de Guadalajara.

28 DE NOVEMBRO: MVL recebe o Prêmio Cervantes.

## 1998

MARÇO: CF e Carlos Fuentes Lemus, *Retratos en el tempo* [Retratos no tempo]. Inclui um retrato de GGM.

## 2000

FEVEREIRO: MVL, *A festa do bode*. Romance.

ABRIL: JC, *Cartas*, em três volumes. Edição de Aurora Bernárdez.

## 2002

OUTUBRO: GGM, *Viver para contar*. Memórias.

## 2004

14 DE FEVEREIRO: CF e GGM, com José Saramago e Tomás Eloy Martínez, inauguram as atividades da Cátedra Julio Cortázar no Paraninfo Enrique Díaz de León da Universidade de Guadalajara, no vigésimo aniversário do falecimento de JC. Aurora Bernárdez comparece.

## 2007

6 DE MARÇO: GGM, *Cem anos de solidão*. Edição comemorativa, com textos de CF ("Para darle nombre a América" [Para dar nome à América]) e MVL ("*Cien años de soledad*. Realidad total, novela total" [Cem anos de solidão. Realidade total, romance total], extraído de *García Márquez: história de um deicídio*).

25-29 DE MARÇO: IV Congresso Internacional da Língua Espanhola em Cartagena. Com participação de CF e GGM.

NOVEMBRO: GGM e CF, *«Cien años de soledad» y un homenaje* ["Cem anos de solidão" e uma homenagem]. Discursos.

## 2008

17 DE NOVEMBRO: homenagem pelos 80 anos de CF no Castelo de Chapultepec da Cidade do México. GGM comparece.

NOVEMBRO: *Cuentos completos* [Contos completos] de Edgar Allan Poe, traduzidos por JC e com prefácios de CF e MVL.

## 2010

19 DE MAIO: CF e Aurora Bernárdez participam de "Retratos de Cortázar: un tributo" [Retratos de Cortázar: um tributo], na Casa de América de Madri. CF menciona a sua correspondência com JC e GGM, e afirma em relação a esta última: "Eu prometo que vou publicar essas cartas algum dia."

13 DE SETEMBRO: inauguração de "La liberté et la vie", homenagem a MVL na Maison de l'Amérique Latine. CF comparece.

7 DE OUTUBRO: MVL recebe o Prêmio Nobel de Literatura. CF publica "Vargas Llosa, premio Nobel" no *El País*.

## 2011

2 DE MARÇO: MVL realiza a conferência "Poder y educación superior" [Poder e educação superior] na Universidade Autônoma Metropolitana da Cidade do México. Agradece a presença de CF e Silvia Lemus.

JULHO: CF, *La gran novela latinoamericana* [O grande romance latino-americano]. Ensaio. Contém, com algumas alterações, textos já publicados sobre os outros três autores deste livro: "Julio Cortázar y la sonrisa de Erasmo" [Julio Cortázar e o sorriso de Erasmo], "García Márquez. La segunda lectura" [García Márquez. A segunda leitura] e "Un tempo sin héroes. Vargas Llosa" [Um tempo sem heróis. Vargas Llosa].

## 2012

FEVEREIRO-ABRIL: JC, *Cartas*, em cinco volumes. Edição de Aurora Bernárdez e Carles Álvarez Garriga. Ampliação da versão em três volumes elaborada por Bernárdez em 2000.

ABRIL: CF, *Personas* [Pessoas]. Inclui a versão revisada de "Meu amigo Cortázar".

15 DE MAIO: falecimento de CF. MVL publica o necrológio "Una curiosidad universal" [Uma curiosidade universal] no *El País*.

5 DE NOVEMBRO: discurso de MVL na inauguração do congresso "El canon del Boom" [O cânone do Boom], na Casa de América de Madri.

21 DE NOVEMBRO: MVL recebe o I Prêmio Internacional Carlos Fuentes de Criação Literária em língua espanhola. No seu discurso, traça um panorama sobre a vida e a obra de CF.

## 2013

3 DE JULHO: MVL e Aurora Bernárdez conversam sobre JC no El Escorial, por ocasião do curso de verão "Cortázar y el boom latinoamericano" [Cortázar e o boom latino-americano], da Universidade Complutense de Madri.

## 2014

17 DE ABRIL: falecimento de GGM. MVL: "Morreu um grande escritor, cujas obras deram grande projeção e prestígio à literatura da nossa língua. Os seus romances sobreviverão e continuarão ganhando leitores por toda parte. Envio as minhas condolências à sua família."

## 2016

26 DE NOVEMBRO: MVL fala sobre o Boom na abertura do programa literário da Feira Internacional do Livro de Guadalajara. "O Boom já não existe. Eu sou o último sobrevivente. Resta-me o triste privilégio de apagar a luz e fechar a porta."

## 2017

6 DE JULHO: MVL fala sobre GGM com Carlos Granés no El Escorial, por ocasião do curso de verão "Gabriel García Márquez: más allá del realismo mágico" [Gabriel García Márquez: para além do realismo mágico], da Universidade Complutense de Madri.

## 2019

JANEIRO: JC, *O jogo da amarelinha*. Edição comemorativa, com textos de GGM ("O argentino que se se fez querido por todos"), CF ("Julio Cortázar y la sonrisa de Erasmo" [Julio Cortázar e o sorriso de Erasmo]) e MVL ("La trombeta de Deyá" [O trompete de Deyá]). É publicado em 28 de março, com a participação de MVL, durante o VIII Congresso Internacional da Língua Espanhola em Córdoba, Argentina.

## 2021

ABRIL: são reeditados *García Márquez: história de um deicídio* de MVL, e a fala pública entre GGM e MVL em 1967 sob o título *Duas solidões: um diálogo sobre o romance na América Latina*.

## 2023

JUNHO: JC, CF, GGM e MVL, *Las cartas del Boom* [As cartas do Boom].

## 2025

13 DE ABRIL: falecimento de MVL, último autor vivo do quarteto.

# Índice de cartas

## 1955



## 1956



## 1958



## 1959

## 1962



## 1963



## 1964

## 1965



## 1966

## 1967

## 1968

112. De Julio Cortázar a Mario Vargas Llosa. Paris, 3 de novembro de 1968, p. 285.
113. De Gabriel García Márquez a Mario Vargas Llosa. Barcelona, 12 de novembro de 1968, p. 287.
114. De Carlos Fuentes a Mario Vargas Llosa. Barcelona, 13 de novembro de 1968, p. 292.
115. De Julio Cortázar a Gabriel García Márquez e Carlos Fuentes. Praga, dezembro de 1968, p. 295.

## 1969

116. De Mario Vargas Llosa a Carlos Fuentes. Pullman, 20 de janeiro de 1969, p. 296.
117. De Julio Cortázar a Mario Vargas Llosa. Paris, 31 de janeiro de 1969, p. 298.
118. De Carlos Fuentes a Mario Vargas Llosa. Tenerife, 10 de fevereiro de 1969, p. 303.
119. De Carlos Fuentes a Mario Vargas Llosa. Mérida (México), fevereiro de 1969 [postal], p. 304.
120. De Julio Cortázar a Mario Vargas Llosa. Paris, 11 de março de 1969, p. 304.
121. De Julio Cortázar a Carlos Fuentes. Paris, 16 de março de 1969, p. 308.
122. De Gabriel García Márquez a Carlos Fuentes. Barcelona, 17 de março de 1969, p. 310.
123. De Carlos Fuentes a Gabriel García Márquez. México, 15 de abril de 1969, p. 313.
124. De Gabriel García Márquez a Carlos Fuentes. Pantelaria, 15 de julho de 1969, p. 315.
125. De Carlos Fuentes a Gabriel García Márquez. Cuernavaca, 11 de setembro de 1969, p. 318.
126. De Gabriel García Márquez a Mario Vargas Llosa. Barcelona, 21 de outubro de 1969, p. 321.
127. De Julio Cortázar a Mario Vargas Llosa. Paris, 20 de novembro de 1969, p. 322.
128. De Julio Cortázar a Carlos Fuentes. Paris, 20 de novembro de 1969, p. 323.
129. De Julio Cortázar a Mario Vargas Llosa. Paris, 11 de dezembro de 1969, p. 325.

## 1970

130. De Gabriel García Márquez a Carlos Fuentes. Barcelona, 19 de janeiro de 1970, p. 328.
131. De Carlos Fuentes a Julio Cortázar. México, 28 de janeiro de 1970, p. 330.
132. De Julio Cortázar a Mario Vargas Llosa. Paris, 20 de fevereiro de 1970, p. 334.

133. De Julio Cortázar a Mario Vargas Llosa. Paris, 25 de fevereiro de 1970, p. 335.
134. De Julio Cortázar a Patricia Llosa e Mario Vargas Llosa. Londres, entre 5 e 9 de março de 1970, p. 336.
135. De Gabriel García Márquez a Mario Vargas Llosa. Barcelona, 15 de maio de 1970, p. 340.
136. De Julio Cortázar a Mario Vargas Llosa. Saignon, 8 de junho de 1970, p. 342.
137. De Carlos Fuentes a Gabriel García Márquez. México, 24 de novembro de 1970, p. 344.
138. De Carlos Fuentes a Mario Vargas Llosa. México, 24 de novembro de 1970, p. 346.
139. De Julio Cortázar a Mario Vargas Llosa. Paris, 26 de novembro de 1970, p. 347.
140. De Julio Cortázar a Gabriel García Márquez. Paris, 7 de dezembro de 1970, p. 348.
141. De Carlos Fuentes a Julio Cortázar. México, 12 de dezembro de 1970, p. 351.
142. De Julio Cortázar a Carlos Fuentes. Paris, 19 de dezembro de 1970, p. 353.

## 1971

143. De Gabriel García Márquez e Mercedes Barcha a Mario Vargas Llosa. Curaçao, 12-14 de janeiro de 1971 [postal], p. 356.
144. De Carlos Fuentes a Julio Cortázar e Mario Vargas Llosa. México, janeiro de 1971, p. 357.
145. De Julio Cortázar a Mario Vargas Llosa. Paris, 5 de fevereiro de 1971, p. 357.
146. De Julio Cortázar a Mario Vargas Llosa. Paris, 14 de março de 1971, p. 359.
147. De Gabriel García Márquez a Mario Vargas Llosa. Barranquilla, março de 1971, p. 361.
148. De Carlos Fuentes a Mario Vargas Llosa. México, 7 de abril de 1971, p. 362.
149. De Julio Cortázar e Juan Goytisolo a Carlos Fuentes. Paris, primeiros dias de abril de 1971 [telegrama], p. 363.
150. De Carlos Fuentes a Mario Vargas Llosa. México, 20 de maio de 1971, p. 364.
151. De Julio Cortázar a Carlos Fuentes. Paris (não, Saignon), 23 de maio de 1971, p. 365.
152. De Mario Vargas Llosa a Carlos Fuentes. Barcelona, 30 de maio de 1971, p. 366.
153. De Julio Cortázar a Carlos Fuentes. Saignon, 7 de junho de 1971, p. 369.
154. De Carlos Fuentes a Julio Cortázar. México, 14 de junho de 1971, p. 371.
155. De Carlos Fuentes a Mario Vargas Llosa. México, 4 de setembro de 1971, p. 374.
156. De Carlos Fuentes a Julio Cortázar. México, 5 de setembro de 1971, p. 375.
157. De Julio Cortázar a Carlos Fuentes. Viena, 20 de setembro de 1971, p. 376.
158. De Mario Vargas Llosa a Carlos Fuentes. Lima, 10 de novembro de 1971, p. 378.
159. De Julio Cortázar a Carlos Fuentes. Paris, 17 de novembro de 1971, p. 380.

## 1972



## 1973



## 1974



## 1975

182. De Julio Cortázar a Carlos Fuentes. Paris, 3 de outubro de 1975, p. 415.
183. De Julio Cortázar a Carlos Fuentes. Paris, 7 de novembro de 1975, p. 416.

## 1976

184. De Julio Cortázar a Carlos Fuentes. Saignon, 25 de agosto de 1976, p. 421.
185. De Julio Cortázar ao presidente do PEN Club (Mario Vargas Llosa). Saignon, 27 de agosto de 1976, p. 423.

## 1977

186. De Julio Cortázar a Carlos Fuentes. Paris, 21 de janeiro de 1977, p. 425.
187. De Julio Cortázar a Carlos Fuentes. Paris, 7 de maio de 1977, p. 426.
188. De Julio Cortázar a Carlos Fuentes. Saignon, 15 de agosto de 1977, p. 428.
189. De Carlos Fuentes a Julio Cortázar. Margency, 20 de agosto (?) de 1977, p. 430.

## 1979

190. De Julio Cortázar a Gabriel García Márquez. Paris, 28 de abril de 1979, p. 434.
191. De Carlos Fuentes a Gabriel García Márquez. Princeton, 11 de outubro de 1979, p. 437.
192. De Carlos Fuentes a Julio Cortázar. Princeton, 11 de outubro de 1979, p. 439.
193. De Julio Cortázar a Carlos Fuentes. Paris, 25 de novembro de 1979, p. 440.

## 1980

194. De Carlos Fuentes a Mario Vargas Llosa. Princeton, 19 de julho de 1980, p. 442.

## 1981

195. De Julio Cortázar a Carlos Fuentes. Paris, 11 de outubro de 1981 [postal], p. 443.

## 1982

196. De Julio Cortázar a Carlos Fuentes. Em algum ponto da estrada do sul, entre Valence e Montélimar, 15 de junho de 1982, p. 444.
197. De Carlos Fuentes a Gabriel García Márquez. Princeton, 21 de outubro de 1982 [telegrama], p. 448.
198. De Julio Cortázar a Gabriel García Márquez. Paris, outubro de 1982 [telegrama], p. 448.
199. De Carlos Fuentes e Silvia Lemus a Julio Cortázar. Princeton, 17 de novembro de 1982 [telegrama], p. 449.
200. De Julio Cortázar a Carlos Fuentes e Silvia Lemus. Paris, 29 de novembro de 1982, p. 450.
201. De Julio Cortázar a Carlos Fuentes. Paris, 6 de dezembro de 1982, p. 450.

## 1983

202. De Julio Cortázar a Gabriel García Márquez. Paris, 11 de outubro de 1983, p. 451.

## 1984

203. De Carlos Fuentes a Gabriel García Márquez. Cambridge (Massachusetts), 25 de dezembro de 1984, p. 452.

## 1987

204. De Mario Vargas Llosa e Patricia Llosa a Carlos Fuentes. Barcelona, 27 de novembro de 1987 [telegrama], p. 453.

## 1992

205. De Carlos Fuentes e Silvia Lemus a Gabriel García Márquez e Mercedes Barcha. México, 14 de maio de 1992 [fax], p. 454.

## 2001

206. De Carlos Fuentes a Gabriel García Márquez. México, 26 de agosto de 2001 [fax], p. 455.

## 2012

207. De Carlos Fuentes a Gabriel García Márquez. México, 14 de março de 2012, p. 456.

# Índice de nomes citados nas cartas

Única fotografia conhecida dos quatro autores juntos (Bonnieux, 15 de agosto de 1970). O grupo se dirigia à casa de Julio Cortázar, em Saignon, após a estreia de *El tuerto es rey* [Quem tem um olho é rei], de Carlos Fuentes, no festival de Avignon. Visíveis, em semicírculo, da esquerda à direita: Juan Goytisolo, José Donoso, Carlos Fuentes, Patricia Llosa (de costas, com a mão estendida), Mario Vargas Llosa, Ugné Karvelis, Abraham Nuncio (de pé), Julio Cortázar e Gabriel García Márquez. Abraham Nuncio conservou esta fotografia por mais de cinquenta anos.

Este livro foi composto na tipografia
Minion Pro, em corpo 11,5/16, e impresso
em papel off-white no Sistema Cameron
da Divisão Gráfica da Distribuidora Record.